COFFEE

CHOCOLATE

BANANA

WHERE AM I EATING?

APPLE JUICE

LOBSTER

식탁 위의 세상
나는 음식에서 삶을 배웠다

켈시 티머먼 지음 | 문희경 옮김

부·키

켈시 티머먼Kelsey Timmerman

뉴욕타임스 베스트셀러 『나는 어디에서 입는가?Where Am I Wearing?』의 저자이자 저널리스트, 페이싱 프로젝트The Facing Project의 공동창업자이다. 『나는 어디에서 입는가?』는 15개 대학에서 교양서로 선정되었고 수많은 대학과 고등학교의 수업자료로도 채택되었다. 《타임》, 《크리스천 사이언스 모니터》, 《포트폴리오》지에 기고를 해왔으며 10년간 60여 개국을 여행했다. 루마니아의 드라큘라 성에서 밤을 보냈고, 방글라데시에서 속옷 바이어로 위장했으며, 네 대륙에서 농사를 지었고, 플로리다의 키웨스트에서 스쿠버 강사로 일했다. 현재 인디애나 주 먼시에서 아내와 두 아이와 함께 살고 있다.

옮긴이 문희경은 서강대학교 사학과를 졸업하고, 가톨릭대학교 대학원에서 심리학을 전공했다. 전문 번역가로 활동하고 있으며 옮긴 책으로 『타인의 영향력』, 『장사의 시대』, 『가족의 죽음』, 『플로팅 시티』, 『왜 학생들은 학교를 좋아하지 않을까』, 『너브』 등이 있다.

식탁 위의 세상

2016년 1월 22일 초판 1쇄 발행 | 2021년 7월 15일 초판 5쇄 발행

지은이 켈시 티머먼 | 옮긴이 문희경
펴낸곳 부키(주) | 펴낸이 박윤우
등록일 2012년 9월 27일 | 등록번호 제312-2012-000045호
주소 03785 서울 서대문구 신촌로3길 15 산성빌딩 6층
전화 02) 325-0846 | 팩스 02) 3141-4066
홈페이지 www.bookie.co.kr | 이메일 webmaster@bookie.co.kr
제작대행 올인피앤비 bobys1@nate.com
ISBN 978-89-6051-534-5 03900

하퍼와 그리핀에게

차 례

1 PART

커피: 콜롬비아산

6 PART 내인생: 미국산

일러두기

1. 본문 중 〔 〕안의 내용은 저자가 나중에 추가한 것입니다.

2. 이해를 돕기 위해 달러를 원화로 환산해 대략적인 액수를 병기했습니다. 환율은 KEB 하나은
   행의 2012년 평균 환율(매매 기준 1,126.25원)을 따랐습니다.

PART 1

커피:
콜롬비아산

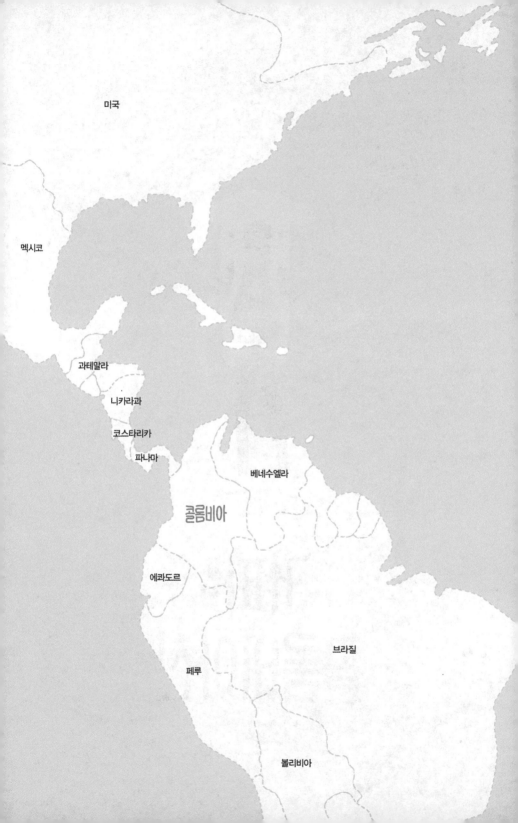

내가 여행을 떠난 이유

나는 거의 매일 아침마다 스타벅스 콜롬비아 로스트를 마신다. 원두를 간 다음, 아내 애니가 크리스마스 선물로 사준 프렌치프레스로 커피를 내린다. 나는 쉽게 산만해지는 데다 위험할 정도로 호기심이 많다. 일을 하며 갓 내린 커피를 홀짝이다가 문득 나의 커피가 콜롬비아의 어느 지역에서 온 건지 궁금해졌다. 나는 어느새 스타벅스 웹사이트에 들어가 답을 찾고 있었다. 웹사이트는 스타벅스 콜롬비아 로스트를 이렇게 홍보하고 있었다.

저희가 콜롬비아산 커피 중에서도 더 좋은 커피 한 잔을 얻기 위해 어디까지 갈까요?

답은 해발 2킬로미터입니다. 정말이에요. 너무 극단적으로 들린다는 거 저희도 압니다. 그러나 장엄한 안데스 산맥 꼭대기의 고산지대, 언제라도 폭발할 것 같은 험준한 화산지대가 바로 최고급 콜롬비아 커피 열매가 자라는 곳입니다. 가파른 산비탈의 이리저리 교차된 흙길을 단숨에 오를 수 있는 지름길이 없듯이, 저희의 소중한 붉은 열매를 미식가의 완벽한 커피로 키우는 데도 지름길이 없습니다.

경이로운 콜롬비아 커피는 입 속에 풍성한 느낌과 진한 향을 퍼트려 화산토의 풍성하고 풍요로운 비옥함을 고스란히 전합니다. 기막히게 깔끔한 끝 맛에 은은하게 호두 향이 감돌며 그냥 우수한 커피에서 격이 다른 커피가 됩니다. 한 모금만 마셔보면 산비탈을 한 걸음 한 걸음 오를 만한 가치가 있다는 데 동의하실 겁니다.

이토록 고집스런 기업이 제공하는 교양 있는 커피를 마시고 어찌 세상을 이해하고, 강인해지고, 고상해지는 느낌을 받지 않을 수 있을까?

스타벅스의 묘사를 읽고 나니 그 커피가 마시고 싶어졌을 뿐만 아니라, 가파른 산비탈과 소중한 붉은 열매가 어우러져 장관을 이루는 그곳에 가고 싶어졌다. 내가 마시는 커피를 재배하는 사람들을 만나고 싶었다. 그래서 스타벅스 홍보실과 고객 서비스 부서에 나를 올바른 길로 안내해줄 수 있는지 문의했다. 음성 메시지를 여러 번 남겼고, 이메일도 여러 번 보냈다. 마침내 고객 서비스 부서에서 답장이 왔다.

켈시 씨, 안녕하십니까?

우선 저희 스타벅스에 문의해주셔서 감사합니다.

그리고 저희 스타벅스에 관심을 가져주셔서 고맙습니다.

죄송하게도, 귀하께서 요청하신 정보는 독점 정보라서 알려드릴 수 없습니다. 저희 회사에 관한 정보는 공개 가능한 범위 이상은 밝힐 수 없습니다.

혹시라도 불편을 끼쳐드렸다면 죄송합니다.

다시 한번 저희에게 문의해주신 데 감사드립니다. 앞으로도 궁금하거나
관심이 가는 사항이 있으면 언제든 연락해주십시오.

고맙습니다.

〔고객 서비스 담당자 이름은 밝히지 않는다.〕

독점 정보? 허, 재미있네. 나는 농부들이 사람이라고 생각했다.

내 할아버지는 여든두 살까지 농사를 지었다. 아버지는 어렸을 때
동트기 전에 일어나 소젖을 짜고, 들판에 풀어놓고 키우던 칠면조를
돌본 뒤에야 학교에 갔다. 할아버지와 아버지는 돼지와 닭, 소를 키우
면서 새끼를 받고 젖을 떼게 해주고 여물을 주고 도살도 했다. 옥수수
와 콩 농사도 지었다. 그들은 땅에서 일했다. 그들의 삶은 먹거리를 중
심으로 돌아갔다. 고작 한 세대가 지났을 뿐인데 나는 크래프트 마카
로니 앤드 치즈(대중적인 인스턴트식품—옮긴이)조차 만들 줄 모른다. 도저
히 제대로 만들 자신이 없다. 마카로니는 물이 끓기 전에 넣는 건가,
아니면 끓고 나서 넣는 건가? 치즈라고 들어 있는, 봉지에 든 재료는
언제 넣어야 하나?

마카로니 앤드 치즈를 만들어보겠다며 세 살배기 딸 하퍼가 지켜보
는 가운데 가스레인지 앞에서 허둥댄다. 눈을 가늘게 뜨고 포장 상자
옆의 깨알 같은 글씨를 읽는다. 하퍼가 무슨 생각을 하는지 알 것 같
다. '엄마가 어떻게 되기라도 하면 우리는 끝이겠네.'

음식은 편리함과는 거리가 멀다. 먼저 냉장고와 식품 저장실을 살
펴서 무엇이 필요한지 확인하고, 마트에 가고, 식료품을 카트에 담고,

카트에서 식료품을 꺼내 계산대에 올려놓고, 다시 카트에 담고, 트렁크에 옮기고, 집에 돌아와 트렁크에서 식료품을 꺼내 냉장고나 식품 저장실에 넣어놓고, 냉장고나 식품 저장실에서 식료품을 꺼내 드디어 요리를 하고(나 같은 사람은 전자레인지로 돌리고), 식사를 하고, 설거지를 하고, 그리고 이 과정을 반복한다. 먹을 때는 좋지만, 특히 남이 요리를 해주면 더 좋지만 그 외에는 무슨 재미가 있겠는가? 음식을 대신할 알약이 발명된다면 기꺼이 초콜릿 밀크셰이크와 함께 삼킬 것이다.

그런데 이런 내가 얼마 전부터 음식에 집착하기 시작했다. 먹는 것이 아니라 식료품에 붙은 상표에 관심이 많아졌다. 나는 늘 상표에 집착했던 것 같다. 2007년에는 내가 아끼는 옷에 붙은 상표의 원산지를 추적해 온두라스와 방글라데시, 캄보디아와 중국에서 옷을 만드는 노동자들을 만났다. 당시의 경험을 담아 『나는 어디에서 입는가?Where Am I Wearing?』(한국어판 제목은 『윤리적 소비를 말한다』)를 썼다. 이 책이 서점에 깔릴 무렵 미 농무부는 원산지 표시제Country of Origin Labeling를 시행했다. 미 농무부의 원산지 표시제 사이트에는 다음과 같은 설명이 있다.

> 원산지 표시제는 식품 소매업자가 특정 식품의 원산지에 관한 정보를 소비자에게 고지하도록 요구하는 상표법이다.[1]

갑자기, 내가 딸에게 먹이던 사과 주스는 그냥 사과 주스가 아니라 중국산 사과 주스가 되었다. 냉동 피자(내가 고급 요리로 간주하는 음식)에 곁들여 먹던 버섯 통조림도 마찬가지였다. 바나나는 코스타리카산이었다. 블루베리는 칠레산이었다. 우리 집 냉동실에는 베트남산 생선과

태국산 새우가 들어 있었다. 우리 집 냉장고는 칼로리의 유엔이자 우리 집 옷장만큼 세계화되고 있었다.

나는 땅덩어리가 큰 나라에 살고 있어서(플로리다와 하와이의 열대 수역, 알래스카의 빙하, 그리고 그 사이의 모든 영토 덕분에) 우리가 자급자족하는 줄 알았다. 내 할아버지와 아버지처럼 세상의 소금 같은 사람들이 농사를 짓고, 디스커버리 채널의 〈생명을 건 포획Deadliest Catch〉에 나오는 질 편하고 걸걸한 어부들이 생선을 잡아 올리는 줄 알았다. 순진하게도 사과 주스는 워싱턴에서 만들고, 새우는 키웨스트의 새우잡이 어선이 잡는 줄 알았다. 내가 잘못 알았다.

지난 10년 사이 미국이 수입하는 먹거리는 2배나 증가했다.[2] 미국인이 먹는 수산물의 86퍼센트[3], 과일의 50퍼센트, 채소의 20퍼센트가 외국산이다.[4] 미국은 121개국에서 319종의 과일 가공품을 수입한다.[5]

『패스트푸드의 제국』의 에릭 슐로서, 『심오한 경제Deep Economy』의 빌 매키벤, 『잡식동물의 딜레마』의 마이클 폴란 같은 저자들은 전국적인 식품 사슬이 얼마나 산업화되었는지를 알려주었다. 이들의 노고 덕분에 우리는 먹거리가 농장에서 식탁에 오르기까지 평균 2천 킬로미터를 이동한다는 사실을 안다. 더불어 〈푸드 주식회사Food, Inc.〉, 〈슈퍼 사이즈 미Super Size Me〉, 〈킹 콘King Corn〉 같은 영화들이 제작되면서 목초 사육과 로컬 푸드, 유기농을 지향하는 운동이 일어났다.

유기농무역협회Organic Trade Association의 대표이자 상임이사인 크리스틴 부시웨이는 2011년 4월 21일자 보도자료에서 이렇게 밝혔다. "2010년 미국 전체 식품의 판매량이 1퍼센트 미만으로 증가한 데 비해 유기농 식품 산업의 판매량은 7.7퍼센트 증가했다. 소비자들은 꾸준히 소비를 통해 유기농에 유리한 쪽에 표를 던진다. 이 같은 결과에서 유기농업과 무역이 우리 경제, 특히 농촌의 생계에 긍정적으로 기여한다는 사실을 확인할 수 있다."[6]

하지만 유기농 식품 운동보다 더 빠르게 확산되는 것이 있다. 바로 식품의 세계화이다. 2010년에만 미국의 농산물 수입액은 8퍼센트나 증가해 790억 달러(88조 9천억 원)에 육박했다.[7] 유기농업은 기대만큼 경제에 기여하지 못했고, 미 농무부의 유기농 기준을 통과한 농축산물 생산자의 40퍼센트가 미국 밖에서 살고 있다.

『잡식동물의 딜레마』의 저자 마이클 폴란은 매우 간단한 질문에 대한 답을 찾아 미국 전역을 돌아다녔다. 저녁으로 무엇을 먹을까?

나는 세계를 돌면서 다른 질문을 던진다. 나는 어디에서 먹는가?

미국인은 거대한 음식을 원한다

"마스 그란데?" 더 큰 사이즈가 있냐고 내가 묻는다.

"없어요." 바리스타가 고개를 가로젓는다. 그녀는 고동색 앞치마를 두르고 고동색 모자를 썼다. 손에는 콜롬비아 보고타의 후안 발데스 카페Juan Valdez Café에서 파는 제일 큰 컵을 들고 있다. 에스프레소 더블샷이 담길까 말까 한 크기다. 스타벅스의 8온스짜리 쇼트 사이즈보다도 한참 작다. 요즘 세상에 커피를 8온스만 마시는 사람이 있을까?

이 카페에서 가장 큰 사이즈가 인디애나 주의 우리 동네 스타벅스에서 파는 가장 작은 사이즈보다 작다. 평소 내가 아침에 마시는 커피의 양을 채우려면 쟁반 한가득 주문해야 할 듯싶다. 얼마나 진부한 말인가, 미국인은 음식이 더 커지기를 원한다는 말은. 바리스타가 가격을 말하자 나는 주머니에 손을 집어넣는다. 간절하던 모닝커피 4리터를 못 다 채운 탓인지, 아니면 콜롬비아의 첫날이라 화폐에 익숙하지 않은 탓인지, 어린애처럼 손 위의 페소를 물끄러미 보고만 있다. 다행히 뒤에 서 있던 남자가 친절하게도 돈을 대신 세어준다.

이 카페의 고동색을 초록색으로 바꾸고 라지 사이즈를 스몰 사이즈로 바꾸면 스타벅스와 매우 흡사하다. 모든 것을 치수를 재고, 고려하고, 시장조사를 한 듯한 모습이다. 스타벅스는 디자인이라고 하지 않고 '환경심리학'이라고 한다. 고객에게 커피를 판다고 하지 않고 '스타벅스 경험'을 전달한다고 한다. 스타벅스의 계산대는 그냥 계산대가 아니다. 하나의 '극장'이다. 후안 발데스 카페도 이 부분을 놓치지 않았다.[8] 손님들이 빙 돌아 줄을 서는 곳에는 폭신한 패스트리와 원두 봉지가 진열되어 있다. 여행용 머그컵과 스웨트셔츠, 모자도 있다. 마치 놀이공원에서의 즐거운 기억을 간직하려고 비싼 돈을 주고 산 티셔

콜롬비아 보고타의 후안 발데스 카페

츠를 입고 걸어 다니는 광고판이 되는 것과 비슷하다.

카페 안의 대리석과 플라스틱, 유니폼과 나무 표면에는 한 남자와 당나귀가 그려져 있다. 후안 발데스와 노새 콘치타 뒤로는 산봉우리 두 개가 솟아 있다. 미국에서도 많이 본 로고다. 2000년 설문조사에 따르면 미국인의 85퍼센트가 후안 발데스 로고를 알아보았다. 이는 부메랑 모양의 나이키 로고를 알아본 84퍼센트보다 높은 수치다.[9] 2003년에는 영화 〈브루스 올마이티〉에 후안 발데스와 콘치타가 짐 캐리와 함께 등장하기도 했다. 후안 발데스 로고를 내세우고 있는 콜롬비아커피생산자협의회Colombian Coffee Growers Federation는 150만 달러(16억 8천만 원)를 내고 23초간 스크린 위의 명성을 얻었다.[10] 짐 캐리가 연기한 브루스(신이 휴가를 떠난 사이 신의 역할을 대행하는 인물)는 자신의 모닝커피를 '현시(顯示)'하기로 마음먹는다. 그러자 후안이 창문 앞에 불쑥 나타나 브루스의 컵에 커피를 따라준다. 브루스는 "아…… 콜롬비아의 고산지대에서 생산된 신선한 커피로군" 하고 감탄한다.

그런데 브루스처럼 커피 재배지를 단박에 알아맞히는 전지전능함도 없는 내가 어떻게 스타벅스의 도움도 없이 스타벅스 커피를 생산하는 농부들을 찾아낸단 말인가? 콜롬비아는 면적이 텍사스 주의 2배에 달하고 국토의 대부분이 해발 2킬로미터 이상의 고산지대다. 스타벅스가 "장엄한 안데스 산맥 꼭대기의 고산지대, 언제라도 폭발할 것 같은 험준한 화산지대"라고 표현할 만하다.

두 달 전, 나는 코스타리카의 바나나 농장에서 일했는데(3부), 거기서 콜롬비아의 유명한 커피 산지인 나리뇨에서 온 어스EARTH 대학교 학생을 만났다. 잠깐의 인터넷 검색으로 나리뇨에서 스타벅스가 운영하는 'C.A.F.E. 프랙티스Coffee and Farmer Equity Practices'에 관한 보고 서를 찾았다. C.A.F.E. 프랙티스는 스타벅스가 공정무역 커피를 더 많이 구입하지 않는 이유를 추궁당할 때마다 당당히 내미는 사업이다. 2010년에는 스타벅스 커피의 8퍼센트만 공정무역 인증 커피였다.[11] 공정무역 인증은 공정무역 USAFair Trade USA, 공정무역 재단Fairtrade Foundation, 공정무역 인터내셔널Fair Trade International 등 제3자 인증기 관에서 부여한다. 최저보장가격, 생산자에게 추가로 지급하는 공정 무역 프리미엄, 공급 사슬의 투명성, 그리고 구체적인 환경 및 사회적 기준을 원칙으로 삼는다. C.A.F.E. 프랙티스는 스타벅스가 자체적으 로 만든 것이다. 스타벅스는 2003년부터 C.A.F.E. 프랙티스를 시작해 2010년에는 전체 커피의 86퍼센트를 C.A.F.E. 프랙티스 인증 농장에 서 구입했다.[12]

스타벅스에서 판매하는 고급 모카의 경우 1센트(11원)만이 콜롬비 아의 커피 농가로 돌아간다. 1센트. 이게 전부다. 후안 발데스 카페는 콜롬비아커피생산자협의회가 소수의 중개인이 아닌 재배 농가에 돈을 더 많이 돌려주려는 노력의 결실이다. 후안 발데스 카페에서 커피 한 잔이 팔릴 때마다 콜롬비아의 커피 농가는 약 4센트(45원)를 받는다.[13]

바리스타가 그란데라는 이름이 무색한, 김이 모락모락 나는 후안 발데스 커피를 내준다. 계산대 안쪽의 벽에는 커피 농부와 농장을 찍 은 수백 장의 사진이 붙어 있다. 다들 챙 넓은 모자를 쓴 채로 가파른 에메랄드빛 산비탈에서 일하고 있다. 5헥타르(5만 제곱미터)가 안 되는 땅에서 농부의 96퍼센트가 커피 농사를 짓는다.[14]

가방을 바닥에 내려놓고 히터 아래의 고리버들 의자에 앉는다. 철제 구조물에 하얀 돛을 팽팽히 당겨 씌운 차양은 현대미술관에 있는 카페처럼 보이게 해주지만 산을 타고 올라갔다가 보고타로 내려오는 짙은 안개에는 속수무책이다.

커피를 들여다본다. 마케팅 카피와 인증서, 농부들 이미지가 머릿속에서 맴돈다. 그런데 마케팅 카피와 극장식 계산대, 현실은 어디서부터 시작된 걸까?

이번 여행은 『나는 어디에서 입는가?』를 쓰기 위해 떠났던 여행의 속편이다. 내 인생의 속편이 아닌 내가 만난 피복 노동자들 인생의 속편이다. 광저우(중국), 다카(방글라데시), 프놈펜(캄보디아), 산페드로술라(온두라스) 같은 도시들은 농촌에서 몰려드는 이주민들로 팽창하고 있다. 해마다 4천만 명이 농촌에서 도시로 흘러든다.[15] 내가 만난 피복 노동자들 중 대다수가 고향의 농장에서 일한 적이 있거나 고향에서 농사를 짓는 가족들에게 돈을 보내고 있었다.

어제의 농부가 오늘의 공장 노동자다. 미국도 똑같은 변화를 겪었다. 우리 집안의 역사로도 입증이 된다. 할아버지는 제1차 세계대전 중에 태어났는데 이때는 미국인의 30퍼센트가 농부였다. 지금은 미국인의 1퍼센트 미만이 농사를 짓는다. 더군다나 식량 경제가 세계화되면서 우리가 먹거리와 접촉할 기회는 더 줄어들었다.

내 인생에서 가장 최악의 장소는 캄보디아 프놈펜의 쓰레기장이었다. 그곳은 지상의 지옥이었다. 사람들은 유독가스를 내뿜으며 불타고 있는 쓰레기 더미에 뛰어들어 쓸 만한 것을 찾았다. 이렇게 일해 하루에 1달러(1,130원)를 벌었다. 대부분 전에는 농사를 짓던 사람들이었다. 일할 기회가 있다는 소문을 듣고 쓰레기장으로 몰려든 것이다. 내가 본 최악의 장소가 누군가에게 기회의 땅이라면 도대체 농촌에서의 삶이란 어떤 것일까?

지구상에는 10억 명의 농부가 있다. 그중 60퍼센트는 가난하다. 지금은 농촌 인구의 67퍼센트 이상이 아시아, 아프리카의 농촌에 거주하고 있지만 점점 변화하고 있다. 2050년에는 세계 인구의 70퍼센트가 도시에 거주할 것으로 예상된다.[16]

오늘날, 15억 명은 너무 많이 먹어서 건강 문제에 시달린다. 영양 과잉 상태다. 반면에 10억 명은 굶주린다. 영양실조 상태다.[17] 우리는 인구는 증가하고 농부는 감소하는 세상으로 옮겨가고 있다.

나는 궁금한 게 많다. 우리의 식탁을 왜, 어떻게, 그리고 누가 아웃소싱하고 있는 걸까? 이런 변화가 내 고향인 인디애나 주의 농부들에게, 그리고 전 세계의 농부들에게 어떤 영향을 미칠까? 식량 경제가 점차 세계화되는 추세는 문제점일까, 아니면 해결책일까? 농부는 더 늘어나야 할까, 아니면 줄어들어야 할까? 인구는 점점 증가하고 있는데 어떻게 해야 지속적으로 식량을 공급할 수 있을까? 미국이 수입 식품의 2.3퍼센트 미만만 검역을 하고 있는 것[18]은 식량 안보에서 어떤 의미를 가질까? 그리고 세계에서 가장 가난한 생산자들의 삶에 우리는 어떻게 하면 가장 바람직한 영향을 미칠 수 있을까?

대대로 농사를 지은 우리 집안에서 유일하게 농부가 아닌 나는 세계 식품 사슬을 되짚어가려 한다. 우리가 즐겨 먹는 수입 먹거리들을 잡아올리고, 키우고, 수확하는 사람들을 찾아가 궁금증을 해결하려 한다.

그 사람들을 만나는 데서 그치지 않고 그들과 함께 일을 할 작정이다. 코스타리카에서 바나나를 따고 아이보리코스트에서 카카오 열매

자루를 나르고 인디애나에서 토마토 트레일러를 끌어볼 생각이다. 세상물정 모르는 소비자의 눈과, 대지에 발붙이고 있는 생산자의 눈을 통해 세계 식량 경제를 탐색해볼 생각이다.

먹거리 생산은 세상에서 가장 가난한 생산자들에게 희망과 기회를 안겨주는 동시에 희망과 기회를 앗아간다. 복잡한 문제다. 그리고 농부와 이주노동자, 일용직 노동자와 잠수부의 삶도 복잡하다. 우리가 먹는 음식으로 인해 다른 사람들이 불구가 되고 목숨을 잃고 노예가 된다. 윤리적 딜레마다. 미국에서는 매년 32만 5천 명이 음식 때문에 입원하고, 5천 명이 목숨을 잃는다.[19] 식생활의 세계화는 곧 전 세계의 건강과 국가 안보에 관한 문제다.

이 문제를 피할 길은 없다. 먹거리를 생산하는 남자들, 여자들, 그리고 아이들(그렇다, 아이들)의 생계와 우리의 삶은 불가분의 관계다.

마틴 루터 킹 주니어는 이렇게 말했다. "우리는 아침에 식사를 끝마치기도 전에 지구상의 절반이 넘는 사람들의 도움을 받습니다."[20]

40년이 지났지만, 킹 목사의 말은 그 어느 때보다 진실이다.

누가 내 커피를 만드는가

대부분의 미국인들은 후안 발데스 로고를 본 적은 있어도, 콜롬비아커피생산자협의회에 대해 들어본 적은 거의 없을 것이다. 이 단체의 본부가 위치한 12층짜리 벽돌 건물의 창문은 어둡게 선팅이 되어 있고 입구에는 금속탐지대가 설치되어 있다. 나는 회의실에서 책상 하나를 사이에 두고 마케팅 담당자 마르셀라와 마주 앉아 있었다. 내 뒤로는 포스터가 걸려 있었다. 어떤 소년이 환하게 웃으면서 칠판에 뭔가를 쓰다가 어깨 너머로 돌아보는 포스터였다. 포스터에는 굵은 활자로 "이 아이의 마음속에는 콜롬비아 커피가 가득 차 있습니다"라고 적혀 있었다. 밑에는 작은 활자로 이렇게 적혀 있었다.

> 펠리페는 콜롬비아 커피에 의지하지만 커피를 마셔서가 아닙니다. 50만 명이 넘는 콜롬비아의 커피 농부들이 뜻을 모아 전국커피기금을 조성하고 6천 개가 넘는 학교를 지었습니다.
>
> 36만 명의 아이들이 산악지대에 살고 있음에도 불구하고 집에서 가까운 초등학교를 다닐 수 있게 되었습니다. 교육받은 소비자들이 '세계 최고의 고품격 커피®'의 진가를 알아봐주신다면 앞으로는 교육받은 농부들이 커피를 재배할 것입니다.

마르셀라에 따르면, 이 단체는 세계 최대의 NGO 농민 단체로, 수출되는 커피에 대해 6센트(68원)의 수수료를 받는다. 투표로 지역 및 전국 대표들을 선출하는 이 단체는 다양한 방법으로 농부들을 지원한다. 기후 변화에 대비하고, 갈수록 늘어 가는 병충해나 전염병을 퇴치할 방법을 연구한다. 현장 기술자들을 커피 생산 지역에 파견해서 우수한 농법과 지속가능성을 농부들에게 교육한다. 그리고 후안 발데스(이밖에도 여러 가지 브랜드와 마케팅 사업이 있다)를 통해 콜롬비아산 커피가 (커피의 미래를 사고파는) 뉴욕선물거래소에서 설정한 C 가격(커피 구매 시 참조하는 기준 가격)보다 높은 프리미엄 가격을 받도록 힘쓴다. 또 '구매 보장' 정책을 통해 그 어떤 농부의 커피든 공표 가격으로 사들인다.

나는 마르셀라에게 운명의 커피 봉지(다 먹은 스타벅스 콜롬비아 로스트

봉지)를 보여주고 나리뇨를 방문할 거라고 말했다.

"나리뇨 커피는 대부분 스타벅스나 네스프레소로 들어가요…… 스타벅스는 C.A.F.E. 프랙티스를 시행하고 있어요. 나리뇨에 가면 볼 수 있을 거예요."

전 세계에서 네 번째로 가치가 높은 작물

여기는 낙원이다. 과즙이 내 팔꿈치에서 뚝뚝 떨어진다. 내 얼굴에는 과육이 잔뜩 묻어 있다. 새콤달콤한 과일에 혀와 볼이 얼얼하다. 검은 개미 떼가 내 발밑에서 바글거리며 구아버 과즙이나 바나나 껍질을 흘려주기를 기다린다.

우리는 나리뇨의 엘 타블론 데 고메스 외곽에 있는 훌리오의 커피밭을 보러 왔다. 하지만 지금은 그냥 과일을 배불리 먹고 있다. 끈적거리는 광란의 파티는 순수하게 시작되었다. 훌리오가 커피나무에서 잘 익은 열매 하나를 따서 내밀었다. 그렇다, 커피나무. 부끄럽게도 나는 얼마 전까지만 해도 커피나무라는 게 있는 줄도 몰랐다. 콩과 비슷하게 생겼으니까 커피도 콩처럼 꼬투리에 싸여 있고 땅에 붙어 자라는 풀에서 나는 줄 알았다. 알고 보니 커피는 사람 키만 한 나무에 달린 열매 속에서 자란다. 반질반질한 나뭇잎을 축 늘어뜨린 커피나무는 말쑥하게 차려입은 교구민이 고개를 숙인 것 같다.

붉은 열매가 나뭇가지에 다닥다닥 붙어 있다. 노란색과 초록색, 빨간색이 섞여 알록달록하다(커피 열매는 대부분 익을수록 초록색에서 노란색으로, 노란색에서 붉은색으로 변한다—옮긴이). 열매는 한꺼번에 모두 수확할 수 없다. 나리뇨에서는 일 년에 두 번 수확한다. 나무 한 그루를 여러 번 들여다보다가 열매가 잘 익었을 때 따야 한다. 나는 오래된 골짜기처럼 닳은 훌리오의 손바닥에서 열매를 집는다. 얇은 과육을 깨물자 약간 단맛이 난다. 하얀 콩(사실은 씨앗)을 손에 뱉고 가만히 들여다본다.

이 씨앗이 모든 소란의 근원이다. 에티오피아에서 기원한 이 씨앗은 오늘날 전 세계에서 네 번째로 가치가 높은 작물이다.[21]

우리는 바나나와 구아버를 먹는다. 훌리오가 조그만 초록색 열매를 건넨다. 그러나 나는 어떻게 먹는지 모른다. 그냥 깨물어 먹는 건가, 아니면 껍질을 벗겨 먹는 건가? 내게는 그만큼 낯선 열매다. 훌리오가 깨물어 먹으라고 일러준다. 어휴, 엄청 시다. 얼굴이 찌푸려지고 눈가에 경련이 일 정도로 시다.

라다르도가 사촌 알프레도에게 긴 막대기를 건넨다. 라다르도는 내가 코스타리카의 어스 대학에서 만난 학생의 아버지이다. 알프레도가 막대기를 오렌지나무 사이로 높이 들어서 휘두른다. 큼직한 자몽만

훌리오(왼쪽)가 라다르도(오른쪽), 라다르도 사촌(가운데)과 함께 어린 커피나무 앞에 서 있다.

한 오렌지 세 개가 투두둑 떨어진다. 나는 아침마다 딸아이에게 해주 듯이 오렌지 껍질을 까기 시작한다.

"그게 아니죠." 라다르도가 나를 말린다. 그러더니 오렌지를 반으로 잘라 먹어치운다. 그의 기술을 따라 하자 과즙이 눈에 튄다.

최고의 오렌지다. 나는 신음소리를 내면서, 후루룩거리며 오렌지를 먹어치운다. 만약 근처에 있는 누군가가 소리만 들었다면 욕정에 불타는 간통의 현장인 줄 알았을 것이다.

우리는 밭을 떠나 홀리오의 집으로 간다. 홀리오의 기다란 벽돌집 앞 콘크리트 판에는 커피가 깔려 있다. 커피를 밟고 지나가자 터지고 으스러진다. 나리뇨에서는 콘크리트 사업이 성황일 것 같다. 농구 코트의 수가 이곳 사람들이 농구를 좋아하는 수준을 한참 뛰어넘는다. 콘크리트의 용도는 단 하나다. 수확 철에 커피를 말리는 용도다. 농구 코트와 콘크리트 판이 비닐로 덮여 있고 그 위에 커피가 깔려 있다. 일

커피를 펼쳐놓은 길을 지나가는 남자와 노새

꾼들은 오전에는 커피를 따고 오후에는 산더미처럼 쌓인 커피 열매를 갈퀴로 긁어서 펼쳐놓는다.

홀리오의 아내 테레즈가 빵 한 접시와 말린 사탕수수로 만든 파넬라 주스를 내온다. 벌써 세 번째 아침식사이지만 돈은 한 푼도 들지 않았다. 라다르도의 집에서 아침을 먹었고, 시내로 나갔다가 식당을 운영하는 라다르도의 사촌을 만났다. 그는 자기네 집에서 엠파나다(아르헨티나식 고기 파이-옮긴이)를 두 개는 먹어야 한다고 고집을 부렸다. 라다르도는 그가 사촌이라고 했지만 사실 라다르도는 모든 사람을 사촌이라고 불렀다. 여기 사람들은 대체 어떻게 장사를 하는지 모르겠다. 이 지역에서 널리 통용되는 화폐는 넉넉한 인심, 친근함, 상부상조인 모양이다. 농장과 식당들을 방문하다가 하루를 마무리할 때쯤이면 뱃속은 커피 두 잔과 파넬라 주스 두 잔, 엠파나다 두 개와 음료수 한 병으로 가득 차고 트럭 짐칸은 유카, 망고, 바나나, 사탕수수 같은 농산물로 가득 차 있을 터였다.

테레즈의 얼굴은 낡은 가죽 부츠처럼 부드럽고 그녀의 미소는 햇살 가득한 바닷가만큼 따사롭다. 두 눈은 스파이더맨 모자 그늘에 가려져 있고, 드레스는 손수 만든 것 같다. 앞치마는 꼭 할머니 되기 종목의 검정 띠처럼 보인다.

"장을 보러 식료품점에 갈 때도 있나요?" 내가 묻는다.

"쌀이랑 설탕을 살 때만요." 테레즈가 답한다. 낙원이다.

"이건 제가 미국 식료품점에서 산 거예요." 나는 스타벅스 빈 봉지를 내민다. "스타벅스라고 들어봤어요?"

테레즈와 홀리오 둘 다 고개를 저으며 "아뇨"라고 답한다.

이틀 동안 똑같은 질문을 수없이 했지만 스타벅스를 들어본 사람은 만나지 못했다. 봉지에 있는 스타벅스의 사이렌 로고를 가리키며 물어보면 다들 봉지에 코를 박고 숨을 깊이 들이마셨다 내쉬면서 얼마냐고 묻는다.

"10달러(11,200원)요."

다들 고개를 갸우뚱거리거나 눈이 휘둥그레지지만, 무례하게 굴거나 12온스짜리 커피 한 봉지를 그 돈을 주고 사다니 한심하다고 여기는 것 같지는 않다. 그들은 그만큼의 원두를 1달러(1,130원)도 안 되는 가격에 판다.[22]

스타벅스의 콜롬비아 농장 조사 보고서(2011년 9월)는 나리뇨 농가 22,000가구가 자사의 C.A.F.E. 프랙티스에 적극적으로 참여하고 있다고 소개한다.[23] 그런데 내 눈에는 하나도 보이지 않는다.

우리는 훌리오와 악수를 하고 테레즈의 볼에 입을 맞춘 뒤 시내로 돌아갔다. 그때 처음으로 스타벅스 로고를 보았다.

어느 집 담벼락 위쪽에 하얀 명판이 붙어 있고 명판 위에는 빛바랜 사이렌 로고가 있었다. 스타벅스 로고가 이렇게 반가운 것은 작년 가을에 우리 동네 스타벅스에서 펌킨 스파이스 라테를 재출시한 뒤로 처음이었다. 사이렌 로고 아래에는 'C.A.F.E. 프랙티스'라고 적혀 있고, 그 밑에 고유번호와 '엠프레사스 데 나리뇨Empresas de Narinõ'라는, 스타벅스의 협력업체인지 현지 수출업체인지 모를 이름이 적혀 있었다.

운명의 커피 봉지를 들고 명판 옆에서 사진을 찍으려고 포즈를 취한다. 나비 모양 귀걸이를 한 할머니가 나와서 무슨 일이냐고 묻는다. 낯선 사람이 자기 집 앞에서 사진을 찍을 때 누구나 그러듯이. 할머니에

운명의 커피 봉지와 엘 타블론의 어느 집 벽에 있는 스타벅스 명판

게 커피 봉지를 보여주고 명판을 가리키면서 나의 임무를 밝힌다.

"난 이게 뭔지 몰라." 할머니는 아무도 자기를 도와주지 않는다고 불평을 늘어놓는다. "스타벅스는 들어본 적도 없어."

"명판은 누가 붙였는데요?" 내가 묻는다.

"엠프레사스 데 나리뇨에서 사람이 나와서 붙여놨지만 날 도와주진 않아. 베네피시오[커피 정제 시설] 세 대를 지어줬다고는 하는데 죄다 자기들이랑 친한 큰 농장에만 해줬다더군."

할머니는 우리를 안으로 데리고 들어가 커피를 널어놓은 마당을 보여준다. 마당은 월세를 준 방으로 둘러싸여 있다. 수동 커피 정제 시설은 마당 뒤편에 있는 어두컴컴한 방에 있다. 엠프레사스 데 나리뇨와 스타벅스에서 지어주는 베네피시오는 전동 디펄퍼를 장착한 두 층짜리 구조물이다. 커피 열매를 넣으면 ─ 중력에 의해 아래로 내려가며 갈리면서 ― 생두만 깔끔하게 튀어나온다.

할머니는 베네피시오 대신 욕조에 특대형 견과류 그라인더를 설치
했다. 약 1.6헥타르의 땅에서 난 커피 열매가 모두 이 장비를 통과한
다. 할머니는 나이가 많아서 50킬로그램짜리 커피 포대를 옮기지도
못하고 커피 열매를 따지도 못한다. 자식들은 새로운 직업을 찾아 떠
났기 때문에 일꾼을 써서 농사를 지어야 한다.

할머니는 콜롬비아커피생산자협의회에도 불만이 있다. 작년부터 1
킬로그램당 1.60달러(1,800원)로 떨어진 현재의 커피 가격이 못마땅하
다. 그리고 한 번도 들어본 적 없는 스타벅스에도 불만이 있다. 그래서
나는 이런 질문을 하지 않을 수 없다. "그럼 명판은 왜 붙여두시나요?"

"근사해 보일 줄 알았지."

마약과 납치, 커피가 공존하는 곳

스타벅스 명판을 한번 발견한 뒤로는 어디서나 보게 되었다. 스타벅스 매장이 맨해튼에 약 200개(1.6제곱킬로미터 안에 8개)가 있다던데 나리뇨는 스타벅스 로고의 밀도가 더 높은 것 같다.[1]

우리는 시내를 걷다가 훌리오의 아들 마르틴의 집 앞에서 멈춘다. 방금 샤워를 마친 마르틴은 젖은 머리를 한 채 나왔다. 그는 원두를 엠프레사스 데 나리뇨에 팔다가 스타벅스를 알게 되었다. 하지만 지금은 스타벅스의 가격이 낮아서 네슬레 소유의 네스프레소와 거래하는 콜롬비아커피생산자협의회에 판다. 네스프레소는 한 잔의 완벽한 에스프레소, 그러니까 조지 클루니가 광고에 나와 "달리 뭐가 있겠어?What else?"라고 감탄할 만큼 완벽한 에스프레소를 생산한다.

"스타벅스가 도움을 주긴 했죠. 하지만 이젠 아니에요. 이곳은 나 몰라라 하고 피탈리토만 도와줍니다." 마르틴이 말한다.

"피탈리토는 차로 50분 가면 나오는 곳이에요." 내 통역을 맡은 현지 영어 강사 크리스티나가 말한다.

"좋아요! 내일은 그곳에 가보죠." 내 말에 라다르도는 귀신이라도 본 듯한 얼굴로 말없이 걸어간다. 라다르도가 비로소 속내를 털어놓은 것은 내가 그의 집에서 이곳 별미인 쿠이Cuy에 앞니를 꾹 박아 넣을 때다.

그나저나 쿠이는 기니피그다. 튀긴 껍질에 조금 붙어 있는 털과 조그만 내장을 보자 고등학교 생물 시간에 해부한 돼지가 생각난다. 내 발밑에서는 살아 있는 작은 기니피그들이 옥외 부엌의 지저분한 바닥에 있는 음식 찌꺼기를 찾아 뛰어다닌다. 아니면 지금 내가 먹고 있는 실종된 동지를 찾기 위한 수색 작전을 펼치는 것인지도 모른다. "리니는 어디 갔어?"라는 그들의 말소리가 들리는 것 같다. (리니는 딸이 제일 좋아하는 〈출동! 원더펫〉에 나오는 기니피그 이름이다. 내가 기니피그 내장을 먹고 있는 걸 딸이 알면 큰일이다.)

라다르도는 사랑하는 사람이 죽었다는 소식을 전하기라도 할 것처럼 내 눈을 가만히 들여다본다. "켈시, 피탈리토 에스 무이 펠리그로소Pitalito es muy peligroso." 피탈리토는 아주 위험해요. 그는 이 말을 하면서 검지로 목을 긋고 하늘을 가리킨다. 대단하군. 나는 여기서 리니를 먹는 게 위험한 일이라고 생각한 터였다.

무장 반군보다 산비탈이 무섭다

"저쪽에 약간 비탈진 곳이 있어요." 펠리페가 내게 경고한다. "진짜로 이 일을 하고 싶어요?"

"그럼요. 제대로 경험해보고 싶습니다."

펠리페는 아무 말도 하지 않는다. 웃어주지도 않는다. 묵묵히 자신의 집에 붙은 '스타벅스 C.A.F.E. 프랙티스' 명판을 지나 뒤뜰의 절벽을 향해 걸어간다. 살면서 '약간 비탈진 곳'이 이렇게 무서웠던 적이 없다. 높아서 그런 게 아니라 산비탈에서 헝겊인형처럼 굴러떨어져 죽을까 봐 무섭다. 오른쪽으로는 나무 꼭대기가 보이고 왼쪽으로는 나무 밑동이 보인다. 주위에는 온통 커피나무와 침식토양뿐이다.

그런데 현기증 날 정도로 가파른 산비탈은 라다르도가 경고한 위험이 아니었다. FARC라는 약칭으로 유명한 마르크스—레닌 게릴라 조직인 콜롬비아무장혁명군을 두고 한 말이었다. FARC는 소농을 대신해서 콜롬비아의 신자유주의 엘리트층, 다국적 기업과 미국의 영향력에 맞서 투쟁한다고 주장하는 반군 조직이다. 그들은 코카 재배 밭을 장악하고 있으며 마약 밀거래와 몸값을 노린 납치로 자금을 마련한다. 내가 콜롬비아에 도착하기 두 달 전, FARC는 공식 홈페이지(트위터 계정도 있다)를 통해 민간인 납치를 중단하겠다고 공표했다. 그러고 나서 몇 주 만에 프랑스 기자 로미오 랑그루아를 납치했다. 랑그루아는 정부군이 코카인 제조업체 소탕 작전을 위해 교전을 벌이며 나리뇨 동부까지 나아갔을 때 동행 취재를 했다. FARC는 랑그루아를 한 달 동안 억류했다가 풀어주었다.[2] 그나마 현 대통령이 엄중 단속 정책을 편친 덕분에 몇 년 전에 비하면 안전해진 것이다.

그러나 콜롬비아 국민들은 여전히 갖가지 고초를 겪고 있다. 콜롬비아 내전으로 인해 약 4백만 명의 시민들(8.4퍼센트)이 고향에서 쫓겨나 난민 생활을 하고 있다. 2008년 유엔난민기구는 나리뇨 주민들이 콜롬비아 최악의 폭력 사태와 탄압으로 신음하고 있다고 공식 발표했다. 마약 밀매업자와 게릴라, 불법 무장단체들은 지뢰를 설치하고 고문과 강간을 자행했으며, 민간인들도 종종 집중공격을 당했다.[3]

라다르도가 전화로 FARC가 있는지를 확인했다. 아마도 이런 통화가 아니었을까. '어이, 친구. 나 라다르도야. 그런데 그링고 하나 데려갈 건데, 거기 FARC 있어? 놈들이 있다면 이 친구를 납치할 거야.'

그런데 그링고('그링고'는 중남미에서 영미인을 비하해서 부르는 말이다—옮긴이). 라틴아메리카의 몇몇 나라 사람들이, 그리고 나리뇨에서 만난 콜롬비아 친구들이 나를 부르는 말이다. 내 몸집이 커서 '그란데'라고 부르는 게 아니라 나의…… 이걸 뭐라고 해야 하나…… 지나치게 그링고스러움을 두고 하는 말이다. 나는 유난히 허여멀겋다. 그리고 스페인어를 할 때 중서부식으로 길게 빼면서 발음한다.

라다르도는 전화선 너머의 반응에 만족한 듯했다. 피탈리토로 가는 길은 비교적 위험하지 않았다. 화산지대에 있는 죽음의 산비탈에 비하면 훨씬 나았다.

우리는 급커브를 돌아서 위험천만해 보이는 산길에서 멈춘다. 펠리페가 산양처럼 산길을 뛰어오른다. 무릎까지 오는 고무장화를 신고도 미끄러지지 않는다. 펠리페가 삽을 던지자 라다르도는 삽으로 산길에 계단을 만들기 시작한다. 마치 에베레스트 산 정상에 오르는 것처럼.

펠리페가 내게 묘목을 주며 산길이 끝나는 지점을 가리킨다. 나더러 묘목을 심으라는 뜻이다. 삽으로 땅을 판다. 먼지만 풀풀 날릴 뿐 삽은 거의 들어가지 않는다. 나는 느릿느릿 삽질을 한다. 숟가락으로 긁어서 조금씩 퍼내는 격이다. 웬만큼 파내자 펠리페가 고개를 끄덕이고는 흙구덩이에 짙은 색 흙을 조금 집어넣으라고 말한다. 그러더니 천천히 몸을 숙여 작은 묘목을 건넨다. 카스티요Castillo라는 품종의 커피나무다. 얼마 전까지만 해도 이 지역의 우점종優點種은 카투라Caturra였다. 하지만 우기가 길어지고 건기가 더 건조해지면서 카투라는 녹병균과 천공충으로 몸살을 앓았다. 그 원인을 지구 온난화에서 찾는 사람도 있다. 콜롬비아커피생산자협의회 소속 연구원들은 이 지역의 환경 변화를 《뉴욕타임스》 칼럼니스트 토머스 프리드먼의 지구 이변global weirding으로 설명한다. 어떤 곳은 폭우에, 어떤 곳은 가뭄에 시달린다. 어떤 곳은 폭염에, 어떤 곳은 한파에 시달린다. 어느 쪽으로든 극단으로 치달아서 날씨를 예측하기 어려워진다. 비가 많이 온 2011년에는 커피가 780만 포대밖에 생산되지 않았고, 콜롬비아의 커피 생산량은 생산을 시작한 지 36년 만에 최저 수준을 기록했다.[4]

　나는 뿌리와 흙을 감싼 비닐을 조심스럽게 벗기고 묘목을 심는다. 가만히 흙을 덮어주다 보니 문득 아이들에게 이불을 덮어주던 때가 그리워진다. 무방비 상태의 어린 나무는 화산과 장엄한 풍경에 둘러싸인 계곡 속에서 한없이 연약해 보인다. 그러나 이 작은 나무는, 그리고 콜롬비아 전역에서 자라는 수많은 나무들은 화산이 이곳의 풍경을 형성했듯이 이곳 사람들의 삶을 하나하나 만들어왔다.

　콜롬비아에서는 마을의 절반 이상이 커피 농사를 짓는다. 커피 산업은 2백만 명을 직접 고용하고 2배가 되는 인구를 간접 고용한다.[5] 일각에서는 나리뇨의 화산토에서 커피 농사를 지으면 커피나무에 특별한 성질이 더해져 품질이 향상된다고 믿는다. 2010년 컵 오브 엑셀런스(전 세계 커피 전문가들이 커피를 심사하는 품평회)에서 콜롬비아의 최고 생산지로 선정된 농장 21곳 중에서 17곳이 나리뇨였다. 우승자의 커피는 온라인 경매로 판매된다. 세계 최고의 커피 생산국 중 하나로 손꼽히는 나라에서 최고급 커피를 생산하면 적절한 보상이 따른다. 나리뇨의 최고급 커피는 0.45킬로그램당 40달러(4만 5천 원)에 팔린다.

커피는 재킷을 주고 셔츠를 가져간다

하지만 컵 오브 엑셀런스에서 수상해야만 커피가 농부의 삶에 영향을 미치는 것은 아니다. 산비탈의 커피 밭으로 출발하기 전에 펠리페는 우리를 집으로 불러 아내와 세 자녀를 소개했다. 방 한구석의 책상에는 델 컴퓨터가, 그 옆에는 삼성 LCD 모니터가 놓여 있었다. 반대편에는 HP 프린터 상자 두 개가 쌓여 있었다. 사람의 왕래가 드문 오지라 해도 저렴한 맛에 쓰다 버리는 프린터는 피할 수 없었나 보다. 검은 물체에서 초록색 불빛이 깜빡거리면서 인터넷 연결 상태를 알렸다. 펠리페의 집 근처에는 고속도로는커녕 일반도로도 없지만 정보의 초고속도로는 그의 집을 곧바로 지나갔다.

펠리페의 집까지 물건을 운반하려면 사람이나 짐승이 산을 타야만 했다. 이렇게 짐을 짊어지고 반시간이나 산을 타야 한다면 내 삶에서 쓸모없는 물건이 얼마나 줄어들지 궁금했다. 펠리페와 그의 가족은 어쩔 수 없이 필요성과 무게를 저울질해야 한다.

펠리페의 큰아들 요바니가 탄산음료가 가득 든 봉지를 들고 들어왔다. 콘스 캔버스 운동화와 큼직한 꽃무늬가 그려진 보드 반바지는 캘리포니아의 해변에 데려다놔도 손색이 없었다.

"제가 가르치던 학생들 중 하나였어요!" 내 통역인 크리스티나가 큰 소리로 말했다. 요바니는 학교를 옮겼다. 엘 타블론에 있는 학교를 다니려면 꽤 오래 걸어야 했고 버스를 타야 했기 때문이다.

"지금 졸업반이에요. 나중에 나리뇨 대학에 가고 싶어요."

"뭘 전공하고 싶니?" 내가 물었다.

"영어를 공부해서…… 영어 선생님이 되고 싶어요."

"어머나!" 영어 교사가 대견함으로 인해 연소되는 게 가능하다면 크리스티나는 위험했다. "애가 얼마나 똑똑한 학생이었는데요."

요바니는 열여덟 살다웠다. 그의 페이스북은 〈심슨네 가족들〉과 록밴드 그린데이, 한껏 멋을 부린 같은 반 여학생들, 친구와 수영장에서 다이빙하는 모습을 찍은 동영상으로 도배가 되어 있었다. 크리스티나는 이 지역 아이들의 5퍼센트만 대학에 진학하는 것 같다고 말했다. 나머지 아이들은 대부분 밭에서 일하느라 학교에 매일 가지 못한다. 특히 수확 철에는 학교마다 집단 결석이 발생한다. 방 한구석의 컴퓨터는 자식들을 교육시키겠다는 펠리페 부부의 의지의 표현이었다. 요바니가 5퍼센트에 속할 가능성이 높은 이유이기도 했다.

그래서 펠리페는 딜레마에 빠졌다. 자식들을 공부시켜 마을 밖의 넓은 세계로 보내면 농장에 남아 일할 사람이 없을 터였다. 실제로 젊은 사람은 남지 않았다. 콜롬비아 커피 농부의 평균 연령은 55세다.[6]

펠리페는 1.6헥타르의 농지에서 재배한 커피를 스타벅스에 공급하는 데 자부심을 느꼈다. "엠프레사스 데 나리뇨 사람들이 말하길, 우리 집 커피가 특별해서 스타벅스에서 사가는 거라고 했어요. 인증서도 받았고요."

펠리페는 베네피시오로 커피를 정제할 수 있지만 불행히도 스타벅스는 베니피시오를 설치해주지 않았다. 그래도 그는 엠프레사스 데 나리뇨에서 한 달에 한 번씩 찾아와주는 데서 의미를 찾았다. "그 사람들이 농장과 집을 청결하게 유지하고 강을 관리하는 법을 알려줘요. 지금은 커피가 더 깨끗해지고…… 더 좋아졌어요. 저도 어떻게 해야 우리 농장을 더 잘 관리하고 돈도 더 많이 벌어서 식구들을 먹여 살릴 수 있는지 압니다."

"이웃들도 C.A.F.E. 프랙티스 인증을 많이 받았나요?"

"몇 집만."

"그럼 이 집 커피가 다른 집 커피보다 낫나요?"

"음." 펠리페는 잠시 뜸을 들였다. 이런 질문에는 대답하기 싫은 눈치였다. 떠벌리는 걸 좋아하는 성격은 아니지만, 그렇다고 노동의 결실을 하찮게 말하는 것도 그의 성격에는 맞지 않았다. "그렇죠." 펠리페는 이렇게 답하고는 스타벅스 인증에서 내세우는 건조 기준을 대략적으로 설명했다.

"이웃들보다 커피 값을 더 받나요?"

"예. 그러니까 우리는 네스프레소에서도 인증을 받았는데, 거기서는 1킬로그램당 [28센트(315원)]를 얹어줘요."

"스타벅스도 값을 더 쳐주나요?"

"아뇨."

"이거 한 봉지가." 나는 집에서 가져온 3분의 1킬로그램짜리 봉지를 가리켰다. "10달러(11,200원) 정도거든요."

"우리는 1킬로그램에 고작 [2.80달러(3,150원)]를 받아요." 말하자면 펠리페는 내가 들고 있는 10달러짜리 커피 한 봉지에 93센트(1,050원)를 받는 셈이다. 세계는 커피를 더 많이 마시고, 커피를 마시는 특권에 돈을 더 많이 지불하지만 안타깝게도 펠리페 같은 농부들의 형편이 좋아지는 것은 아니다. 1991년 전 세계의 커피 수익은 약 300억 달러(33조 7천억 원)였다. 현재는 2배로 증가해서 700억 달러(78조 8천억 원)에 달한다. 1991년에는 커피 재배국이 수익의 40퍼센트를 가져갔다. 하지만 2012년에는 10퍼센트만 가져가도 많이 가져가는 것이다. 소비자는 커피에 돈을 더 많이 쓰는데 생산자는 오히려 돈을 적게 번다. 중간에 있는 누군가가 양쪽으로부터 돈을 챙기는 것이다.

2004년에 출간된 책 『커피: 검은 역사Coffee: A Dark History』의 저자 앤터니 와일드는 이런 현실이 "커피 무역의 혜택을 누리는 당사자가 근본적으로 달라진 현상"을 잘 보여준다고 지적한다.

펠리페가 소규모의 농민 단체를 통해 엠프레사스 데 나리뇨에 커피를 팔면, 이 업체는 다시 스타벅스에 팔고, 스타벅스는 커피를 로스팅해서 소비자에게 판매한다. 펠리페는 커피나무 한 그루를 2년 동안 보살피고 키우면서, 다시 말해 가파른 산비탈에 올라가 열매를 하나하나 보살피고 따고 원두를 건조하면서 일주일에 40시간씩 일한 대가로 커피 한 봉지 소비자 가격의 10퍼센트를 가져간다. 수출업체에서 10퍼센트를 가져가고, 운송업체와 로스팅업체에서 55퍼센트를 가져가며, 소매업체에서는 25퍼센트를 가져간다. 하지만 이렇게 분석하면 커피의 가치 사슬을 지나치게 단순화할 위험이 있다.[7] 일각에서는 커피 원두가 생산자로부터 소비자에게 오기까지 150번 이상 주인이 바뀔 수 있다고 본다.[8]

게다가, 농부의 이익에서 멀어진 가치 사슬과 싸우는 문제는 아무것도 아니라는 듯이 커피 가격까지 큰 폭으로 요동친다. 커피 가격은

2000년대 초에 급락했다. 1989년에 와해된 국제커피협정은 회원국별로 수출 가능 물량을 조절해서 가격이 지나치게 떨어지거나 오르지 않도록 유지해주는 역할을 했다. 그러나 협정이 효력을 잃자 베트남에서도 커피를 생산하기 시작했고 10년도 안 돼서 세계 3대 커피 생산국이 되었다. 세계 최대의 커피 생산국인 브라질은 커피 생산 규모를 대폭 확장하면서 사람이 아닌 기계와 비행기를 이용해 농사를 지었다. 결국 라틴아메리카의 농부 수십만 명이 커피 농사를 포기했다. 콜롬비아 농부들 중 일부는 마약 사업에 뛰어들어 코카인의 원료인 코카나무를 재배하기 시작했다.

스타벅스 같은 커피 기업들은 시장의 붕괴로 이익을 챙겼다. 커피 가격은 1997~2002년에 80퍼센트나 하락했지만 스타벅스의 소비자 가격은 27퍼센트 감소하는 데 그쳤다.[9] 커피 농부의 삶을 단적으로 보여주는 브라질 말이 있다. "커피는 재킷을 주고 셔츠를 가져간다."[10]

"생산자와 소비자 사이에 중간상이 너무 많아서 문제예요. 미국에서 누군가가 와서 우리 커피를 직접 사가는 게 가능할까요?" 펠리페가 말한다. 펠리페의 소망은 커피의 가치를 제대로 평가해달라는 것이다. 중량이 아니라 품질로 말이다. 그는 커피가 탈상품화되기를 바란다.

농부는 신을 믿을 수밖에 없다

평생 이토록 나무에 바짝 붙어 있었던 적이 없다.

나는 장엄한 안데스 산맥 꼭대기의 고산지대, 언제라도 폭발할 것 같은 험준한 화산지대에서 커피나무에 올라앉아 필사적으로 매달린다. 이 흔들리는 나무 한 그루만이 산비탈 저 아래 천 길 낭떠러지로 떨어지지 않도록 해준다. 누군가가 지금 내 모습을 찍어 사진 아래에 "조금만 더 힘내Hang in There"라고 설명을 달아놓으면 분명 어느 고양이의 방에 붙어 있을 것이다 (한때 새끼고양이가 나뭇가지에 매달린 사진 밑에 "조금만 더 힘내!"라고 적힌 포스터를 붙이는 것이 유행이었다—옮긴이).

떨어져 죽지 않으려고 안간힘을 쓰며 커피를 따고 있는 나

뙤약볕 아래에서도 펠리페의 완벽하게 쓸어 넘긴 이마에는 땀 한 방울 맺히지 않는다. 그는 미끄러운 화산토 위에 태연히 서서는 지루해 죽겠다는 표정이다. 나를 커피 밭 일꾼으로 써주기로 한 걸 후회하고 있는 모양이다. 아무리 하루 일꾼이라도.

나는 마지못해 나무에서 내려온다. 똑바로 서 있을 수가 없어 주저앉는다. 엉덩이를 바닥에 대고 산길을 따라 미끄러진다. 몸도 제대로 가누지 못하는데 펠리페의 파란 양동이까지 배에 매달려 있어 더 불편하다. 허리에 매달아야 하는데, 펠리페의 허리 사이즈는 26인치다. 양동이를 내 몸에 단단히 매달려면 하는 수 없이 위장을 흉강까지 끌어올리고 숨을 들이쉬어야 했다.

다른 일꾼들이 밭에 나와 있을 줄 알았는데 아무도 없다. 다들 잘 영근 열매를 모조리 따서 가버린 것이다. 어쨌든 나는 열매를 딴다. 밭

볼 너비 정도의 오솔길을 딛고 서 있는데 신발이 미끄러진다. 불편하고 어정쩡한 자세를 이리저리 바꿔본다. 체중을 한 발에 실었다가 다른 발에 옮겨 싣는다. 신발 속에서 발가락이 땅을 움켜잡는다.

나무를 하나씩 훑지만 수확은 보잘것없다. 주위에 있는 나무를 다 훑고 나면 옆 고랑으로 엉금엉금 기어서 올라간다. 파란 양동이가 배를 눌러 숨쉬기가 힘들다. 나는 적도의 태양 아래서 잔뜩 긴장한 채 삐질삐질 땀을 흘린다. 죽기 살기로 나무에 매달려 있는데, 누군가 손으로 내 엉덩이를 밀어 올린다. 나는 그런 식으로 꼭대기까지 올라갔다가 다시 미끄러져 내려오면서 이번에도 폴 댄스를 추듯이 다리를 벌리고 나무에 매달린다. "매번 이런 식으로 일합니까?" 내가 펠리페에게 묻는다. 아무 대꾸도 없다. 5대째 커피 농사를 짓고 있다는 그는 매일 이 산비탈에서 커피나무 4천 그루를 돌본다. 어쩐지 그가 나보다 좀 더 능숙하게 일하는 느낌이 든다.

산비탈에서 커피를 따는 것은 내 인생에서 가장 숙연해지는 경험 중 하나다. 추락한다면 꽉 동여맨 벨트 때문에 몸이 두 동강 날 위험이 높은 익스트림 스포츠 같다. 펠리페뿐만 아니라, 커피가 융단처럼 깔린 이 계곡에서 일하는 농부들은 매일 이렇게 일한다. 그들은 나르고, 끌고, 심는다. 커피를 이렇게 재배하는 줄은 꿈에도 몰랐다.

사실 농사는 기술이란 게 필요 없을 줄 알았다. 내가 일손을 거들면 도움이 될 줄 알았다. 나는 체격이 건장한 편이다. 그래서 산비탈에 있는 어느 누구보다도 너끈히 짐을 짊어지고 나를 수 있을 줄 알았다. 그런데 도움이 되기는커녕 누구 한 사람이 산비탈에 서서 나를 지켜봐줘야 한다. 내가 미끄러지면서 투덜대고, 끙끙대고, 땀을 뻘뻘 흘리고,

욕설을 내뱉는 과정을 지켜봐줘야 한다. 원래는 바구니 가득 열매를 따서 펠리페의 집까지 날라줄 계획이었다. 그런데 45분(보통 한 사람이 바구니 하나를 채우는 데 걸리는 시간)이 됐는데 여전히 바구니 바닥이 보인다. 내가 펠리페를 돕는 게 아니라 그가 나를 돕고 있다. 나는 예의상(아니, 솔직히 말하면 죽을까 봐 무서워서) 이쯤에서 중단하기로 한다.

나의 '수행원'들이 하나둘씩 내 바구니를 흘깃 들여다보고는 어처구니없는 수확량을 비웃지 않으려고 안간힘을 쓴다.

내려오는 길에 아까 심었던 나무 앞에 멈춰 서서 물통을 꺼낸다. 반짝이는 나뭇잎에 물 반 통을 붓자 물줄기에 잎이 흔들린다. 나는 잠시 이 나무와 나무를 돌보는 사람들을 생각한다. 이런 땅에 나무를 심으면서 나무가 죽지 않고 무성하게 자랄 거라고 믿고, 그 덕분에 가족이 살아남아 번창할 거라고 믿는다는 것 자체가 기적처럼 보인다. 그러니 농부는 신을 믿을 수밖에 없다.

언젠가 이 나무에서 딴 커피를 나나 누군가가 마실지도 모른다고 생각하니 오묘한 기분이 든다. 비가 오든 해가 나든 펠리페는 그의 할아버지의 할아버지가 그랬듯, 이 산비탈에서 커피나무를 돌볼 것이다. 우리가 매일 아침 대수롭지 않게 마시는 커피를 기를 것이다. 저절로 고개가 숙여진다. 커피는 권리가 아니다. 커피는 생계이자 인터넷 연결이다. 그들의 일이 커피이고, 그들의 삶은 서로에게 달려 있다.

CHAPTER 3

인생을 바꾸지 못한다면
무슨 소용인가

우리는 하루 종일 커피 농가를 찾아다닌다. 스타벅스 C.A.F.E. 프랙티스 명판이 달린 집마다 물어보면 절반은 스타벅스를 모른다고 말한다. 안다는 사람들은 이렇게 말한다. "엠프레사스 데 나리뇨 사람들이 6년 전에 와서 약속했어요. 스타벅스가 우리를 도와줄 거라고요. 우린 아직도 기다리고 있어요." 또 어떤 사람들은 인맥이 있어야 베네피시오를 받을 수 있을 거라고 짐작한다. 누군가가 길을 따라 좀 더 내려가면 얼마 안 되는 행운을 거머쥔 집이 나온다고 일러준다.

우리는 산자락을 깎아 만든 빈 마당에 들어선다. 어느 캄캄한 방 앞에서 서성이는데 안에서 점심식사 하는 소리가 난다. 한 여자가 나와 우리를 데리고 문 세 개를 지나쳐 침실로 안내한다. 콘크리트 블록으로 만든 큰 방에는 침대 세 개가 나란히 놓여 있다. 내 뒤쪽 벽에는 '아이디어 상자'라고 적힌 판지 상자가 매달려 있다. 상자는 비어 있다.

"여기 사람들이 얼마나 인심이 좋은지 아시겠죠?" 크리스티나가 말한다. "전혀 모르는 사람한테 가장 사적인 방을 내주잖아요."

방 안에는 졸업 사진과 콜롬비아 축구팀 사진, 그리고 작은 말을 탄어떤 남자(흑백 사진이고 나이가 많은 걸로 봐서는 할아버지인 듯하다)의 사진이 있다. 내가 크리스티나에게 반대편 벽에 붙어 있는 분홍색 장식에 대해묻자, 그녀가 답한다. "저건…… 여자들이 매달 챙겨야 하는 그날을확인하는 방법이에요. 저절 장식으로 걸어놨네요." 크리스티나는 또이 고장에서는 한 침대에서 두세 명이 자기도 한다고 말한다.

분홍색 셔츠에 날렵한 아디다스 운동복 바지를 입고 푸른 진주 귀걸이를 한 여자가 들어오고 그 뒤로 여자아이가 졸졸 따라온다. 아이는 놀란 눈으로 나를 보더니 밖으로 달아난다. 여자가 웃으면서 자신을 소개한다. 플로르는 이 집의 가장인 듯하다. 6년 전 엠프레사스 데나리뇨가 찾아와 복권 추첨을 했다고 한다. 플로르가 당첨됐고, 스타벅스에서는 베네피시오를 지어주었다.

"베네피시오는 공짜였어요. 우리는 그저 공사하는 막일꾼들에게 음식과 지낼 곳을 마련해주면 됐죠." 플로르가 초록색 생두 한 줌을 한손에서 다른 손으로 쏟으면서 말한다. "여기선 카스티요를 길러요. 카투라는 문제가 많거든요. 지난 1월에 바꿨어요."

여덟 식구가 방 세 칸짜리 집에서 산다. 여덟 식구가 0.8헥타르의 땅으로 먹고산다. 대부분의 식구들이 플로르보다 나이가 많아서 수확철에는 일꾼을 써야 한다. 어머니와 아버지, 할머니와 할아버지, 이모와 이모부, 이제 여덟 살이 된 아들 다윈의 생계를 책임져야 해서 중압감이 이만저만이 아니다.

"무초 구스토(만나서 반가워), 다윈!" 나는 모퉁이에서 고개를 빼꼼 내밀고 쳐다보는 플로르의 아들에게 인사를 건넨다.

플로르가 고개를 뒤로 젖히며 웃는다. "다르웨엔!" 그녀는 아들 이름의 정확한 발음을 알려주려 한다.

"다르웨에엔도 커피 밭에서 일할까요?"

"예, 아들이 좋아해요. 공부를 계속 시키고 싶은데 아이는 커피 농사를 짓고 싶다네요."

콜롬비아에서 일할 수 있는 최소한의 나이는 15세이고 법적으로 8세 아동이 밭에서 일하면 최악 형태의 아동노동으로 간주된다. 국제노동기구ILO는 '최악 형태의 아동노동'을 노예, 인신매매, 빚을 담보로 노예처럼 부리는 행위, 아동을 매춘이나 포르노에 이용하는 행위, 마약 생산, 그리고 "본질적으로 또는 환경으로 인해 아동의 건강과 안전, 정신을 해칠 가능성이 있는 노동"으로 정의한다. 어쨌든 플로르는 아들을 사랑하고 아들은 커피 밭에서 일하고 싶어 한다. 이 모든 법률 용어는 주로 국제무역을 목적으로 하며, 서방 국가들이 스스로 위안을 삼으려고 만들어낸 것이다.

"아들이 성인이 되면 무슨 일을 하기를 바라세요?" 내가 묻는다.

"저는 우리 애가 건설 노동자가 되면 좋겠어요."

"아드님이 여기에 남기를 바라세요?"

"도시에는 잘살 수 있는 기회가 더 많아요."

"도시에서 살고 싶으세요?"

"아뇨, 여기가 제 집이에요. 그래도 제가 희생해야죠. 우리 아들을 위해서라면 어디든 갈 거예요. 엄마들은 자식한테 좋은 거라면 뭐든

하잖아요."

　플로르의 가족은 해마다 커피 1,000킬로그램을 생산해서 300킬로
그램을 엠프레사스 데 나리뇨에 판다. 플로르가 영수증을 보여준다.
40킬로그램을 1킬로그램당 3.19달러(3,600원)에 팔았지만 다시 1킬로
그램당 11센트(124원)를 엠프레사스 데 나리뇨에 되돌려주었다. 이렇
게 사례금으로 돌려준 금액은 영수증에 적지 않는다. 네스프레소와 공
정무역 인증이 장려금을 제공하는 데 반해, 엠프레사스 데 나리뇨(궁극
적으로는 스타벅스)는 물건을 사주는 대가를 요구한다.

　"엠프레사스 데 나리뇨에서 커피 밭을 조사하러 나오나요?"

　"기술자들이 와서 도와주지는 않아요. 동네 사람들이 도와주죠."

　"이렇게 큰 시설을 지어주고도 와서 점검한 적이 없다고요?"

　"네, 한 번도 안 왔어요. 우리는 커피에 관해 어디 가서 배울 곳이 없

플로르와 가족들

어요. 동네 사람들한테 배우죠."

스타벅스의 협력업체인 엠프레사스 데 나리뇨에 한결같은 구석이 있다면 바로 이런 모순일 것이다.

플로르는 자신이 복권에 당첨되었다고 말한다. 어느 정도는 그렇다. 베네피시오를 짓는 데 들어가는 5,000달러(560만 원)는 연간 커피 매출보다 많은 금액이니까. 혹자는 베네피시오를 지어주는 혜택을 얻는 사람은 엠프레사스 데 나리뇨의 기술자들과 친한 사람들이거나 커피 농사를 크게 짓는 사람들뿐이라고 주장한다. 펠리페는 엠프레사스 데 나리뇨에 자문을 구해서 혜택을 봤다고 말하지만 플로르 같은 사람들은 몇 년 동안 기술자는 본 적이 없다고 말한다. 이야기가 저마다 다르지만 집 앞에 붙은 명판(C.A.F.E. 프랙티스)만은 똑같다.

열심히 일해도 남는 게 없다

이런 현실이 사실 그리 놀랍지는 않다. 스타벅스도 자신들이 하는 일과 나리뇨에 미치는 영향에 대해 다소 혼란스러워하는 것처럼 보인다. 국제보존협회(C.A.F.E. 프랙티스 개발에 일조한 비영리 감시기구)에서 스타벅스를 위해 작성한 2011 현장 보고서를 잠깐만 훑어봐도 이런 현실이 드러난다. 이 보고서는 한 가지 사실을 언급한다.

전체적으로 이 사업이 지역사회와 환경에 긍정적인 영향을 미치고 참여 자들은 사업 참여를 소중한 기회로 받아들이는 것으로 나타난다.

그러고는 전혀 다른 결과를 언급한다.

참여 농가와 비참여 농가의 상품 판매가는 큰 차이가 없다.

이 35쪽 분량의 보고서는 C.A.F.E. 프랙티스 참여자와 비참여자 간의 비교적 사소한 차이를 밝히는 내용이 대부분이다. 보고서가 주목하는 장점은 참여 농가들이 추후에 네스프레소의 AAA 지속가능 품질 프로그램AAA Sustainable Quality Program과 열대우림연맹Rainforest Alliance, 공정무역Fair Trade에도 참여할 가능성이 높다는 것이고 "대다수가 C.A.F.E. 프랙티스에서 시작"한다는 것이다.

보고서에서 밝히는 가장 긍정적인 측면은 참여 농가의 경우 자녀들 중 맏이와 10대 청소년들의 79퍼센트가 학교에 다니고 비참여자의 경우 자녀들의 69퍼센트가 학교에 다닌다는 사실이다. 하지만 이 긍정적 발전에 기여할 줄 모르는 인증기관들(사례금도 내주는)이 또 있을까. 내가 만난 농부들은 네스프레소에 팔기를 원했다. 왜냐하면 돈을 더 벌 수 있기 때문이다. 물론 지속가능성은 중요하고 농업 기술로 산출량이 증가할 수 있다. 하지만 실제로 농부들이 돈을 더 많이 벌지 못한다면 무슨 소용일까? 참여한 농가들은 조사관을 상대하고, 서류를 제출하고, 필수 요건을 충족시켰음에도 불구하고 참여하지 않은 이웃들과 수입이 똑같다.

스타벅스에 커피를 판매하는 농부들을 찾아다닌 것은 내가 처음이 아니다. 퓰리처상을 수상한 저널리스트 톰 너드슨은 에티오피아 최대의 커피 농장인 게마드로 농장을 찾아간 적이 있다. 게마드로는 스타벅스의 '블랙 에이프런 익스클루시브' 시리즈라는 고급 원두를 공급하는 농장이다.[1] 이 커피는 고급스러운 검은색 상자에 담겨 있고, 상자에는 이 농장의 환경과 사회적 실천을 칭송하는 문구가 적혀 있다.

> 깨끗한 물과 자연 그대로의 재배 환경에서 철저한 환경 보존 농법으로 재
> 배하는, 2300헥타르(5,700아르)의 게마드로 농장은…… 진보적이고 지속
> 가능한 커피 농업의 새로운 기준을 세우고 있으며…… 이 농장의 일꾼들
> 과 그들의 가족들은 깨끗한 식수와 의료 서비스, 주택과 학교를 제공받
> 습니다. 이 모든 것이 사회와 환경에 대한 책임을 다하자는 신념에서 나
> 온 결과입니다.

그러나 너드슨이 목격한 현실은, 프리미엄 가격에 팔리는 상자에 적
힌 것과는 매우 달랐다. 에티오피아의 한 환경단체는 게마드로 농장이
이 나라의 얼마 남지 않은 삼림들 중 하나를 파괴하고 있으며 결과적
으로 이곳 부족들의 생계를 위협한다고 주장했다. 현지 주민들은 수
확 철이 되면 강에서 말 사체가 썩는 것 같은 악취가 나고, 걸쭉한 물
질이 잔뜩 떠다닌다고 말했다. 어류 개체군도 감소했다.

게마드로 농장의 노동자들은 일당으로 66센트(743원)를 받았다. 미
국 무부의 에티오피아 인권 보고서에 따르면, 최저임금보다 11센트
(124원)가 많긴 하지만 여전히 생활임금('생존'을 넘어 '인간다운 삶을 영위하
기 위한 최소한의 임금—옮긴이)에는 미치지 못한다. 이 농장은 가장 가까운
도시로부터 55킬로미터쯤 떨어져 있다. 도시에 가야 생필품을 살 수
있는데 버스비가 나흘 치 임금과 맞먹는다. 스타벅스가 15,000달러
(1,690만 원)를 들여 세운 진료소와 학교도 마을 원로들은 "관료주의적
이고 비능률적인" 곳으로 여긴다. 너드슨에 따르면 이 농장은 사우디

셰이크 모하메드 알 아무디라는 에티오피아 출신의 억만장자가 소유하고 있다. 《포브스》지가 세계 최고 부자 중 하나로 꼽은 사람이다.

너드슨이 조사한 스타벅스 상품 중에서 에티오피아 시다모 원두는 0.45킬로그램당 10.45달러(11,770원)에 팔렸다. 커피 봉지 옆면에는 "좋은 커피가 좋은 일을 합니다"라는 문구와 함께 마케팅을 위한 또 다른 이야기가 적혀 있다.

> 스타벅스는 저희 커피를 재배하는 농부들이 저희나 여러분과 연결되어 있다고 믿습니다. 그래서 커피 재배 지역의 지역사회와 연계해서 농부들이 가족을 부양하는 데 도움이 될 만큼 가격을 책정하고…… 에티오피아 시다모 지역에 다리를 놓는 사업을 위한 기금을 조성해서 농부들이 안전하게 물건을 판매하도록 도와주고…… 여러분은 이 커피를 마시면서 변화를 이끌어내는 데 일조하고 있습니다.

꼭 그렇지는 않다. "커피를 심고 수확해도 남는 게 없어요." 스타벅스가 놓아준 다리 옆에 살면서 작게 농사를 짓는 뮤엘 알마가 너드슨에게 한 말이다.

"〔커피〕 가격을 잘 받으면 여기 사람들이 직접 다리를 놓을 수 있어요." 스타벅스에 커피를 공급하는 10만에티오피아농민협동조합의 조합장인 타데세 메스켈라는 너드슨에게 이렇게 말했다. "언제까지나 구걸하는 입장이 되어야 하는 건 아니잖아요."

전반적으로 농장의 환경과 생활 조건은 여느 에티오피아 커피 농장과 별반 다르지 않았다. 다만 다른 농장은 스타벅스의 C.A.F.E. 프랙티스 인증을 받지 않았을 뿐이었다. 너드슨은 스타벅스 관계자가 농장을 방문한 적이 없다는 사실을 밝혀냈다. 대신에 캘리포니아 에머리빌의 과학인증시스템Scientific Certification Systems에 비용을 지불하고 C.A.F.E. 프랙티스 조사를 의뢰했지만 그 인증기관도 농장에 가지 않았다. 대신 아프리카 현지 업체에 조사 업무를 위탁했다. 너드슨이 파헤치고 다니기 시작하자 현지 업체는 해당 조사관을 해고했다.

스타벅스의 사회적 책임 담당자인 데니스 매크레이는 "어떤 시스템이든 문제는 발생할 수 있다"라고 대응했다. 하지만 일각에서는 스타벅스 C.A.F.E. 프랙티스가 환경운동가들의 입막음만을 위한 영리한 마케팅 전략이 아닌지 의문을 던진다.

스타벅스의 세계 커피 조달 책임자인 더브 헤이 상무는《세크라멘토 비》에서 C.A.F.E. 프랙티스에 회의적인 의견을 보이자 이렇게 반박했다. "콜롬비아 나리뇨에 한번 가보세요. 우리는 커피 세척 장치와 주민들을 위한 위생 시설과 주택을 1,800개나 지어줬어요…… 말 그대로 한 지역의 얼굴을 바꿨지요…… 라틴아메리카 전역에서 똑같은 일을 했어요. 주민들은 이걸 스타벅스 효과라고 불러요."

나는 콜롬비아 나리뇨에 있고, 내가 만난 농부들 대다수는 스타벅스 효과는커녕 스타벅스라는 이름조차 들어본 적이 없다. 한 지역의 얼굴을 바꾼다는 말이 명판만 잔뜩 붙인다는 뜻이라면, 임무 완수!

아이패드 1대 vs 최고급 커피 250킬로그램

"커피 한잔하실래요?" 플로르가 묻는다. "지금까지 마셔본 커피 중 가장 맛있을 거예요."

플로르가 우리를 철기 시대의 냄비와 가마솥이 놓여 있는 중세의 부엌으로 안내한다. 부엌의 벽은 불에 그을려서 얼룩덜룩하다.

"부엌이 마음에 들지 않아요." 플로르가 말한다.

"제 아내도 부엌을 좋아하지 않던데요." 무신경한 소리인 줄 모르고 한 말이긴 하지만 사실이다. 아내는 주방을 마음에 들어 하지 않는다.

플로르의 이모와 어머니가 설거지를 하며 분주히 움직인다. 그녀들은 커피를 갈아 대장장이가 망치와 모루로 만든 것 같은 가마솥에서 볶는다. 나는 스타벅스 원두를 사다 마시기 시작하면서, 진정한 나의 커피(그리고 커피를 내리는 경험)를 만났다고 생각했다. 물 30밀리리터를 전자레인지에 넣고 음료 버튼을 누른다. 블랙앤데커 커피 그라인더를 누르면 원두가 몇 초 만에 갈려서 나온다. 원두와 뜨거운 물을 프렌치 프레스에 넣고 4분을 기다린다. 그러면 끝이다. 맛있는 커피 한 잔을 위해 기꺼이 시간을 투자하는 나 자신에게 꽤 감동했다. 지금까지는 말이다.

플로르의 이모가 진흙 아궁이에 나뭇가지를 하나 더 넣는다. 이제 나뭇가지 여러 개가 삐죽삐죽 튀어나와 있다. 나뭇가지가 다 타자 나뭇가지를 더 넣는다. 마당 우물에서 길어온 물 한 주전자를 끓이려면 시간이 걸릴 것이다. 플로르의 어머니가 커피 거름망 몇 개에 커피를 담는다. 물이 끓자 커피에 물을 붓는다.

"커피는 매일 드세요?" 커피 만들기의 수고스러움을 지켜본 내가 묻는다. 내가 아침상을 차리는 데도 이보다는 시간이 덜 든다.

"예. 매일. 적어도 하루에 세 잔은 마셔요. 여기서는 아기들도 돌만 지나면 커피를 마셔요. 엄마들이 젖에 커피를 타서 먹이거든요."

이곳 아이들이 문자 그대로 날 때부터 커피를 마신다는 말은 들어봤지만 이런 식의 카페 콘 레체(밀크 커피—옮긴이)를 먹는다는 소리는 처음 들었다. 플로르의 얼굴이 잠깐 굳어지더니 웃음을 터트린다.

"커피에 우유를 넣을까요?"

"아뇨, 괜찮습니다. 블랙으로 마실게요." 내가 대답한다. "프라페를 마셔본 적 있나요?" 나는 이렇게 물으면서 프라페가 뭔지 설명한다.

"우일라에서 한번 먹어봤어요. 맛있더군요."

"미국에서는 프라페가 5달러(5,600원)까지 해요."

"가공비가 아주 비싸네요. 미국과 콜롬비아가 새로 협정을 맺었으니 이제 우리도 커피로 돈을 더 벌 수 있으면 좋겠어요."

미국과 콜롬비아가 새로 맺은 자유무역협정을 두고 하는 말이다. 콜롬비아가 미국으로 수출한 첫 번째 면세품은 장미였고, 미국이 콜롬비아로 수출한 첫 번째 면세품은 할리데이비슨이었다. 콜롬비아 입장에서는 장미를 주고 오토바이를 받은 것이다. 자연을 주고 기계를 받은 셈이다. 원자재를 주고 첨단기술 완제품을 받은 것이다.[2]

콜롬비아에서는 자유무역협정에 대한 비판의 목소리가 거셌다.

"우리가 아이패드 한 대를 사는 값으로 미국은 최고급 커피를 250킬로그램이나 가져갑니다." 보고타의 호르헤 타데오 로사노 대학에서 경제 연구를 담당하는 파울라 아리아스는 《월스트리트저널》에서 이렇게 말했다. "그들의 이윤은 50퍼센트이고 우리의 이윤은 5퍼센트입니다."[3]

한편 미국 내에서 자유무역협정을 비판하는 사람들은 인권 침해를 이유로 들었다. 2011년 한 해 동안 콜롬비아에서 24명의 노동운동 지도자가 살해당했다. 1985년 이래로 좌파 단체와 우파 단체에 의해 수천 명이 살해당했고, 이 단체들 중 일부가 미국 기업의 지원을 받은 것으로 밝혀졌다. 미국 사법부는 거대 바나나 기업인 치키타에 2,500만 달러(282억 원)의 벌금형을 선고했다. 치키타가 2001년에 미국이 테러 집단으로 규정한 민병대 조직인 콜롬비아자위대연합AUC에 자금을 건넨 사실을 인정한 것이다. 돌Dole과 코카콜라도 유사한 단체에 자금을 댔다는 비난을 받았다.[4]

새 협정이 플로르에게 직접적인 영향을 주지는 않을 것이다. 콜롬비아 커피는 이미 수십 년 동안 무관세로 미국에 수입되었다. 그래도 플로르는 어떤 식으로든 혜택이 있을 거라는 희망을 버리지 않는다.

"더 잘살고 싶어요. 집도 고치고 싶어요. 형편이 나아지면 좋겠어요. 인터넷도 돼서 세상과 소통할 수 있으면 좋겠어요. 지금은 인터넷을 하려면 멀리까지 나가야 돼요."

부엌이 점점 뜨거워지고 연기가 자욱하다. 나는 에어로비 슈퍼디스크를 꺼내 플로르와 아이들에게 같이 해보겠냐고 묻는다. 우리는 마당으로 나가서 내가 세계 어디를 가든 늘 챙기는, 프리스비와 비슷한 플라스틱 원반을 던진다. 나는 이 원반을 '세계를 여는 열쇠'라고 부른다. 세계 어느 마을을 가든 원반을 던지면 금세 친해지기 때문이다. 아이들이 먼저 나와서 놀고 어른들이 뒤따라 나온다. 나는 이 빛바랜 홈집투성이 노란색 원반을 네팔의 승려들, 캄보디아의 거리 아이들, 방글라데시의 피복 노동자들, 케냐의 어느 점쟁이 여인과 함께 던지고 놀았다. 원반 하나로 무수히 많은 친구들을 사귀었다. 이제 플로르 가족과도 친구가 되었다.

다윈이 쭈뼛거리며 사촌들이 노는 데에 끼지 못하자 나는 다윈의 발밑으로 원반을 던진다. 다윈은 감기에 걸려 콧물을 훌쩍이면서도 씩 웃으면서 엄마한테 원반을 던지고는 얼른 베란다 기둥 뒤에 숨는다. 나는 공중에 뜬 에어로비를 잡아채서 플로르에게 건넨다. "당신이 이걸 가졌으면 좋겠어요." 이걸 무슨 대단한 결정이라고 생각하면 바보같겠지만 나에게는 그렇다. 10년 넘게 여행하면서 늘 이 원반을 가지고 다녔다. 사연도 많다. 사진도 많다. 나한테 소중한 물건을 플로르에게 주고 싶다. 나의 일부를 이 산골의 플로르와 다윈에게 남겨주고 누군가는 그들을 생각한다는 걸 잊지 않게 해주고 싶다. 나는 이 원반이 내게 얼마나 소중한 물건인지 말하려다 그만둔다. 터무니없는 소리로 들리지 않게 설명할 방법이 없다. 플로르에게 받은 것에 비해 너무 작다.

"고마워요." 플로르가 커피를 건넨다.

"건배하고 싶어요." 내가 커피 잔을 들고 말한다. 18세기의 영국에서는 커피로 건배를 하면 커피하우스의 모든 사람들에게 한 잔씩 대접해야 했다.[5] 사실 건배라기보다는 감사와 공감의 기도에 가까울 것이다. 아니면 용서를 구하는 고백인지도 모르겠다. "오늘, 그리고 매일 커피를 만들어주셔서 고맙습니다. 커피를 마시지만 그 커피가 어디서 온 건지도 모르는 미국인들을 대신해서 고맙다고 말하고 싶습니다. 이제는 커피가 플로르로부터 온다는 걸 알아요."

플로르는 빙그레 웃지만, 왜 커피를 들고 건배를 하는지 모르겠다는 표정이다. 플로르가 내 건배에 화답한다.

"켈시, 부디 사람들에게 말해주세요. 저는 최고로 좋은 품질의 커피를 보내기 위해 아주 열심히 일하는 나라의 사람이라고요. 우리는 정직해요. 사람들에게 저는 건강하고 아들도 있고 가족도 있다고 말해줘요. 제게 필요한 건 다 있어서 하나님께 감사드린다고."

"그럴게요. 약속해요." 플로르와 커피 농부들은 수많은 약속을 받아왔다. 집 앞에 붙은 스타벅스 로고도 하나의 약속이다. 약속할 때는 좋은 의도이고 진심일 수 있지만 막상 실천에 옮기자면 복잡할 수 있다. 인증기관이든 자유무역협정이든 약속은 넘쳐날 수 있다. 스타벅스, 자유무역협정, 엠프레사스 데 나리뇨가 플로르에게 한 약속을 지키고 있는지 어떤지 모르지만 플로르는 우리에게 거듭 약속한다. 열심히 일해서 좋은 품질의 커피를 재배하겠다고.

나는 커피를 한 모금 마신다. 평소에 마시는 커피는 바다를 건너고 수천 킬로미터의 고속도로를 거쳐서 온 것이지만 지금 마시는 커피의 원두는 방금 산에서 가져왔다. 원두를 부엌으로 가져가서 스타벅스가 공짜로 지어준 베네피시오에서 정제하고, 손으로 직접 볶고, 이 커피에 넣으려고 갓 딴 사탕수수로 만든 설탕과 함께 내온 것이다. 커피는 산도, 향기, 향미, 무게로 등급이 매겨진다. 내 미각은 품질을 판별할 수 있을 만큼 훈련되어 있지 않다. 맛보다는 느낌으로 안다.

두말할 것 없이 내가 마셔본 커피 중 최고다.

100퍼센트 콜롬비아 커피는 단 하나뿐

나는 나리뇨의 주도인 파스토에서 X 씨와 마주 앉아 있다. 물론 실명은 아니다. 나는 햄버거 세트 메뉴를 먹고 X 씨는 지글거리는 스테이크를 막 자르려는 참이다. 나는 그에게 은밀히 만날 장소를 정해달라고 부탁했고, 그는 턱에 케첩을 흘리면서 치즈버거를 먹어대는 미국인이라면 환하게 조명을 밝힌 원색의 알록달록한 햄버거집이 어울릴 거라고 생각한 모양이다. 어쨌든 미국인의 자연스러운 서식지인 것은 맞다. 미국인은 일주일에 평균 4.8회 외식을 한다.[6]

나는 테이블 위로 스타벅스 콜롬비아 로스트 봉지를 내밀었다.

"이 로고를 엘 타블론 데 고메스에서 본 적이 있습니까?" X 씨가 스타벅스 사이렌을 가리키며 묻는다.

"여러 번이요! 스타벅스! 스타벅스! 스타벅스! 어디에나 있던데요."

"그 명판을 붙이고 다닌 사람이 바로 접니다. 2만 2천여 곳을 인증해줬지요."

X 씨는 스타벅스의 현지 협력업체에서 오랫동안 일한 사람이다. 그는 신원을 밝히지 않는다는 조건으로 나를 만나주기로 했다. 나는 스타벅스의 C.A.F.E. 프랙티스가 현지에서 어떻게 운영되는지에 관한 정보를 더 찾아보다가 문득 이런 생각을 했다. 직접 명판을 붙이고 농부들을 상대하는 사람을 만나는 것보다 더 좋은 방법이 있을까?

"스타벅스 인증이 나리뇨에서는 최초의 인증이었어요. 스타벅스가 들어오기 전에는 농부들이 농약을 많이 쳤어요. 애들도 밭에서 일했고요. 환경은 눈곱만큼도 생각하지 않았어요."

X 씨는 스타벅스의 사업이 지금은 별로 인기가 없다고 말한다. 내가 농부들이 스타벅스가 뭔지 모르고 스타벅스 사업으로 혜택을 보지 못했다고 생각한다고 말해도 X 씨는 그리 놀라지 않았다. 스타벅스 자체 보고서에도 이 사업의 영향이 미미하다고 적혀 있다. 2011년 보고서에 따르면 나리뇨에서 스타벅스 사업에 선정된 농부들 중 37퍼센

트가 농장과 기본 시설에 관한 장려금을 받았고, 20퍼센트가 기술 지원을 받았으며, 22퍼센트가 혜택이 미미했다고 말했다. 조사 대상 중 상당수(53퍼센트)는 아무런 혜택을 받지 못했다고 보고되었다.

"그럼 스타벅스는 작년 일 년 동안 나리뇨에서 무슨 일을 했나요?" 내가 묻는다.

"이제는 베네피시오를 많이 지어주지 않아요. 여러 단체에 건조 시설을 지어줬지요. 요즘은 개인보다 단체를 후원하는 데 힘씁니다."

그렇다면 일리가 있다. 스타벅스가 농부 개개인에게 지어준 베네피시오를 들이민다면 나는 씁쓸하고 회의적인 태도를 보이는 이웃들을 보여줄 것이다. 어느 기업이 사회와 환경에 관한 인증 사업을 시작할 때는 커다란 학습곡선을 그린다. 내가 둘러본 지역에서 스타벅스가 빠져나간 자리를 네스프레소가 AAA 사업으로 채우는 현상을 통해 알 수 있다.

AAA 지속가능한 품질 프로그램은 네스프레소, 콜롬비아커피생산자협의회, 열대우림연맹 간의 공공·민간 협력 사업이다. 네스프레소는 AAA 인증 농장의 커피를 프리미엄 가격(표준 시장 가격보다 30~40퍼센트 높은 가격)에 사들이고 농부들의 기간 시설 개발을 도와준다.[7] 각종 인증, 인증에 대한 소비자의 인식은 유럽이 미국보다 10년은 앞서 있기 때문에 스위스 네슬레 소유의 네스프레소가 나리뇨에서 더 환영받는다는 사실이 그리 놀랍지 않다. AAA 인증이 가능한 지역의 농부들은 스타벅스를 잊어버린다. 아니 스타벅스가 그들을 잊는다.

그렇다 해도 스타벅스가 나리뇨에서 새로운 인증 기반을 다지고 남보다 먼저 길을 닦으려면 어느 정도 신뢰를 쌓아야 한다. 나리뇨에서 삶의 질은 점점 나아지고 있다. 2000년 커피 위기가 시작됐을 때만 해도 74.7퍼센트가 빈곤선 이하로 살았다. 지금은 빈곤층이 56.9퍼센트다. 물론 아직도 90만 명 이상이 빈곤층이고, 나리뇨의 1인당 연소득은 1,430달러(160만 원)로 전국 평균의 절반 수준이다. 생후 1년을 넘긴 영아들의 수가 증가하고 있고, 아이들이 학교에 다니는 기간도 길어지고 있다.[8] 물론 나리뇨 시골 농부들이 부유해지고 있는 건 아니지만 이들은 식료품점에 가서 장을 볼 필요가 거의 없다. 이들은 신선한 과일과 야채, 고기(비록 쿠이이긴 하지만)를 먹는다. 적어도 내가 지금 우적우적 씹고 있는 치즈버거보다는 훨씬 신선하다.

"어떤 로고냐는 중요하지 않아요." X 씨가 말한다. "앞으로는 전 세계의 고객들이 인증을 요구할 테니까요."

"인증의 종류가 아주 많던데, 농부들이 혼동하지 않을까요? 전 뭐가 뭔지 모르겠거든요!"

"예, 4C, C.A.F.E. 프랙티스, 열대우림연맹, 나투라 재단, AAA, UTZ, 코메르시오 후스토comercio justo가 있어요."

"코메르시오 후스토요?"

"공정한 무역…… 공정무역 말이에요."

내가 밭에서 일하도록 배려해준 펠리페도 공정무역 인증을 언급하면서 협동조합이 이 인증으로 큰 혜택을 본다는 말을 들었다고 했다. 펠리페도 공정무역 기관과 일하고 싶었지만 얼마 전까지만 해도 나리뇨 농부들은 공정무역 인증을 받을 수 없었다. 농민 단체들의 규모가 작아 인증을 받는 데 필요한 비용을 감당할 수 없었기 때문이다. 공정무역은 대규모 커피 협동조합만을 상대해왔다. 하지만 현재 공정무역

USA가 기존의 협동조합에 들어가지 않은 농부들도 인증을 해줘서 펠리페 같은 소농들도 인증을 받을 수 있게 되었다.

나는 공정무역에 대해 들어본 적이 있다. 사실 누구보다 그 이름을 잘 안다. 이름처럼 실천하기를 바랄 뿐이다.

인증이 너무 많아서 혼란스럽다. 게다가 스타벅스 사업에 대해 매우 다른 의견을 보이는 콜롬비아커피생산자협의회의 지역 책임자와 이야기를 나눴기 때문에 머릿속이 더 복잡했다. 나는 그와 함께 커피 가공 공장을 방문해 커피를 머금었다가 뱉어내는 식으로 여러 잔을 시음했다. 콜롬비아커피생산자협의회는 네스프레소와 긴밀히 협력하고 있기 때문에 그의 의견을 곧이곧대로 받아들일 수는 없다. 그럼에도 불구하고 그는 스타벅스 사업에 대해 그동안 내가 만난 10여 명의 농부들과 똑같은 말을 했다. 그는 스타벅스가 더 이상 기술 지원을 제공하지 않고, 환경을 걱정하지 않고, 사실 커피만 구매할 뿐이라고 말했다.

"이런 의견에 대해 하실 말씀이 있으실 텐데요?" 내가 X 씨에게 묻는다. 기분 나빠하는 눈치는 아니었다. 그래도 나는 주위 손님들에게 방긋방긋 웃으면서 혹시라도 X 씨가 벌떡 일어나 먹다 만 스테이크로 나를 가격하면 부디 선의를 베풀어달라는 메시지를 보낸다. "지역 책임자가 그러더라고요." 내가 말을 잇는다.

X 씨가 웃는다.

"우리는 매주 엘 타블론에 갑니다. 제가 직접 가요."

"품질에 차이가 있습니까?" 나는 화제를 바꾼다.

"구매자마다 요구조건이 천차만별이에요. 독일인들은 쓴 커피를 좋아해요. 일본인들은 단맛을 좋아하고……." X 씨는 주위를 살핀 뒤

몸을 앞으로 숙이며 속삭이듯 말한다. "일급비밀인데요, 나라마다 독특한 입맛에 맞추려면 커피를 섞어야 돼요. 100퍼센트 콜롬비아 커피는 아니라는 말입니다."

"잠깐만요. 그러면 스타벅스 콜롬비아 로스트가 100퍼센트 콜롬비아산이 아니라는 말씀인가요?" 나는 뒤늦게 알아듣고 묻는다.

X 씨가 고개를 끄덕인다. 100퍼센트 인증 커피는 콜롬비아커피생산자협의회에서 인증하는 후안 발데스 로고가 붙은 커피가 유일하다. 이 단체는 이 로고를 붙이는 커피를 관리감독해서 100퍼센트 인증되지 않은 커피에 로고를 붙인 사실을 적발하면 관련자를 법정에 세운다.

"그럼 모든 기업에서 그렇게 하는 겁니까?" 내가 묻는다.

"스타벅스는 혼합해요. 네스프레소도 섞기는 하지만 캡슐마다 몇 퍼센트가 콜롬비아산이고 몇 퍼센트가 X 산이라고 명시해요. 커피는 종류가 두 가지예요. 아라비카는 부드럽고 단맛이 나고, 로부스타는 강하고 쓴맛이 나요. 기호에 맞게 두 가지를 섞는 겁니다."

콜롬비아에서는 카스티요와 카투라가 속해 있는 종인 아라비카만 재배하기 때문에 혼합하기 위해 커피를 다른 나라에서 수입한다. X 씨가 이런 사실을 알고 있는 이유는 직접 목격했기 때문이다.

"브라질하고 멕시코에서는 두 종류 다 생산해요."

브라질은 세계 커피 시장을 지배한다.

"대다수 사람들에게 인증은 사업이에요. 특정 로고가 붙어 있으면 커피를 더 많이 팔 수 있거든요."

C.A.F.E. 프랙티스가 시행되는 7년 동안 나리뇨에서는 별다른 변화가 일어나지 않았다. 현지에서는 이렇게 유야무야된 데 반해서, 스타

벅스 홈페이지와 마케팅, 스타벅스의 사회 및 환경에 대한 책임을 논하는 부분에서는 눈에 띄는 변화가 일어났다. 스타벅스의 2011년 보고서는 C.A.F.E. 프랙티스가 미친 영향을 부각시켰다. 스타벅스가 사실은 더 큰 이윤을 창출할 수 있는 사업을 추진한 것으로 보인다. 어쩌면 스타벅스 사업이 나리뇨의 다른 지역에서는 성공을 거두었는데 내가 미처 모르고 있는 건지도 모른다. 나는 거리마다 들어서 있는 스타벅스에 여러 차례 문의했지만 스타벅스로부터 내 질문이나 의견에 대한 아무런 답변도 듣지 못했다.

좋게 말하면 스타벅스의 취지는 좋았지만 장기적으로 노력하지 않은 것으로 볼 수 있고, 좀 더 그럴듯하게 말하면 스타벅스의 노력이 다른 여러 인증기관에 압도당해서 노력을 중단했다고 볼 수 있다. 그러나 나쁘게 말하면 스타벅스가 나리뇨 농부들과의 관계를 과장하고 그 이미지를 이용해서 프리미엄 가격을 붙여서는 안 되는 커피에 프리미엄 가격을 붙여서 팔고 있다고 볼 수도 있다. 어떤 사업이 정작 그 일을 하는 사람들의 삶을 개선하지 못한다면 무슨 소용이 있을까?

제3자 비영리 인증기관이 농부들을 중시한다면 어떤 모습일까?

나도 펠리페처럼 공정무역의 모든 것을 보고 싶었다. 그래서 깊은 산골로 향했다.

CHAPTER 4

'세계의 심장'에서 배운
인생의 지혜

"태양이 탄생한 곳이에요." 미고엘이 푸른 골짜기 한가운데에 서서 말한다. "이곳에 무슨 일이라도 생기면 세상은 멸망합니다. 그냥 땅이 아니에요. 영혼의 땅이죠. 느껴지십니까?"

석양이 구름을 비추어 산봉우리들을 완벽한 분홍빛으로 물들여 놓았다. 사진작가라면 온종일 기다리고 싶을 정도다. 콜롬비아 북부 시에라네바다 산맥의 아루아코 인디언인 미고엘은 그들이 세계의 중심이라고 믿는 나부시마케의 정취를 우리에게 잠시 '느끼게' 해준다.

정신적 수도를 향해

줄넘기하는 거인의 호주머니 속에 들어 있는 느낌이다. 나는 도요타 랜드 크루저 뒷좌석에 케이티, 보비와 바짝 붙어 앉아 있었다. 케이티는 공정무역 USA에서 나온 생기발랄하고 아는 것도 많은 홍보 책임자이고, 보비는 그녀의 조용하고 사색적인 약혼자다.

케이티와 보비는 휴가 중이었다. 케이티는 자신이 하는 일이 커피 농부들에게 어떤 영향을 주는지 살펴보고 공정무역 USA를 보다 효율적으로 운영할 방법을 찾아볼 작정이었다. 한편 보비는 케이티 덕분에 사먹기 시작한 공정무역 인증 커피를 만드는 사람들을 직접 만나보고 싶었다. 우리는 만나자마자 랜드 크루저 뒷자리에 끼어 앉았다. 아무도 우리가 어디로 가는지, 얼마나 가야 하는지 몰랐다. 머리에 검은 봉지만 뒤집어쓰지 않았다뿐 영락없이 납치범에게 끌려가는 꼴이었다.

우리를 초대해준 커피공동체 카페 아네이Cafe Anei의 대표인 아우로라는 길고 헐렁한 흰 원피스 차림으로 운전석 옆자리에 앉아 있었다. 운전사 에드가르와 뒷자리에 앉은 그의 친구 노에는 고속도로에서 마주치면 트랙터에 앉아 손을 흔들어줄 농부처럼 보였다.

에드가르가 강기슭에 잠시 차를 세워놓고 필요한 기어를 찾았다. 그는 휘파람으로 슈퍼마리오 브라더스가 생각나는 곡조를 흥얼거리더니 우리를 돌아보고 엄지를 치켜세웠다. 차는 가파른 계곡 아래로 곤두박질쳤다가 다시 올라왔고, 젖은 타이어가 바위산 산비탈에서 미끄러졌다. 산비탈이 점점 가팔라지고 길은 갈수록 질척거렸다. 차는 뒷좌석 쪽을 양옆으로 흔들면서 산비탈을 내려갔다. 나는 추락에 대비해 눈을 꼭 감고 있어서 우리 차가 암벽에 얼마나 아찔하게 붙어 있었는지 몰랐다.

삶의 옷감을 짜는 사람들

내 기분이 어떠냐면? 랜드 크루저에서 내릴 수 있어 천만다행이다.

나는 세상에서 제일 깨끗한 공기를 폐로 느끼면서 푸른 초원이 융단처럼 깔린 골짜기로 들어간다. 우리가 마을 중심부로 난 길을 내려가는 사이 미고엘의 잡종견이 호기심 어린 눈초리로 우리를 쳐다본다.

"이곳은 시에라네바다의 정신적 수도예요. 1916년에 정부는 우리에게 스페인어를 가르치고 현대 문물을 심으려 했어요. 스페인 사람들이 전도를 하러 왔죠. 마모[아루아코의 영적 지도자]들은 박해를 받았어요. 스페인 사람들은 머리카락을 자르라고 강요했어요. 우리에게서 마모를 빼앗으면 우리 문화를 바꿀 수 있을 거라고 믿은 거죠. 그들이 고등학교를 장악해서 우리는 언어와 문화, 복식을 잃어가기 시작했어요. 전통을 지키려 했던 사람들은 산속으로 들어갔죠."

"왜 전통 의상을 입지 않으세요?" 케이티가 미고엘의 청바지와 티셔츠를 보고 묻는다. 이 말에 미고엘이 발끈한다.

천을 짜는 일은 아루아코 문화에서 중요하다. 직접 짠 옷이 아니면 입지 않는 사람들도 있다. 그들은 천을 짜는 행위와 기술을 중시하고 고도의 기술과 집중력을 요하는 매우 중요한 작업으로 여긴다. 직조에 빗댄 은유적인 표현도 많다. 아루아코에는 "마음으로 생각할 때 천을 짜고…… 생각으로 옷 한 벌을 짓는다"라는 옛말이 있다. 아루아코의 사원은 천장에 있는 구멍을 통해 햇살이 비추면서 석조 바닥에 '삶의 옷감'을 직조한다.[1] 미고엘은 직접 옷감을 짜지 못하기 때문에, 케이티가 보고타나 중국의 봉제 공장에서 저임금 노동자들이 만든 셔츠를 입은 걸 지적하자 기분이 상한 모양이다. 미고엘은 케이티의 질문에 대답하지 않고 말을 잇는다.

"캄페시노campesino(서구화된 농부―옮긴이)들이 교회를 지었어요. 스페인 사람들은 비행기도 들여왔어요. 다 쓸어버리고 그들의 문물을 들여왔지요." 미고엘은 언덕 위의 네모반듯한 벽돌집을 가리킨다. 전통 가옥은 돌 벽에 초가지붕을 얹는다. "저런 집이 그들이 사는 집이에요. 저는 스페인 사람들이 떠나기 전인 1980년에 태어났어요."

스페인은 1982년 8월에 떠났다. 그해에 나부시마케에서 아루아코 연례 회합이 열렸고 마모들은 환영을 보았다. 수백 년 전 선교사들이 원주민의 목을 벤 자리에서 환영을 본 것이다. 회합이 끝날 무렵 마모들이 환영을 보았다고 하자 아루아코 사람들은 교회를 장악하기로 했다. 폭력적인 방식은 아니었다. 그들은 회당에 앉아 노래를 부르고 선교사들에게 문서를 전달했다.

> 당신들은 우리가 전통을 잊어버리기를 바라지만 우리는 다른 누구도 아닌 아루아코 인디언이다. 당신네 학교에 다니는 사람들은 신부복과 단발에서 권위를 발견하지, 만타[전통 의상]와 장발에서 권위를 찾지 못했다. 라디오에서 세계 각지의 대학들이 시위를 벌인다는 소식이 들린다. 학생들이 거리로 나서는 이유는 원하는 교육을 받지 못해서다. 이제 우리 차례다. 우리는 우리 사회와 우리 가치를 옹호하고 보존하는 학교와 교육 제도를 원한다.[2]

"지금도 우리 언어가 살아 있어요. 문화도 살아 있고요. 우리는 삶의 방식을 지키기 위해 싸워왔습니다." 미고엘이 말한다.

우리는 쏴 하고 흐르는 냇가를 걷는다. 10대 소년 하나가 손으로 냇물을 떠서 마신다. 미국에는 손으로 물을 떠 마실 수 있는 시냇물이 없다. 정수 알약 없이는.

지금은 우리가 질문하거나 말할 때가 아니다. 경청할 때이다. 아루아코 사람들은 인디언이 아닌 사람들을 '여동생과 남동생'이라고 부른다. 암스테르담 대학의 임상심리학 교수인 페터 엘사스는 이를 '소수민족 우월주의'라고 부른다. 한마디로 아루아코 사람들은 우리를 어린아이로 보는 것이다.

"모든 산에는 이름이 있어요."

"저 산은 이름이 뭐예요?" 나는 미고엘의 말을 끊는 실례를 무릅쓰고 북쪽에 있는 산을 가리킨다.

"불의 아버지예요." 미고엘은 봉우리들의 이름도 알려준다.

2007년 인디애나 먼시로 이사한 나는 수년이 넘도록 시내를 가로지르는 강의 이름을 몰랐다. 동네 사람으로부터 물고기 460만 마리가 폐사했다는 말을 듣고서야 화이트 리버라는 걸 알았다. 인근의 자동차 회사가 화학 폐기물을 강으로 흘려보내 물고기들이 집단 폐사했고, 한 마리당 3.09달러(3,480원)씩 총 1,420만 달러(159억 9천만 원)의 벌금형을 받았다고 했다. 다리와 아스팔트는 우리의 의식에서 중요한 지리적 특징을 지워버릴 수 있다. 도로와 다리, 차와 기관차, 에어컨과 히터가 우리의 일상에서 세계의 지리적 특징을 지워버릴 수 있다.

"농사는 몇 헥타르나 짓나요?" 내가 묻는다.

"커피, 플랜테인(요리용 바나나─옮긴이), 코카나무를 재배합니다. 처음에는 50가구가 함께 농사를 지었어요. 지금은 100가구가 넘고요. 우리는 헥타르로 계산하지 않아요. 가구 수로 셉니다."

우리는 암벽 뒤편에 자리한 마을 중심부로 들어간다. 큼직한 초가

지붕을 얹은 돌집들이 자갈길을 따라 늘어서 있다. 태양이 처음 태어난 그 자리에 걸쳐 있고, 초가지붕에서 훈기와 수증기가 피어오른다. 마치 연기가 나는 것 같다. 실제로 음식을 준비하느라 연기가 모락모락 피어오르는 집들도 있지만 대부분은 빈집이다.

이곳은 회합 장소다. 스물여덟 개의 아루아코 공동체가 회합 기간에 각각 묵을 거처를 이 마을에 지어둔 것이다. 몇 가구가 남아 회합이 열리지 않는 기간 동안 이곳을 관리한다.

흰 옷을 입은 남녀와 아이들이 입구 쪽의 집 앞에 모여 있다. 미고엘이 앞으로 달려가자 우리도 따라가려 한다. 그러다 미고엘이 우리가 들어갈 수 있게끔 허락을 구하러 가는 길이라는 걸 알아차리게 된다. 그가 통나무를 대서 만든 계단을 타고 돌담을 넘는다. 초록색 철문은 굳게 잠겨 있다. 철문에서는 이곳과 어울리지 않는 트럭 바퀴 자국이 이어져 나온다. 맙소사, 털북숭이 맘모스 사체가 있음직한 곳이다.

미고엘이 나이 지긋한 사람들 중 한 사람에게 다가간다. 노인의 지푸라기 같은 긴 머리카락이 바람에 날리자 마치 샴푸 광고의 한 장면 같다. 미고엘은 목에 건 가방에서 코카 잎을 꺼내 노인과 교환한다. 노인은 보통 사람이 아니라 신들과 소통하는 마모다. 마모는 어릴 때 선발되어 10년이 넘도록 창문 하나 없는 움막에서 지내면서 '근원의 법'을 배운다. 아루아코 식으로 세상을 이해하고 대지와 조화롭게 사는 법을 배운다. 마모는 웃지 않는다. 우리 쪽을 물끄러미 바라보는 그의 양 볼은 코카 잎으로 불룩해져서 마치 필라델피아 필리스(메이저리그 야구팀—옮긴이)의 포수 같다. 사방에 적막이 흐르고 일찍부터 밤의 합창을 하는 풀벌레 소리와 바람소리만 들린다.

우리 셋은 문화를 짓밟으러 온 서양인처럼 보이지 않으려고 최선을 다한다. 나는 주머니에 손을 넣고 휘파람을 불고 싶은 충동을 억누른다. 우리는 우리 같은 특권을 누리는 외국인이 얼마나 적고, 여기까지 온 것이 얼마나 큰 행운인지를 온전히는 깨닫지 못한다.

"그들은 우리에게 왜 이렇게 사는지를 늘 묻습니다." 어떤 연구자가 외지인의 방문에 대해 묻자 어느 아루아코 사람이 한 말이다. "그들은 물건을 사고 싶다면서 선물도 가져오지 않아요. 카메라로 우리를 찍어가지만 우리는 우리가 찍힌 사진을 본 적이 없어요. 도시에서는 우리 사진을 엽서로 만들어 팔아요. 그들은 [사진]으로 외화를 벌지만 우리는 그 돈을 만져보지 못해요. 또 우리를 연구하고 우리를 돕고 싶다고 하지만 한번 왔다 가면 감감무소식이에요."[3]

우리는 불편할 정도로 몸을 한쪽으로 기울인다. 이 순간에 필적할 만한 경험이라고는, 키웨스트에서 해변으로 떠밀려온 거두고래와 물속에서 놀 때 고래의 초음파가 내 몸을 통과했던 순간뿐이었다.

몇 분이 흐른다. 마모가 우리의 속을 들여다보며 우리의 의도, 우리의 심장까지 꿰뚫는 느낌이다. 마모의 눈에 뭐가 보이는지 궁금하다.

미고엘이 뛰어오더니 돌담을 넘어오라고 손짓한다. 우리는 안으로 들어가서 인사를 한다. 남자들은 단단한 근육질이고 여자들은 풍만하고 온화하다. 작은 마을 하나를 이룰 만큼 자식을 낳아서인 것 같다. 아이들은 호기심 어린 눈길로 우리와 부모를 번갈아 본다. 아이들은 마치 다른 세계와 다른 삶의 방식, 자급자족과는 거리가 매우 먼 세계를 바라보고 있는 것 같다. 어쨌든 나는 혼자 힘으로는 입을 수도, 먹을 수도 없다. 아루아코 인디언을 처음 보았을 때는 머리에 쓴, 눈 덮인 봉우리 모양의 작은 모자가 우스꽝스럽다고 생각했다. 하지만 지금은 재미난 모자와 튜닉이 우스꽝스러워 보이지 않는다.

아우로라는 마을을 구경시켜주기 전에 거기 모인 사람들에게 우리를 소개한다. 소개는 간단하고 반응은 따뜻하지 않다. 아이들이 여기저기 흩어져 있는 집들에서 뛰쳐나오다가 발걸음을 멈추고는 빤히 쳐다보다 돌아선다. 저녁시간이 되자 몇몇 집에서 밥 짓는 냄새가 퍼진다. 맨발의 10대 아이들이 고개를 쑥 내밀고 우리를 물끄러미 쳐다보더니 안에서 나무 덧문을 닫는다. 고대 문명을 재현한 자연사박물관에 들어와 있는 느낌이 들지만, 현실이다.

우리는 땅거미가 내려앉을 무렵에 마을을 떠난다. 공정무역 티셔츠를 입은 케이티가 고개를 돌려 구름을 물들이는 석양을 응시한다.

"여기 있으니까 기분이 다르죠?" 미고엘이 케이티에게 묻는다.

케이티는 초목과 비와 하늘 말고는 아무 냄새도 나지 않는 상쾌한 공기를 마신다. 온 세상에 소리라고는 우리가 땅을 밟는 발소리와 바위를 스치는 물소리뿐이다. 어둠이 내린다. 전기가 들어오지 않는 산골에서는 별빛만이 유일한 빛이다.

"네, 여기서는 완벽함을 느껴요."

나는 완벽함까지는 느끼지 못했다. 훗날 케이티는 진지하게 감상에 젖다보니 가라앉는 기분이 들었다고 말한다. 하지만 우리 둘은 똑같은 생각을 했다. 지구상에 나부시마케 같은 곳이 얼마나 더 있을까? 우리가 파괴한 곳은 얼마나 될까?

우리가 마을 한가운데를 둘러볼 때 미고엘이 했던 말은 여행을 마치고 집으로 돌아간 뒤에도 잊을 수 없었다. 그가 골짜기와 마을을 가리키며 한 말이었지만 나는 식료품점에 갈 때마다 그 말을 떠올린다.

"이곳은 모두가 와서 결정을, 영적인 결정을, 대지에 대한 결정을 내리는 곳입니다."

물건 대신 지식을 소유하다

학교 운동장에서 청바지와 티셔츠를 입은 여자아이가 흰 전통 원피스를 입은 여자아이를 쫓아 뛰어다닌다. 한 남자아이가 다른 아이에게 태클을 건다. 아이들은 축구공 대신 플라스틱 물통을 차고 논다.

아루아코 마을에 온 지 이틀째, 아우로라는 우리에게 학교를 구경시켜준다. 오늘은 학교에 학생들만 있다. 교사들은 마모들과 함께 피정을 떠났다.

"절반은 우리 문화를 가르치고 나머지 절반은 일반적인 교과목을 가르쳐요." 아우로라의 여동생 알제다가 말한다. "전교생이 서른세 명이에요."

교실 벽에는 반으로 나뉜 포스터가 붙어 있다. 포스터의 양쪽 아래에는 나무들이 그려져 있다. 한 면에는 '의료'라고 적혀 있고 다른 면에는 '건설'이라고 적혀 있다. 다른 교실에는 반 정도 짜다 만 천가방과 악기가 나란히 걸려 있다. 한 학생이 나무 플루트를 건네줘서 나도 한 곡 연주해보려 하지만 소리도 못 내고 침만 잔뜩 묻힌다. 뒤에 있는 소년이 길고 맑은 소리로 연주하자 저절로 함박웃음이 지어진다.

학교 교실도 이 마을과 골짜기처럼 사물의 존재보다는 부재로 정의된다. 칠하지 않은 벽에 몇 개의 걸상만 있고 장식품도 거의 없다. 읽으려고 내 방 침대 옆에 쌓아둔 책이 이 학교 도서관에 꽂혀 있는 책보다

나부시마케의 아우로라

많다. 아이들은 책을 조심스레 꺼내서 자랑하듯 우리에게 보여주고는 소중한 물건처럼 책장에 꽂는다. 주방은 비어 있고 장작 몇 개만 널려 있다. 학비를 내야 하는 건 아니지만 학생들은 점심시간에 내야 하는, 불을 피울 장작과 집 텃밭에서 뜯어온 먹거리를 가져와야 한다.

아루아코 문화에서는 지식을 소유하는 것이 물건을 소유하는 것보다 중요하다. 종교, 신화, 전통, 부족의 역사, 근원의 법을 이해하는 것이 물건을 쟁여놓는 것보다 중요하다. 재산 때문에 다투는 일은 거의 없고 경쟁은 노래나 춤으로 한다. 옷이 사람을 만들어주지도 않고 자동차가 지위를 부여하지도 않는다.

겉모습이 다가 아니다. 문화가 중요하다. 학생들은 표준화된 시험으로는 평가하지 못하는 교훈을 배운다. 또 이곳의 교육과정에서 중시되는 것은 우리의 교육과정에서 평가절하된 것들이다. 일례로 미국에서는 학교 예산이 줄어들면 미술과 음악 수업부터 없애려 한다.

우리는 다시 랜드 크루저에 끼어 앉아 아우로라가 어릴 때 살던 마을로 향한다.

몇 시간 동안 울퉁불퉁한 길을 달린 끝에 마을에 도착하자 의식이 시작된다. 우리 셋은 베네피시오 아래의 좁고 긴 나무의자에 앉아 있다. 아이든 어른이든 호기심 어린 눈으로 우리를 쳐다본다. 아우로라가 사람들에게 우리를 소개하고, 나이 든 마모에게 인사한다. 정식으로 인사를 마치자 케이티가 나서서 방문 목적을 설명한다. 그들의 커피에 대해 묻고 공정무역 USA와의 협력관계에 대해 묻는다.

"우리 모두 공정무역 USA를 알아요." 마모 옆에 앉은 아우로라가 말한다. "다 같이 결정을 했거든요."

공정무역 USA를 통한 수익 중 일부는 해당 기관에서 위임한 지역사회 발전기금으로 할당되고, 여기서는 모든 구성원이 민주적으로 투표해서 발전기금을 어떻게 쓸지 결정한다. 공정무역 USA 인증은 농민 단체에 부여되는데, 그중에서도 사회와 환경에 관한 긴 지침을 준수할 만한 협동조합 형태의 농민 단체를 대상으로 한다. 이 지침은 지속가능한 개발을 촉진하는 한편, 농민들이 스스로 개선할수록 그 대가로 높은 가격과 공정한 가격을 보장해준다.

"땅에 해를 끼치면 전부 되돌아온다고 믿습니다…… 허리케인 카트리나처럼." 마모의 말소리가 입에 가득 문 코카 잎 아래서 뭉개진다. "우리는 대지의 어머니에게 바쳐질 제물입니다."

마모는 아루아코 사람들은 땅에 준 것보다 더 많이 가져가는 법이 없다고 말한다. 일부러 과잉 생산하지 않는 것인데 외지인들은 농사

기술이 없어서라고 해석한다. 아루아코 사람들은 한자리에서 같은 작물을 두 번 이상 경작하지 않는다. 그들은 기후 변화를 이해한다. 우기(雨期)가 더 빨리 오고 빗줄기가 더 거세진 걸 안다. 윙윙대는 벌떼 소리가 줄어든 걸 안다. 땅과 공기 중의 습도가 줄어든 걸 안다. 그들은 우리의 댐과 공장, 오염과 광산에 대해서도 잘 안다. 그들은 우리를 위해 기도한다. 만일 자신들이 기도하지 않으면 온 세상이 혼란에 빠질 거라고 믿는다. 종말이 올 거라고 믿는다.

그들을 둘러싼 산의 만년설이 녹아내리고 있다. 기후 변화에 관한 정부 간 협의체The Intergovernmental Panel on Climate Change, IPCC는 향후 백 년 안에 빙하가 다 녹을 거라고 예측한다.[4] 아루아코 사람의 눈으로 나를 보자 죄책감이 든다. 나는 평생 땅에 준 것보다 더 많이 누리고 살았다. 균형을 잃었다. 미국인이 차지하는 생태학적 공간은 평균 9.6헥타르다. 한 사람이 9.6헥타르의 땅에서 생산되는 먹거리를 소비한다는 뜻이다. 70억 지구인이 전부 미국인이라면 지구가 다섯 개나 필요하다![5] 미국인 1명이 케냐인 32명의 몫을 소비한다. 아루아코 인디언으로 따지면 몇 명이나 더 필요할지 짐작도 안 된다. 베스트셀러 『문명의 붕괴』의 저자 재레드 다이아몬드는 세계가 모두 미국인으로만 구성된다면 지구를 720억 명이 함께 쓰는 셈이라고 설명한다.[6]

기후 변화는 내가 콜롬비아커피생산자협의회의 연구소인 세니카페Cenicafé에 방문했을 때 열렸던 토론회의 주제였다. 식물병리학 책임자인 알바로 가이탄 박사는 나를 유전자 변형 묘목이 가득한 생장조절실로 안내했다. 이런 식물을 흔히 유전자변형작물GMO이라고 부른다.

GMO에 반대하는 사람은 많다. 가장 널리 생산되는 GMO 작물은 라운드업 레디 옥수수Roundup Ready Corn 다. 농부들은 몬산토(다국적 생화학 제조업체—옮긴이)에서 가장 많이 팔리는 제초제를 구입하고, 이 제초제에 대한 저항성이 강한 종자를 다시 몬산토에서 구입한다. 비영리 시민단체인 식품안전센터Center for Food Safety는 미국 가공식품의 70퍼센트가 GMO를 원료로 사용하고 있는 것으로 추정한다. 하지만 미국은 일부 유럽 국가와 달리 GMO를 금지하지 않을뿐더러 표시를 의무화하지도 않았기 때문에 사실인지 확인할 수 없다.

2012년 캘리포니아에서는 GMO 표시를 의무화하는 법안인 '법안 37'이 주민 투표에 부쳐졌다. 결과는 부결이었다. 한편 알바로 박사는, 세상은 아직 유전자 변형 커피를 받아들일 준비가 되어 있지 않다고 말한다. GMO 커피 시장이 아예 존재하지 않는다는 것이다.

하지만 기후 변화로 인해 커피 공급이 위협받고 커피 한 잔 가격이 상승할수록 소비자들은 GMO에 마음을 열게 될 것이다. 무엇보다 우리의 분노에는 가격상한선이 있다. 알바로는 커피와 전갈의 독을 교배한 사람을 안다. 여러분이라면 그런 커피를 마시겠는가? 세니카페 실험실에서는 단순히 커피와 커피를 교배한다. 하지만 표시제가 없고 적절히 규제를 하지 않는다면 앞으로 우리가 무엇을 먹게 될지 알 수 없다. 아루아코 사람들은 우리가 지구를 변형시킨다고 믿지만, 우리는 변형을 되돌리기는커녕 우리의 영향을 강화하는 데 힘쓴다.

"이제는 사람들이 아루아코 사람들처럼 살고 싶다고 깨닫기 시작한 것 같아요." 아우로라가 사람들과 푸른 텃밭을 보면서 말한다. "그들이 성취하고 싶은 삶의 한 예가 이곳의 삶인 거죠. 우리가 이곳에 있는 이유는 이 작은 세계뿐만 아니라 온 세상에 영향을 주기 위해서예요.

사람들이 우리의 커피만이 아니라 우리의 모든 이야기를 알아주기를 바랍니다."

우리 셋은 시커먼 연기를 내뿜는 모든 공장, 모든 SUV, 모든 일회용 기저귀를 대표하고 있다는 느낌이 들었다.

어색한 침묵이 흐른 후 현대인처럼 옷을 입은 마이로라는 젊은 아빠가 텃밭을 보여주겠다고 나선다. 잎과 새싹, 덩이줄기가 자라는 고랑을 보니 그중 절반은 내가 전혀 모르는 식물들이다. 집으로 돌아가면 정원에 채소를 심겠노라고 다짐한다. 음식은 흙에서 난다. 자주 잊는 사실이자 우리 아이들이 꼭 알아야 할 사실이다.

마이로는 한 살 반 된 아들이 있다면서 세 개의 가방 중 하나에서 디지털 카메라를 꺼낸다. 디지털 카메라를 가지고 있다니 의외였다. 그는 LCD 화면으로 아들 사카린을 보여준다. 나도 아이폰으로 우리 아이들 하퍼와 그리핀을 보여준다. 그 순간 우리는 완벽한 화소의 화면 앞에서 뿌듯해서 자랑을 늘어놓는 아빠들일 뿐이다. 우리가 공유하는 아주 작은 역할 덕분에 우리의 차이는 잠시 잊힌다.

"환경운동가가 되려고 예두파르에서 공부했어요." 마이로가 말한다. "하지만 돌아왔어요. 여기서 사는 것이 곧 환경운동가가 되는 최선의 길이라는 걸 깨달았죠. 일본 남자가 찾아온 적이 있어요. 일본에서는 수박에 어떤 화학물질이 들어 있는지도 모르고 그냥 먹는다고 하더군요. 일본 사람들은 뭐든지 다 아는 줄 알았어요."

자신의 입으로 무엇이 들어가는지 아는 것만큼 기본적인 문제도 없다. 문득 그 일본 남자와 미국의 내 생활을 지탱하는 현대의 모든 편의와 새로운 발견들이 우리가 무엇을 먹는지 안다는 단순한 문제보다 중요하지 않게 느껴졌다. 커피 원두 한 알이 컴퓨터 칩보다 큰 시대에 사는 우리는 호기심을 잃어버리는 데 너무나도 익숙하다. 기술을 일상으로 받아들이고 마법사 같은 엔지니어와 과학자들만 이해할 수 있는 일종의 마술처럼 생각한다.

우리 셋은 우리를 초대해준 아루아코 사람들과 함께 텃밭을 돌아보고 다시 베네피시오 아래의 우리 자리로 돌아가 앉는다. 고백의 시간이 이어진다. 우리는 식료품을 사는 데 얼마나 쓰고 우리 먹거리가 어디서 오는지를 말한다. 나는 내 연구 프로젝트에 대해 말한다. 그들은 사과 주스 한 병에 네 대륙의 사과가 들어간다는 사실을 믿지 못한다. 그리고 점점 더 많은 이야기를 나누기 시작하면서 분위기가 누그러진다. 그들은 여기까지 찾아와서 가르치려드는 외지인에게 진력이 난 것 같다. 우리는 배우러 왔다. 일단 주고 나면 얻게 된다.

이야기를 나누는 동안 여자들이 뜨개질로 가방을 만든다. 우리가 들렀던 한 마을에서 어떤 남자가 가방 하나를 5달러(5,600원)에 팔겠다고 제안한 적이 있었다. 나는 고맙다고 말했지만 가방을 사지는 않았다. 그가 미국인을 보면 관광과 장사부터 떠올리게 만들고 싶지 않아서였다. 〔나중에 공항에서 그 가방을 발견하고 사려다가 가격이 300달러(34만 원)나 한다는 걸 알았다.〕

여자들이 뜨개질을 하는 동안 남자들은 코카 잎을 씹으면서 조롱박을 문지른다. 그들은 빨대보다 약간 큰 막대를 라임이 들어 있는 조롱박에 자꾸 꽂는다. (거대한 성적 은유처럼 들린다면 옳게 짐작한 것이다.) 그들은 직접 키운 코카 잎과, 다른 남자들과 교환한 코카 잎이 한가득 들어 있는 가방에서 코카 잎을 조금씩 꺼낸다. 가방에는 코카 잎 외에 돌과 씨앗, 나무토막도 들어 있다. 태양, 더위, 추위, 비, 비옥한 땅을 다스리는 힘을 부여하는 이 물건들은 마모들이 준 것이다. 라임을 묻힌 막대기를 입에 넣으면 코카의 활성성분이 늘어나서 허기와 성욕이 억제된다.

육체의 욕망을 절제하면 고결하게 살 수 있다. 코카는 코카인이 되는 과정과는 거리가 먼 복잡한 화학과정으로(코카 잎에는 매우 극소량의 코카인이 함유되어 있다—옮긴이), 절제의 문화를 공고히 만들면서 개인보다 공동체와 지구를 우선시하게 해준다.[7]

그러나 코카는 국제적인 마약 밀거래를 부추기기도 한다. 범죄와 방종, 말초적인 만족이 뒤따른다. 미국인의 시에라네바다산 콜롬비아 커피에 대한 갈망보다 코카인에 대한 갈망이 이곳 원주민의 삶을 더 크게 좌우한다. 140만 명의 미국인이 코카인을 복용한다.[8] 코카인 1킬로그램은 콜롬비아 고산지대에서 2천 달러(225만 원)에 거래된다. 하지만 미국에서는 소매 분량으로 나뉘면 1킬로그램 가격이 10만 달러(1억 1천만 원)로 치솟는다. 금보다 비싸다.[9] 코카인 거래에서 중개상 역할을 하는 멕시코 마약 조직은 연간 수십억 달러를 벌어들인다. 페이스북과 넷플릭스의 수익에 맞먹는 금액이다.

미국은 마약 생산을 뿌리 뽑기 위해 콜롬비아 계획Plan Colombia을 시작했다. 이 프로그램은 콜롬비아 정부에 75억 달러(8조 4천억 원)를 지원했고, 여기에는 코카 작물을 목표로 하는 항공 훈증이 포함되었다. 항공 훈증은 코카를 길러 자식들을 먹이고 입히는 영세 농민들을 희생시키면서 정작 마약 밀매상과 미국의 마약 복용자들에게는 타격을 입히지 못했다는 비판을 받았다. 농약을 살포하자 영세 농민들은 난민 신세가 되었다. 게다가 엉뚱한 곳에 살포해서 커피 농장이 파괴되었고, 콜롬비아 전역에서 유기농 인증 커피 농장들이 인증 자격을 상실했다. 그리고 시에라네바다(문화적 목적으로 코카를 재배하고 모든 종류의 화학약품이 금지된 지역)의 성지와 농작물, 상수원이 오염되었다. 한편 콜롬비아 계획은 농촌 지역의 안전을 위한 수단을 제공하기도 했다. 결과적으로 코카 재배가 40퍼센트 감소하고 코카인 생산량이 60퍼센트 감소했으며 살인이 50퍼센트 감소하고 테러와 납치가 90퍼센트 이상 감소한 것으로 나타났다.[10]

남자들이 입에서 막대를 빼서 조롱박 끝에 대고 문지르자 누런 동그라미가 점점 커진다. 우리 셋은 할 일이 없다. 우리는 앉아서 이야기를 나눈다. 이렇게 이야기를 나누는 것은 아루아코 문화에 참여하는 중요한 활동이자 형님들이 우리가 잊고 산다고 여기는 활동 중 하나다.

"문명화된 백인들은 온종일 앉아 있기는 하지만, 뭘 할까요?" 어느 아루아코 인디언이 네덜란드 연구자에게 물었다. "그들은 명상을 하지 않아요. 돈, 속임수, 음식 생각만 하죠."[11]

우리 집의 꿀맛 같은 시간은 아이들을 재우고 아내와 나만 깨어 있는 시간이다. 우리 부부는 가끔 텔레비전을 틀어놓고 모르는 사람들이 춤을 추거나, 좀비들을 죽이거나, 〈빅 브라더〉처럼 참가자들이 텔레비전 없는 집에서 교류하다가 — 헉! — 결국 서로를 견디지 못하고 50만 달러(5억 6천만 원)를 차지하기 위해 한때 친구였던 이들을 투표로 제거하는 모습을 시청한다. 아루아코 사람들이 〈빅 브라더〉를 본다면 지금보다 더 열심히 우리를 위해 기도하거나, 아니면 우리를 아예 포기할지도 모른다.

어느덧 우리의 대화는 편안하고 여유롭다. 우리는 같이 사진을 찍

자고 하면 안 된다고 배웠지만 지금은 그들이 같이 사진을 찍자며 포즈를 취한다. 이제야 환영받는 느낌이 든다. 심지어 마모조차 빙긋이 웃는다. 우리는 오늘 떠날 예정인데 이제는 그들이 더 머물라고 말한다. 나는 내일 비행기를 타야 해서 오늘 떠나야 한다고 말한다.

그때 갑자기 비가 내린다. 보통 비가 아니라 토사가 섞인 비다. 굵은 빗방울이 베네피시오의 양철지붕을 때려 대화를 나누기 힘들 정도다. 대지와 가까운 사람들, 허접한 장신구로 날씨에 영향을 미칠 수 있는 사람들과 함께 있는데 그들이 더 있다 가라고 말하는 순간 비가 온다면, 내가 알고 있던 기상학 지식에 대해 의문을 품게 된다.

도로가 유실되어 차가 움직일 수 없다는 대화가 오간다. 우리는 남는다. 우리는 먹는다. 아우로라가 몇 시 비행기냐고 묻는다.

"휴대전화로 확인해볼게요." 휴대전화를 꺼낸다. 별생각 없이 이메일을 연다. "여기선 수신이 안 되네요…… 몇 시 비행기인지 모르겠네요." 내가 얼마나 많은 지식을 머릿속이 아니라 휴대전화에 저장하고 사는지 깨닫자 무척 당황스럽다. 무선으로 연결되어 있지만 사실상 지식과, 때로는 사람들과 단절되어 있다. 친구들이 저녁을 먹기 위해 모이면 스마트폰을 식탁 위에 쌓아둔다는 얘기를 들은 적이 있다. 스마트폰을 먼저 집는 사람이 저녁을 사는 것이다. 사람들이 얼마나 기술에 집착하는지를 말해주는 이야기다. 사람들을 만나는 귀중한 시간에 기계를 사용하면 벌칙을 받는다.

점심상이 차려진다. 큼직한 칠면조 다리가 너끈히 여섯 명은 먹일 수 있는 국에 담겨 나온다. 나는 품위 있게 먹으면서도 방 저쪽에 앉은 마모의 무릎에 튕기지 않게 할 방법이 있을지 고심한다. 나는 마이로에게 국물을 튕기면서 숟가락으로 살점을 떼어보려 한다. 포크도 나이프도 없다. 마이로는 신경 쓰지 않는다. "먹을 수가 없네요." 나는 포기하려 한다. 그들도 먹지 않는다. 괜히 미안해진다. 전의를 불태우며 칠면조를 공략하기 시작한다. 간밤에 배탈이 나서 고생한 보비는 얼굴이 더 허예져서는 예의를 차리느라 한 입 크게 베어 물고 토하지 않으려고 안간힘을 쓴다. 그에게는 한 입 한 입이 정신이 육체를 이긴 눈물겨운 승리다. 내가 이제까지 보지 못했던 매우 인상적인 장면이다.

텃밭에서 뜯어온 푸성귀. 새로운 친구들과 나누는 담소. 한 입 한 입이 즐겁다. (물론 보비는 빼고. 그는 겨우 죽지 않고 살아남는다.)

우리는 작별인사를 나눈다. 이번에는 웃으면서 악수를 한다.

얼마나 벌어야 충분할까

여기 사람들은 아우로라를 시장으로 여긴다. 아우로라는 이곳의 외교관으로서 외부세계를 상대하고 지역사회의 발전을 책임진다. 아우로라는 공정무역 카페 아네이의 커피를 처음 생산한 커피 농장 앞에 서 있다. 마모들을 어렵게 설득한 끝에 협동조합을 통해 캄페시노들과 협력해서 전 세계에 커피를 팔 수 있게 되었다.

현재 아루아코의 공정무역 커피는 4.5킬로그램당 20센트(225원)가 공정무역 장려금 명목으로 협동조합에 돌아간다. 우리는 원조를 통해 도울 때 그들에게 무엇이 최선인지 잘 안다고 자신한다. 하지만 아루아코 사람들은 오히려 우리가 우리 자신에게 무엇이 최선인지 모른다고 여긴다. 공정무역 장려금 덕분에 협동조합과 공동체는 스스로 무엇이 중요한지 결정할 수 있다. 카페 아네이의 구성원들은 농작물 다각

화와 식량 안보 사업을 위한 자금을 확보해서 아동 기아를 줄여나간다. 또한 수확 기금을 조성해서 수확 기간에 추가로 들어가는 비용(우리가 왔던 험한 길로 커피를 운반하는 비용)을 회원들에게 대출해준다.

"이렇게 하는 이유는 아이들의 앞날을 걱정하기 때문이에요." 아우로라가 말한다. 우리는 아우로라의 집 앞 베란다에 앉아 있다. 별이 보인다. 멀리서 발전기가 으르렁대면서 전기를 끌어올려 집 안으로 보낸다. 아우로라가 어린 시절 이야기를 꺼낸다. 그녀는 가톨릭 학교에 다니면서 신부로부터 교육을 받았다.

"그 신부님은 마모들과 시간을 보내면서 우리 문화를 배우셨어요. 결국에는 사제직을 그만두셨죠. 그분은 우리의 진로를 바꾸고 교육을 받게끔 돕고 싶어 하셨어요…… 여학생 스무 명을 데려가 대학교 학비를 대주셨어요. 우리는 예두파르의 학교에 다녔어요. 그분이 왜 이런 일을 하는지 아무도 몰랐지만 그분 덕에 우리의 역사가 완전히 달라졌어요. 그분이—어떤 이유에서 했든—이런 일을 해주시지 않았다면 저는 애를 열이나 열두 명쯤 낳고 여기서 평생 살았겠죠. 처음에는 여학생 스무 명이 대학에 다녔어요. 적응하지 못하고 돌아온 사람도 있어요. 간절히 원해야 가능해요. 저는 완전히 몰두했고요."

"대학을 다닐 때 장래에 무슨 일을 할 생각이었나요?" 내가 묻는다.

"지속가능한 개발을 통해 사람들을 돕고 싶었어요. 우리 고장에 도움이 될 만한 수업이라면 뭐든 찾아 들었어요. 그러다 보고타에서 공부를 마쳤을 때 너무나 외로웠어요. 학교에서 원주민이 아닌 학생이랑 친해져서 여기로 데려왔어요. 그 친구한테는 오빠가 있었어요. 그 사람하고 결혼했죠. 그이가 호르헤[아우로라의 장남] 아빠예요. 우리는 결혼식을 두 번 치렀어요. 한번은 성당에서, 한번은 마모들과 함께요. 바로 이 자리에서 식을 올렸어요. 결혼하고 나서 얼마 되지 않아 후회가 됐어요. 문화 충돌이었죠. 저는 여성을 존중하는 이곳 문화에 익숙한 사람이에요. 그이는 남성우월주의가 만연한 문화에서 자랐고요."

아우로라는 자식 둘을 낳았고, 아이들이 어릴 때 남편과 헤어졌다. 보고타의 현대적인 삶을 버리고 어릴 때 살던 산속으로 돌아왔다. 아우로라가 그녀의 이야기, 그러니까 두 세계의 충돌과 소속감을 찾는 여정을 들려주는 동안 케이티가 통역해준다. 케이티는 사진으로만 봤던 공정무역의 영웅들 중 하나인 아우로라를 만나려고 머나먼 콜롬비아까지 날아온 터였다.

누군가가 발전기를 껐는지 갑작스런 정적이 아우로라의 목소리를 에워싼다. 눈이 어둠에 익숙해지자 케이티의 눈에 고인 눈물이 별빛에 반짝인다. 케이티는 변호사 부부의 딸이다. 그녀의 부모는 애리조나 북부의 인디언 보호구역에서 나바호족을 비롯한 인디언 부족들의 권익을 위해 함께 싸웠다. 그녀는 샌프란시스코의 홍보회사에 다니던 중 크레이그리스트(생활정보 사이트—옮긴이)에서 공정무역 관련 구인광고를 발견했다. 그때쯤 신문사마다 전화를 걸어 자사의 최신 기술을 실어달라고 매달리는 업무에 진력이 난 터였다. 그녀도 부모님을 따라서 불운한 처지의 사람들을 위해 싸우기 시작했다.

아우로라는 카페 아네이 로고가 붙은 하얀 원피스에 자주색과 흰색 목걸이를 하고 빨간색 립스틱을 발랐다. 샌들에는 말과 돼지, 개의 똥이 덕지덕지 묻어 있다. 우리 신발도 마찬가지다.

"우리 문화를 지키면서 현대화하기 위한 새로운 길을 모색 중이에요. 절대로 여길 떠나지 않을 거예요."

아우로라의 아들 호르헤는 보고타에서 살지만 만타라는 전통의상을 입는다. 어머니를 존중하는 뜻이라고 한다. 또 다른 아루아코 사람들은 변호사, 의사가 되기 위해 공부한다. 자신의 부족이 외지인들에게 의존하지 않도록 돕고 싶기 때문이다. 물론 완전히 현대화되어 되돌아오지 않는 사람도 있다.

마모들은 마지못해 아우로라의 계획에 동의했고, 마침내 공정무역과 유기농 커피를 위한 카페 아네이 협동조합이 결성되었다. 카페 아네이는 캄페시노라는 콜롬비아의 서구화된 농부들과 함께 커피를 재배해서 뉴질랜드와 미국 같은 머나먼 나라까지 수출한다.

캄페시노들은 수익으로 도로를 확장해서 커피를 시장으로 더 수월하게 내보내고 싶어 한다. 하지만 그러면 외부세계가 이곳으로 들어오기도 쉬워진다.

"캄페시노들은 커피를 더 많이 심고 더 많이 수확하고 싶어 해요." 아우로라가 말한다. "우리가 가까이서 감독해야 하죠. 우리는 만족해요. 얼마나 돼야 충분할까요? 모두가 자신에게 물어봐야 할 질문이에요. 만족은 집요하게 성장을 추구해야 하는 문화에서는 악이에요."

아루아코는 진심으로 만족한다. 그들은 충분히 소유한다. 유기농 커피를 팔아 공정무역 장려금을 받으면 아이들을 학교에 보내고 약을 살 수 있다. 성장하고 팽창하기보다는 보존하고 지속하기를 원한다.

아우로라에게서 아루아코의 삶, 캄페시노들과의 관계에 대해 듣고 있으니 성장에 치중하는 캄페시노와 성장에 매달리는 우리 문화가 겹쳐 보인다. 케이티도 그렇게 생각할 것이다. "우리가 바꿀 수 있어요."

케이티가 말한다. 질문인지 선언인지 모호하다.

나는 커피를, 특히 나의 스타벅스 커피를 재배하는 농부들을 만나려고 콜롬비아에 왔다. 스타벅스의 지칠 줄 모르는 성장 추구를 비판하는 사람들이 많지만 스타벅스의 태도가 우리 문화의 산물이라는 느낌을 지울 수 없다.

나의 부모님은 40년 동안 건설 회사를 성공적으로 운영했다. 아버지의 사업 철학은 '성장하지 않으면 죽는다'였다. 부모님은 2007년에 최신식 공장을 건설했다. 주택 가격 폭락과 세계 금융 위기가 몰아치기 직전이었다. 얼마 후에 무슨 일이 터질지 그 누구도 예측하지 못했다. 세계 경제를 마비시킨 금융회사들은 주택시장 성장에 마이너스 숫자를 입력하지 못하는 컴퓨터 모형을 사용했다. 성장만이 유일한 선택지였고, 나머지는 일고의 가치도 없었다. 지칠 줄 모르는 성장 추구의 결과로, 부모님은 수십 년간 서서히 사업을 일으켰다가 모든 것을 한꺼번에 잃고 반나절 만에 경매로 팔아넘겼다. 때로는 가진 것이 없을 때 비로소 정말로 가진 것, 진실로 중요한 것이 무엇인지 잘 보인다.

베란다에 말없이 앉아 있는 동안, 부모님이 삶의 퍼즐을 다시 맞추기 위해 고군분투하면서 인생에서 중요한 것을 재평가하던 모습이 떠오른다. 부모님의 경험은 나로 하여금 인생을 재평가하게끔 했다. 그래서 나는 아루아코 사람들과 함께 있다. 나는 멀리 보이는 산봉우리를 가리킨다.

"저 산은 이름이 뭐예요?"

PART 2

초콜릿:
서아프리카산

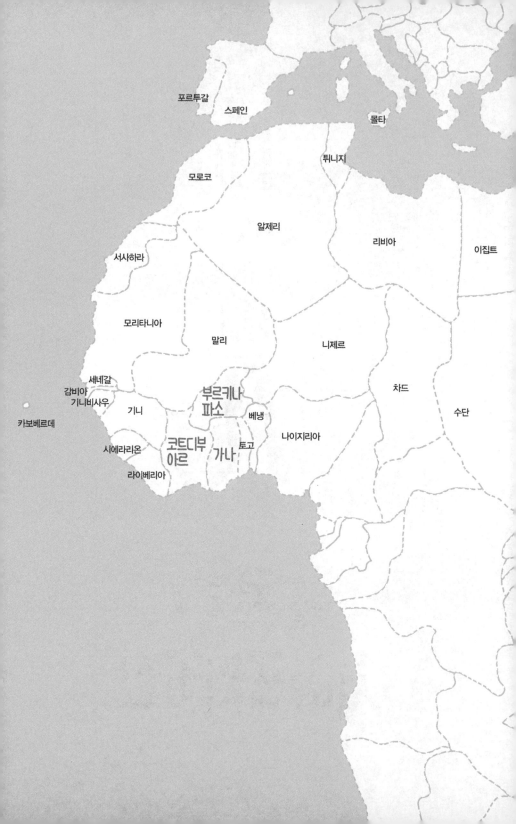

꿈의 노예

"안녕하세요. 넓은 초콜릿 욕조에서 목욕을 하고 싶은데요." 허쉬 호텔에 전화를 걸어 직원에게 말한다. 전화선 너머에서 침묵이 흐른다. 흠. 좀 더 자세히 말해야 하나. "저기, 호텔 홈페이지를 보니까 코코아 거품 목욕 서비스가……." 펜실베이니아 주 허쉬에 위치한 허쉬 호텔 초콜릿 스파 부서에서 전화를 받는 담당자라면 이런 요청에 익숙할 줄 알았다. 그렇지가 않은 모양이다.

"고객님, 코코아 스파는 여성 전용입니다."

"왜 그런 거죠?"

"저희 규정이 그렇습니다, 고객님."

나는 정의를 위해 싸울지 잠시 고민한다. 코코아 목욕계의 글로리아 스타이넘(미국의 대표적인 여성운동가─옮긴이)이 되어볼까 고민한다.

"코코아 마사지를 받아보시면 어떨까요? 아니면 혹시……." 직원은 이런저런 서비스를 줄줄이 읊는다. 50분짜리 남성 전용 위스키 바디 스크럽 서비스는 "거친 피부를 원치 않는 남성들"의 "노화의 흔적을 지워준다"고 한다. 스톤 페디큐어 서비스는 "발톱 관리와 뜨거운 돌 발마사지를 한 번에!" 해준다고 한다. 남자는 발톱 관리, 얼굴 마사지를 받을 수는 있지만 코코아 목욕을 신청하면 장난 전화보다 더한 취급을 당한다.

"괜찮아요. 누가 제 몸을 만지는 건 싫거든요." 그리고 '규정'을 따지려다 그만둔다. 원래는 허쉬 호텔에 묵으면서 스파 패키지를 받아볼 계획이었지만 허쉬 스위트 리트리트 하룻밤 패키지가 818달러(92만 원)라는 사실을 알았다. 그래서 15분에 50달러(5만 6천 원)인 코코아 거품 목욕을 나의 초콜릿 과잉 체험에 더하면 좋겠다 싶었던 것이다. 아무래도 내가 잘못 생각한 모양이다.

허쉬 호텔에서 내려다보이는 펜실베이니아의 허쉬 마을은 허쉬 초콜릿 회사에서 조성하고 허쉬 키세스 가로등으로 화룡점정을 찍은 마을이다. 궁전 같은 호텔은 펜실베이니아 촌구석이 아니라 프랑스의 전원 풍경에나 어울릴 법하다. 나는 만곡을 이루며 마을로 향해 있는 계단을 밟고 올라간다. 안으로 들어가 고급 카펫이 깔린 복도에서 잠시 길을 잃었다가 정원으로 나오는 길을 발견한다. 정원에는 수영장, 분수, 꽃, 아이스링크, 레스토랑이 있다.

하비스트 레스토랑은 "밭field에서 포크fork로"를 표방하는 음식을 자신 있게 내놓는다. 이 레스토랑은 원산지를 중시한다. 며칠(혹은 몇 주) 전에 돼지 한 마리가 인근 농장을 돌아다녔다. 그러던 어느 날, 도살되어 조각조각으로 잘렸다. 요리사가 초콜릿 바비큐 소스를 돼지갈비에 듬뿍 발라 접시에 담으면 웨이트리스가 내게 가져다준다.

돼지는 이 지역에서 난 것이지만 바비큐 소스에 들어가는 코코아는 분명 이 지역에서 난 것이 아니다. 또 내가 주문한 초콜릿 소스를 듬뿍 바른 허쉬 클래식 초콜릿 크림 파이 속의 코코아도 여기서 난 것이 아니다. (나는 앙트레와 디저트를 주문할 때 '초콜릿'이라는 단어가 가장 많이 들어간 메뉴를 주문하기로 했다. 하지만 초콜릿 마티니는 포기했다.)

세계의 — 허쉬의 — 코코아는 상당수가 서아프리카에서 생산된다. 나는 얼마 전에 허쉬 코코아의 주요 산지인 아이보리코스트(코트디부아르의 영어식 국명—옮긴이)와 가나에 다녀왔다. 서아프리카 카카오 농장을 목도한 뒤라서 노동자들의 현실을 펜실베이니아의 허쉬 마을, 허쉬 초콜릿 월드의 초현실적인 풍경과 비교하러 온 게 아니라고 한다면 거짓말일 것이다. 2시간짜리 초콜릿 스파 패키지 가격이 대다수 서아프리카 카카오 노동자들의 일 년 소득보다 높지 않은가.

사실 초콜릿 월드는 무척 마음에 든다. 초콜릿 테이스팅 어드벤처 교실에 들어서자, 리빙스턴 맥니브 박사가 가상의 초콜릿 생산국인 아리바에서 위성 생방송으로 초콜릿에 관한 지식을 설명해준다. 나는 수업에 참가한 다른 친구들(주로 여덟 살짜리 아이들)과 함께 초콜릿의 기원이 잉카라는 사실(잉카에서는 초콜릿을 '신들의 열매'라고 불렀다)과 초콜릿 나무의 생물학, 그리고 무엇보다 초콜릿을 먹는 방법을 배운다. 그러면서 초콜릿을 보고, 듣고, 맡고, 맛본다. 깨물어 먹는 행위가 포함되지 않는 순수예술이다. 장담하건대, 여러분이 만약 다크초콜릿을 좋아하지 않는다면 잘못 먹어서 그렇다. 깨물어 먹지 말고 한 입 물고 혀로 녹이면서 향—달콤하고, 쌉싸름하고, 과일 향과 견과류 향이 나는—이 입안에서 서서히 퍼지게 해야 한다. 내 말을 믿으시라. 이래봬도 수업을 마친 후 허쉬 대학으로부터 초콜릿 시음에 관한 공식 석사 학위를 받은 몸이다.

새 학위를 받자 신이 나서 부모들이 이상한 눈으로 나를 쳐다보는 줄도 몰랐다. 혼자 온 30대 남자가 혈당이 오르자 방긋 웃으며 초콜 릿월드를 방방 뛰어다닌 것이다. 나는 초콜릿향이 진동하는 허쉬의 가 상 공장―젖소들이 노래하는 공간―에서 인디언 부부와 그들의 어 린 딸과 함께 카트를 밀고 다닌다. 공장을 한 바퀴 다 돌자 카메라를 향해 웃어달라는 주문을 받는다. 인디언 소녀의 아버지는 엄지를 들어 포즈를 취하고, 나는 소름끼치게 섬뜩한 인간처럼 보이지 않으려고 안 간힘을 쓰지만 그럴수록 더 섬뜩해 보인다. 사진 밑에 이렇게 써넣어 도 될 정도다. "돌아보지 마시오. 그자가 당신 뒤에 있습니다!"

나는 초콜릿 실험실에 등록한다. 이곳에서는 코코아의 기원에 대해 좀 더 자세히 논의한다. 우리는 초콜릿을 맛보고 원산지가 자메이카 인지 서아프리카인지, 뉴기니인지 멕시코인지 알아맞힌다.

"카카오 열매 하나가 허쉬 초콜릿 바 한 개라고 상상해보세요." 흰 실험복을 입은 게일이 카카오 열매를 들고 말한다. 열매 하나에는 허 쉬 밀크초콜릿 한 개를 만들고 남을 만큼의 카카오가 들어 있다. "한 집에서 일 년에 딱 두 번 수확할 수 있어요. 반드시 손으로 직접 따고 요. 허쉬 규모의 기업은 직원을 농장으로 보내서 제대로 농사를 짓는 지 확인합니다."

게일이 농부들 사진을 보여준다. 이름도, 사연도 모르지만 행복하 고 당당해 보이는 사람들이다. 그래도 초콜릿의 핵심 원료가 이 동화 속 초콜릿 나라에서 마술처럼 뚝딱 하고 나타난 것처럼 말하지 않는다는 점에서는 허쉬를 높이 사야 한다.

그다음에 게일은 초콜릿 바를 직접 만들어보게 해준다. 우리는 카카오 닙(카카오 열매 속 씨앗을 잘게 으깨어 가공한 것—옮긴이)에다 고추를 넣어 초콜릿을 만든다.

마침내 부모들 중 한 사람이 용기를 내어 내게 묻는다. "여기에는 무슨 일로 오셨나요?" 나는 얼마 전에 아이보리코스트에서 카카오 농부들과 함께 지내다 왔다고 말해준다. 게일이 다가온다. 그녀는 내 경험에 관심은 있지만 너무 많은 걸 묻고 싶지는 않은 눈치다. 초콜릿 원산지에 관한 이야기를 꺼내면 곤란해질 수 있다. 나는 농부들의 삶의 질이 카카오 가격과 얼마나 밀접한 관련이 있는지 설명한다. 하지만 내가 목격한 현실을 전부 말하지는 않는다. 다들 즐거운 한때를 보내고 있는데 초콜릿 거품을 깨고 싶지는 않다. 그래도 허쉬 초콜릿의 설립자인 밀턴 허쉬는 농부들에 대해 알고 싶어 하지 않았을까? "밀턴 허쉬는 성공의 기준을 돈이 아니라 그 돈을 유용하게 써서 인류에게 혜택이 돌아가는 것으로 측정했다." 1920년대에 내셔널 시티 뱅크의 고든 렌칠러가 한 말로, 허쉬 박물관에 적혀 있다. 밀턴 허쉬 자신도 이렇게 주장했다. "나는 늘 열심히 일하고 더 소박하게 살면서 모두에게 공평하게 분배하려고 노력했습니다."

나는 마지막으로 펜실베이니아 허쉬의 투어 버스에 올라탄다. 가이드는 멜빵을 하고 챙이 좁은 모자를 썼다. 투어 버스가 시내를 가로지를 때 가이드가 밀턴 허쉬의 사연을 소개한다. 파산해 고생고생을 하다가 세계 최초로 밀크초콜릿을 개발해 대박을 친 사연이다. 밀턴의 아내 키티가 아이를 갖지 못하자 부부는 학교를 세워 그 지역의 고아들을 받아들였고 나중에는 미국 전역의 고아들을 받아들였다. 현재 이 학교는 학생 1,800명을 수용하고 있으며 학생 1명당 연간 약 11만 달러(1억 2천만 원)를 지출한다.[1] 키티가 세상을 떠난 후 밀턴은 대부분의 재산을 학교 재단에 기부했지만 5년 동안 외부에 이 사실을 알리지 않았다. 밀턴 허쉬 학교 재단은 허쉬 기업에 대한 다수 의결권을 갖고 있으며, 테마파크와 허쉬 호텔의 지분 100퍼센트를 보유하고 있다. 모두 합쳐 75억 달러(8조 2천억 원) 이상의 자산을 보유하고 있다.

"저희가 하는 모든 일은 아이들을 위한 것입니다." 투어 버스가 학교 앞에 정차할 즈음 가이드가 말한다. 그는 이 학교의 교장을 지낸 사람이니 누구보다 잘 알 것이다. 그렇다. 미국에서 가장 부유한 기숙학교에서 교장을 지낸 사람이 옛날 의상을 입고 버스 투어를 안내한다. 그만큼 허쉬의 역사와 학교는 그에게 중요하다.

밀턴 허쉬는 대중교통과 공원, 학교까지 갖춘 마을을 조성했다. 그리고 자신의 회사가 설탕을 수입하는 쿠바에도 마을을 만들었다. 그는 "남에게 당하고 싶지 않은 일을 남에게 행하지 말라"라는 은률silver rule을 지키면서 살았다. 그는 사업이 옳은 일을 하기 위한 힘이 될 수 있고, 직원을 존중해주면 더 유능한 직원이 될 거라고 믿었다.

나는 초콜릿 월드의 과잉과 과대망상에 경악한 것이 아니라 이 세계를 만든 사람의 과잉과 과대망상에 감탄했다.

얼마나 큰 감동을 받았던지 ─ 잠시나마 ─ 아이보리코스트의 카카오 농장에서 만난 노예를 잊을 뻔했다.

노예 2천만 명

솔로가 조심스레 노트에 글을 적으면서 가나의 부모님께 전해달라고 말한다. 꾹꾹 눌러쓴 글자 하나하나가 빈 종이에 적힌다.

"여기가 제가 사는 집이에요." 솔로가 노트를 돌려주면서 말한다.

솔로가 사는 단칸방은 집은커녕 '방'이라고 부르기도 어렵다. 사실 그의 소유도 아니다. 그는 가진 게 없기 때문이다. 이곳은 그의 '주인'이 소유한 방이다. 솔로는 하루에 한 번 '주인'의 음식을 먹는다. 솔로가 '주인'이라는 말을 입에 올릴 때마다 등줄기가 서늘하다.

솔로는 뭔가에 홀린 사람 같다. 귀신이나 악마가 아니라 그만큼 무서운 존재, 그러니까 다른 인간에게 홀려 있다. 솔로는 누군가의 소유다. 재산이다. 그는 농장의 당나귀보다 못한 취급을 받는다고 한다. "그나마 일하지 않는 날에도 밥을 주기는 해요."

솔로의 이 말을 듣자 존 스타인벡의 『오렌지 나무 아래의 굶주림』에 나오는 구절이 생각난다. "농사에 쓸 말을 사서 일을 시킬 때만 여물을 준다면 말은 죽어버릴 것이다. 말이 일하지 않을 때 여물을 주는 것에 불만인 사람은 없지만 우리 땅에서 일하는 남녀에게 음식을 주는 데는 불만이 많다."

우리는 아까 농장에서 솔로가 카카오 열매를 따고, 쪼개고, 바닥에 널어 발효시키는 방법을 알려줄 때 나누던 대화를 이어간다. 농장에서 그가 자신의 삶에 대해 말하기 시작하자, 나는 그에게 농장 말고 조용히 이야기를 나눌 곳이 없느냐고 물었다. 마을 사람 50여 명이 농장으로 몰려들어서 평생 본 사람 중에서 가장 하얀 친구—나—가 마체테(날이 넓고 무거운 칼—옮긴이)로 노란 열매를 따는 모습을 구경하고 있었다.

나는 솔로의 방 안으로 들어가기 전에 카카오 농장 대여섯 곳을 돌면서 흙먼지에 더러워진 신발을 벗었다. 이런 상황에 대비하라고 일러준 사람이 하나도 없었다. 하긴 일러줘도 별 소용이 없겠지만. 솔로는 신발을 벗지 말라고 말렸지만 나는 고집을 꺾지 않았다. 내 신발은 그의 고무장화 옆에 나란히 놓였다. 열린 문으로 한 줄기 빛이 들어와 콘크리트 상자 방의 유일한 장식(빛바랜 영국 축구팀 포스터)을 비춘다.

이제 갓 스무 살이 된 솔로는 이 농장에서 넉 달간 일했다. 아이보리코스트의 다른 카카오 농장에서 일하다가 이곳으로 왔다. 첫 농장에 가게 된 이유는, 가나에 있는 그의 마을로 한 여자가 찾아와 일 년만 일하면 300달러(33만 8천 원)를 벌게 해준다고 한 말에 속아서였다.

"그 농장에서 일꾼들을 존중해주지 않아서 떠났어요." 솔로가 첫 농장에 관해 말한다. "거기서는 먹을 걸 주지 않았어요……." 매에 하는 염소 울음소리가 문 앞으로 지나간다. "강제로 일을 시켰어요."

"사람들이 당신을 때렸나요?" 내가 묻는다.

솔로는 고개를 가로젓는다. "아뇨." 나는 지금 농장은 대우가 나은지 묻는다.

"여기도 똑같아요. 때리지는 않지만 저들이 하는 짓은 때리는 것 이상이에요." 솔로는 잠시 말을 멈추고 다시 반복한다. 무거운 말이 입 밖으로 나오면서 그의 머릿속에서 메아리라도 치는 것처럼. "저들이 하는 짓은 때리는 것 이상이에요. 제가 아까 보여준 땅딸한 남자요……, 그 남자는 점점 미쳐가요. 욕도 함부로 하고, 또…… 차마 입에 담질 못하겠어요."

솔로는 얇은 매트리스를 깐 나무 침대에 앉아 말없이 내 양말을 쳐다본다. 예의상 나도 그의 맨발에 시선을 두고 생각한다.

'때리는 것 이상이라니? 강제로 일을 시키고 하루에 한 번 음식을 주면서 때리는 것 이상의 짓까지 한다고?! 도대체 뭐지?'

"그 사람이 당신을 건드립니까? 내 말은 그러니까…… 성적으로?" 내가 묻는다.

"위Oui." 솔로가 프랑스어로 대답한다. 1년 전에는 모르던 언어다 (프랑스어는 아이보리코스트의 공용어이다—옮긴이).

"그 사람이 당신을 성추행합니까?"

솔로의 시선이 더 아래로 떨어진다.

"여긴 괜히 왔어요. 이럴 줄 알았으면 그냥 가나에 있는 건데."

솔로의 주인은 농장에서 살지 않는다. 솔로가 '땅딸한 남자'라고 부르는 남자는 주인의 동생이다.

"주인이 농장에 처음 나타났을 때 다 말했어요. 하나도 빠트리지 않고 다 말했어요."

솔로는 주인에게 그동안 일한 대가를 받아서 떠나고 싶다고 말했다. 하지만 두 가지 모두 성사되지 않았다. 돈도 받지 못했고, 떠나지도 못했다. 농장은 차로 비포장도로를 세 시간이나 달려 밀림을 지나고 군 검문소를 두 개나 지나쳐야 나오는 곳에 있다. 높다란 담장과 경비는 없지만 외지고 탈출하기 어려워서 감옥이나 매한가지다.

"계약 기간이 끝나면 돈을 받을 것 같아요?"

"모르겠어요."

"당신처럼 집으로 돌아가지 못하는 일꾼이 많습니까?"

"아뇨. 저밖에 없어요."

솔로는 혼자다.

"솔로!" 어떤 남자가 문 앞에 나타난다. 우리를 방해한 것이 벌써 두 번째다. 처음에는, 솔로에게 야자수 술통이 문 가까이에 있어 사람들이 훔쳐갈 수 있으니 통을 옮기라고 했다. 왠지 부자연스러웠다. 분명히 우리를 감시하러 온 것이다. 이번에는 불안한 기색으로 내게 마을 잔치에 참석하라고 요구한다. 나를 내버려두지 않을 기세다.

그를 따라서 쿵쾅거리는 음악 속으로, 내 머릿속에 맴도는 생각과는 전혀 어울리지 않는 빠른 박자의 흥겨운 사운드트랙 속으로 들어간다. 걸으면서 솔로가 부모님께 전해달라고 부탁한 쪽지를 읽는다.

국제노동기구의 추산으로는, 전 세계에 2,090만 명의 노예가 존재하고 그중 67퍼센트가 건설업과 농업 분야에서 일한다.[2] 아직도 노예가 존재한다는 건 나도 알고 있었다. 하지만 내 눈으로 직접 보자─솔로를 만나고, 그의 얼굴에 드리워진 절망과 고통을 보고, 그가 가족에게 쓴 쪽지를 읽자─현실로 다가왔다.

나는 내 하얀 피부에 극도로 과민해진다. 어지럽고 안색이 창백하고 기운이 빠지고 방금 내가 들은 이야기를 제대로 소화하지 못한다.

마을 사람들이 머리를 까딱인다. 엉덩이를 흔든다. 젊은 사람과 나이 든 사람들 수백 명이, 주로 여자와 아이들이 폴짝폴짝 뛰고 빙글빙글 돌면서 성대하게 우리를 맞아준다. 톰 노이하우스가 축제의 주빈 자리에 앉아 있고, 그 옆의 빈자리가 나를 기다린다. 톰은 이런 식으로 마을을 찾아다니면서 그가 소속된 희망과 공정성 프로젝트Project Hope and Fairness에서 기증한 마체테와 고무장화 등을 나눠주고 있다. 이 단체는 서아프리카 카카오 농부들과 관계를 구축해서 그들의 어려움과 요구를 이해하려고 애쓴다. 톰은 2003년부터 이 지역을 방문해왔다. 사람들이 나를 보자 환호성을 지른다. 나는 톰의 옆자리에 앉아 억지로 미소를 짓는다.

"잘돼가요?" 톰이 묻는다. 그는 음악이 들리는 공간에 있는 다른 사람들과 마찬가지로 환하게 웃고 있다.

"좋아요." 나는 썩 좋지 않은 목소리로 말한다. "〔카카오〕열매 열 개를 땄어요."

"체험은 좀 했어요?" 톰이 묻는다.

"예, 조금 넘치게요."

"조금 넘친다니요?"

솔로의 주인이 와서 잘 지내냐고 인사를 건넨다. 나는 아주 잘 지내고, 내가 원하던 대로 잘해나가고 있다고 대꾸한다. 마체테에 손가락이 잘리지 않은 게 어디냐고 농담을 쥐어짠다. 그는 활짝 웃으면서 서로 손바닥을 맞대고 손가락을 튕기는 이곳 방식의 악수를 청한다. 그리고 우리에게 야자술을 한 잔씩 건네고는 무리에 섞여 들어가 춤판을 구경한다.

"그러니까…… 솔로는 사실 본인의 의사와는 상관없이 붙잡혀 일하고 있고 성추행까지 당했어요." 내가 톰에게 말한다. 음악이 요란해서 평상시 목소리로 말하는 데도 은밀한 속삭임처럼 들린다.

"정말요?" 톰의 얼굴에서 웃음기가 사라진다.

"앞으로 여덟 달을 더 일해야 돈을 받는대요."

"그러니까 여기 사람들이 수군대는 장본인을 당신이 찾아냈군요."

"우리가 돈을 주고 솔로를 살 수 있을까요?" 내 입에서 이런 말이

나오다니 믿기지 않는다. 내가 정말로 인간을 살 생각을 하고 있다니.

"그런데 누가 그 사람을 소유하고 있어요?"

나는 솔로의 주인 쪽으로 고개를 까딱인다. 톰은 믿기지 않는 얼굴이다. 하고많은 사람 중에 왜 하필 저 사람인가?

"그런데 왜 저 사람이 당신을 불러서 〔솔로하고〕 이야기를 나누게 해줬을까요? 만약에……."

"모르겠어요. 솔로는 진실을 말하는 거라면서 아주 어렵게 그 얘기를 꺼냈어요. 뭣하러 그런 얘길 지어내겠어요? 제가 당장 〔솔로의 주인에게〕 가서 '이봐요, 솔로가 이렇게 말하더군요. 그 친구를 데려가야겠어요'라고 따지기라도 하면 어쩌려고요? 지금 우리가 어떤 상황에 처해 있는지 모르겠어요. 정말 모르겠어요. 어쩌면 〔솔로가〕 지어낸 얘기일지도 모르고."

톰은 놀라서 말문이 막힌 듯하다. 안 그래도 눈에 띄는 두 사람이 인형을 도둑맞은 아이 같은 얼굴로 앉아 있었다.

"기분 좋은 척해야 돼요." 나는 솔로를 이 지옥에서 구해낼 계획을 세우는 사람처럼 보이지 않으려고 주의한다. 흥겨운 리듬에 맞춰 발장단을 치면서 후손들에게 물려주기 위해 이 장면을 기록하는 것인 양노트에 쓴다. "뭐든 의견을 주세요." 내가 톰에게 말한다.

"그런 사실을 알고 나서 어떻게 할지 말입니까?" 톰이 묻는다.

"예. 그냥 모른 척할까요? 모르겠어요. 어쩌면 〔솔로의 주인은〕 이런 사실을 모르는지도 모르죠. 어쩌면 〔솔로가〕 그냥 황당무계한 이야기를 지어냈는지도 모르고요. 하지만 제가 뭔가 도모를 했는데 솔로가 사실은 거짓말을 한 거라면 그 친구가 된통 당하겠죠."

나는 솔로의 쪽지를 톰에게 슬쩍 보여준다. "제가 춤추러 나가면서 주의를 돌려볼게요." 나는 춤추는 사람들 사이에 섞여들어 껄껄 웃으면서 환호성을 지른다. 어떤 여자가 스카프를 가져와 내 어깨에 둘러준다. 다들 두 팔을 든다. 땀에 젖은 머리들이 까딱거린다. 다들 손뼉을 친다. 누군가 박자에 맞춰 휘파람을 분다. 내가 어느 집 할머니하고 끈적끈적한 춤을 춘 것 같기도 하고 아닌 것 같기도 하다. "우우!" 겉으로는 웃으면서 춤을 추지만 머릿속은 쉴 새 없이 돌아간다. 솔로에게 자유를 되찾을 기회를 주려고 시도해볼 것인가, 아니면 남은 평생 아무것도 하지 않은 걸 후회하면서 살 것인가?

솔로 같은 사람이 무수히 많다는 건 나도 안다. 온갖 문제가 산적해 있는데 일개인을 도와준다고 해서 무슨 소용이 있을까?

솔로의 주인이 축제 현장을 찍는 사이 톰이 쪽지를 읽는다.

어머니, 아버지. 아무 말도 없이 떠나서 죄송해요. 저는 실종되지 않았어요. 꼭 돌아갈 거예요. 제 걱정은 마세요. 저는 솔로몬이잖아요. 저는 코트디부아르에 있어요.

춤판이 이어지지만 나는 양해를 구한다. 솔로의 주인과 다시 손가락을 튕기는 악수를 나누고 톰의 자리로 돌아온다. 나는 톰에게 몸을 기울이며 말한다. "계획이 있어요."

아프리카의 소국 말라위, 기적을 이루다

(사흘 전.) "이런 정류장에서요." 흰색 픽업트럭의 조수석에 앉은 톰이

아이보리코스트 최대의 도시이자 상업 수도인 아비장을 벗어나면서 말했다. "벽에 노상 방뇨를 하다가 벌금 10달러를 냈어요."

"정말요?" 내가 말했다.

"네. '소변 금지: 벌금 10달러' 표지판 바로 밑에서 그랬거든요."

"흠." 나는 낄낄거렸다. "그렇다면 할 말이 없군요."

그때 '경찰'이라는 두 글자가 군데군데 새겨진 훈련복을 입은 군인이 우리 일행을 검문하려 했다. 캘리포니아의 요리사이자 교수, 초콜릿 사업가인 60대 톰은 희망과 공정성 프로젝트 티셔츠를 입은 채 웃다가 말고 굳은 얼굴로 정면을 바라보았다. 아이보리코스트인 운전사가 군인에게 면허증과 등록증을 건넸다.

"이 사람들은 무슨 일로 여기에 왔습니까?" 군인이 물었다.

"관광객들이에요." 작지만 강단 있는 가이드 대니얼이 대답했다.[3]

"관광 서류는 어디 있습니까?" 군인이 심각한 얼굴로 물었다.

"장관님께 여쭤보니까 그런 거 필요 없다고 하셔서요." 대니얼이 거짓말로 둘러댔다.

톰은 이런 상황을 '거리의 공연'이라고 부른다. 다들 거짓말인 줄 알면서도 거짓말을 듣고 싶어 한다. 안 그러면 우리는 감옥에 갇혀야 하고 군인은 우리를 구금해야 할 텐데 얼마나 번거로운 일이겠는가.

군인은 내 옆에 앉은 톰의 노모, 여든여덟 살의 도러시를 보고 이내 누그러졌다. 도러시는 군인에게 지친 얼굴로 웃어주었다. 도러시는 지난 2주 동안 아들과 함께 카메룬과 가나의 카카오 농부들을 찾아다녔다. 도러시는 우리의 무기였다. 어쨌든 증조할머니뻘 되는 노인과 여행을 다니면 얼마나 큰 어려움을 겪겠는가?

"이름이 뭡니까?" 군인이 내게 영어로 물었다. 내가 이름을 말하자 군인은 어렵게 발음하고는 이렇게 물었다. "저도 미국으로 데려가줄 수 있습니까?"

"그럼요, 어서 타세요!" 내가 말했다.

그 군인은 초조해할 만했다. 그날 아침만 해도 시내의 육군기지가 공격당해 6명의 병사가 사망했다. 이 사건은 이 나라에서 발생하는 연쇄 공격들 중 하나에 불과했다. 1년 전에 아이보리코스트를 초토화시키고 3천 명을 죽인 내전의 여파였다. 전직 대통령 로랑 그바그보Laurent Gbagbo가 내전 중에 저지른 전쟁 범죄로 재판에 회부되자 그의 충복들이 자꾸 도발을 하고 있었다.[4]

앞으로 한 달 후에 아이보리코스트 정부는 이틀간 모든 국경—하늘, 바다, 육지—을 폐쇄할 계획이다.[5] 아무도 나가지도, 들어오지도 못하게 된다. 앞으로 이 나라의 정책은 프랑스로부터 독립한 후 1960년대부터 통치했던 전직 대통령 펠릭스 우푸에부아니Félix Houphouët-Boigny의 통치 방식과는 크게 다를 것이다. 우푸에부아니는 말리, 부르키나파소 등지에서 온 사람들을 모두 받아주었다. 오직 한 가지 목표, 가급적 많은 땅을 농지로 개간하는 목표를 달성하기 위해서였다.[6] 한 조사에 따르면 독립한 후 5년 만에 외국인이 국가 노동력의 절반을 차지한 것으로 나타났다. 우푸에부아니의 정책으로 인해 '아프리카의 기적'으로 일컬어지는 성과가 나타났다. 아이보리코스트는 사하라 이남 아프리카에서 가장 강력한 경제국으로 탈바꿈했다. 아이보리코스트산 카카오로 만든 초콜릿을 좋아하는 세계인의 입맛이 그 원동력이었다.

우리는 검문소를 통과해 대니얼의 마을로 향했다. 대니얼의 아내가 아들을 안고 나와 우리를 맞이했다. 우리는 마당에 놓인 식탁으로 가서 카사바, 가재, 푸푸라는 이름의 카사바 반죽, 들쥐, 와인(들쥐와 레드와인은 기가 막히게 잘 어울린다)을 대접받는다. 식탁에는 엉클 샘 쌀(태국산)도 조금 있었다. 쌀 봉지에는 전형적인 미국인 엉클 샘이 삿대질을 하며 쌀을 더 먹으라고 명령하는 것 같은 조잡한 그림이 있었다.

대니얼은 대학에서 아내를 만났다. 그녀는 알지 못했지만, 대니얼은 둘째 부인을 얻고 싶어 했다. 내 머릿속에 문구 하나가 떠올랐다. "아내가 많을수록 골치 아픈 일도 많아진다." 나는 이 말을 혼자 간직하고 대니얼에게는 둘째 부인을 어떻게 얻을 셈이냐고 물었다.

"우선 마누라한테 둘째 마누라를 얻고 싶다고 얘기해야죠. 그런 다음 마누라가 '싫다'고 해도 그냥 둘째 마누라를 들이면 돼요."

"당신은 부인이 몇 명이에요?" 대니얼이 내 대답을 뻔히 알면서 묻고는 낄낄거렸다. 그는 경제학 석사학위를 받았고 카카오 협동조합의 조합장이며―톰의 말로는― 서아프리카에서 만난 최고의 가이드였다. 그는 우리의 문화 차이를 잘 알기 때문에 나한테 장난을 친 것이었다.

"우리가 어디에 앉아 있는지 아세요?" 톰이 물었다.

와인 잔에서 고개를 드니 나무줄기와 나뭇가지에서 거대한 쥐젖처럼 돋아난 초록색 카카오 열매가 보였다. 아이보리코스트에서는 대화든 현실이든 카카오를 벗어나지 못한다. 이 나라에서 세계 카카오의 35퍼센트[7]와 미국산 초콜릿 원료로 들어가는 카카오의 53퍼센트가 생산된다.[89]

우리는 몇 시간 더 달려서 카카오로 건설한 이 나라의 수도 야무수크로에 도착했다. 작은 마을 같은 도시였지만 여느 도시와 달랐다. 우푸에부아니 대통령의 작은 마을로, 그가 돈을 퍼부어서 건설한 도시였다. 그는 대통령궁을 지을 때 주위를 인공호수로 둘러싸고 악어를 잔뜩 풀어놓았다. 제임스 본드 영화의 악당조차 조금 과하다고 할 만한 구조였다. 호수 앞에서는 한 남자가 관광객에게 산 닭을 팔았다. 관광객이 닭을 사서 일광욕을 즐기는 악어 등짝에 던졌다. 모두 환호성을 지르는 사이 닭은 이빨과 꼬리가 달린 무시무시한 초록색 덩어리로부터 도망치려 했다. 우리가 섬뜩한 공포에 사로잡혀 지켜보는 동안 닭을 판 남자가 내려가 악어들 틈을 헤집고 다니면서 꼬리를 잡고 마체테로 자르는 시늉을 했다. 몇 주 후 톰이 '악어 사나이'라는 제목으로 이메일을 보내왔다. 그 남자가 마지막으로 악어 꼬리를 구부렸다는 소식이었다. 그는 물속으로 끌려들어가 단숨에 먹혀버리고 말았다.

톰은 이메일에 이렇게 썼다. "우리 문명을 상징하는 사건이에요. 우리가 대지의 어머니를 건드리면 결국 대지는 우리를 때려눕히고 망각 속으로 밀어 넣습니다."

야무수크로에는 바티칸의 성베드로 대성당을 본떠 만든 평화의 노트르담 대성당도 있다. 소문에 따르면 교황 요한 바오로 2세가 우푸에부아니 대통령에게 성베드로 대성당(138미터)보다 높게 짓지 말라고 요청했다고 한다. 돔은 성베드로 대성당보다 낮지만 돔 꼭대기에 십자가를 세워 전체 높이는 158미터가 되었다. 총 3억 달러(3,400억 원)가 들어간, 세계 최대의 로마가톨릭 성당이라는 기네스 기록을 보유한[10] 이 대성당은 국민 대다수가 카카오를 재배하면서 연간 300달러(33만 8천 원)도 못 버는 습지대와 밀림 위에 우뚝 솟아 있다.

이 대성당에 관한 통계는 SF소설 급이다. 안뜰에 신도 30만 명을 수용할 수 있는데, 이는 야무수크로 전체 인구보다 많다. 대성당 내부는 7천 제곱미터나 되는 스테인드글라스 창으로 둘러싸여 있고, 그중에는 우푸에부아니를 예수의 사도로 그려 넣은 것도 있다.

우푸에부아니가 추진한 대규모 사업들은 카카오 가격이 높고 아이보리코스트가 한창 아프리카의 기적이라는 찬사를 듣던 1980년대까지는 잘 굴러갔다. 그러나 대성당이 완공된 1989년, 카카오 가격은 폭락했고 아이보리코스트 경제도 추락했다. 아이보리코스트는 세계에서 가장 부채가 많은 국가 중 하나로 전락하여 세계은행과 국제통화기금IMF에 구제금융을 요청했다. 하지만 국제 금융기관에서 채무 형식으로 도움을 받을 때는 반드시 대가를 치러야 한다. 바로 구조조정계획SAP이다. "당신이 대출금을 갚지 못하면 은행에서 아이를 내놓으라는 것과 같아요." 톰이 말했다.

선진국들은 IMF와 세계은행을 통해 개발도상국에 식품 시장을 개방하라고 요구하면서 자국 시장은 보호한다. 미국은 자국 내의 가장 부유한 농부들에게 농업 보조금을 지원하면서(1996~2010년에 보조금의 75퍼센트가 가장 부유한 농부 10퍼센트에게 돌아갔다)[11] 다른 나라 정부에는 농부들에게 보조금을 지원하지 말라고 강요한다. 자유시장이 번영으로 가는 길이 아닌 걸 알면서도 다른 나라에는 자유시장이 번영으로 가는 길이라고 선전한다.

우푸에부아니가 국가의 주요 사업을 IMF와 세계은행에 넘기고 구조조정계획을 도입하는 바람에 아이보리코스트는 어쩔 수 없이 시장을 개방해야 했다. 시장 개방을 하면 다국적 농산업[12] 기업들이 먼저 들어온다. 채무국에서는 환금작물(기초 식량이 아닌 카카오, 담배처럼 판매하기 위해 재배하는 작물—옮긴이)을 선진국으로 수출하고 식량 대부분을 수입해야 한다. 그러다보면 아무리 농사를 지어도 자급자족이 안 되고 미국 농부들에게 의존해야 하는 부조리한 상황이 연출된다.

IMF 이전에는 카카오 시장(세계에서 가장 급변하는 시장)이 오르락내리락해도 정부가 기준 가격을 보장해줘서 농부들은 큰 타격을 받지 않았다. 게다가 농부들은 소기업 대출을 받을 수 있었다.

IMF 이후에는 대출이 불가능해졌다. 구조조정계획이 시행되면서 농부들은 각자 알아서 살아남아야 했다. 삶의 질은 카카오 시장의 변동에 따라 오르내렸다.

상품 가격의 하락으로 발생하는 잔혹한 역설 중 하나는, 그 상품으로 생계를 유지하는 농부들이 더 많이 농사를 지어야 가족의 생계를 겨우 유지할 수 있다는 점이다. 그러다보면 과잉생산을 하게 되고 시장에서 상품 가치가 더 떨어져 다시 더 많이 생산해야 하는 악순환에 빠진다. 바로 이럴 때 공정무역으로 최저가격을 보장해주면 농부들은 농작물을 얼마나 재배해야 할지 어느 정도 가늠할 수 있다.

"세계은행은 자원을 빼갑니다. 제3세계에는 도움이 되지 않아요." 야무수크로를 벗어나 서쪽 지역의 카카오 농장으로 가는 길에 톰이 말했다. 운전사는 움푹 팬 구덩이를 피하면서 텅 빈 시골길을 달렸다. 그는 무거운 석탄과 나뭇가지를 머리에 이고 겨우 중심을 잡으면서 도로변을 걸어가는 여인들 행렬과 거리를 두며 운전했다.

"열대우림이 지나가네요." 톰이 말했다.

카카오 경제로 건설한 도로에는 현재 차보다 사람이 더 많다. 세계은행은 구조조정계획이 시행된 지 20년 만에 결정을 번복하기로 했다.

아이보리코스트 전역에서 카카오 최저가격제를 다시 도입하라고 권고했다. 그러면서 '어이쿠, 저희가 최저가격제를 없애서 경찰, 군인, 카카오 구매업자들의 부패와 착취를 조장한 일은 미안하게 생각합니다. 우리가 나빴어요!'라는 식의 사과도 없이 은근슬쩍 넘어갔다.

1990년대 말 국제사회는 말라위 정부에 국내 곡물 비축량을 줄이고 농부들에게 제공하던 비료 보조금을 폐지하라고 요구했다. 말라위 정부는 이를 받아들였다. (세계은행은 환금작물을 수출해서 벌어들인 외화로 식량을 수입하면 된다며 시장경제를 방해하는 보조금 폐지를 요구했다—옮긴이) 2001년 흉년이 들자 광범위한 지역에서 기근이 발생했고 인구 수백만이 식량 안보를 보장받지 못했다. 2007년이 되어서야 말라위 정부는 서방의 압력을 무시하고 예전 방식으로 돌아가기로 결정했다. 농업 보조금을 부활시키고 국제사회로부터 식량 원조를 받는 대신 여분의 식량을 배고픈 이웃들에게 나눠주었다.[13]

톰은 이렇게 설명한다. "세계은행은 부자들의 배를 불리고 가난한 사람들을 착취해온 역사가 있습니다. 항상 소농들이 맨 먼저 희생됩니다." 최저가격을 보장해서 이런 추세가 뒤집히기를 바란다.

씨앗을 먹는 건 돈을 먹는 것

"뱀이 있어요?" 내가 대니얼에게 물었다. 목소리가 한 옥타브 올라가서는 한창 사춘기인 스쿠비 두의 단짝 섀기의 목소리처럼 갈라졌다. 우리는 덜컹거리는 도로를 달려 카카오 농부들과 하루를 보낼 마을로 들어갔다.

"그럼요." 대니얼이 씩 웃더니 사악하게 낄낄거렸다. "검정색과 초록색 맘바와 코브라…… 독을 발사하는 코브라. 당신 눈에 그게 보이면 살아 있는 거고, 안 보이면 죽은 거예요."

"어제는 독을 발사하는 코브라 때문에 눈이 먼 사람이랑 얘기했어요." 톰이 말했다.

"작은 놈한테 물리면 죽을 가능성이 90퍼센트예요. 큰 놈한테 물리면…… 100퍼센트고요." 대니얼이 말했다.

그러면, 나는 100퍼센트 무서웠다. 엄마야!

촌장은 지붕만 있고 사방이 뚫린 낮은 건물 안의 높은 단 끝으로 우리를 데려갔다. 초가지붕을 얹은 천장은 유엔난민기구가 난민들에게 나눠준 흰 방수포로 덮여 있었다. 유엔난민기구는 아이보리코스트 선거 이후 발생한 유혈사태로 인해 이웃나라로 피난한 난민 20만 명과 국내의 다른 지역으로 피난한 1백만 명을 지원해왔다.[14] 난민들을 고향으로 되돌려보내고 예전의 생활로 돌아가게 하는 것이 목표였지만 고향에 남은 사람들도 어려운 처지이기는 마찬가지였다.

우리가 방문한 어느 마을에서는 주민들이 죄수처럼 집 안에 갇혀 살았다. 마을로 들어가는 비포장도로를 도조dozo들이 봉쇄했기 때문이다. 북부에서 내려온 사냥꾼인 도조들은 데이비 크로켓(미국 식민지 시대의 유명한 개척자─옮긴이)처럼 옷을 입었으며, 총알을 피하게 해주고 감각을 일깨워준다는 부적을 몸에 지니고 다녔다. 도조들은 선거 이후 유혈사태가 벌어지자 양측 모두에 맞섰다. 하지만 주로 대통령 알라산 우아타라Alassane Ouattara 정권의 편에 섰고, 정권은 도조들을 정치적으로 이용하여 이 마을 주민들(그바그보 티셔츠를 입고 정치적 입장을 드러내는 사람들)과 대치시켰다. 2011년 11월, 북부 출신의 한 농부는 재산을 도둑맞자 촌장을 통해 분쟁을 해결하지 않고 보복을 위해 도조 일당을 불렀다. 도조들은 마을을 급습해 가옥 열한 채를 불태웠다. 톰이 침통한 얼굴로 말했다. "제 친구들 네 명도 도조들에게 살해당했어요."

톰과 대니얼이 다른 마을로 떠난 후 촌장이 나를 마을 사람들에게 소개했다. 촌장은 나를 안내해줄 자원자가 없냐고 물었다. 아무도 선뜻 나서지 않던 중 열여덟 살의 세르지라는 소년이 손을 들었다.

사실 세르지는 촌장의 아들이라서 선택의 여지가 없었다. 나는 구경꾼들 중 맨 뒤에 서 있던 마이클이라는 남자에게 카메라맨이 되어달라고 부탁했다. 서른세 살의 마이클은 덩치가 NFL 코너백 같았다. 그는 마지못해 내 카메라를 받아들고 밀림으로 가는 우리를 따라나섰다.

세르지는 칼을 가는 쇠붙이로 마체테 날을 갈았다. 이곳의 마체테는 내가 봤던 마체테와는 달랐다. 두 종류인데, 둘 다 다르다. 하나는 칼자루에서 넓어지고 끝이 뭉툭한 모양이고, 다른 하나는 카카오 열매를 쪼개는 용도라서 끝에 갈고리가 붙어 있다. 둘 다 클링온(영화 〈스타 트렉〉에 나오는 외계인─옮긴이)이 쓸 법한 무기처럼 보인다.

세르지가 풀을 조금 벤 다음 내게 마체테를 건네줬다. 세르지가 내 뒤를 봐주고 나는 풀을 베면서 앞으로 나가기 시작했다. "그건 안 돼요!" 뒤에서 합창이 터져 나왔다. 나는 작물을 자르고 있었다.

우리는 카카오나무로 다가갔고 세르지는 마체테를 단 한 번 휘둘러 열매를 땄다. 딱 세 번 더 휘둘러서 열매를 쪼갰고 속에 든 향긋한 과육을 보여주었다. 얇고 하얀 껍질이 미끄덩거리며 옥수수 알처럼 붙어 있었다.

아이들은 마체테를 잡아서는 안 된다. 적어도 서구인들은 아이들이 마체테를 사용하지 않기를 바란다. 하지만 여기서는 모든 아이가 마체테 쓰는 법을 잘 알았다. 여기서 마체테 쓰는 법을 배우는 것은 인디애나에서 열네 살 소년이 트랙터를 운전하는 법을 배우는 것과 같다.

세르지가 열매 안에 든 씨앗을 건네주자 나는 입에 넣고 오독오독 씹었다. "아니, 아니에요." 세르지가 고개를 저으면서 손바닥에 씨앗을 뱉었다. 나도 씹던 걸 손바닥에 뱉었는데 문득 내가 입에 뭘 넣었는지 모른다는 생각이 들었다. 이번 여행을 위해 자료 조사를 하기 전까지 카카오가 어떻게 생겼는지도 몰랐는데, 지금은 혹시 가공하기 전의 카카오에 독성이 있는 건 아닌가 걱정스러웠다. 다행히 카카오는 생으로 먹어도 된다. 다만 씨앗을 먹는 건 돈을 먹는 것과 같다.

카카오는 오랫동안 가치 있는 작물로 여겨졌다. 약 4천 년 전 아메리카 대륙 최초의 문명 가운데 하나인 올멕Olmec 문명에서는 사람을 제물로 바칠 때 사람 피를 카카오에 섞어 바치면서 좋은 카카오를 재배하게 해달라고 기원했다. 마야인들은 카카오를 화폐로 사용했다. 카카오 열매 100개로 노예를 사고 10개로 창녀를 샀다.[15] 현재 미국인은 1년에 평균 5킬로그램의 초콜릿을 먹는다. 양이 많아 보이지만 스위스인이 9킬로그램을 먹는 것에 비하면 많은 것도 아니다.[16]

물론 카카오는 부가가치 상품인 초콜릿의 원료일 뿐이고 원료의 가치는 높지 않다. 미국의 경우 1950년에는 식품 소매가의 절반이 농부들에게 돌아갔고, 나머지 절반은 부가가치를 창출하는 공정(가공하고 굽고 포장하고 홍보하는 공정)으로 돌아갔다. 2000년에는 식품 소매가의 20퍼센트만 농부들에게 돌아갔다.[17] 아이보리코스트의 농부들은 카카오 소매가의 20퍼센트만 받아도 감지덕지할 것이다. 실제로 이들에게는 2.5퍼센트밖에 돌아가지 않는다. 돈은 부가가치를 창출하는 당사자들에게 흘러가고 농부에게는 얼마 돌아가지 않는다. 농사를 지으면 돈은 적게 벌고 위험부담은 크다.

우리는 바나나 잎에 덮인, 벌떼가 맴도는 카카오 씨 더미로 갔다. 바나나 잎을 조심스럽게 젖히고 우리가 딴 카카오 열매를 쪼개고 씨를 털었다. 카카오는 이틀에서 이레까지 발효시켜야 판매가 가능하다.

카카오는 환금작물이다. 카카오를 팔아 약을 사고 자식들을 학교에 보낸다. 다만 내가 만난 농부들은 대부분 카카오 경작지 이외의 땅을 식료품점으로 삼았다.

우리는 얌 밭으로 갔고, 일행 중 하나가 얌을 캤다. 자, 여러분이 자주 가는 식료품점에서 가장 큰 덩이줄기를 상상하고, 그 덩이줄기가 방사능으로 인해 열 배로 부풀려졌다고 상상해보라. 그 얌은 고질라 얌이었다. 세르지가 호미로 흙더미를 만들었다. 누군가가 고질라 얌을 한 조각 잘라냈고 나는 그걸 땅에 묻었다.

이곳에서는 종자를 사서 뿌릴 필요가 거의 없다. 자생하면서 땅 위에 서서히 식량을 채운다. 사람들은 내게 얌을 얼마나 깊이 심어야 하는지 알려주었다. 얌을 심다가 손을 빼자 손톱 밑에 흙이 까맣게 끼었지만 다른 사람들에 비하면 양반이었다. 모두들 힘든 노동으로 손톱이 부러지고 손톱보다 손톱 밑의 살이 더 튀어나와 있었다.

촌장이 우리에게 다가오더니 — 내가 콜롬비아에서 심은 커피 묘목처럼 — 작은 쓰레기봉지에 담은 카카오 묘목을 건넸다. 나는 땅을 파고 묘목을 심었다. 여기 사람들은 묘목을 어디에 심을지 크게 고민하지 않는 것 같았다. 아무도 '자, 나무 한 그루가 있다. 여기다 심으면 좋겠군'이라고 하지 않았다. 요란하게 팡파르를 울리지도 않았다. 그저 나무 한 그루일 뿐이고 우리는 계속 한 그루 한 그루 심어나갔다.

일행이 흩어지고 세르지와 나와 몇 사람만 남았다. 세르지는 흙벽돌과 나뭇잎으로 쌓아올리고 있는 그의 미완성 집을 보여주었다. 그는 돈을 벌어 바닥에 콘크리트를 바를 날을 기다리고 있었다. 다른 집들과 달리 세르지의 집은 아직 건축 중이다. 비와 햇볕에 풍화되지 않은 상태로 벽돌들이 한 장씩 쌓이고 있었다.

우리는 사람들이 많이 지나다녀 생긴 길을 따라 밀림을 통과했고 집들이 옹기종기 모여 있는 작은 마을에 이르렀다. 모두가 모이는 큰 마당을 중심으로 흙집들이 사각형으로 둘러 서 있었다. 어딜 가든 식사를 준비하는 소리가 들렸다. 불을 지피기 위해 도끼로 땔감을 패는 소리, 덩이줄기를 절구에 찧어서 반죽을 만드는 소리, 여자들이 아이를 윗도리처럼 둘러업고 허리와 손가락과 팔의 힘을 다해 절구질하는 소리가 들렸다.

아이보리코스트 사람들은 쉴 새 없이 식사를 준비한다. 그에 비해 미국인들은 일주일에 44분 동안 장을 보고 33분 동안 재료를 준비하고 요리한다(식사를 마치고 설거지하는 시간까지 포함된 시간이다).[18]

우리는 마이클의 마을을 지나 그가 농사를 짓는 밀림으로 가면서 도중에 만난 모든 사람들과 인사를 나눴다. 누군가가 내게 끝에 뭉툭한 쇠붙이가 붙은 긴 막대를 건네면서 야자수를 잘라보라고 말했다.

여기 사람들은 야자수로 야자술을 만들었다. 나는 하라는 대로 한참 막대기를 휘둘렀다. 만족할 만큼 나무에 흠집을 내서 그랬는지, 아니면 내가 일하는 모습이 지루해서 그랬는지는 몰라도 그들이 그만

하라고 했다. 나중에 다시 가서 보니 나무가 쓰러져 있었다. 그리고 밀림으로 더 깊이 들어가자 그전에 쓰러뜨린 야자수가 보였다. 탄약통 크기로 네모나게 잘라내고 밑동에 구멍을 냈다. 그리고 나무 밑에 플라스틱 통을 매달아 수액을 받자 수액이 순식간에 발효되었다.

세르지가 통에 든 술을 컵에 따랐는데, 살충제나 다른 화학약품을 담는 통과 상당히 비슷했다. 여기서는 해충이나 흑점병이라는 곰팡이균이 카카오나무를 위협한다. 그래서 돈이 허락하는 대로 살충제와 살균제를 사서 뿌려야 한다. 무슨 일이 있어도 작물이 피해를 보게 놔둬서는 안 된다. 여기는 농작물 보험이 없다.

톰은 아이보리코스트 사람들이 DDT 통에 담긴 야자술을 따라서 마시는 걸 본 적이 있다. 미 환경보호국은 1972년 농약이 곤충과 동물의 몸에 축적될 수 있다는 이유로 자국 내 DDT 사용을 금지했다. DDT 금지령의 배경에는 레이첼 카슨의 『침묵의 봄』이 널리 인정받으면서 시작된 환경운동이 있었다. 그 후 살충제를 적절히 살포해야 동물에게 해가 덜 간다는 사실이 입증되었다. 실제로 세계보건기구는 말라리아 발병률이 높은 국가에서 이 사실을 홍보하고 있다.[19] 하지만 어느 정부기관도 농약 용기에 담긴 술을 마시라고 홍보하지는 않을 것이다.

야자술은 달콤한 칵테일 맛이지만 효과는 강력했다. 한 모금 마시자마자 밀림이 다시 보였다. 술이 한 모금 들어가자 코브라와 맘바가 도사리는 밀림이 공짜 술통이 수백 개 널려 있는 곳으로 보였다.

우리가 마이클의 집으로 돌아가자 남자 셋이 이쪽으로 오라고 손을 흔들었다. 데이비드와 코난, 코피는 큼직한 밥솥 앞에 둘러앉아 있었다. 데이비드가 물을 한 잔 내밀자 나는 손을 씻으라는 건 줄 알고 두 손을 모아 내밀었다. 그러자 그는 웃음을 터트리면서 들고 있던 잔을 손 씻는 물이 담긴 솥 옆에 내려놓았다. 아차! 그래도 손이 깨끗해져서 밥을 한 움큼 집었다. 밥이 엄청 뜨거워서 손바닥을 데였다. 나는 뜨거운 밥덩이를 이 손 저 손으로 옮겨가며 입에 넣었지만 대부분 턱과 무릎에 흘리고 말았다. 다른 사람들은 뜨거운 고통에 익숙한 듯 잘만 먹었다. 한 톨도 흘리지 않고 입 속에 넣었다. 그들은 내게 입을 더 크게 벌려보라고 격려해주었다.

우리는 온 동네 사람들이 모이는 큰 마당으로 나갔다. 내가 의자에 앉을 동안 다른 사람들은 마을 입구의 야트막한 담에 앉았다. 그들에게 카카오 농장의 삶이 어떤지 물었다.

20대 초반인 잭은 수입이 적다고 말했다. 농부들은 1년에 약 300달러(33만 8,000원)를 버는데 한 사람이 아닌 8명, 10명, 12명으로 이루어진 한 가구의 수입이다. 학비가 8달러(9,000원)이고, 교복과 교과서 값이 10달러(11,200원)다.

"일이 매우 힘들어요." 코피가 덧붙였다.

"어떤 점이 그런 건가요?" 내가 물었다.

"아주 위험해요." 잭이 바짓가랑이를 걷어올리자 종아리 일부가 사라진 다리가 드러났다. "코브라한테 물렸어요."

5년 전 잭이 열일곱 살이었을 때 당한 사고였다. 곧바로 병원으로 실려 갔는데 치료비가 37달러(41,700원)나 나왔다.

농부들은 대개 오전 8시부터 12시까지 일한 다음 점심을 먹고 오후 2시부터 8시까지 일했다.

아이보리코스트산 초콜릿에 관한 기사를 보면, 대개 기자들은 농부들로부터 초콜릿을 먹어본 적이 없다는 대답을 듣고 충격을 받는다. 그리고 비분강개한 어조로 이렇게 말한다. "이곳 농부들은 용감하게 뱀과 맞서고 마체테를 휘둘러 카카오를 따면서도 초콜릿을 먹어본 적이 없습니다." 얼마나 냉혹한 역설인가! 인간들이여!

"초콜릿을 먹어본 적 있어요?" 내가 물었다.

예. 예. 예. 다들 먹어봤다고 했다.

"좀 드실래요?" 나는 가방에서 허쉬 키세스와 허쉬 초콜릿 바를 꺼냈다. 인디애나의 우리 집에서 출발하기 전 식료품 저장실 비상식량 칸에서 집어온 것이다. 살짝 녹은 초콜릿 바를 세르지에게 건네자 그는 한 조각 자른 다음 잭에게 건넸고 잭은 다시 프랑수아라는 키 큰 농부에게 건넸다. 다들 조심스럽게 포장지를 벗겨 한 조각씩만 먹었다. 세 아이의 아버지인 마이클이 입맛을 다시다가 우리의 초콜릿 성찬식에 마지막으로 참가했다. 마이클은 세 조각을 잘라 두 조각을 사내아이 둘에게 주었다. 남은 한 조각을 자기 입에 넣고는 과장되게 활짝 웃으며 기쁨의 탄성을 내질러 모두를 즐겁게 해주었다.

그들이 초콜릿 가격을 물어보자 나는 잠시 머릿속으로 계산을 했다. 허쉬 초콜릿 바 한 개의 무게는 10분의 1킬로그램 정도이고 가격은 약 1달러(1,130원)다.

"1킬로그램에 10달러(11,200원)예요." 내가 답했다.

그들은 몸을 뒤로 젖히면서 충격을 받은 듯 온갖 탄식을 내뱉었다. 도저히 믿기지 않는다는 뜻으로 욕도 몇 마디 내뱉었을 것이다. 그들은 현재 카카오 씨앗 1킬로그램에 약 1달러(1,130원)를 받는다.

농장에서는 초콜릿의 가치가 자주 오르락내리락하지만 소비자는 늘 같은 금액을 지불한다. 나는 예전부터 허쉬 초콜릿 바를 1달러에 구입해온 것 같다.

"미국인들이 우리를 어떻게 도와줄까요?" 그들이 물었다.

사실 대다수의 미국인들은 도와주지 않는다. 미국인들 대다수는 카카오 열매를 손에 쥐어줘도 그게 뭔지조차 모를 것이다. 공정무역 초콜릿을 사는 행위는 소비자로서 관심을 보여줄 수 있는 몇 가지 방법 중 하나다. 하지만 공정무역이 뭔지 아는 사람은 미국인의 34퍼센트에 불과하다.[20] 영국에서 공정무역 브랜드의 인지도가 90퍼센트가 넘는다는 점과 비교되는 수치다.[21]

마이클이 빈 포장지를 내게 건넸다. 초콜릿은 사라지고 침묵만 감돌았다. 그들은 내 대답을 기다렸다.

"저도 모르겠어요."

나는 촌장의 집으로 돌아가 새로 산 에어로비를 꺼내 아이들하고 놀았다. 아이들 중에는 작은 정장을 입은 촌장의 어린 아들도 있었다. 아니 내가 보기에는 촌장의 아들 같았다. 촌장은 부인을 네 명이나 둬서 그의 가족을 다 알아보기가 쉽지 않았다. 플라스틱 원반이 두 치수나 작은 첫 성찬식 원피스를 입은 여자아이의 이마에 맞고 튕겨나갔다. 등의 지퍼가 반만 올라간 원피스가 아이의 앙상한 어깨에 걸려 있었다. 그다음에 "만물이 저절로 만들어지리라. 맛있구나! 음식의 마음!"이라고 적힌 티셔츠를 입은 사내아이가 발을 헛디뎌 넘어졌다. 원반이 안겨주는 고통이 커질수록 어른들은 더 많이 웃었다.

촌장은 내게 상석에 앉으라고 다시 고집을 부리면서 요구르트와 미지근한 맥주를 건넸다. 보아하니 여기서는 어른이 아이들 놀이에 끼면 안 되는 모양이었다.

밀림에서 맨발의 여자가 뛰어나와 온몸을 던지며 사람들을 하나하나 끌어안았고 나까지 끌어안았다. 그렇게 스무 명 남짓을 끌어안으며 한 차례 포옹 의식이 끝나자 다시 처음부터 한 사람씩 끌어안기 시작했다. 여자는 무척 그리워하던 고향에 돌아온 것 같았다. 몇 년이나 집을 떠나 있던 사람 같았다. 혼수상태였거나 인질로 붙잡혀 갔거나 아니면 그밖에 어떤 이유에서든 두 번 다시 고향 땅을 밟지 못할 줄 알았던 사람 같았다. 알고 보니 고작 하루, 아들의 고등학교 졸업식을 보러 다녀왔을 뿐이었다.

나도 이번 여행을 마치고 집으로 돌아가면 딸이 뛰어와 내가 뒤로 넘어갈 정도로 꼭 안아줄 것이다. 아내는 가슴을 쓸어내리며 한참 동안 안아주면서 내가 무슨 일을 겪었을지 생각할 것이다. 당장 친구들을 만나러 다니지는 않을 것이다. 동네 사람들은 그저 '저 친구, 어디 다녀왔나?'라는 눈길로 가볍게 고개를 끄덕일 것이고, 나도 답례로 고개를 끄덕일 것이다. 우리 동네에서는 가벼운 목례 이상을 넘어서는 법이 없다. 우리 집 고양이 오레오는 몸을 부비면서 안아달라고 신호를 보낼 테고, 막상 안아주면 내 얼굴을 칠 것이다. 나의 귀향은 이 여자의 귀향만큼 온 동네가 들썩이는 대단한 사건은 아닐 것이다.

톰과 대니얼이 돌아왔다. 우리는 아낙네들이 아침나절에 준비한 술과 들쥐, 닭과 푸푸를 푸짐하게 먹었다. 촌장이 우리 식탁으로 오고 마을의 다른 사람들이 우리를 구경했다. 나는 마이클이 우리 쪽을 몇 번이나 쳐다보는 것을 포착했다. 그때마다 그는 점점 덜 지루하고 점점 더 화가 나는 것처럼 보였다.

점심식사가 끝난 후 촌장이 말하고 대니얼이 말하고 이어서 톰이 말하는 동안 대니얼이 고무장화 열 켤레, 마체테 열 자루, 숫돌 열 개, 곡괭이 열 자루를 꺼냈다. 모두 2,000달러(225만 원)어치의 농기구와 물품이었다. 촌장이 톰에게 아프리카 토가를 입히고 머리에 왕관을 씌워서 모두를 즐겁게 해주었다. 톰은 디즈니의 〈정글북〉에 나오는 귀여운 곰 발루가 여장한 것 같은 모습이었다. 그들이 톰을 예우해준 건지, 아니면 그냥 골려준 건지는 모르겠지만.

나는 마이클에게서 눈을 떼지 않았다. 그의 각진 턱은 굳게 닫혀 있고 두 눈은 분노로 이글거렸다. 가까이 다가가보니 그 자리를 떠나고 싶어 하는 기색이 역력했다.

"미국인들이 당신과 당신의 삶에서 뭘 알아주길 바라세요?" 내가 물었다.

"우리가 돈도 제대로 못 받고 힘들게 사는 걸 알아주면 좋겠어요."

"어떻게 힘든데요?"

"우리는 농약이나 농기구를 살 형편도 안 됩니다."

"필요한 물건을 사고 가족을 부양하려면 얼마나 벌어야 하죠?"

"1킬로그램에 1천 세파프랑〔2달러(2,200원)〕이요." 마이클은 이렇게 말하고는 그의 카카오가 UTZ 인증을 받았는데도 UTZ에서는 2년 동안 아무도 찾아오지 않았다고 했다. 마이클은 인증을 받는다고 무슨 혜택이 있는지 모르겠다고 말했다.

왜 그런 걸까? UTZ는 유럽의 인증기관으로, 공정무역 인증보다 환경 및 사회적 기준을 느슨하게 적용한다고 비판받는 기관이다. 게다가

촌장과 톰 노이하우스

최저가격을 설정하지 않고 장려금도 제공하지 않아서 농부들을 불안
정한 시장에 더 많이 노출시킨다. 기업들은 사용권 수수료도 내지 않
고 UTZ 상표를 마구 갖다 붙인다. 또 공정무역 인증과는 달리 UTZ
상표가 붙은 초콜릿이라고 해서 반드시 100퍼센트 인증 제품인 것도
아니다. 기껏해야 서구인의 죄책감을 덜어주는 장치일 뿐이다.

톰이 마마 가나슈Mama Ganache 공정무역 유기농 초콜릿을 나눠주
었다. 아이든 어른이든 초콜릿 포장지를 뜯어 기분 좋게 맛보았다.

마이클은 나와 이야기를 나누다 말고 입을 굳게 다물고 시선을 돌
렸다. 두 눈에 어린 불길은 잘못된 방향으로 흘러가는 세계 경제를 노
려보듯 이글이글 타올랐다.

"할아버지, 아버지, 아들…… 아무것도 달라지지 않아요." 마이클
이 말했다.

우리는 악수를 나누었고, 마이클은 사람들이 모여 있는 곳의 반대편으로 가서 의자에 앉았다. 그는 SUV에 올라타는 우리를 멀리서 물끄러미 바라보았다. 떠날 때 마이클과 눈이 마주쳤다. 그가 목례를 한 것 같기도 하다.

나는 마이클에게 물어보고 싶은 것이 많았지만 그보다는 그가 날 좋아해주기를 바랐다. 그가 나를 나로 보지 않는 것 같았다. 그가 재배하는 농산물을 하찮게 평가하는 한 미국인을 보는 눈빛이었다.

아동노동은 원하지 않지만 값싼 초콜릿은 원한다

"마체테와 장화가 변화를 이끌어내기 위한 최선의 방법이라는 생각이 들어요." 도로변의 철물점 직원들이 우리 트럭 짐칸에 물건을 싣는 동안 톰이 말했다. "농부들은 연간 300달러(33만 8천 원)를 버는데 마체테 한 자루가 5달러(5,600원)거든요."

톰이 소속된 희망과 공정성 프로젝트에서는 카메룬에 카카오 연구소를 설립하기 위한 자금을 마련하고 있다. 카카오 연구소는 카메룬의 농부들과 국내외 학생들이 "경제적, 생태적 지속가능성을 향상시키기" 위해 함께 연구할 수 있는 공간이다.[22] 톰은 농부들에게 도움이 되는 최선의 방법은 도구와 지식을 전달해 카카오의 품질과 수확량을 향상시키는 것이라고 믿는다.

우리는 덜컹거리는 차를 타고 다른 마을로 향했다. 큰길에서 세 시간쯤 떨어져 있는 이 마을은 다른 마을보다 더 외진 곳에 있다.

톰은 레스토랑을 여러 개 소유하고 있으며 셰프로서 요리를 했고 식품영양학 박사학위도 받았다. 현재는 여동생과 함께 초콜릿 회사를 경영한다. 마마 가나슈 초콜릿은 직접 소매로 판매도 하고 다른 소매 상에게 초콜릿 판매시점POS을 제공한다.

톰은 초콜릿광이다. 그는 초콜릿을 원자 수준까지 이해한다. 그의 아버지와 어머니 도러시 —《파퓰러 사이언스Popular Science》를 50년 넘게 구독한 —가 생화학자였다는 사실은 그리 놀랍지 않다.

하지만 톰은 어머니 도러시로부터 과학에 대한 사랑 이상을 배웠다.

도러시와 나는 SUV에 나란히 앉아 무릎을 부딪치면서 아이보리코스트 여행을 함께 해왔다. 도러시는 전에도 이 나라에 와본 적이 있지만 여자들이 머리에 큰 짐을 이고 다니는 모습을 보고는 새삼 감탄했다. "안녕하세요!" 도러시는 감탄하면서 인사를 건네곤 했다. 나무 하나도 무슨 나무인지 모르면 물어보았다. 여든여덟이라는 나이에도 불구하고 배움을 향한 열정과 호기심은 멈추지 않았다. 도러시는 생화학자이면서 사우스다코타 대학의 문화박물관에서 일했다. 그때부터 그 지역 아메리카 원주민들에게 관심을 갖기 시작했다. 현지 인디언보호구역의 라코타족 몇 명을 박물관에 고용하기도 했다. 그때 고용한 소녀들 중에 부모가 모두 알코올중독자라서 입양된 소녀가 있었다.

도러시는 어릴 때 혼자가 되는 기분이 어떤지 잘 알았다. 어머니가 세상을 떠난 후 새어머니와 원만하게 지내지 못해 열네 살 때 혼자 서부로 가서 친척집에 얹혀살았기 때문이다. 도러시는 이 소녀 — 그녀처럼 세상에 홀로 남겨진 아이 —에게서 자신의 모습을 보았을 것이다. 소녀가 제대로 읽고 쓸 줄 모른다는 걸 알고는 하루에 30분씩 함께 일했다. "읽고 쓸 줄 모르면 성공하지 못한단다." 도러시는 소녀에게 조언했다. 도러시는 결국 자신이 운영하던 아메리카 원주민 장인들의 구슬 공예품 상점에 소녀를 고용했다. 소녀는 이제 어머니이자 할머니가 되었다. 도러시는 그 소녀와 25년 동안 친하게 지내면서 라코타 문화에 익숙해진 터라 내가 파우와우(북아메리카 원주민들의 집회─옮긴이)에 가 본 적이 없다고 하자 놀라워했다.

톰과 도러시는 과학과 사회 정의에 대한 열정을 공유했다.

마마 가나슈의 모든 초콜릿은 공정무역 유기농 인증 제품이다. 이 회사의 초콜릿에 들어가는 카카오는─공정무역 유기농 카카오가 재배되는 몇 안 되는 지역 중에서도─특히 도미니카 공화국과 에콰도르, 페루산이다. 아이보리코스트산 카카오는 사용하지 않지만 미국 초콜릿에 들어가는 카카오의 52퍼센트가 아이보리코스트산이기 때문에 이 나라의 농부들을 지원한다.

아이보리코스트는 카카오 원산지인데도─어쩌면 그런 이유 때문에─산업과 국가가 엉망이다.

아이보리코스트산 카카오에 대해 조금이라도 들어본 적이 있다면 아동노동에 대해서도 들어봤을 것이다. 다큐멘터리 〈초콜릿의 어두운 면The Dark Side of Chocolate〉은 카카오 농장에서 일할 아이들을 사고팔고, 아이들이 해로운 화학약품 속에서 일하면서 마체테를 휘두르는 현실에 주목한 최신 보고서이다. U. 로베르토 로마노 감독은 국경 도시에서 아이들을 파는 사람들을 몰래 카메라로 찍었다. CNN도 카카오 농장에서 일하는 아이들을 〈자유 프로젝트Freedom Project〉라는 프로그램에서 다루었다.

일반 대중이나 업계가 카카오 산업의 가혹한 노동 현실을 인식하게 된 것은 이번이 처음은 아니다. 2001년 미국 하원의원 엘리엇 엥겔Eliot

Engel과 상원의원 톰 하킨Tom Harkin은 '카카오 협약'이라고 알려진 '하킨-엥겔 협약'을 발의하고 통과시켰다. 두 의원은 일련의 보도를 접한 후 카카오 농장에서의 아동노동과 강제노동을 근절하고자 했다. 하킨-엥겔 협약에 따라 초콜릿 제조업체는 2005년까지 아동노동과 강제노동을 근절하는 인증을 만들어야 했다. 기한이 다가오자 초콜릿 제조업체들도 계획을 세우고 국제카카오협회가 설립되는 등 약간의 진전을 보였다. 그러나 인증은 만들어지지 않았다. 기한도 2008년으로 미뤄졌다. 2013년에도 여전히 관련 인증은 나오지 않았다.

미국 정부는 툴레인 대학의 페이슨 국제개발 및 기술이전 연구소에 의뢰해서 아이보리코스트와 가나의 카카오 업계에 만연한 아동노동 실태를 조사했다. 페이슨 연구소는 2011년 3월에 최종 보고서를 작성했다. 아이보리코스트와 가나에서는 농촌 아동의 50퍼센트 이상이 농장에서 일했고 그중 25~50퍼센트가 카카오 농장에서 일했다. 아이보리코스트의 아동 819,921명과 가나의 아동 997,357명이 카카오 농장에서 잡초를 뽑고 열매를 따고 운반하는 일을 했다. 그러나 카카오 농장 등의 농장에서 일하는 아이들 가운데 친척이 아닌 사람에 의해 강제로 노동하는 경우는 0.5퍼센트도 되지 않는 것으로 나타났다.

나머지 99.5퍼센트 아동의 환경을 한마디로 요약하자면, 농촌 아이들이 농장에서 일한다는 것이다. 나는 열세 살 때부터 부모님의 건설회사에서 일했다. 이 아이들이 노예라면 나 역시 노예였다. 이 아이들의 부모가 노예주라면 우리 부모도 노예주였다. 하지만 0.5퍼센트(2백만 명 중 1만 명)에게 모든 관심이 쏠렸다. 페이슨 연구소의 보고서에 따르면 또한 아이보리코스트 아동의 60퍼센트가 학교에 다니는 것으로 나타났다. 우리는 나머지 40퍼센트 아이들의 부모는 일하러 가는 길에 아이들을 탁아소에 맡기지 않는 건지, 아이들이 집에 혼자 있는 건지 걱정한다.

0.5퍼센트의 아이들은 유괴되어 농장에서 일하고 있다. 이 0.5퍼센트는 너무 많은 수치다. 이런 관행을 철저히 뿌리 뽑아야 한다. 그러나 서아프리카 아동노동으로 인해 발생하는 가장 큰 문제는, 우리가 그너머의 현실적인 문제들을 들여다보지 못하도록 가로막는다는 데 있다. 농부들의 노동의 결실은 세계가 평가하지만 농장 앞에서 평가가 이루어지는 건 아니다. 그들은 아무런 기술 지원도 받지 못하고 있고, 산출량은 감소하고 있으며, 삶의 질 또한 세계에서 가장 변동이 심한 상품 중 하나인 카카오 가격에 따라 들쭉날쭉하다.

허쉬 주식을 보유하고 있는 루이지애나 자치경찰공무원 연금기금은 허쉬가 "서아프리카 아동노동을 기반으로…… 초콜릿 제국"을 건설해서 자신들의 투자금을 위험에 빠트렸다고 소송을 걸었다. 소매업체들의 협동조합인 식료품도매연합도 허쉬가 마스Mars, 네슬레, 캐드버리Cadbury와 담합해 초콜릿 가격을 인상했다고 소송을 걸었다.[23] 우리는 결코 아동노동으로 생산된 초콜릿을 원하지 않지만 대체로 값싼 초콜릿을 원한다.

나는 허쉬나 그밖에 어떤 식으로든 부정행위나 부적절한 방관을 일삼는 초콜릿 기업의 책임을 면제해줄 마음이 전혀 없다. "남에게 당하고 싶지 않은 일을 남에게 행하지 말라"라는 밀턴 허쉬의 은률에도 불구하고 허쉬 초콜릿은 카카오 농장 노동자들의 현실을 모르지 않았다. 1800년대 중반, 카리브 해와 중남미에서는 아프리카 노예들이 카

농부들에게 아동노동을 시키지 말라고 선전하는 벽화

카오 농사를 지었고 카카오가 더 이상 생산되지 않자 카카오 농업은
아프리카 중서부의 상투메프린시페 섬으로 넘어갔다. 카카오가 생산
되지 않아 노예들을 불러들일 수 없게 되자 카카오를 노예들에게 가
져간 셈이다. 《하퍼스Harper's》에 실린 영국인 종군기자의 기사를 통해
카카오 농장의 끔찍한 노동조건(노예의 기대수명이 5년이었다)이 대중의 관
심을 받기 시작하자 초콜릿 기업들은 다른 지역을 물색했고, 카카오
농업은 다시 이동했다. 이번에는 가나와 아이보리코스트였다.[24]

　허쉬를 비롯한 초콜릿 기업들은 '카카오 협약'에 조인했다. 하지만
페이슨 연구소의 보고서에 따르면 국제카카오협회의 기금을 마련하
는 문제에 관해 주요 초콜릿 기업들이 확답을 주지 않은 것으로 나타
났다. 산업 전반에 적용되는 기준을 정하거나 단체를 결성해서 신뢰할
만한 인증체계를 만들지도 않았다. 현재 수준의 협약으로는 국제카카

오협회가 아이보리코스트의 5퍼센트 미만(2011년에 정한 목표보다 65퍼센트나 적다)에만 영향을 줄 수 있다.

허쉬는 다른 주요 초콜릿 기업들과 함께 2020년까지 100퍼센트 인증 카카오를 원료로 사용하기로 합의했다.[25] 하지만 어떤 인증인지는 아무도 모른다. 어쩌면 스타벅스와 네슬레의 전철을 밟아 자체적으로 인증체계를 만들 수도 있다. 아니면 2012년 허쉬에서 출시한 블리스Bliss 제품을 인증해준 열대우림연맹과의 협력을 강화할 수도 있다. 페이슨 연구소는 경쟁적인 비즈니스 환경에서는 기업의 자체 규제가 불가능할 수 있으므로 벌금형을 포함한 시행령이 마련되어야만 투명하게 운영되고 인권에도 관심을 둘 수 있을 것으로 전망했다.

펜실베이니아 시골 고아들이 소유한 기업이 서아프리카 아이들과 농부들에게 한 약속을 제대로 지키지 않는다니 엄청난 역설이다.

농부와 협동조합 모두 아동노동에 관해 알고 있다. 서양인이 아무 농장에나 들어가 지금 몇 시냐고 물어보면 "우리는 아이들에게 일을 시키지 않아요"라는 대답을 듣는 지경이 되었다.

우리가 방문한 어느 협동조합에서는 건물 한쪽 벽에 아동노동을 시키지 말라고 교육하는 그림을 그려놓았다. 우리가 협동조합 대표단과의 만남을 끝내고 나오자마자 본 것은 어린 여자아이가 검은 양동이에 무거운 짐을 담아 머리에 이고 지나가는 모습이었다.

눈에 불을 켜고 찾아야만 아이보리코스트에서 최악의 아동노동을 발견할 수 있는 것은 아니다. 그냥 눈을 뜨기만 하면 보인다. 그러면 다른 많은 문제들도 보인다.

자유로워지는 법

"안녕하세요!" 저녁나절에 도러시가 큰 소리로 인사하자 마을 사람들이 노래로 맞이해주면서 우리가 탄 SUV를 빙 둘러쌌다.

확성기가 쌓여 있고 진흙과 대나무로 지은 집들의 돌출부에 태피스트리가 걸려 있었다. 그간 방문했던 그 어느 마을보다 더 반갑게 우리를 맞아주었다.

우리는 한껏 무르익은 축제의 열기 속으로 들어갔다. 분위기에 휩쓸려서는 장시간 울퉁불퉁한 비포장도로를 달리면서 생긴 엉덩이 통증도 잊을 정도였다. 덜컹거리는 차를 타고 세 시간이나 달려온 터라 절대 앉고 싶지 않았지만 한 남자가 어서 마을회관에 들어와 앉으라고 손짓했다. 조그만 얼굴들이 회관 한쪽 끝 마당으로 뚫린 자리 너머에서 우리를 훔쳐보았다.

문 앞에는 처음에는 장님인 줄 알았던 한 청년이 지팡이를 짚고 서 있었는데, 고급 나이트클럽 경비가 누굴 들여보낼지 결정하는 것과 비슷했다.

우리는 들쥐와 밥을 먹고 카카오술을 마셨다. 술맛은 일품이었다. 톰은 카카오술에 대한 찬사를 늘어놓더니 "오늘 이후로 떠나는 날까지 카카오술은 마시지 않겠습니다"라고 덧붙였다. 연회가 끝났는가 싶었는데 알록달록한 치마와 딱 달라붙는 셔츠를 입은 여자가 검은 그릇을 들고 들어왔다. 대니얼이 뚜껑을 열어보고 껄껄 웃고는 얼른 닫았다. 나는 뚜껑을 열어보았다. "박쥐잖아요?"

톰은 내가 단박에 알아봐서 놀라는 눈치였지만, 아니 어떻게 알아보지 못할 수 있겠는가? 날개와 머리, 작고 뾰족한 이빨이 그대로 남아 있는데. 나는 앞에 놓인 음식을 가지고 장난을 치면서 박쥐가 간닥거리며 날아가는 것처럼 만들었다. 나는 시간을 끄는 작전을 썼다. 박쥐를 먹느니 차라리 박쥐가 마카레나 춤을 끝까지 추게 만드는 편이 나았다. 결국 박쥐 가슴을 찔끔찔끔 물어뜯게 되자 작은 이빨이 붙은 작은 머리가 내 얼굴에 달라붙어서 귀에 대고 속삭이는 것 같았다.

나는 배가 부른 건지 구역질이 나는 건지 모르는 상태로 식사를 마쳤다. 이제 밭으로 나갈 차례였다. 대니얼은 농장을 갖고 있었고, 내게 농장을 안내해줄 일꾼 하나를 붙여주었다.

대니얼이 그 일꾼을 불렀다. "솔로!"

내 가이드가 소유한 노예 해방시키기

이렇게 해서 다시 노예 이야기로 돌아왔다.

톰과 나는 여자와 아이들이 춤추는 모습을 구경한다. 둘 다 충격에 빠진 상태다.

"제가 솔로를 통역으로 고용해서 마이클하고 이야기를 나누러 가겠다고 하면 어떨까요?" 나는 마이클의 사연과 삶에 관해 더 듣고 싶어 다시 그를 만나고 싶다고 말해온 터였다. 대니얼도 내 생각을 알고 있었고, 나는 마침 같이 갈 통역을 구하고 있었다.

"그러면 되겠네요. 그런데 그 친구, 영어는 잘해요?" 톰이 묻는다.

"아, 그럼요." 영어는 가나의 공식 언어다. "그냥 대니얼한테 가서 '저기, 내일 마이클하고 얘기 좀 나누고 싶은데 솔로를 데려가도 될까요?' 하고 말하면 될까요? 모르겠네요. 괜히 이런 일에 끼어들면 안 될 것 같기는 하지만, 그래도 이게 사실이라면 끔찍하잖아요. 사실이라면 제가 솔로를 가나에 데려다줄 수 있어요."

"솔로하고는 얘기해봤어요?" 톰이 묻는다.

"아뇨." 괜히 솔로를 솔깃하게 하거나 그가 나를 어디든 데려다줄 복권쯤으로 여기게 하고 싶지는 않았다.

"대니얼이 안 된다고 하면요?"

"그럼 싸워야죠." 내가 어색하게 웃으며 말한다. "우리가 당장 데려갈 수 있을까요?"

"차에는 자리가 없어요."

"그러면 여기서 어떻게 데리고 나가죠?"

"솔로가 대중교통을 이용할 수도 있잖아요." 톰이 말한다. 이렇게 말하는 걸 보니 톰이 마음을 바꾸려는 것 같다. 이 근방에는 시간에 맞춰서 다니는 버스는 없는 것 같다. 이 마을로 오는 길에 비포장도로에서 엉금엉금 기어가는 낡은 버스 한 대를 보았을 뿐이다.

"우리 차 뒤에 탈 수도 있어요." 내가 말한다.

"들자 하니 여기서 좀 더 머물면서 한 이틀 그 친구를 통역으로 쓰고 싶어 하는 것 같은데. 그렇게 오래 [트럭] 뒤에 앉아서 다니는 건 힘들어요. 엄청 불편할 겁니다."

"그래도 여기 남아 여덟 달 더 이렇게 사는 것보다는 훨씬 낫죠."

"그 친구한테 돈을 주는 편이 나을 수도 있어요. 그러면 그 친구가 알아서 차편을 구하고 직접 문제를 해결할 테니까요…… 안 그러면 일이 아주 복잡해질 겁니다."

하지만 솔로에게는 단지 돈만 얽힌 문제가 아니다. 자유라는 문제가 얽혀 있다. 가나로 돌아가는 차편을 구할 돈이 있다고 해도 마음대로 돌아가도록 허용되지 않는다.

우리는 아프리카 오지에서 우리 가이드가 소유한 노예를 해방시킬 방법을 짜내고 있다. 가이드의 가족과 친지, 부족민들이 사방에 깔려 있다. 여든여덟 살인 톰의 노모는 더위를 피해 차 안에 앉아 있다. 지금 이 순간 복잡함과 위험과 어리석음이 똑같이 거대해 보인다. 그나마 말이 되는 부분은 톰이 진지하게 고민하고 있다는 사실이다.

어쩌면 여행을 마치고 집으로 돌아가 현대판 노예제를 종식시키는 데 앞장서는 단체를 후원하는 편이 더 수월할 것이다. 틀림없이 '나는 현대판 노예제 폐지론자입니다'라고 적힌 플라스틱 팔찌가 있을 것이다. 내가 참석할 만한 학회도 있고, 내가 시위를 주도할 수도 있고, 페이스북 페이지에서 '좋아요'를 누를 수도 있을 것이다. 안 그래도 몇 달 전에 누가 내게 관련 사이트(www.slaveryfootprint.org)를 알려주었다. 그 사이트는 내게 자녀와 전자제품과 옷이 얼마나 되고 집에 어떤 음식이 있냐고 물은 뒤 나를 위해 노예 90명이 일한다고 알려주었다.

그 사이트에서 '행동하기' 링크를 누르자 다음과 같은 메시지를 기업에 보내면 '자유로운 세상 포인트'를 적립할 수 있다는 설명이 나왔다.

"저는 '노예 발자국Slavery Footprint' 설문조사에 응하고, 제가 노예 몇 명의 삶에 책임이 있다는 걸 안다는 것을 모두에게 밝힘으로써 저 스스로 투명해졌습니다. 귀사도 공급망의 강제노동을 객관적으로 평가함으로써 이 운동에 동참해주시길 부탁드립니다."

혹은 페이스북 친구나 트위터 팔로어들을 설득하거나, 기부하거나, 우리 지역 국회의원에게 편지를 보내거나, 공정무역 차와 커피를 마실 수도 있다. 이런 노력으로 '자유로운 세상 포인트'를 더 받을 것이다. 마우스 클릭 몇 번으로 노예제와 싸우고 전 세계에서 나를 위해 일하는 90명을 도울 수 있다.

하지만 그 사이트에는 '서아프리카를 여행하면서 노예를 찾아 자유롭게 해주기' 버튼은 없었다. 나는 솔로가 노예인지, 혹은 내가 그의 처지를 제대로 이해할 수 있는지조차 100퍼센트 확신하지 못한다. 다만 내가 아무것도 하지 않으면 — 우리가 떠나고 솔로만 남는다면 — 두고두고 후회할 거라는 건 안다.

아이보리코스트 정부의 성인 강제노동에 관한 연구에 따르면 성인의 1퍼센트가 '노동의 의무'가 있다고 응답했고 3.5퍼센트가 신체적·언어적 폭력에 시달린다고 응답했다. 5.3퍼센트는 마음대로 이동할 자유를 제약받는다고 응답했고 17.6퍼센트는 고용주에게 빚을 졌다고 응답했으며 2.5퍼센트가 빚을 다 갚은 뒤에도 떠나지 못한다고 응답했다. 이상의 모든 항목은 '성인 강제노동'으로 분류하기 위한 요건을 충족시킨다. 아이보리코스트에서는 카카오 농부 90만 명이 350만 명을 부양한다. 성인 강제노동 인구는 약 16만 명이다. 그리고 아직 이 문제를 해결하기 위한 프로그램이나 조치는 마련되어 있지 않다.[1]

세계에는 불평등이 만연해 있고 아이보리코스트에는 노예제가 만연해 있다. 한 개인이 무엇을 ─ 얼마나 ─ 할 수 있을까? 하지만 어차피 불평등한 세상이라고 해서 당장 눈앞에 있는 불평등에 눈감을 수는 없다. 바른 인식을 쌓을 때가 있고 행동에 나설 때가 있다. 대니얼이 내가 솔로를 고용하도록 허락해준다면 솔로에게 자유를 찾아 떠날 기회를 주면서도 톰이나 도로시를 위험에 빠트리지 않을 수 있을 것 같다. 톰은 내 의도를 모르는 척 가만히 있기만 하면 된다. 내 입장도 그렇다. 내가 솔로를 고용해서 일당을 줬는데 그가 그 돈을 받아 가나로 가버린다면 나로서는 막을 방법이 없지 않은가? 그런 일로 내 입장이 곤란해질 리가 없지 않은가?

"흠, 그 친구가 지금 당장 떠날 마음이 없을 수도 있잖아요." 톰이 말한다. 솔로를 구출할 방법을 같이 찾던 톰은 어느새 우리가 행동에 옮기지 말아야 할 핑계를 찾고 있다.

"아, 챙겨갈 짐은 얼마 없을 거예요." 내가 말한다.

우리 둘 다 시선을 정면에 두고 춤을 추는 사람들과 화려한 색깔, 웃는 얼굴들만 바라본다. 대니얼이 다가오면서 우리가 환대받는 모습을 보고 활짝 웃는다. 우리가 가본 마을들 중에서 그의 마을이 최고의 공연을 선보인다. 그가 우리를 촌장에게 데려가자 우리는 촌장에게 진심으로 고맙다고 말한다. 촌장이 닭 두 마리와 염소 한 마리를 내준다.

축제가 벌어지는 곳으로부터 멀리 떨어진 도로에는 우리 트럭이 집 쪽을 향해 서 있다. 나는 근처에서 솔로를 발견한다. "저기요, 내일 통역을 맡아주실래요?"

솔로가 그러기로 한다. 이제는 톰이 대니얼에게 잘 말해주는 일만 남았다. 톰이 대니얼과 함께 땅딸한 남자에게 다가간다. 솔로가 트럭 앞에 옹기종기 모여 있는 사람들 중에서 자기를 학대했다고 지목한 남자다. 대니얼은 억지로 미소를 짓지만 땅딸한 남자는 성난 눈초리로 나를 노려본다. 모여 있던 사람들이 흩어진다.

"솔로가 옷을 갈아입고 올 거예요. 트럭 뒤에 탈 겁니다." 톰이 말한다. 톰이 마술을 부리듯 상황을 정리한 덕에 우리는 닭 두 마리와 염소 한 마리, 솔로를 싣고 호텔로 돌아간다.

잠 못 이루는 밤이 지나고 나는 호텔 로비에서 기다린다. 솔로는 지금 대니얼을 만나 자유를 달라고 요청하는 중이다. 내 가슴도 이렇게 쿵쾅거리는데 솔로는 얼마나 떨릴지 짐작도 가지 않는다. 대니얼의 목소리가 타일이 박힌 복도를 따라 울린다. 주방에서 스크램블드에그를 만드는 소리가 들리고 솔로의 목소리는 들리지 않는다. 대니얼과 스크램블드에그 소리만 들린다.

대화가 끝나자 대니얼이 나와서 톰에게 인사하고 2층으로 올라간다. 그가 적인지 친구인지 판단이 서지 않는다.

어제 우리가 대니얼의 마을에서 솔로를 데리고 나온 뒤의 저녁식사는 몹시 어색했다. 솔로는 음식에 손을 대지 않다가 대니얼이 음식(닭과 염소)이 담긴 접시를 건네자 그제야 먹기 시작했고 식사하는 내내 한 마디도 하지 않았다. 나머지 사람들은 긴장이 흐르지 않는 것처럼 행동했다.

대니얼이 2층으로 올라가자 나는 솔로의 방으로 간다. 그는 침대에 앉아 〈보난자Bonanza〉(카우보이 넷이 서부에서 일으키는 해프닝을 그린 드라마—옮긴이)를 보고 있다. 전날 밤에 그가 트럭 뒤에서 떨고 있어서 내가 준 주황색 야광 우비를 여전히 입고 있다. 침대보에는 누가 누웠던 흔적이 없다. 아직 샤워도 하지 않은 모양이다. 객실 청소부는 어젯밤에 누가 이 방에 묵은 줄도 모를 것이다.

"그 사람이 뭐래요?" 내가 묻는다.

"당신이랑 볼일 끝나면 마을로 돌아가야 한대요."

"어느 마을이요? 가나의 당신네 마을이요?"

"아뇨, 우리가 만난 마을이요."

"맙소사. 내가 대니얼을 만나볼게요." 나는 계단을 오르는 대니얼을 부른다. 그가 방에 들어서자 행복하고 온화하던 표정이 싸늘하게 변한다.

"대니얼. 솔로가 가나에 있는 집으로 가고 싶대요." 내가 말한다. 대니얼이 고개를 끄덕인다. 솔로에게 그 말이 사실이냐고 묻는다. 둘이 잠시 무뚝뚝하게 대화를 주고받더니 대니얼이 밖으로 나간다.

"어떻게 됐어요?" 내가 묻는다.

"넉 달 치 월급을 줄 테니까, 당신 일 도와주고 떠나도 된대요."

우리가 마이클의 마을에 도착하자 대니얼은 솔로를 한쪽으로 불러 뭔가 명령을 내리면서도 돈은 주지 않는다. 솔로는 나를 도와준 다음에 농장으로 돌아가야 한다.

현실은 단순하지 않다

우리는 초콜릿을 먹었던 집에서 마이클을 다시 만난다. 솔로가 통역을 한다. 바닥에는 여전히 허쉬 키세스 은박 포장지 몇 개가 떨어져 있다. 마이클이 굳은살 박인 누리끼리한 손바닥을 내밀어 악수하고 마지못해 내 눈을 바라본다. 내가 마이클하고 다시 이야기를 나눠보고 싶은 이유 중 하나는 그가 나(초콜릿 소비자)를 싫어하는 감정을 숨기지 않아서다. 또 다른 이유는 초콜릿 소비자들 중에도 진심으로 관심을 갖는 사람이 있다는 사실을 알리고 싶어서다.

아니, 어쩌면 나 스스로 확신을 얻고 싶었는지도 모르겠다.

마이클은 삼각대 모양의 나무 안락의자를 내주고 하나를 더 가져온다. 우리 뒤에는 그의 집이 있다. 사실은 절반의 집으로, 두 세대가 나눠 쓰는 움막이다. '동굴'이라고 부르는 게 더 어울릴 것이다.

나는 먹거리를 찾아 떠난 내 여행과 내 가족 이야기를 한다. 누군가의 진심에 닿고 싶으면 먼저 마음을 열어야 한다고 배웠다. 내가 말하는 동안 마이클은 팔꿈치를 무릎에 대고 양손을 깍지 낀 채 의자 끝에 걸터앉아 있다. 개 한 마리가 그의 발 아래쪽에 앉아 손가락에 머리를 비빈다. 마이클이 이따금씩 개의 귀 뒤쪽을 긁어준다.

누더기 같은 옷을 입은 마이클의 조카딸 둘과 조카 하나가 부엌 담에 걸터앉아 우리를 쳐다본다. 아이들이 내 코가 얼마나 큰지 얘기하자 나는 코를 잔뜩 찡그려준다. 아이들이 깔깔댄다. 여자아이 둘 중 하나는 엉덩이가 해진 속옷을 바지처럼 입고 있다. 남자아이는 새총을 들고 있다. 여기로 오다가 본 아이들 생각이 난다. 아이들은 밭 한가운데 흙더미로 올라가 고기를 얻으려고 새에게 새총을 쏘고 있었다.

"아무리 열심히 일해도 마음처럼 돈이 벌리지 않아요. 매우 힘듭니다. 아침에 눈을 뜨면 돈을 어떻게 벌어야 할지 고민해요. 지금 가진 돈으로는 애들을 학교에 보낼 형편이 안 됩니다. 이렇게 힘들게 일하는데도 저희 사는 집 좀 보세요. 집들이 안 좋아요. 전기도 들어오지 않고."

마이클의 열 살배기 아들과 일곱 살배기 딸은 제일 가까운 소도시에 있는 친척집에서 지내면서 학교를 다닌다. 아이들을 만나려면 큰길까지 40분을 걸어가 다시 소도시로 나가는 버스를 타야 한다. 하지만 농사만 지어서는 자식들을 더 가르칠 만큼 벌지 못한다.

"끼니를 거른 적도 있습니까?" 푸른 밀림에 둘러싸인 곳이라 어리석은 질문처럼 들리지만 찢어진 속옷을 입은 그의 조카딸 머리가 탈색된 걸 본 터였다. 명백한 영양실조의 징후였다.

"여기선 굶어 죽지는 않아요. 다만 제대로 된 음식을 먹지 못해요. 주로 토란하고 바나나, 얌을 먹어요. 고기를 먹고 싶어도 고기 살 돈이 없어요."

"마지막으로 고기를 먹은 게 언제예요?"

마이클은 턱을 긁적이면서 생각한다. 우리가 방문한 마을들처럼 마이클의 마을에서도 여러 번 고기와 술로 잔칫상을 차려준 터였다. 한참 생각한 끝에 그가 마지막으로 고기를 먹은 때를 떠올리는 걸 보고서야 지난번 마을 축제에서 마이클의 눈빛이 이글거렸던 이유를 알 것 같다. "마지막으로 고기를 먹은 건 일 년 전 축제 때였어요."

우리 셋은 내가 지난번에 쓰러뜨리려 했던 야자수를 지나 마이클의 밭으로 향한다. 그때 그 야자수가 휘어져 야자술이 흐르고 있다. 우리는 바나나 잎에 덮인 채 발효 중인 카카오 열매 더미 앞에 선다. 그 옆에서 빨간색과 노란색의 조그만 고추가 자라고 벌들이 윙윙거린다.

카카오는 엿새째 그대로였다. 내일 마이클이 꺼내서 널어놓고 다시 엿새간 말릴 것이다. 이만한 열매 더미가 1킬로그램당 50~60센트(560~680원)에 팔린다. 일부 협동조합에서 현재 1킬로그램의 가격이라고 밝힌 것의 3분의 1밖에 안 되는 금액이다.

카카오는 유통 경로를 추적하기 어려워 마이클의 카카오가 어디로 흘러가는지도 파악하기 어렵다. 물론 허쉬 초콜릿 바의 원료가 될 수도 있다. 표준 허쉬 밀크초콜릿 바에는 카카오가 4.73그램[2] 들어간다.[3] 따라서 마이클(혹은 같은 금액을 받는 농부)은 허쉬 초콜릿이 하나 팔릴 때마다 0.0028달러(3원)를 받는다는 뜻이다. 마이클은 이 금액의 2배는 벌어야 가족의 생활이 나아질 수 있다고 말한다. 우리가 초콜릿 바 하나에 3분의 1센트(3원)를 더 내고 그 돈이 고스란히 마이클에게 돌아간다면 그는 가족을 충분히 부양할 수 있다는 뜻이다.

불행히도 현실은 이렇게 단순하지 않다.

마이클이 재배한 열매와 우리가 먹는 초콜릿 사이에는 무수히 많은 개인과 기업이 있다. 카카오나무는 심은 지 5년이 지나야 열매가 달린다. 주요 수확 철은 일 년에 두 번이지만 열매는 일 년 내내 맺힌다. 마이클 부부는 5,000그루를 농사짓는다. 발효시키고 건조시킨 열매를 협동조합에 팔지 못하면 피스퇴르pisteur라고 불리는, 트럭을 몰고 다니면서 카카오 농부들과 현금 거래를 하는 중개상에게 판다. 피스퇴르는 당장 카카오를 구입하겠다고 제안하거나, 다음 바이어가 언제 올지 몰라 농부들이 어쩔 수 없이 받아들여야 하는 가격을 제시한다.

피스퇴르가 사들인 카카오를 주로 레바논계인 트레탕traitant이라는 중개상에게 넘기면 트레탕은 다시 바이어에게 판매한다. 주요 바이어로 세 곳이 있는데, 스위스에 본사를 둔 세계 최대의 카카오 가공업체 배리 칼레보Barry Callebaut, 미국의 거대 식품업체 카길Cargill과 아처 대니얼스 미들랜드ADM다. 이들 업체가 다시 초콜릿 기업에 공급하고, 초콜릿 기업이 소매점에 판매하고, 소매점은 우리에게 판매한다.

라즈 파텔Raj Patel은 『식량전쟁Stuffed and Starved』에서 전 세계 식품 사슬을 모래시계에 비유한다. 맨 아래에 생산자가 많고 맨 꼭대기에도 소비자가 많지만 중간에서 카길이나 ADM 같은 소수의 기업이 유통을 담당한다.

비단 카카오만의 문제는 아니다. 다국적 기업이 세계 식품 무역의 40퍼센트를 장악하고, 20개 기업이 사실상 세계 커피 무역을 독점하며, 6개 기업이 밀 무역의 70퍼센트를 장악하고, 1개 기업이 차 무역의 98퍼센트를 독점하며, 10개 기업이 전체 농약 판매의 90퍼센트를 차지한다.[4] 6개 소매업체가 식료품점의 50퍼센트를 소유한다. 월마트만 해도 미국의 총 식품 소비액의 20~50퍼센트를 차지한다.[5] 파텔은 세계 식품 산업이 합병되면서 "〔농업 비즈니스에〕 식품을 생산하고 소비하는 사람들에 대한 시장 지배권"을 넘겨주었다고 지적한다.

아이보리코스트의 농부는 카카오나무 한 그루를 몇 년 동안 돌본다. 날마다 농장에 나가 해충, 날씨와 싸운다. 갖가지 위험을 무릅쓰고 힘들게 일하는데도 식품 사슬에 개입된 어느 누구보다도 이익을 적게 가져간다. 아이보리코스트의 카카오 농부가 돈을 적게 받는 주요 원인 두 가지는 중개상이 이익을 가져가고, 정부가 카카오 수출에 세금을 많이 매기기 때문이다.

거미줄처럼 얽힌 카카오의 현금 흐름을 파헤치려고 하면 위험에 처할 수 있다. 아이보리코스트에 거주하던 프랑스인 기자 기 앙드레 케페르는 2004년에 이러한 위험한 모험을 시도했다. 카카오 머니가 그바그보 대통령의 영부인에게 들어간다는 증거, 농부들을 지원하는 데 쓰여야 할 카카오 세금이 무기를 사들여 내전을 지원하는 데 들어간다는 사실을 밝혀낸 것이다. 어느 날 기 앙드레는 식료품점에 들렀다가 실종됐다. 그 후 시 외곽에서 백인 시신 한 구가 발견되었다가 곧바로 사라졌다. 수사당국은 기 앙드레가 살아 있을 때 마지막으로 목격한 사람인 그바그보 대통령의 처남 집에서 기 앙드레의 노트북을 찾아냈다. 기 앙드레는 농장으로 납치되어 고문당하던 중 사망했거나 암살된 것으로 추정된다. 시신은 끝내 발견되지 않았다.

『초콜릿 탐욕을 팝니다Chocolate Nations』의 저자 오를라 라이언은 기 앙드레에 관한 의문을 제기한 뒤 업계 관계자로부터 이런 말을 들었다. "카카오에 관한 글을 쓰면 위험해질 수 있어요. 기 앙드레가 어떻게 됐는지 잘 아시잖아요?"

멀리 어디선가 사슬톱의 날카로운 소음이 울려 퍼지는 사이, 마이클의 개가 세 다리로 걸으면서 앞장선다. 우리의 발밑에서 바닥에 쓰러진 나무가 으스러진다.

"저 녀석은 덫에 걸려 다리 하나를 잃었어요." 마이클이 말한다. 나는 곰덫 같은 것을 떠올렸는데, 마이클이 꼬챙이와 철사와 풀로 만든 덫 몇 개를 보여준다. 와일 E. 코요테(미국 애니메이션 〈루니 툰〉에 나오는 코요테 캐릭터—옮긴이)도 감탄할 정도다. 이렇게 복잡한 덫을 보자 우리 동네에 식료품점이 없다면 나는 살아남지 못하겠구나 싶다. 다시는 마트의 카트가 삐걱거린다고 투덜대지 않겠노라고 다짐한다.

"저는 학교를 2년 정도 다녔어요. 여덟 살에 들어가서 열 살에 그만 뒀어요. 집안 형편이 어려워서 학교를 그만두긴 했지만 제가 공부를 잘하는 학생이었던 것도 아니에요."

나도 여덟 살에 공부를 못했다. 학교에서 읽기 열등반에 들어갔고, 5센트와 10센트짜리 동전도 구분하지 못했다. 하지만 3학년 때 내게는 스위츠 선생님이 있었다. 스위츠 선생님은 나를 믿어주는 분이었다. 물론 그 선생님도 나를 교실 밖으로 끌고 나가 귀때기를 잡아당기는 쿵푸 권법을 선보이긴 했지만 다 내가 자초한 일이었다. 스위츠 선생님은 내 안의 잠재력을 발견하도록 격려해주었다. 아이보리코스트처럼 학교에 다니는 것 자체가 사치인 곳에서는 학교에 들어갈 기회까지는 얻을 수 있지만, 당장 두각을 나타내지 않으면 기회는 영영 사라진다. 나도 이 나라에서 태어났다면 학교를 2년만 다녔을 것이다. 우리가 방문한 어느 마을에서는 아주 어린 아이들이 다니기에는 학교가 너무 멀어서 새로 학교를 짓고 있었다. 아이들이 걸어서 학교에 다닐 나이가 되면 다른 학생들에 비해 한참 뒤처지기 때문이었다.

마이클은 열 살이 되자 농장에서 일하기 시작했다. 그가 내게 말한다. "전에는 걸을 나이가 되면 밭에 나가 일할 수 있었는데 지금은 못해요." 마이클은 어째서 그의 자식들은 그가 일을 시작했던 나이에 일하면 안 되는지 온전히 납득하지 못한다. 다만 카카오의 최종 소비자인 서구인들이 아이들이 밭에서 일하는 걸 원하지 않는다는 것 정도만 알고 있다. 그래서 자식들에게 일을 시키지 않는다.

마이클의 협동조합이 속한 인증업체 UTZ 관계자가 마이클의 밭을 방문한 적이 있다. UTZ 관계자는 마이클에게 카카오를 더 깊이 심으라고 알려주었다. 마이클은 나날이 열악해지는 환경에서 더 좋은 농부가 될 방법에 목말라 있다.

"기후 변화 때문에 병충해가 늘었어요." 마이클이 마체테 날에 붙은 녹색 딱정벌레를 떼어내면서 말한다. "비가 충분히 오지 않고 햇볕이 너무 강해요. 어린 나무는 병충해를 입기 쉬워요." 우리는 얌 밭 한가운데의 풀을 엮어 만든 기울어진 움막 아래에 멈춰 섰다. 얌이 철사를 타고 앙상한 나뭇가지로 올라가 크리스마스 전구처럼 매달려 있다. 마이클은 나이키 샌들에 빌라봉 티셔츠를 입고 있다. 마체테를 잡은 두 손을 엉덩이에 얹고 발밑에서 막 잠이 든 개를 바라본다.

"부탁이 하나 있어요. 농사에 관해 조언 좀 해줄래요?" 마이클이 말한다.

우리는 얌과 바나나, 카카오와 고무나무가 자라나는, 쥐덫을 놓아둔 2헥타르 너비의 밭 한가운데에 서 있다. 나는 주위에 있는 나무들 중 절반은 무슨 나무인지조차 모른다. 내가 마이클에게 노트북에 생긴 문제를 해결할 방법을 묻는 것만큼 황당한 부탁이다. 나도 조언해주고 싶은 마음이 굴뚝같다.

"누구든 와서 '이 나무는 이렇게 해보고, 저 나무는 저렇게 해보라'고 알려주면 좋겠어요."

"여기서 일하면서 좋은 점은 뭔가요?" 내가 묻는다.

"제가 여기서 일하지 않으면 뭘 하겠어요? 온종일 집에서 빈둥거리면서 도둑질이나 하겠죠. 그러다가 철창신세나 지는 거고."

농장 아니면 감옥? 손쉬운 결정이다.

"당신 아이들도 나중에 여기서 일하게 될까요?"

"예, 언젠가는 우리 애들이 돌아와서 여기서 카카오를 재배하겠죠."

우리는 마이클의 집으로 돌아간다. 그가 문을 열자 아주 까만, 초콜릿보다 더 컴컴한 방이 나온다. 문이 45도 이상 열리지도 않는다. 안 그래도 좁은 입구에 옷가지가 널려 있고 한구석에는 냄비까지 잔뜩 쌓여 있어서다. 식탁이 문 뒤에 놓여 있고 그 위에도 잡동사니가 잔뜩 쌓여 있다. 마이클은 솔로가 그랬듯이 신발을 벗고 안으로 들어가면서 역시 솔로처럼 내게는 신발을 벗지 않아도 된다고 말한다. 문 반대편에 있는 치장벽토 벽에는 마이클의 아들딸 사진이 걸려 있다. 나는 작은 직사각형 카펫 위에 서서 카펫보다 훨씬 더 짙은 색의 방 안을 들여다본다. 카펫은 8개월 된 아들 안젤로의 잠자리다. 한 걸음 안쪽에 침대가 하나 있다.

마이클의 아내가 안젤로를 허리에 둘러매고 장례식에서 돌아온다. 그녀는 아기를 마이클에게 건네고 점심(얌, 양파, 생선 수프) 준비를 시작한다. 마이클이 아기를 무릎에 앉히자, 안젤로는 제 다리의 힘을 시험하면서 똑바로 서보지만 이내 무릎이 꺾인다. 아버지와 아들이 마주 보고 웃는 모습을 바라보고 있자니 내가 여기로 오기 전에 막 걸음마를 뗀 아들이 보고 싶어서 가슴이 찡하다. 마이클은 다리 사이에 안젤로를 눕혀서 기저귀를 확인하고는 구린내가 난다는 듯 얼굴을 잔뜩 찡그린다. 그 모습에 찡한 그리움이 가신다.

적어도 내가 보기에 안젤로는 백 점짜리 아빠를 만난 것 같다. 점심상이 차려지자 안젤로가 마이클이 든 얌으로 손을 뻗는다. 마이클은 흉터투성이인 큼직한 손가락으로 얌을 으깨서 흰 부스러기를 아기의 입에 넣어준다. 마이클의 눈빛에 담긴 사랑을 보자 지난번에 마이클의

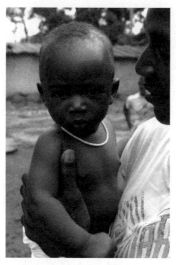
아들 안젤로를 안고 있는 마이클

눈빛에 분노가 서린 이유를 알 것 같다.

점심을 먹고 나서 안젤로를 안아보게 해달라고 부탁한다. 아기는 사람들 손을 타는 데 익숙한 듯 무덤덤하다. 아기와 나는 서로를 바라본다. 아기가 납작한 제 코와 다르게 생긴 뾰족한 내 코를 잡으려고 손을 내민다. 세상을 유심히 관찰하면서 모조리 흡수하려 한다. 이 아기가 보는 세상은 우리 아들이 보는 세상과 매우 다르다. 안젤로는 날 때부터 험난한 현실을 배우고 있다. 아기의 손가락이 내 손가락을 한 입 크기 툿시 롤(초콜릿 캔디─옮긴이)처럼 감싸 쥔다. 아기의 눈동자가 초콜릿 칩처럼 까맣다. 우윳빛 기저귀가 크림색 구슬 목걸이랑 잘 어울린다. 작고 귀여운 안젤로는 다음 세대의 카카오 농부다. 안젤로가 기회를 얻고 아버지와 할아버지처럼 힘든 싸움을 하지 않게 하려면 지금부터라도 카카오 농부들이 생산한 결과물에 가치를 매기는 만큼 그들의 노동에도 정당한 가치를 매겨야 한다.

"마이클, 당신도 일꾼을 고용해요?"

"1월에〔수확 철에〕 하루 정도 두 명을 써요."

"일 년 내내 일꾼을 쓰는 집도 있나요?"

"그럼요. 저야 일 년에 〔경비를 제하기 전에〕 고작 〔1,200달러(135만

원)]밖에 벌지 못해서 일꾼[400달러(45만 원)]을 부릴 형편이 안 되지만
요."

"일꾼을 쓰면 임금을 주급으로 주나요? 월급으로 주나요? 아니면
일 년 뒤에 한꺼번에 주나요?"

"원래 계약 기간이 끝나고 나서 돈을 받아요. 보통은 일 년 일하고
돈을 받아요. 계약 기간 동안에는 농장주가 일꾼들에게 식사와 숙소,
옷을 제공하고요."

물론 우리가 지금 무슨 이야기를(혹은 누구 이야기를) 하는지는 자명하
다. 우리의 대화를 통역하는 솔로의 이야기다.

"우리 주인이 당신한테 제가 어떻게 해야 한다고 하던가요?" 솔로
가 마이클에게 묻는다.

"농장에 돌아가야 된다고 하던데요." 마이클이 말한다.

"혹시 그 사람이 저한테 주라고 돈을 맡겼어요?" 솔로가 묻는다.

"아니요. 마을에는 어떻게 돌아갈 거예요?" 마이클이 묻는다.

"차비가 없는데 어떻게 돌아갑니까?" 솔로가 되물으며 마이클과 함
께 허탈하게 웃는다.

"대니얼이 나보고 그쪽을 마을까지 데려다주라는데, 나도 돈이 없
기는 마찬가지예요." 마이클이 말한다.

"당신이 뭘 어쩌겠어요? 절 업고라도 가실래요?" 솔로가 묻는다.

전화가 울리고 마이클이 전화를 받는다. 솔로와 나는 마주 보면서
같은 생각을 한다. 대니얼 전화일까? 대니얼은 아니다. 우리는 다시 솔
로의 처지에 관해 의논한다. 지금까지 나는 솔로에게 여기 남을지 떠
날지 스스로 결정하기를 바란다고 말한 적이 없다. 한 번 더 물어보고

나서 내가 어디까지 개입할지 결정하고 싶어서였다. 그런데 마이클로부터 일반적으로 일꾼을 고용하고 일 년이 지나기 전에는 임금을 주지 않는다는 말을 듣자 어떻게 해야 할지 더 확신이 서지 않았다.

"주인이 당신을 건드린다고 했잖아요. 그 말이 사실이에요?"

"제가 한 말은 전부 사실이에요. 농장에서 일할 때 주인이 저한테 '솔로, 일 똑바로 안 해? 좋지 않아'라고 했어요. 주인이 말할 때 말대꾸하면 안 돼요. 그 사람은 대단한 사람이니까요. 전 가나에서 왔어요. 제 동생도 여기서 일하는데 그 땅딸한 남자가 제 동생을 발로 찼어요. 제가 왜 애를 발로 차냐고 대들었죠. 그 남자가 저한테 오더니 따귀를 때려서 제가 마체테를 겨눴어요." 솔로가 마체테의 뭉툭한 면을 잡는 시늉을 하면서 슬로모션으로 내 머리를 내리친다. "제가 그자를 쳤어요. 그자가 땅에 쓰러지고 저는 마체테를 들고 집으로 돌아갔어요. 그자가 대니얼한테 전화해서 '다시는 솔로하고 일하지 않을 거야. 그 친구를 존중하지 않아'라고 했어요. 그 사람이 절 존중하지 않는데 제가 어떻게 그 사람을 존중할 수 있겠어요? 그 사람은 자기 마음에 들면 먹을 걸 주지만 절 마음에 들어 한 적은 없어요."

"그럼 당신한테 성적인 행동은 하지 않았다는 말입니까?"

"네, 네." 솔로는 그런 말도 안 되는 소리가 어디 있냐는 얼굴로 나를 쳐다본다. 나 혼자서 그런 결론에 도달한 것이다. 나는 그 사실을 깨닫고 솔로의 상황에서 한발 물러나기로 했다. 솔로가 자유의지로 어떤 결정을 내릴 것이다. 나나 대니얼이 아니라.

"그럼 그 마을로 돌아갈 생각이에요?"

"아뇨."

"어떻게 할 건데요?"

"가나로 가야죠."

오후 늦게 마이클이 솔로와 나를 큰길까지 배웅한다. 잡다한 물건을 머리에 인 여자들이 우리 옆을 지나가고, 마이클이 자기네 말로 '안녕하세요'를 뭐라고 하는지 일러준다. 여자들이 고개를 들어 놀란 얼굴로 웃는다. 나는 마을 세 곳에서 초대를 받았다.

나는 솔로를 어디까지 도와줘야 할지 혼란스럽다. 그래서 마이클에게 하나 더 물어본다.

"일꾼이 넉 달 일하고 떠나고 싶어 하면 어떻게 하실래요?" 마이클이 나와 솔로를 번갈아본다.

"일한 시간만큼 임금을 계산해주고 보내줘야죠."

자유를 되찾고 비틀거리다

자유를 찾는 솔로의 여행은 브레이크가 없는 화물차에서 시작된 셈이었다. 브레이크가 없는 대신 승무원이 정류장마다 뛰어내려 바퀴 앞뒤에 나무토막을 밀어 넣어 바퀴가 굴러가지 않게 막는 격이다. 하지만 우리가 마이클과 헤어진 뒤로 솔로를 막아줄 장치가 없어 보였다.

우리는 가장 가까운 도시에서 그 화물차에서 내렸다.

"우리 이제 어떻게 하죠?" 솔로가 초조한 듯 사방을 두리번거리면서 묻는다. 나는 통역을 도와준 대가로 40달러(4만 5천 원)를 건넨다.

"나도 모르겠네요. 이건 당신의 여행이잖아요. 당신이 말해봐요."

우리는 손수레와 자전거, 자동차와 염소, 온갖 상품들이 널려 있는 러시아워의 거리를 건넌다. 솔로는 한 손에 약병을 들고 있다. 대니얼

(그의 전 주인)이 오늘 아침에 솔로에게 주면서 농장으로 다시 가져오라고 한 물건이다. 병 속에 뭐가 들어 있는지 모르지만 솔로가 냄새를 맡아보고 코를 찡그리며 고개를 돌렸다. 그의 다른 한 손에는 가족(누이들, 형제들, 솔로 자신) 사진 일곱 장이 든 아코디언 폴더가 들려 있다.

"저희 이모 집이 여기 있어요." 전화카드, 길거리 음식을 파는 사람들이 죽 늘어서 있는 흙길을 걸으면서 솔로가 말한다. 솔로는 전화카드 몇 장을 파란색 작은 탁자 위에 늘어놓고 파는 여자에게 그의 이모를 봤냐고 묻는다. 여자가 그의 이모는 가나로 떠났다고 말한다.

"어떻게 하죠?" 그가 낙심한 얼굴로 묻는다.

"이건 당신 여행이에요." 나는 이렇게 대꾸하면서 나라면 한시라도 빨리 이 지옥 같은 곳에서 떠날 거라고 속으로 생각한다. 나라면 여기가 아닌 어디로든 가는 버스를 잡아탈 것이다. 사실 나는 그렇게 하고 싶다. 여기는 부족의 유대가 끈끈한 곳이라, 며칠 전에 대니얼과 함께 이 거리를 걸었을 때 그가 아는 사람들을 여럿 마주쳤다. 도망칠 때는 늑대에게서 최대한 멀리 달아나는 게 상책이다.

"그냥 버스를 잡아타면 되잖아요?" 내가 묻는다.

"어디로 가라고요?"

"어디로 가고 싶은데요?"

"솔직히 모르겠어요."

"가나로 돌아가고 싶어 하는 줄 알았는데요?"

"가나로 돌아가고 싶긴 하지만 지금 가진 돈으로는 한참 모자라요. 서류가 없으니까." 국경을 넘어 가나로 들어가려면 뇌물을 바쳐야 한다. 나는 그 비용을 내주겠다고 말하고 싶지만 애써 참는다.

나는 숨죽이고 기다린다. 무슨 일이 벌어질지 잘 안다. 솔로가 내게 돈을 더 달라고 요구할 것이다. 아니다, 그는 그 말을 하지 않는다.

"동생이 여기 있었어요." 솔로가 땅딸한 농장 관리자에게 맞았다는 동생 이야기를 꺼낸다. "돌아다니다 보면 동생을 만나겠죠."

솔로가 자유를 되찾고 갈팡질팡하는 모습을 보니 가슴이 아팠다. 내가 개입해서 책임을 떠안고 싶지만 우리의 거래는 통역의 대가만 지불하면 끝이다. 그리고 그가 이끄는 대로 나는 따라갈 뿐이다. 나는 솔로가 스스로 결정하기를 바란다. 내가 할 일은 다 했다. 그에게 선택할 기회를 주었으면 그걸로 됐다. 게다가 톰과 도러시가 걱정돼서 솔로와 얽힌 상황에서 조금 벗어나고 싶다. 물론 나의 안전도 걱정된다. 아내에게 골치 아픈 일에 휘말리지 않겠다고 약속했다.

솔로가 이름과 전화번호가 적힌 종이 한 장을 꺼내 동생의 전화번호를 찾는다. 폴더 안에서 휴대전화가 보인다.

"그걸로 전화하면 되잖아요?" 내가 묻는다.

"이 전화에는 칩이 없어요."

아이보리코스트에는 공중전화가 없지만 어느 도시든 휴대전화를 든 사람이 발에 차일 정도로 많다. 전화기 주인에게 분당 사용료를 내고 통화하면 된다. 솔로는 아이보리코스트식 공중전화 앞에 멈춘다. 하필이면 안 되는 전화다. 이제 어쩌지?

바로 옆에 전화가 한 대 더 있어서 솔로에게 알려준다. 지금 솔로에게는 주변 상황이 거의 보이지 않는 모양이다. 전화번호를 누르고 신호음이 가기 시작하자 솔로의 얼굴이 처음으로 희망으로 밝아진다.

"여보세요! 여보세요…… 여보세요?" 희망이 서서히 사라진다. 다시 전화를 건다. 아무 소리도 들리지 않는다. "동생을 만나든 못 만나든 가나로 돌아가야겠어요." 솔로가 단호하게 말한다.

그리고 한동안 근심을 접고 내가 호텔을 찾는 걸 도와주기로 한다. 나를 돌봐주는 일로 관심을 돌리기로 한다. 솔로가 전화를 빌려주는 사람에게 호텔을 묻자 그가 언덕 위의 노란 건물을 가리킨다. 호텔에서 체크인을 하자 솔로가 나중에 다시 오겠다고 말한다.

"어디서 묵을 건데요?" 내가 묻는다.

"돈을 주면 짐을 맡아주는 경비를 하나 알아요." 솔로가 말한다.

한참 기다려도 솔로가 돌아오지 않는다. 밖으로 나가보니 그가 전화기를 들고 다시 가족에게 연락을 시도하고 있다. 그는 같은 마을에서 온 친구가 오늘밤에 재워줄 거라고 말한다.

"그 친구는 당신이 떠나는 거 알아요?" 내가 묻는다.

"아니요, 그 친구한테는 말하지 않으려고요."

솔로가 떠난 사실이 알려지기까지 시간이 얼마나 걸릴지는 나도 몰랐다. 나중에 보니 그리 오래 걸리지는 않았다. 톰이 대니얼에게 벌써 말한 것이다. 톰이 이메일로 이렇게 털어놓았다.

"당신이 솔로를 데리고 그의 어머니를 만나러 갈 계획을 세우고 있다고 대니얼한테 말했습니다. 그랬더니 세 시간 정도 차 뒷좌석에 앉아 한마디도 않고 생각에 잠기더군요. 호텔에 도착했을 때 대니얼이 저를 한쪽으로 불러 이 일에 끼어들려고 한다는 사실에 몹시 충격을 받았고 실망했다고 하더군요. 저는 솔직히 그때나 지금이나 이해가 가지 않습니다. 전통적으로 연한계약에서는 노동자가 일정 기간 일하기로 약속하고 고용주는 노동자가 계약 기간을 채우지 않고 떠날 때를 대비해 서류를 보관하는 것으로 알고 있습니다. 그리고 계약이 만료되면 임금을 지급합니다. 그때는 저도 이런 사실을 몰랐습니다. 이런 제도에 관해 읽어본 적은 있지만 실제로 본 적은 없으니까요. 대니얼은 몹시 화가 나서 당신하고 제가 자기를 속였다고 생각합니다. 저는 제 생각을 밝혔습니다. 저도 혼란스럽다고요."

나도 소도시 출신이라 작은 마을일수록 서로에 대한 충성심이 얼마나 멀리까지 미치는지 잘 안다. 여기서는 대니얼의 마을과 관련 있는 사람 모두가 솔로와 나를 감시하는 느낌이 든다.

"술 좀 마셔야겠어요." 솔로가 말한다. 우리는 마당에 설치하는 아이들 장난감 집처럼 작은 건물로 들어간다. 천장에 판지가 붙어 있고 작은 형광등이 전등갓도 없이 켜져 있어 실내가 온통 푸르스름하다. 술에 취한 남자 여섯이 작은 술잔을 앞에 놓고 앉아 있다. 그중 한 사람이 소리를 지르면서 내 쪽으로 오려다가 물러난다.

솔로가 60센트(680원)를 내고 위스키 더블샷을 주문해서 두 모금에 마신다. 잠깐 계산을 해보니 내가 수고비로 준 돈의 2퍼센트 정도를 30초도 안 되는 시간에 꿀꺽 삼켜버린 셈이다. 현명한 지출이라고 보기는 어렵지만 그를 탓할 수는 없다. 나도 몹시 초조하다. 아프리카 밀주를 잘못 마시면 눈이 먼다는 기사를 지난 몇 년 동안 수없이 접하지 않았다면 나도 따라서 한잔 마셨을 것이다.

"화장실 좀 다녀올게요." 솔로가 이 말을 남기고 번쩍번쩍한 조명과 쿵쾅거리는 스테레오가 한밤의 손님들을 맞이하는 사거리의 술집에 나를 두고 나간다. 그는 떠나기 전에 바에서 일하는 사람에게 나를 지켜봐달라고 부탁한다. 그리고 끝내 돌아오지 않는다.

나는 노예제를 보았다

그날 밤 톰에게서 문자 한 통이 왔다. 그는 대니얼과 함께 다른 도시에 있다. "대니얼 말로는 당신이 내일 솔로를 데리고 떠난다면 둘 다 체포하겠답니다."

나: "그렇게 나오는 걸 보니 솔로가 노예인 건 사실이군요."

톰: "실망스럽지만 뭐라 할 수는 없어요. 흔한 일이니까요."

나: "도저히 믿기지가 않아요. 대체 그 사람이 왜 솔로를 불러 저에게 구경을 시켜주라고 했을까요? 제가 어떤 걸 물을지 뻔히 알면서."

톰: "그래요, 당신은 질문이 너무 많아서 배가 가라앉을 거라고 하더군요."

나는 휴대전화를 내려놓고 전구 하나 달린 호텔방의 울퉁불퉁한 매트리스에 누웠다. 서서히 지금의 현실을 깨닫자 온몸이 떨리기 시작한다. 살면서 진짜 쇼크를 경험해본 건 몇 번에 불과하다. 일곱 살에 대퇴골이 부러졌을 때, 10대 시절에 자동차 사고를 냈을 때, 10년 전에 스쿠버다이빙을 하다가 죽을 뻔했을 때뿐이다. 고통과 두려움으로 몸이 차가워지고 축축해지고 감각이 마비된다. 지난 세 번의 쇼크 때는 몸을 다쳤다. 이번에는 종류가 다른 외상이다. 내 안의 무언가가 부러지고 산산조각 나고 상처를 입지만 고통은 지난 세 번과 똑같다.

내 정신에 커피 열 잔을 주입한 느낌이다. 이런 느낌은 난생 처음이다. 솔로는 자유의지가 없는 사람이었다. 나는 노예제를 본 것이다.

나는 천장을 바라보며 아이보리코스트 경찰이 노예를 빼돌린 죄인을 찾아 내 방문을 두드리기를 기다리면서 지난 며칠간 벌어진 일들을 되새겨보았다.

어쩌면 이 모든 일이 솔로의 사기극이었을지도 모른다. 하지만 어떻게 이해해야 할까? 솔로가 그냥 마을을 어슬렁거리다가 이름과 날짜까지 넣고 공들여 만들어낸 복잡한 이야기를 우연히 만날지도 모를 어느 외국인에게 들려줘서 하루 동안 통역을 맡기게 만들었을 거라고 생각해야 할까? 내가 솔로를 도와 자유를 찾아주겠다고 생각하기도 전에 그가 부모에게 남긴 "저는 실종되지 않았어요"라는 쪽지는 또 어떻게 설명할까? 아니, 솔로가 들고 나온 물건이라고는 가족 사진 일곱 장과 연락처가 적힌 종이 한 장이 전부라는 사실은 어떻게 설명할까? 하룻밤 집을 떠나면서 챙겨가는 물건이 아니지 않은가?

딱 하나 석연치 않은 대목은 성추행에 관한 이야기였다. 하지만 솔로가 정말로 나를 속이려고 했다면, 어째서 처음에는 성추행을 당했다고 말했다가 나중에 다시 물었을 때는 아니라고 했을까? 내가 이미 믿어버린 이야기를 왜 계속 밀고 나가지 않았을까? 아니지, 성추행에 관한 부분은 나 혼자 성급히 결론은 내린 것이다.

솔로의 이야기는 아주 정교하고 일관성이 있어서 진실이 아닐 리가 없다. 나는 그가 혼자 힘으로 가나로 가고 있기를 바란다.

솔로가 나와의 동행을 원하지 않는다고 해서 그를 탓할 수는 없다. 나는 금세 눈에 띄는 금발이라 현지인들 틈에 섞여들지 못한다. 도망 노예가 나 같은 사람을 데려가고 싶어 할 리가 없다.

그가 붙잡혔을까 봐 걱정된다. 나 자신의 안전과 톰과 도러시의 안전, 무엇보다 솔로의 안전이 걱정된다.

내 가족과 아이들이 생각나고 다음으로 솔로의 부모가 생각난다. 그들은 솔로가 가나 땅에 있는지, 지상에 살아 있기라도 한 건지, 아니면 벌써 땅속에 묻혔는지조차 모른다. 생사도 모른다.

내가 솔로였다면 어땠을까? 솔로가 내 아들이었다면 어땠을까?

몸서리가 쳐졌다.

이틀을 기다렸지만 솔로는 나타나지 않았다.

나는 톰과 이메일을 주고받았다. 나는 톰에게 내가 본분을 벗어났다고 생각하는지 물었다.

"당신은 본분을 벗어나지 않았습니다. 잘하고 있다고 생각해요. 오히려 제가 잘못 처신했습니다. 운전사, 대니얼과 같이 있을 때 말하지 말았어야 했습니다. 당신은 적절한 때에 잘 물러났습니다. 당신뿐 아니라 저와 제 어머니의 안전도 생각해야 했으니까요. 대니얼이 어떻게 나올지 짐작도 가지 않았습니다. 제가 아는 대니얼은 절대로 우리를 해치거나 간접적으로라도 우리에게 피해를 줄 사람은 아닙니다. 제 생각에 솔로는 일 년 동안 일하기로 계약했으니 피치 못할 사정으로—서류도 없이 국경을 넘어가려고 했으니—다시 마을로 돌아온 겁니다. [아이보리코스트에서의] 마지막 날 대니얼과 아주 근사한 레스토랑에 앉아 있는데 솔로가 마을로 돌아왔다는 소식을 방금 전해 들었다고 하더군요. [대니얼은] 평안해 보였습니다."

자기 발로 갔든 억지로 끌려갔든, 솔로는 다시 짐승처럼 일하고도 짐승만큼도 먹지 못하는 생활로 돌아간다. 내가 벌여놓은 일로 그가 어떤 고초를 당할지 알 길이 없다.

연한계약인가, 강제노동인가, 노예인가? 대체 무슨 차이가 있는가? 차이가 있다고 해서 그게 중요한가?

나는 대니얼의 마을로 돌아가 솔로에게 어떻게 된 일이냐고 물어볼 수 없었다. 하지만 내가 무엇을 해야 하는지는 잘 알았다.

나는 몰스킨을 넘겨 솔로가 부모에게 남긴 쪽지를 찾았다.

"저는 실종되지 않았어요." 그 쪽지를 다시 읽어본다.

CHAPTER 7

평안하십니까?

(가나에서.) "이 사람이 솔로에요." 나는 가나 난돔의 버스에서 내리자마자 처음 본 사람에게 솔로의 사진을 보여준다. "아이보리코스트에서 만났는데 이 사람 부모님께 쪽지를 전해드리기로 약속했어요."

"평안하십니까?" 남자가 이렇게 물으며 쪽지를 받아든다. 그는 나무 탁자 앞에 앉아 있고, 버스표 장부와 현금 다발 위에 돌멩이를 얹어놓았다. 얼굴의 한쪽 광대에서 콧마루를 지나 반대편 광대까지 흉터가 나 있다. 얼굴에서 가장 눈에 띄는 부분은 흉터문신(피부에 상처를 내고 아물게 하는 문신 방법−옮긴이)으로 덮여 있다.

그는 쪽지를 읽고 고개를 젓는다. 솔로를 알지 못한다. 가족을 찾는 데 필요한 정보가 부족하다. 솔로는 난돔이란 곳에서 왔고 부모님 성함이 제임스와 안젤라라고 했다. 이게 다였다. 솔로가 화장실에 간다고 하고 돌아오지 않을 줄 알았다면 부모님을 찾기 위한 구체적인 방법, 그가 가지고 다니던 종이에 적힌 이름과 연락처를 물어봤을 것이다. 하지만 일이 이렇게 될 줄 누가 알았겠는가?

그다음, 철물점 앞에 있던 두 남자에게 물어보자 지역 라디오 방송국에 가서 방송을 해보라고 조언해준다. 그러면서 도로 아래쪽의 높은 빨간색 탑을 가리킨다. 방송국으로 가는 길에 솔로 또래로 보이는 소년들을 만나 사진을 보여준다.

"저 알아요!" 한 소년이 말한다. "지라파 사람일 거예요."

"거긴 어떻게 가니?" 내가 묻는다.

"오토바이로 7킬로미터 정도 가면 나와요."

소년이 이리저리 전화를 걸자, 바디빌더처럼 생긴 키 작은 남자 에마뉘엘이 세차한 지 얼마 안 된 까만 오토바이를 타고 나타난다. 에마뉘엘이 얼른 앞쪽으로 옮겨 앉고 나는 뒷자리에 올라탄다. 내가 무엇을 하려는지 설명하자 그는 묵묵히 고개를 끄덕인다.

우리는 흙먼지 길을 쌩쌩 달리면서 도로 위의 구멍을 요리조리 피한다. 내 파란색 셔츠가 주황색으로 변하고 머리는 흙먼지를 뒤집어쓴다. 45분쯤 지나 얼마나 더 가야 하느냐고 묻는데 입 속에서 흙이 서걱거린다. "글쎄요." 에마뉘엘이 대화를 나눌 수 있도록 속도를 늦추면서 말한다. "한 20킬로미터는 더 가야 돼요."

여기까지 왔는데 앞으로 20킬로미터나 더 가야 한다고? 지치긴 했지만 솔로의 부모를 찾고 싶은 마음이 간절했다. 나는 에마뉘엘에게 원한다면 더 빨리 달려도 된다고 말한다.

지라파에 도착하자 다리에 감각이 거의 없다. 우리는 우체국 앞에 오토바이를 세운다. 우체국 직원은 솔로를 모른다. 길모퉁이에서 어슬렁거리던 청년도 모른다. 우리는 시내를 돌아다닌다. 사람들은 대답보다 질문이 많다.

"이 친구, 성이 뭡니까?"

"왜 연락처가 없어요?"

"평안하십니까?" 머리카락을 깔끔하게 밀어버린 덩치 큰 남자가 묻는다. "하나만 말해주쇼. 평안한가요?"

내가 솔로의 사연을 말해주자 너도 나도 도와주겠다고 나선다. 어느 가게 주인이 난돔 출신인 목재소 사장에게 우리를 보낸다. 목재소에서 일하던 사람들이 톱질이 멈추고 우리 주위로 모여든다. 솔로의 사진이 이 사람에게서 저 사람에게로 옮겨가지만 다들 솔로를 모른다고 말한다. 어느 가족이 우리를 집으로 데려가 물과 빵을 대접한다. 온종일 아무것도 먹지 못한 터였다. 먹을 생각을 할 짬도 없는 데다 된통 식중독에 걸린 터라 아직 뱃속이 편치 않았다.

솔로를 찾는 과정이 복잡해진 데는 난돔이 도시 이름이 아니라는 점도 작용했다. 사실 난돔은 어느 지역의 이름이다. 나는 그 집 소파에 앉아 솔로와의 대화를 녹음해둔 테이프를 듣는다. 솔로는 난돔에서 왔다고 했다가 나중에는 조라에서 왔다고 말한다. 집주인 말로는, 조라는 원래 난돔에 속해 있었지만 현재는 자치구로 지정됐다고 한다.

희망이 꺼져가고 있다. 나는 솔로의 부모가 사는 곳이 하나의 도시인 줄 알았다. 그런데 여기 와서 들어보니 두 지역 그 어디라도 될 수 있다. 게다가 그들을 안다는 사람이 나타날지도 미지수다.

우리는 그 집 가족들에게 고맙다고 말하고 오토바이에 올라탄다.

"이제 어디로 가죠?" 내가 에마뉘엘에게 묻는다.

"집으로, 난돔으로 돌아갈까 했는데요."

"조라까지 가볼 수 있을까요?"

에마뉘엘은 더 찾아다녀봐야 소용이 없는 줄 알면서도 고개를 끄덕이고 조라로 향한다. 조라에 도착하자 우리는 모여 있는 사람들에게 말을 건다. 사람들은 보드게임 같은 것을 하면서 이른 점심을 먹고 있다. 그들은 처음에는 의심스러운 눈초리로 우리를 맞는다. 하지만 내가 편지를 보여주고 사정을 설명하자 이해해준다. 다들 휴대전화를 꺼내 여기저기로 전화를 한다. 우리는 주변의 나무로 지었을 법한 별채 아래의 오토바이 가게로 간다. "평안하십니까?" 가게 주인이 묻는다.

우리는 오후 기도를 위해 공원에서 손발을 씻는 남자들을 만난다. 내가 녹음된 솔로의 음성을 더 듣는 사이 에마뉘엘이 남자들과 이야기를 나눈다.

"뭔가 가닥이 잡힐 것 같아요." 에마뉘엘은 특유의 금욕적인 성품이 허용하는 한도 내에서 최대한 들뜬 말투로 말한다. 우리는 보드게임을 하면서 점심을 먹고 있는 남자들에게 돌아간다. 어떤 여자가 우리를 반겨주면서 플라스틱 그릇으로 갓 만든 수제 맥주를 마시는 두 남자 옆자리에 앉힌다. 그들은 달콤한 프루트 루프 시리얼을 말아 먹고 남은 우유를 마지막 한 방울까지 핥듯이 맥주를 마신다.

"자기 동생이 실종됐다고 한 사람을 알아요." 여자가 말한다.

우리는 20분 정도 기다린다. 남자들은 맥주를 마시고 또 마신다. 어딘가의 스피커에서 돌리 파턴의 〈영원히 당신을 사랑할 거예요I Will Always Love You〉가 흘러나온다. 여자가 "평안하십니까?"라고 묻는다.

"네, 평안합니다." 오늘만 벌써 스무 번째 대답이다.

샛노란 원피스를 입은 자그마한 여자가 오토바이에 걸터앉은 채 나타난다. 나는 그녀에게 사진을 보여준다. 어째서 우리는 여자가 직접 오기 전에 솔로의 누나인지 아닌지 확인하지 못했을까? 내가 솔로의 나이와 이름과 부모님 이름을 알고 있으니 충분히 확인할 수 있지 않았을까? 여자가 사진을 들여다보는 사이 나는 그녀가 사진 속 주인공을 알아보는지 살핀다. 실망스럽게도 기뻐하는 기색이 보이지 않는다. 그러다 다른 무언가가 보인다. 분노.

"내 동생이에요."

우리는 기뻐하며 떠났어요

(앞서 부르키나파소에서.) "사람은 짐승처럼 사라져버릴 수 없어." 미셸 종고Michel Zongo의 이모가 미셸의 카메라를 보며 말했다. 그녀의 아들 오귀스틴은 그렇게 사라져버렸다. "돌아오고 싶지 않다면 전화라도 해다오…… 이 어미한테 정이 하나도 남지 않았다고 해도…… 어미는 널 사랑한단다."[1]

미셸의 다큐멘터리 〈희망의 여행Espoir Voyage〉 도입부에서 아들 이야기를 하던 그녀는 미셸의 격려에 힘입어 카메라 너머로 아들에게 말을 건넨다. 나는 솔로의 선택을 이해하려고 애쓰는 중이었다. 부르키나파소만큼 사람들이 왜 아이보리코스트로 가서 카카오 농장에서 일하는지 이해할 수 있는 곳도 없었다. 현재 아이보리코스트에는 부르키나파소 사람 3~4백만 명이 살고 있다. 나는 부르키나파소의 수도 와가두구에서 미셸을 만났다. 나는 미셸을 통해, 그리고 그의 다큐멘터리를 통해 사람들이 1년에 300달러(34만 원)도 안 되는 돈을 벌려고 아이보리코스트로 떠나는 이유가 무엇이고 그들이 떠나면 가족들이 어떤 영향을 받는지 이해할 수 있기를 바랐다.

영화 속 여인은 처음에는 카메라 앞에서 수줍어했지만 이내 카메라도 잊고 마음 속 깊은 곳의 이야기를 끄집어냈다.

"미셸을 조니가 살던 곳으로 데려가줘요. 그리로 가면 조니를 아는 사람들을 만날 수 있을지 모르니까요."

미셸의 형 조니는 열네 살의 어린 나이에 부르키나파소 쿠두구 근처의 한 마을을 떠나 아이보리코스트로 향했다. 조니의 사망 소식이 날아들 무렵, 미셸은 어린아이였다.

"우리 형은 농장에서 일했습니다." 영화의 서두에 미셸의 내레이션이 깔렸다. "18년 동안 형한테서 아무런 소식이 없다가 어느 날 형이 죽었다는 소식이 전해졌습니다. 원칙대로라면 집을 떠났다가 돌아와야 맞습니다. 그런데 형은 왜 돌아오지 못했을까요? 지금도 저는 형이 진짜로 죽은 건지 궁금합니다. 언젠가 돌아오지는 않을까요?"

부르키나파소의 젊은이들은 카카오 호황 이후로 아이보리코스트를 기회의 땅으로 여긴다. 그들은 아이보리코스트로 떠나는 길을 성년으로 가는 길, 즉 일종의 통과의례로 여긴다.

"우리는 기뻐하며 당당하게 떠났어요." 미셸이 형의 '발자취'를 따라 여행하는 길에 만난 사촌 페르디낭이 말했다. "고통스런 시간이 될 거라고는 상상도 못했어요. 아이보리코스트에서 돌아오는 사람은 모두 부자처럼 보였으니까요."[2]

일부 부르키나파소 사람들은 땅을 사들이고 일꾼들을 사간다. 아들을 데려가는 대가를 아버지에게 주기 때문에 아들은 아버지가 받은 돈과 여행 경비를 탕감할 때까지 한 푼도 받지 못한다.

나는 아이보리코스트에서 2주 정도 농부들을 만난 터라 도대체 어느 누가 그곳을 기회의 땅으로 여길 수 있다는 건지 상상이 가지 않았다. 아이보리코스트가 기회의 땅이라면 대체 부르키나파소는 어떤 곳이라는 뜻인가?

미셸을 만나기 전에 부르키나파소를 여행하면서 알아보기로 했다.

실업률 4위의 나라

스물세 살의 대학생 아세미가 북부의 사헬 지역까지 동행해주었다. 사헬은 사하라사막의 가장자리에 위치한 지역으로, 아라비아어로 '해안'이라는 뜻이다. 모래바다에서는 초목이 해안 역할을 한다는 의미이다. 북쪽으로 더 올라가보니 경토층(땅을 갈아엎었을 때의 가장 맨 위층으로 영양분이 풍부하다—옮긴이)은 모래로 변해 있었고 길가에서 방목하는 염소들은 초목을 찾아 산으로 더 높이 올라가야 했다.

도중에 공동묘지 앞을 지나갔는데 처음에는 얌 밭인 줄 알았다. 비석 하나 없이 그냥 흙을 쌓아 만든 둔덕이었다. 가족들이 무덤들을 하나씩 훑으며 할아버지의 묘를 찾는 모습이 눈에 선했다.

아이들은 모래 양동이를 머리에 이고 벽돌 공장으로 날랐다. 또 트레일러 위에 서서 사막의 선원처럼 막대기를 휘휘 저으며 당나귀들에게 경로와 이동 속도를 지시했다. 버스가 정차할 때마다 아이들과 아이를 매단 아낙들이 간식거리와 음료수를 팔았다. 사내아이 셋이 정류장에서 버스에 올라탔다. "봉수아Bonsoir." 아이들이 낄낄거리면서 좌석 너머로 나를 돌아보았다. 대단한 모험을 감행하는 표정이었다. 알고 보니 아이들은 사헬 지역의 중심지인 도리로 구걸하러 가는 길이었다. 웃는 낯 너머로 가만히 보니 머리카락이 듬성듬성 빠져 있고 그 주위가 탈색되어 있었다. 영양실조 때문이었다.

"부모님도 너희가 구걸하는 거 아시니?" 내가 물었다.

부모가 모를 리 없다. 아이들의 부모들은 농부이고, 밭에서 할 일이 없으면 도시로 나가 구걸을 해야 한다.

부르키나파소에서는 5세 미만 아동의 35퍼센트가 체중미달이다. 세계에서 네 번째로 실업률이 높은 나라이고 인구의 90퍼센트가 자급자족적 농업에 종사한다. 기아와 영양실조는 항상 싸워야 하는 문제다. 그들의 삶은 식량을 재배하거나 찾는 일을 중심으로 돌아간다.[3] 대다수 사람들은 할 일이 전혀 없다. 다들 소작농이다.

아세미와 나는 도리의 서쪽에서 그저 모래밭에서 노는 사람들처럼 보이는 농부 다섯 명을 만났다. 그들은 길고 끝이 뭉툭한 무쇠 괭이를

디코 일가가 그들의 땅에서 일하고 있다.

밀면서 지면 바로 밑을 훑어 잡초를 뽑고 있었다. 모래밭에서 작물이 자라는 건 본 적이 없다. 물이 없는 해변에서 누가 씨를 뿌린다고 생각해보라. 그 정도로 희한한 장면이었다.

그중 세 사람은 NBA 저지(르브롱 제임스, 카멜로 앤서니, 마이클 조던)를 입고 있었고 장남과 아버지는 얇은 전통 바지와 셔츠를 입고 있었다. 이들 디코 일가는 이 땅에서 80년 동안 농사를 지어왔다.

"예전에는 수확량이 많았어요." 서른아홉 살의 아마두(카멜로 앤서니 저지를 입은 사람)가 말했다. "요새는 비가 오지 않아서 아주 힘들어요."

"언제부터 이렇게 됐나요?" 내가 물었다.

"25년 전부터 시작됐어요." 아마두가 두 손을 던지며 말했다. "갈수록 힘들어져요. 먹을 게 부족해요. 날마다 시장에 가서 먹을거리를 사야 돼요." 나는 그의 말에 담긴 수치심을 알 것 같았다. 농부는 음식을 사서 먹지 않는다.

"몇 년 지나면 농사를 전혀 못 지어요." 아마두가 덧붙였다. 아마두는 자식이 다섯이다. 형제들, 아버지와 함께 농사를 지어 마흔 명이나 되는 대가족을 부양했다. 소를 다 잃자 전 세계 기아 퇴치에 앞장서는 유엔 세계식량계획의 식량 지원에 의존해야 했다.

아마두는 우리에게 마을을 보여주었다. 모래 벽돌을 쌓아 만든 벽과 방들이 그물망처럼 얽혀 있는 모습은 마치 지구 종말 이후의 세계를 그리는 영화 세트장 같았다. 여자와 아이들이 햇볕을 가려주는 유일한 장소인 마당 한구석에 앉아 있었다. 아장아장 걷는 제일 어린 사내아이가 폴로셔츠만 걸친 채 나를 한번 보더니 머리 세 개 달린 외계인이라도 본 양 울음을 터트렸다.

"우리 애들이 우리 농장에서 일하면 좋겠어요." 아마두가 말했다.

아마두는 그들 가족을 뒤로하고 마을 사람들이 금광으로, 남쪽의 목화밭으로, 도시로 떠나는 모습을 지켜보았다. 그는 "가진 게 아무것도 없는 사람들은 마을을 떠나서 와가두구나 아이보리코스트로 갑니다"라고 설명했다. 그런 사람들 중에 아마두의 세 형제도 끼어 있었다.

세계 인구의 3분의 1이 농사로부터 도망치고, 농촌에서 도시로 이주한다. 2050년에는 세계 인구의 70퍼센트가 도시에 거주할 것이다. 농촌의 삶은 각박하다. 세계식량계획에 따르면 굶주림에 허덕이는 10억 인구 중 4분의 3이 농부다. 세계은행의 연구에 따르면 빈곤을 줄이는 가장 효과적인 방법은 농촌 사람들을 도시로 이주시키는 것이다. 농업 인구가 줄어든다는 것은 세계 식량 체제가 성장해야 한다는 뜻이다. 살충제와 유전자변형작물과 비료에 점점 더 의존해야만 농촌 인구가 줄어도 증가하는 인구를 감당할 수 있다.[4] 적어도 일각에서는 이렇게 생각한다.

다른 한쪽에서는(폭발적으로 증가하는 인구를 지구의 유한한 자원으로 감당해야 하는 현실을 인정하더라도) 반드시 지속가능한 농업을 시도해야 한다고 주장한다. 이들은 농촌을 발전시켜 농부들이 계속 농촌에 남아 있게 만드는 방법이 앞으로의 난관을 해결하는 최선의 방법이라고 믿는다.

아세미는 사헬 지역을 지나면서 목도한 광경에 놀라지 않았다. 그의 아버지는 부인을 여럿 두고 자식도 아홉이나 낳았다.

"저도 어렸을 때 신발이 없었던 적이 있었어요. 옷을 구하는 것도 어려웠어요." 아세미가 말했다. "우리 형도 아이보리코스트의 카카오 농장으로 떠났어요. 우리 마을 아이들은 대부분 떠나요. 형을 못 본 지 5

년 됐어요." 아세미는 시골에 남고 싶고 도시로 떠나고 싶지 않다고 했다. "도시에서는 사람들이 오로지 자기만을 위해 일해요. 남을 생각하지 않아요. 전 그렇게 살기 싫어요."

사막화가 진행되면서 도시도 팽창한다. 사막은 아세미처럼 성장한 사람과 사헬에서 사는 사람들에게 서서히 다가가면서 아무것도 가져다주지 않는다. 그리고 부르키나파소에는 정말 아무것도 없어서 아이보리코스트에는 뭐라도 있는 것처럼 보인다.

이 나라를 떠나는 것만이 능사는 아니다

"어떻게 보면 노예의 일종이자 기회인 것 같아요." 영화감독 미셸이 말했다. 우리는 내가 머무는 와가두구의 한 호텔에서 아이보리코스트로 떠날 결심을 하는 청년들에 관해 이야기를 나누고 있었다.

"그렇게 떠나는 것이 부르키나파소의 삶에는 어떤 의미가 될까요?" 내가 물었다.

"그들은 꿈의 노예예요. 고향을 떠났던 사람들이 다시 돌아와 집도 짓고 오토바이도 사는 걸 보죠."

미셸은 중등학교까지 다녔지만 상급학교에 갈 형편이 되지 않았다. 호텔에서 일했고 그 일을 좋아하지 않는다는 걸 깨달았다. 그는 저널리스트가 되고 싶어서 카메라맨이 되었고 마침내 직접 다큐멘터리를 찍었다. 그는 〈희망의 여행〉을 찍으면서 아이보리코스트 드림을 쫓아 떠나는 부르키나파소 사람들과 6주 동안 함께 여행을 했다.

"아직도 아이보리코스트에서 일할 가치가 있을까요?" 미셸이 영화에 등장하는 한 노동자에게 물었다.

"네, 그럼요." 그 남자가 말했다.

"고향으로 돌아가는 것보다 나은가요?"

"네, 낫죠."

미셸은 아이보리코스트에서 사촌 오귀스틴을 찾은 뒤 이모의 영상을 보여주었다. "일단 일을 시작하면 10년이든 12년이든 15년이든 참고 기다려야지 나중에 고향으로 돌아가서 존경을 받을 수 있어요." 오귀스틴은 어머니의 죄책감 조장에 대해 이렇게 반응했다. "가족들은 이해하기 힘들어요. 친척들은 우리가 그들을 다 잊고 사는 줄 알죠…… 그래도 나중에 아내와 함께 돈을 싸들고 돌아가거나 부모님께 집을 지어드리면 결국에는 다 이해할 거예요…… 누군가는 저보다 더 크게 성공해서 집도 짓고 오토바이도 사겠죠. [어머니], 그러면 화가 나실 거예요. 저도 애쓰고 있어요…… 제가 힘들게 일하지 않는다고 나무랄 사람은 없을 거예요. 진짜 열심히 일하니까요. 다만 아직 성공하지 못해서 증명할 길이 없네요." 오귀스틴은 고향에 돌아갈 만큼 성공하지 못했다.

조니가 세상을 떠난 지 16년이나 지난 터라 오귀스틴은 조니의 소지품을 가지러 갔던 곳을 기억하지 못했다. "여기서는 사람들이 죽거나 떠나면 그 사람의 흔적도 사라져요. 그게 문제예요." 오귀스틴이 미셸에게 말했다. "사람은 짐승처럼 사라질 수 없어." 오귀스틴 어머니의 목소리가 다시 미셸의 카메라에서 흘러나왔다.

오귀스틴은 조니가 살았고, 죽었던 장소를 찾아가는 미셸의 여행에 따라나섰다. 오귀스틴은 조니가 입원했던 병원을 기억해냈고 일단 그곳으로 가서 청년들에게 물어보았다. 청년들은 조니를 몰랐다. 미셸과

오귀스틴은 쭈글쭈글한 얼굴에 주황색, 흰색 무늬가 있는 식탁보 같은 원피스를 입은 노파에게 조언을 구했다.

"삼가 조의를 표합니다." 노파가 씨를 뱉으면서 말했다. "부디 대지가 그에게 빛을 비춰주기를. 당신네 형을 알지만 이 고장에 살던 사람이 아니에요."

미셸은 노파에게 조니가 일했던 농장으로 안내해달라고 부탁했지만 거절당했다.

"가는 길은 알려주겠지만 같이는 못 가요. 거기 사람들이 내가 당신들하고 있는 걸 보면 겁을 먹을 테고 내 입장이 곤란해질 테니까."

마침내 그들은 노파가 알려준 방향을 이용해 농장을 찾았다.

"바로 여기야." 오귀스틴이 말했다.

한 노인이 왕좌처럼 등받이가 높은 의자에 앉아 있었다.

"여기서는 그 사람을 요아힘이라고 불렀소." 노인이 말했다.

"여기가 형의 이야기가 있는 곳이군요." 미셸이 노인에게 말했다. "형이 떠났을 때 저는 열네 살이었어요. 여기에 오니…… 가슴이 벅차군요. 처음으로 '조니를 안다'고 하시는 분을 만났으니까요."

"내 기억에 용기 있는 청년이었……." 노인은 조니 칭찬을 늘어놓기 시작했다. 조니는 공손했고 장정 네 사람 몫의 일을 했다.

"여자를 좋아했어요!" 젊은 남자가 웃으면서 덧붙였다. "일도 아주 열심히 하고. 아주 똑똑했어요. 여자를 좋아하고. 여기서도 어떤 여자를 사귀었어요. 그 여자가 애를 가졌고요." 그는 모퉁이 너머로 멀리 보이는 집 한 채를 가리켰다. "그 여자가 어떻게 됐는지는 나도 몰라요…… 오래전 일이니까요."

"조니한테 자식이 있었다는 건가요?" 미셸이 카메라 뒤에서 물었다.

"예." 젊은 남자는 계속 조니 칭찬을 이어갔다. "그 사람은 가족의 일원이었어요." 조니는 자기 명의의 밭도 있어서 카카오 농장으로 일하러 가기 전이나 후에 자기 밭에서 일했다.

조니는 그 지역의 부르키나파소 사람들과 어울리지 않았다. 조니는 여기 사람, 아이보리코스트 사람, 새로운 가족의 형제였다.

젊은 남자는 조니의 죽음에 대해 말하면서 무척 괴로워했다. 조니가 말라리아에 걸리고도 몸져눕지 않고 계속 일했기 때문에 아무도 걱정하지 않았다. 사람들과 바로 옆에서 샤워하고 온종일 이야기를 나누었다. 그러다 갑자기 떠났다. 말라리아가 원인이었다.

"그 사람이 아픈 줄 알았다면 살리려고 온갖 노력을 다했을 거예요. 병마가 찾아와 매몰차게 데려갔지요."

다큐멘터리의 마지막 장면에서는 카카오 농장에서 일하는 사람들이 나오고 미셸의 내레이션이 흐른다.

"형, 형을 볼 수 없지만 형이 여기 있다는 거 알아. 이제야 형을 아는 느낌이야. 식구들한테 형의 이야기를 전해줄게. 부디 대지가 형에게 빛을 비춰주기를. 우리 조상님들이 형을 반겨주시길. 나의 형제, 편히 잠들길."

하지만 마지막 대사는 카카오 열매 더미에 앉아 열매를 쪼개는 어느 농부에게 돌아간다. 미셸은 그에게 아이보리코스트에 올 가치가 있느냐고 물었다.

"당연히 가치 있지요! 여기서 성공해서 돈을 많이 벌면 부르키나파소로 돌아가 투자할 수 있어요. 카카오, 고무나무, 커피가 아이보리코스트에는 아주 많아요. 가서 거기 사람들한테 전해줘요. 우리는 아침 여섯 시부터 해가 질 때까지 거친 들판에서 일한다고. 우리가 여기 온 목적을 달성하기 위해서라고. 여러분께 인사할게요. 안녕, 부르키나!"

"제가 만약 10대 소년이고 당신한테 아이보리코스트로 가야 할지 묻는다면, 어떻게 답하실래요?" 호텔 옥외 로비에서 우리를 물어뜯으려는 모기를 쫓으면서 내가 미셸에게 물었다.

"저라면 '가지 말라'고 할 거예요. 여기서도 필요한 일을 찾을 수 있으니까요. 어렵긴 하죠. 그래도 이 나라를 떠나는 것만이 능사는 아니에요…… 그쪽 현실을 알면 떠나지 않을 거예요. 제일 중요한 방법은 아이들을 학교에 보내고…… 여기서 기회를 만드는 거예요."

나는 미셸에게 솔로의 얘기를 들려주고 솔로가 어떻게 됐을 것 같은지 물었다.

"자기 발로 [농장에] 돌아갔을 거예요. 돈을 받게 될 거라고 생각했겠죠. 그런데 그건 그냥 꿈일 뿐이에요."

저는 실종되지 않았어요

"내 동생이에요." 여자가 에마뉘엘에게 말한다.

나는 감정을 억누르고 눈물을 참는다. 솔로의 누나를 찾았다는 사실이 믿기지 않는다. 그녀와 악수를 하고 말을 건네면서 눈물을 보이지 않으려고 안간힘을 쓴다. 무슨 말을 해야 할까? 동생이 노예라고? 그녀와 그녀의 부모를 그나마 평안하게 해줄 수 있어서 다행이다.

우리는 흙벽돌을 쌓아 지은 여자의 집으로 간다. 그 집 뒤편으로 땅이 움푹 꺼진 곳에 집들이 있었는데, 호빗이 살 법한 집이다.

"부모님은 돌아가셨어요. 동생은 그 사실을 몰라요. 장례식에 오지 않았어요."

"올 수 없었어요." 내가 말한다. 그리고 노예나 다름없는 솔로의 처지를 설명한다. 쪽지를 읽어주다가 "저는 실종되지 않았어요"라는 대목에 이르러서는 더 이상 읽어 내려가기가 힘들다. 쪽지를 다 읽자 여자가 집 안으로 급히 들어가 사진첩을 가지고 나온다. 간간이 솔로처럼 아프로 스타일 머리에 수염을 기른 남자 사진이 나왔지만 솔로라고 보기엔 사진이 너무 빛바래 보인다.

"이 사진을 찍을 때 솔로는 몇 살이었나요?" 내가 묻는다.

"스물여섯 살쯤." 여자가 말한다.

"그럼 제 친구는 당신의 동생이 아닌 것 같네요." 내가 말한다. 솔로는 이제 스물이다.

여자는 우리가 실종된 남자 소식을 가지고 왔다는 말을 듣고 한달음에 벌판을 가로질러 시내로 만나러 온 것이다. 얼마나 희망에 부풀었을지 안 봐도 뻔하다. 우리의 사연과 사진이 동생 것이 아니라 해도 여자는 동생 것이라고 믿고 싶었을 것이다. 동생이 어딘가에 살아 있고 여기 조라에 있는 가족들을 생각한다고 믿고 싶었으리라.

여자의 동생은 다른 수많은 사람처럼 실종된 것이다.

우리는 다시 오토바이에 올라타고, 나는 에마뉘엘에게 어떻게 할지 묻는다. "저는 집으로 갑니다." 그가 옳다. 이건 불가능한 일이다. 나는 푹 고개를 숙인다.

다시 비포장도로를 달리면서 옷과 얼굴에 붉은 흙먼지를 뒤집어쓴 채 에마뉘엘이 처음으로 내게 말을 건다. 격려의 말을 건넨다.

"애썼잖아요. 좋은 일을 한 겁니다. 만약 내 아들이었다면 나도 알고 싶었을 거예요."

에마뉘엘이 나를 버스 정류장으로 데려다주기 전에 라디오 방송국에 들른다. 나는 8주 치 광고료를 치르고 현지어로 광고를 낸다.

미국인 작가 켈시 티머먼이 최근에 코트디부아르의 ＿＿＿＿ 근처 한 마을에서 솔로몬이라는 농장 일꾼을 만났습니다. 솔로몬이 자기는 조라 지방 출신이고 부모님 성함은 안젤라와 제임스라고 했답니다. 솔로몬은 부모님께 이런 쪽지를 남겼습니다.

어머니, 아버지, 아무 말도 없이 떠나서 죄송해요. 저는 실종되지 않았어요. 꼭 돌아갈 거예요. 제 걱정은 마세요. 솔로몬.

켈시는 8월 셋째 주에 솔로몬을 만났다고 합니다. 자세한 내용은 저희 방송국으로 문의해주십시오.

8주가 지나도록 아무런 소식도 들리지 않는다. 솔로의 부모가 광고를 들었는지는 알 길이 없다. 만약 들었다면 그분들이 조금이라도 평안하시길 바란다.

나는 비가 오면 물이 새는 작은 밴에 올라탄다. 덜컹거리는 차를 타고 지라파로 돌아갔다가 최종 목적지인 아크라로 향하면서 옆자리 남자에게 몸을 기울여 묻는다. "솔로를 아십니까?"

PART 3

바나나:
코스타리카산

CHAPTER 8

바나나 노동자의 통근길

남자들은 머리와 팔을 내밀 자리에 구멍을 뚫은 쓰레기봉지를 우비처럼 뒤집어썼다. 어떤 사람은 팔을 넣는 구멍 옆에 접착테이프를 붙여 임시방편으로 만든 우비지만 오래 쓸 수 있게 해놓았다.

새벽 네 시, 사위를 덮은 어둠은 영원히 물러가지 않을 기세다.

여기서는 누구나 마체테를 들고 있다. 나를 뺀 모두가. 이제야 통역이자 코스타리카에서 어머니 역할을 해주는 자메이카 출신 루비가 왜 내 정신이 온전한지를 의심했는지 알 것 같다. 내가 탄 12년 된 자전거는 동네에서나 타고 다닐 만하지, 꼭두새벽의 밀림 속 통근길에서 격렬하게 내달릴 용도는 아니다.

뿌연 불빛 하나가 출렁거리며 구불구불한 골목길로 오다가 내 쪽을 비춘다. 불빛이 깜빡이다 꺼지자 낯익은 얼굴이 씩 웃으며 나타난다. 후안은 일주일에 엿새는 이 시간에 깨어 있다. (후안 같은 사람들이 나 같은 사람과 이야기하면 곤란해질 수 있어 가명을 썼다.)[1] 바나네로(바나나 노동자)인

후안이 새벽에 농장에 출근해 바나나를 따고 준비를 해두면 포장 공장이 문을 열어 바나나를 분류하고 포장한다.

25년 동안 매일 새벽에 일한 후안에게는 또 하나의 새벽일 뿐이다. 후안은 지난 이틀 내내 입고 있던 푸마 반바지와 옷깃이 닳아 종이처럼 얇은 셔츠, 무거운 고무장화, 헤드램프(램프에 강세가 찍힌다) 차림이다. 그의 헤드램프는 머리 위에 있는지도 모르는 가벼운 LED 램프가 아니라 무거운 쇳덩이 손전등을 노끈으로 동여매 머리에 매단 것이다. 헤드램프 무게 때문에 머리가 자꾸 기울어진다.

후안이 내게 고무장화를 건넨다. 내가 신고 있는 등산화로도 괜찮다고 사양해보지만 후안은 꼭 장화를 신어야 한다고 말한다. 우리는 등산화를 내가 머물고 있는, 루비의 집 베란다에 갖다놓는다. 간밤에 그 베란다에서 루비와 후안은 통근 행렬을 따라가지 말라고 나를 열심히 설득했다. "알았어요." 후안이 마침내 내 부탁에 굴복하고 눈빛을 반짝이면서 말했다. "같이 가도 돼요. 대신 비가 오기를 기도해서 아주 호되게 체험할 수 있게 해드리지요."

"아구아Agua(물)는 안 됩니다!" 나는 자전거에 앉아 말한다. 어젯밤 우리의 대화를 떠올리면서 손바닥을 하늘을 향해 내민다.

후안의 기도가 통했는지, 멀리서 들리는 소리로 미뤄보건대 차들이 빽빽이 들어찬 고속도로가 마술처럼 다가오고 있든지 아니면 폭풍우가 오고 있다. 후드득 몇 방울 떨어지더니 내 손바닥에 고인다.

"아구아." 후안이 손가락이 네 개만 있는 손을 펼쳐 든다. 자연의 희극적 타이밍이 우리를 비껴가지 않은 셈이지만 아무도 웃지 않는다. 후안은 우리 앞에 무슨 일이 기다리는지 잘 안다. 나는 그냥 두렵다.

우리는 다른 일꾼들과 함께 페달을 밟으면서 앞이 보이지 않는 빗속을 달린다. 비가 주위의 양철지붕을 요란하게 두드린다. 지붕 아래에는 새벽에 자전거를 타고 출근하는 사람들의 부모들이 잠들어 있고 그 옆에는 그들의 자식들과 자식들의 자식들이 자고 있고 그 옆에서 그들의 아내들이 자고 있다.

처음으로 가로등 몇 개가 보인다. 우리에겐 주황색 오아시스다. 후안은 가로등이 나타날 때마다 단 몇 초라도 배터리를 아끼려고 헤드램프를 껐다가 캄캄한 어둠 속으로 들어가면 다시 켠다.

빗물이 안경알을 타고 흘러서 안경을 벗는다. 우리는 바람막이 창도 없이 맨눈으로 길을 찾으며 웅덩이를 피한다. 세상에는 온통 자전거 앞에 생기는 작은 동그라미 빛밖에 없다. 그 빛에 집중할수록 사위는 더 어두워진다. 텅 빈 공간이 들리기만 할 뿐 보이지는 않는다. 바나나 나무의 넓고 두꺼운 잎이 흔들리면서 교향곡을 연주한다.

나는 아웃도어용 밝은 주황색 야광 우비를 입고 있다. 가볍고 방수가 되고 통풍도 잘되지만 비와 진흙에는 속수무책이다. 자전거를 탄 모두가 몸이 젖지 않도록 뭔가를 걸치고 있지만, 후안은 흠뻑 젖은 셔츠 차림이다. 후안은 성한 손으로 자전거를 운전하고 기도가 이루어지지 않은 사람처럼 갈고리 모양의 곱은 손을 심장에 대고 있다.

일이 있어서 감사하죠

일요일에 우리가 처음 만났을 때 후안은 따스한 햇볕을 쬐고 있었다. "만나서 반갑습니다." 나는 웃통을 벗고 집 앞 길가에 쭈그리고 앉아 있는 자그마한 남자에게 손을 내밀었다. 그는 손목을 내밀었다. 어떤 나라에서는 손이 더럽거나 몸이 아프면 이런 방식을 정중한 행위로 여긴다. 하지만 다른 무언가가 있었다. 후안의 손은 손목부터 축 늘어져 있고 손가락은 뻣뻣했다. 나는 그걸 못 본 척했다.

후안의 열두 살짜리 딸 파트리시아가 아버지 뒤에 숨었다. 집 안에서 꺅꺅 하는 소리가 들리더니 두 살짜리 알폰소가 나왔다. 아기는 방긋방긋 웃으며 성큼성큼 다가와서 내 다리를 쳤다.

"요 녀석." 후안이 소리를 질렀다. 반쯤은 웃음이, 반쯤은 훈계가 섞인 투였다. "안 돼!" 후안은 내 다리 아래서 꼬물거리는 알폰소를 안아 올리며 내게 안으로 들어가라고 손짓했다. 그때 처음 후안의 다른 손에 손가락 하나가 없는 걸 보았다.

후안은 천을 씌운 푹신한 안락의자를 내주었다. 나는 그에게 바나나 사진 한 장을 보여주었다. 내가 '운명의 바나나'라고 부르는 바나나다. 내 입에서 '운명의 바나나'라는 말이 나올 때마다 조명이 켜지고 주제음악이 흐를 것으로 기대했지만 역시나 그런 일은 일어나지 않았다. 바나나는 흥미로운 얘깃거리가 아니었다. 특히 바나나에 파묻혀 사는 후안 같은 사람에게는 더더욱. 여느 바나나처럼 내 바나나에도 상표(Dole)와 숫자와 생산국(코스타리카)이 적힌 스티커가 붙어 있다. 숫자는 농장 코드다. 돌에서 만든 기업의 사회적 책임에 관한 웹사이트에 들어가면 바나나에 적혀 있는 숫자를 입력하라고 한다.

돌의 과일을 재배하는 농장에 관해 더 자세히 알아보세요!
과일에서 고유번호 네 자리를 찾아 '농장 코드 입력' 칸에 입력하세요. 세심하고 전문적인 손길로 맛있는 돌의 과일을 재배해서 여러분에게 안겨주는 사람들을 만나게 될 겁니다.

농장 코드를 입력하자 돌에서 가장 오래되고 규모가 큰 농장에 관한 설명이 나온다. 농장 노동자들과 돌에서 후원하는 지역사회 사업들을 찍은 사진들이 나온다. 구글 어스를 통해 농장으로 날아갈 수도 있다. 하지만 농장 코드로 할 수 없는 한 가지가 있다. 농장 노동자와 그의 거실에 앉아 그가 솔직히 그 일을 어떻게 생각하는지 물어보는 일이다. 다행히 나는 혼자 힘으로 그렇게 할 방법을 찾았다.

"일이 있어서 감사하죠." 후안이 말했다. "저는 20년 동안 스탠더드 프루트에서 일했어요."

시내 표지판과 바나나 스티커에는 돌이라고 적혀 있지만 사람들은 그냥 스탠더드 프루트라고 부른다. 스탠더드 프루트는 19세기 초에 시칠리아 이민자들인 조셉 바카로 ─ 훗날 뉴올리언스의 얼음왕이 되는 인물 ─ 와 그의 두 동생, 그리고 살바도르 디안토니가 동업해서 설립한 회사였다. 디안토니는 댄 쾨펠이 『바나나: 세계를 바꾼 과일의 운명』에서 "때로는 밀수업자이자 총기 밀반입자"라고 설명한 인물이다. 얼마 후 스탠더드 프루트는 치키타의 아성에 도전했다. 오늘날에는 스탠더드 프루트를 합병한 돌이 치키타와 함께 전 세계 바나나 공급량의 25퍼센트씩을 각각 차지한다.[2]

"지금 하는 일에서 제일 좋은 점은 뭔가요?"

"가족을 먹여 살리잖아요." 후안이 그런 어리석은 질문이 어디 있냐는 듯(사실이 그랬는지 모르겠다) 껄껄 웃었다. 나는 무슨 대답을 기대한 걸까? '이 세상에서 큼직한 바나나 다발을 짊어지고 다니는 일만큼 제 마음을 채워주는 일은 없어요'라는 대답을 원한 건가?

"그럼 지금 하는 일에서 제일 안 좋은 점은 뭔가요?"

"이봐요, 보스." 루비의 아들 데니스가 자메이카 억양으로 끼어들었다. 그는 어머니를 만나러 왔다가 내 통역이 되었다. "전 스물다섯 살이에요. 농장에서 2년간 일을 해봤어요. 힘들었죠. 바나나 농장에서 좋은 건 하나도 없어요. 여기 사람들이 꺼리는 게 두 가지 있어요. 바나나 농장에서 일하는 거랑 감옥에 가는 거요. 새벽 네 시에 일어나야 되잖아요. 비가 오든 아니든 무조건 일하러 가야 돼요. 시간당 1,000콜론을 받아요. 2달러(2,200원)쯤 되는 돈이죠. 상상이 가세요? 이래서 제가 떠나기로 했던 거고…… 바나나, 바나나, 바나나밖에 없으니까! 아침에도 바나나, 낮에도 바나나, 밤에도 바나나예요."

후안의 가족들이 앉아 있는 자리에서 데니스는 바나나 노동자의 삶에 관해 열변을 토했다. 파트리시아가 영어교재에서 눈을 떼긴 했지만 다행히 데니스가 하는 말을 귀담아 듣는 눈치는 아니었다. 나라면 누가 내 집 거실에서 내가 평생 해온 일을 감옥에 가는 것에 비유한다면 싫어했을 거다.

데니스는 내 질문을 어리석은 질문으로 치부했다. 어릴 때부터 바나나에 둘러싸여 살아왔기 때문에 바나나와 바나나에 얽힌 삶에 대해 모르는 사람을 이해할 수 없을 것이다. 데니스는 키가 크고 몸이 튼튼하고 흐느적흐느적 움직였다. 얼굴은 흑단(黑檀)에 조각한 것 같았고, 머리는 사포로 문지른 것보다 매끄러웠다. 아주 믿음직해 보여서 무슨 일을 맡겨도 다 해낼 것 같았다. 그는 말문이 막힌 듯 나를 쳐다보다가 어쨌든 통역을 해주었다.

"제가 싫어하는 건 일이 없는 겁니다." 후안은 이렇게 말하고 잠시 뜸을 들였다. "그리고…… 뱀이 너무 많아요! 큰삼각머리독사도 있고 부시마스터도 있어요. 아주 위험한 독사들이에요. 가끔은 이만치 오는 풀밭을 지나가야 돼요." 그는 손으로 어깨 높이를 가리키며 말했다. "뱀에 물리면 하나님께서 데려가세요. 〔제시간 안에〕 리몬의 병원까지 못 갑니다."

"뱀에 물려 죽은 사람을 본 적이 있어요?" 내가 묻는다.

"씨sí." 후안이 목소리를 낮추고 고개를 끄덕였다. "물리고 나서 15분 안에 죽었어요."

나는 코스타리카가 해독제 연구와 생산에 앞장선다는 사실을 후안이 아는지 궁금했다. 산호세의 클로도미로 피카도 연구소는 해마다 해독제를 10만 병 이상 대량생산해서 12개국에 수출한다. "젊은 농장 노동자, 특히 남성 집단이 가장 큰 타격을 받는다. 뱀에 물려 독에 감염되는 것이 직업병이 되고 있지만 국가는 이런 사실을 간과한다." 클로도미로 피카도 연구소의 호세 마리아 구티에레스가 2006년 논문에서 밝힌 내용이다.[3] 매일 독사 옆에서 일하는 코스타리카 사람들이 정작 해독제를 쓸 수 없다니 납득이 가지 않는다.

후안은 농장에서 일할 때 도사리고 있는 다른 위험들에 대해서도 말했다. "매우 조심해야 돼요. 화학약품도 많거든요. 전에는 맨손으로 만졌지만 요새는 장갑을 낍니다."

후안의 아들인 후안 주니어가 졸린 눈으로 방에서 나와 거실 소파에 기댔다. 그는 손목에 찬 고무 팔찌를 만지작거리다가 목걸이의 작은 금 십자가를 가운데로 맞춰놓고 챙이 납작한 야구 모자의 각도를 바로잡았다. 그의 어깨 너머로 몇 년 전 그가 학사모와 졸업가운 차림으로 눈빛을 반짝이며 웃고 있는 사진이 걸려 있다.

"아이들은 학교에 다닙니까?" 내가 물었다.

"몇 명은 다녀요." 후안의 아내 안젤리나가 말했다. "하지만 돈이 없어서 애들을 다 가르치지는 못해요."

후안은 라이트급 권투선수처럼 울퉁불퉁 근육이 잡혀 있고, 안젤리나는 몸집이 후안의 2배다. 안젤리나는 자식을 여섯이나 낳아 길렀다. 내가 질문을 했을 때 부부가 의논하는 모습을 보면 누가 봐도 그들은 한 팀이었다.

"학교엔 누가 다녀요?" 내가 묻는다.

"티파니랑 파트리시아요." 안젤리나가 두 딸을 가리키며 말했다. "돈이 없어서 [후안 주니어는] 못 보내요." 중학생인 파트리시아는 내가 이 집에 들어온 후로 줄곧 뭔가 적는 척하던 교재로부터 고개를 들었다. 수줍은 듯 교재로 가려서 얼굴은 보이지 않았다. 나중에 회계사가 되고 싶어 했고, 내가 그 집에 들를 때마다 항상 공부하고 있었다.

"주니어는 학교에 안 다녀요?" 내가 물었다.

"[주니어한테] 기회를 줬지만 애가 원하지 않아요." 후안이 말했다.

"교과서에 준비물에 교복까지, 돈이 많이 들어요." 안젤리나가 말했다. 주니어를 비롯해 큰 아이들은 모두 4학년까지 다녔다. 모두에게 기회를 주고 파트리시아처럼 공부를 잘하면 계속 학교에 보내주었다. 공립학교는 무료이지만 교과서와 교복은 돈을 내야 했다.

"무슨 일을 해요?" 내가 후안 주니어에게 물었다.

"이것저것 하면서 용돈 벌이나 해요." 그가 중얼거리면서 말하자 가족들이 나서서 나무를 베고 장작도 패면서 자잘한 일들을 한다고 말했다. 나는 그가 하는 일 없이 시내에서 야구 모자를 쓰고 자전거를 타고 다니는 아이들 무리에 섞여 하루하루 허송세월을 하면서 돌에서 일할 수 있는 열여덟 살이 되기를 기다릴 거라는 느낌이 들었다.

"열여덟 살이 되면 농장에서 일할 거니?"

"예. 공부하지 않으면 그거밖에 할 게 없어요." 주니어가 말했다. 모두 웃었다. 주니어가 뭘 하든―말을 하든 걷든 껌을 씹든―이요르(《곰돌이 푸》에 나오는 우울한 당나귀 캐릭터―옮긴이)의 속도를 능가하는 모습이 조금 우스꽝스러웠다.

"지금은 그때 더 열심히 공부할 걸 싶지 않니?" 나는 이렇게 묻자마자 얼마나 무신경한 질문인지 깨달았다. 내 말에 기분이 상한 듯한 사람은 없지만 내 입장에서는 그의 미래가 밝지 않다는 점을 부각시켜서는 안 되었다. 게다가 그의 미래가 밝지 않다는 것은 아버지와 같은 일을 한다는 뜻이었다.

"전 학교를 못 다녔어요." 후안이 말했다. "제가 우리 애들한테 주는 기회조차 얻지 못했어요."

후안은 형제자매가 스물둘이나 있었다. 루비는 후안의 어렸을 때 모습을 기억한다고 했다. 후안은 사실 거리의 아이였다. 한번은 루비네 나무에서 과일서리를 한 적도 있었다. "그 친구를 탓하진 않았어요. 그 친구한텐 과일이 필요했어요. 배가 고팠으니까요."

후안의 아버지도 후안처럼 바나나 노동자였고, 주니어는 후안의 뒤를 이어 바나나 노동자가 될 것이다.

나는 슬슬 후안의 손과 손가락에 대한 호기심에 휩싸이기 시작했다.

대놓고 '그런데 손은 어쩌다 그렇게 된 건가요?'라고 묻고 싶지 않아 "일하다 다친 적도 있습니까?"라고 돌려 물었다.

"딱히 다친 적은 없어요. 위험한 일이긴 하지만." 후안이 말했다.

"손가락은 어쩌다 그렇게 된 겁니까?" 나는 은근슬쩍 물어보는 걸 포기했다.

그는 그냥 몸짓을 하고 탁 소리를 냈다. 손가락 하나 잘리는 것쯤은 별거 아니라는 듯이.

나는 그의 다른 손을 가리켰다.

"열 살 때 나무에서 떨어져서 손이 부러졌어요." 후안이 말했다. "가난해서 가족들이 병원에 데리고 가지 못했어요. 대신 멀쩡한 다른 손으로 뭐든 다 해요."

"저건 뭔가요?" 나는 벽에 걸린 상장을 가리켰다.

"최우수 노동자한테 주는 표창장이에요." 후안은 자랑스럽게 말했다. "2005년에 받았어요."

나무 액자에 넣은 코팅된 상장은 거실에서 눈에 가장 잘 띄는 곳에 걸려 있었다. 표창장을 주는 사람이 서명하는 자리는 비어 있었다.

"액자가 근사하네요. 액자도 같이 받았어요?"

"종이 한 장 달랑 줘서 제가 돈 들여 액자를 만들었어요."

후안은 참으로 근면한 사람이다. 시내에서 누구를 붙잡고 물어보든 후안이 배수로를 파고 나무를 베고 변소를 치우려고 똥통에 들어간 얘기까지 들려줄 것이다.

표창장은 그에게 많은 것을 의미했다. 돈 들여서 액자를 만들 만큼 소중했다. 가족들이 후안을 자랑스럽게 바라보았고, 잠시 다 같이 상장을 바라보았다. 나는 무슨 말을 해야 할지 몰랐다. 회사가 조금이나마 성의를 보여준 것이겠지만 솔직히 말해보자. 서명도 하지 않은 종이를 올해의 일꾼(두 손으로 할 일을 한 손으로 해내고 열 손가락으로 할 일을 네 손가락으로 해내는 사람)에게 준 것은 너무 성의가 없었다.

"축하드려요." 내가 말했다. 조금 더 이야기를 나누다가 가족들끼리 저녁을 보내도록 자리를 비켜줘야 할 것 같았다.

"저기요, 보스." 일어나려고 할 때 데니스가 말했다. "저분들 지금 먹을 게 하나도 없어요. 보스가 뭐든 좀 주고 가도 될 것 같은데요."

나는 후안에게 10달러를 찔러주고 시간을 내줘서 고맙다고 말했다.

"마지막으로 하나만 더 여쭤볼게요. 농장은 얼마나 떨어져 있나요?" 내가 물었다.

"걸어서 한 시간, 자전거로 30분 걸립니다만." 후안이 말했다.

그날 밤 늦게 나는 동네 중국음식점에서 데니스에게 저녁을 사주었다. 데니스는 오는 길에 식료품점에서 후안을 봤다고 했다.

"보스. 살 건 많은데 돈이 모자란 것 같았어요. 살 수 있는 것과 살 수 없는 것을 나누고 있더군요."

여기 사람들 말로는 돌이 이 지역의 식료품점을 운영한다고 했다. 그래서 노동자들은 돌의 식료품점에서 외상으로 장을 보고, 한 달 내내 바나나를 따고 운반하고 분류하고도 빈 주머니로 집에 돌아간다. 돌에 영원히 빚을 지는 셈이다.

유일한 일자리이자 고된 일자리
헤드램프에 비치는 빗방울이 마치 자동차 헤드라이트에 비치는 눈

송이 같다. 깊이와 거리 감각이 없다. 이 구덩이는 얼마나 깊을까? 이 비탈길을 얼마나 더 내려갈까? 우리는 자전거를 타고 바닥에서 3미터 위에 떠 있는지 300미터 위에 떠 있는지 모를 다리를 건넌다. 깊이를 가늠할 방법이 없다. 이따금 오토바이와 트럭이 지나가면서 물을 튕긴다. 나는 집에서 10킬로미터 이상 떨어진 바나나 포장 공장까지 걸어가는 여자 옆에서 방향을 홱 튼다. 여자는 비가 오든 해가 나든 매일 왕복으로 거의 하프마라톤 거리를 출퇴근한다. 45분 정도 페달을 밟자 장화에 물이 차서 장화 입구까지 철벅거린다.

농장에 도착하기 한참 전에 나무의 빛깔부터 눈에 띈다. 조명이 환해서가 아니라(형광등 두 개만 켜져 있다) 사방이 칠흑 같이 어두워서였다. 우리는 비어 있는 공장 입구의 지붕 아래로 들어간다. 잠시 후면 이곳은 후안과 그의 동료들이 딴 바나나와 함께 가동될 것이다. 오토바이 한 대가 지붕 아래 세워져 있다. 후안은 일꾼들 중에서 제일 먼저 도착한다. 놀랄 일은 아니다. 그는 아마 제일 늦게 퇴근할 것이다.

후안의 상관이 사무실에서 전구 하나 켜놓은 책상 앞에 앉아 있다. 책상 위에는 서류와 책들이 널려 있다. 그가 내 쪽으로 기분 나쁜 눈길을 던진다.

나는 따라오지 말았어야 했다. 후안과 루비에게 가도 괜찮은지 여러 번 물어보자 그들은 괜찮다고 했다. 하지만 지금《포춘》500대 기업의 경비원이 마이클 무어를 노려보듯이 후안의 상사가 나를 노려보자 심히 걱정이 됐다. 후안은 다소 긴장한 표정으로 내가 여기서 무엇을 하려는지 설명한다. 상사의 어조가 심상치 않다.

후안은 이 일자리를 잃으면 삶이 송두리째 파탄날 것이다. 그는 여기서 사는 것밖에 모른다. 그의 세계는 반경 40킬로미터 안에 있다.

상사가 내게 뭐라 말하기 시작했다. 코스타리카에 오고 나서 처음으로 고등학교 때 스페인어 수업을 열심히 듣지 않은 게 다행이라는 생각이 든다. 나는 그에게 책을 쓰려고 준비하는 학생이라고 말한다.

"세 네시시타 페르미소Se necisita permiso." 허가를 받아와야 돼. 그가 조금도 누그러지지 않은 얼굴로 말한다.

그의 스페인어에 집중하려고 해보지만 머릿속에서 자꾸 계산기가 돌아간다. 후안이 나 때문에 해고당하면 코스타리카의 여덟 식구를 지원할 방법이 있는지 계산한다. 후안은 한 달에 435달러(49만 원)를 벌어 가족을 부양한다. 내가 사는 곳에서는 차 할부금이 이보다 많다.

하지만 이곳은 이 도시의 유일한 일자리이자 고된 일자리이다. 나도 다른 바나나 농장에서 일일 바나네로로 일했다가 아직도 팔다리가 쑤시고 허리가 아픈 터라 잘 안다.

CHAPTER 9

의미 있는 삶

나는 몸을 숙여 충격에 대비했다. 내 뒤에 있던 남자가 마체테를 위로 쳐들었다.

"준비됐어요?" 알폰소가 물었다. 준비가 된 건지 안 된 건지 모르겠다. 과연 누가 이런 일에 준비가 되어 있을 수 있을까? 어쨌든 나는 고개를 끄덕였다. 그가 마체테를 휘둘렀다.

핑! 마체테가 노래하듯 바나나 나무의 굵직하고 부드러운 줄기를 가르자 50킬로그램 정도 나가는 바나나 다발이 내 등에 매달린 반만 부풀린 고무튜브에 떨어졌다. 내가 무게에 눌려 뒷걸음질 치자 카를로스가 나를 붙잡았다. 뒤로 넘어가지 않으려고 정신을 집중하고 있어서 순간 욕이 튀어나왔는지도 모르겠다.

미국인은 평균적으로 1년에 12킬로그램의 바나나를 먹는다. 사과와 오렌지를 합친 것보다 많다. 나는 단단히 버티고 서서 미국인 4명의 1년 치 바나나 더미를 떨어뜨리지 않으려고 안간힘을 썼다.[1]

나는 바나나를 짊어지고 몸을 숙여 균형을 잡았다. 카를로스가 앞장서서 바나나 나무가 줄줄이 늘어서 있고 바나나 다발이 제 무게로 인해 떨어지지 않도록 한 다발씩 비스듬히 묶어놓은 빨간색 노끈 사이를 헤치고 나갔다. 나는 올라갔고 작은 도랑을 넘었다. 간간히 엉거주춤 앉은 채 빨간색 노끈 아래로 지나가야 해서 반보씩 내딛을 때마다 무릎이 시큰거렸다.

카를로스는 모든 작업을 아주 손쉽게 해냈다. 알폰소가 바나나를 잘라 등에 떨어뜨려주면 카를로스는 바나나를 짊어지고 풀쩍풀쩍 뛰어 바나나 나무 속으로 사라졌다. 올이 풀려서 축 늘어진 그의 모자나 등에 멘 고무튜브에 달린 노란 자루가 얼핏 보이는가 싶다가도 서너 걸음만에 사라졌다. 그리고 이내 돌아와 같은 작업을 되풀이했다.

나는 마지막 도랑을 뛰어넘어 바나나 열차 옆에 난 길에 올라섰다. 모든 바나나 농장에는 바나나를 매달아 운반하는 레일이 있다. 강철

바나나 다발을 어깨에 짊어진 나

아치로 레일을 떠받친다. 그리고 대부분 레일에 매단 바나나를 사람이나 당나귀가 끌고 3킬로미터 정도 떨어진 포장 공장까지 나른다. 하지만 이 농장은 달랐다. 레일에 엔진과 좌석이 갖춰져 있었다. 〈스타워즈: 제다이의 귀환〉에서 이웍Ewok 들이 숲을 빠르게 통과하려고 탔던 바이크와 유사하다. 꼭 운전해보고 싶었다.

나는 레일에 매달린 축 늘어진 체인을 바라보았다. 한 손으로 어깨에 짊어진 바나나 줄기 밑동을 잡고 다른 한 손으로 허리까지 내려온 바나나 줄기 윗부분을 잡았다. 그리고 생각했다. '대체 내가 이걸 어떻게 한담?' 카를로스는 눈빛을 반짝이면서 '잘해낼 거예요!'라고 응원하는 듯했다.

내가 할 일은 체인 끝에 달린 동그란 고리를 체인 위로 넘겨 감아 고리 모양으로 만들고 바나나 줄기를 옆으로 기울여 그 고리에 끼워 매다는 거였다 — 날이 밝았네! (한밤중에 바나나를 싣는 작업을 하던 자메이카 노예들이 날이 밝기만을 기다리며 부른 노래에서 유래한다—옮긴이)

나는 남는 손으로 체인을 잡아서 고리를 만들었다. 그다음에 바나나 줄기의 반대쪽 끝을 기울여 고리에 걸고 다른 손으로 붙잡았다. 그러나 바나나 대신 내 손목이 팽팽하게 당겨졌다. 바나나 열차가 출발하면 나도 축 늘어진 바나나 다발과 함께 끌려갈 판이었다. 카를로스가 구하러 뛰어오기 전에 나는 소리가 들리는 거리 안에 있는 모두에게 고함을 질렀다. 그링고가 바나나 열차에 매달려 50킬로그램짜리 바나나를 끌어안고 떠가는 모습은 날마다 볼 수 있는 광경이 아니었으니까. 정말로 그런 일이 생긴다면 당연히 모두에게 손가락질을 당하고 웃음거리가 될 터였다.

문득 도미니카공화국의 알타 그라시아 봉제 공장에서 라첼 타베르가 했던 말이 떠올랐다. "비숙련 노동이란 건 없다니까요."

카를로스가 나를 풀어주자 재빨리 바나나 미로로 돌아가 나를 기다리는 알폰소를 찾았다. 그는 어디 갔다 왔냐고 묻는 얼굴로 나를 보았다. "아니, 아무데도요." 내가 영어로 말했다. "바나나 열차에 손이 붙어버려서. 고마워요."

그는 다시 줄기를 베었다. 이번에는 나도 준비가 되었다. 그리고 이 작업을 몇 번 더 했다. 너무 과감하게 바나나 숲으로 깊숙이 들어간 바람에 산골짜기를 걸어서 오르내려야 했다. 혼자서 몇 다발을 매달기는 했지만 대부분 카를로스가 도와주어야 했다.

나는 30분 동안 여덟 번 오르내렸다. 찐득찐득하고 하얀 바나나 진이 온몸에 묻었다가 금세 시커멓게 변해서 다른 일꾼들의 얼룩덜룩한 작업복처럼 내 옷에도 시커먼 얼룩이 잔뜩 생겼다. 작업이 끝날 무렵에는 땀에 흠뻑 젖어 있었다. 비뚤어진 안경을 고쳐 쓸 힘도 없었다. 몹시 피곤해서 할 일이 늘어날수록 나도 모르게 구시렁거리고 아픈 사람처럼 끙끙거리고 툴툴댔다. 기운이 바닥났다. 만약 여덟 번 더 오르내렸다면 나를 빨간색 노끈으로 묶어 바나나 나무에 매달아야만 겨우 똑바로 설 수 있었을 것이다.

내가 일할 수 있도록 허락해준 바나나 농장은 많지 않았다. 이 농장은 어스 대학에서 직접 운영하는 곳으로, 홀푸드Whole Foods에 바나나를 공급한다. 댄 쾨펠 — 앞서 언급한 『바나나: 세계를 바꾼 과일의 운명』의 저자 — 이 내게 어스 대학에 연락하면, 홀푸드가 소개를 해줄 거라고 조언해주었다. 몇 주 후 나는 어스에서 홍보 담당으로 일하는 미국인 크리스틴 히메네스와 함께 바나나 농장을 누볐다. 히메네스는 나를 농장 책임자 호르헤에게 맡기고 떠나기 전에 그에게 당부했다. "마체테는 안 됩니다."

"자, 마체테 받아요." 알폰소가 내게 작은 칼자루에 길고 검은 칼날이 붙은 마체테를 건넸다. 손에 묵직함이 전해지고, 총처럼 안정감이 느껴졌다. 게다가 총처럼 잡고 있기만 해도 몹시 흥분됐다. 나는 지극히 일상적인 물건도 몸을 다치지 않고 안전하게 사용하는 방면에서는 썩 좋은 성적을 거두지 못하는 사람이다. 10대 때는 바보처럼 전기 스웨터 보풀 제거기를 혓바닥에 붙인 적도 있었다. (물론 알다시피 혓바닥의 미뢰가 스웨터의 보풀에 해당하는 것 같긴 하다.)

우리는 마체테를 휘두르며 갈지자로 바나나 밭을 걸어갔고 파란색 비닐봉지에 쌓인 바나나 줄기를 살펴보았다. 끝에 검정색 비닐을 리본 모양으로 묶어둔 바나나만 골라서 땄다. 오래전에 떨어진 잎들이 발밑에서 으스러졌고, 그 밑에는 발목을 접질리게 만들 구덩이가 감춰져 있었다.

호르헤가 내 카메라를 들고 따라왔다. 그는 사커 맘soccer mom이 흔히 겪는 딜레마에 빠졌다. 카메라 뷰파인더를 들여다볼 것인가, 아니면 현실에서 큰 소리로 응원해줄 것인가. 호르헤는 바나나를 옮기는 데 최적화된, 부러울 정도로 떡 벌어진 등판의 소유자였고, 다리가 짧아서 빨간색 노끈에도 걸리지 않고 다닐 수 있었다. 그의 주머니에서는 너덜너덜한 천 지갑이 튀어나와 있었다. 그리고 손목에 매단 무전기에서 목소리가 튀어나와 수시로 답변을 해야만 했다.

넓적한 바나나 잎이 바람을 품었다. 바람이 거셀 때는 사람들 말소리가 거의 들리지 않았다.

"여기요." 알폰소가 검정 리본이 달린 바나나 다발을 가리켰다.

"하하하!" 호르헤가 웃었다. "갑시다, 켈시!"

알폰소는 벌써 여러 번 이런 식으로 바나나를 잘랐다.

우선 머리 위의 줄기를 두 번 툭툭 쳐서 X 자 모양으로 베었다. 바나나 줄기가 마체테 날에 베여 버터처럼 잘렸다. 다 자르는 게 아니라 일단 줄기를 약하게 해놓고 줄기를 지탱하는 붉은 노끈을 자르면 바나나가 밑으로 떨어지는 것이다.

나는 마체테를 조준하고 휘둘렀다. 껍질도 벗겨지지 않았다. "더 세게." 호르헤가 말했다. 두 번째 휘두를 때도 수확이 없었다. "더 세게!" 그렇게 네 번 더 휘둘렀고, 그때마다 호르헤가 "더 세게"라고 소리를 질렀지만 아직 아무것도 건지지 못했다. '좋다. 이놈의 바나나 나무야, 누가 네 놈 주인인지 보여주마!'

다시 휘두르자 마체테는 목표를 비껴나가 나무의 옆쪽을 자르고 계속 돌아가 알폰소에게로 향했다. 알폰소는 정신없이 웃고 있다가 풀쩍 뛰어 간신히 칼날을 피했다.

"와우! 살살 합시다, 켈시!"

이 사람들은 어렸을 때부터 마체테 자루를 쥐고 자랐다. 스물일곱 살인 알폰소는 14년 동안(인생의 절반 동안) 이 일을 해왔다. 그는 열세 살 때 정부에 특별노동허가를 신청했다. 아버지가 바나나 농장에서 일하다가 '문제'가 생겨 더 이상 일하지 못하게 되자, 알폰소는 학교를 그만두고 마체테를 쥐고 가족의 생계를 책임져야 했다. 지금은 생계를 책임지고 학교에 보내줘야 할 자식들이 있다.

"우리 애들은 공부를 시켜서 저처럼 힘들게 일하지 않게 해주고 싶어요." 알폰소가 말했다.

내가 마체테를 가장 많이 휘둘러본 것은 웨스트텍사스 에이앤드엠A&M 대학교 학생들과 함께 온두라스에 갔을 때였다. 우리는 마체테로 학교 마당의 '잔디를 깎는' 업무를 맡았다. 신체 건강한 온두라스 사람 한 명이 한 시간에 끝낼 수 있는 일이었다. 우리는 마체테 다섯 자루로 잔디를 쳐냈다. 손에 물집이 잔뜩 잡히고도 두 시간 동안 겨우 절반밖에 깎지 못했다.

알폰소가 내게서 마체테를 빼앗았고, 우리 둘 다 안도의 한숨을 내쉬었다. 호르헤가 끝에 날카로운 고리가 달린 긴 쇠막대를 내게 건넸다. 나는 빨간색 노끈을 잘랐고, 알폰소와 함께 나무 꼭대기를 잡아당겼다. 으드득 소리가 나고 바나나 잎이 출렁거리면서 줄기가 우리 쪽으로 떨어졌다. 나는 쇠막대를 땅과 나무 사이에 괴어서 나무가 그대로 쓰러지지 않도록 지탱했다.

그다음 바나나 다발을 싼 파란 쓰레기봉지를 뜯어서 바나나를 살피고 기저귀를 바로잡았다. 맞다. 기저귀다. 초승달 모양의 스티로폼 기저귀를 바나나송이 사이에 끼워서 부딪혀 상하지 않게 해둔 것이다. 코스타리카 바나나의 40퍼센트가 미국으로 수입된다. 미국 소비자들은 코스타리카의 크고, 노랗고, 흠집 없는 바나나를 좋아한다.[2] 이 바나나들은 품종이 똑같다. 바로 캐번디시 품종이다. 게다가 이 바나나들은 유전자 복제물이다. 내 조부모는 그로 미셸 품종의 바나나를 먹었다. 어스 대학의 바나나 전문가 루이스 포카상그리가 '슈퍼 바나나'라고 부르는, 빅 마이크Big Mike로도 알려진 바나나다. 그로 미셸 품종

은 더 튼튼하고, 맛도 더
훌륭하다. 하지만 파나
마병으로 지구상에서 멸
종될 위기에 처했다.

"그로 미셸은 기저귀
를 끼울 필요가 없어요."
루이스는 캐번디시가 병
약한 하급생 같다고 불평
했다. "[그로 미셸은] 검
정시가토카와 흑곰팡이
병에도 더 강해요."

나는 바나나에 스티로
폼 기저귀를 끼운 다음

바나나를 감싼 파란 봉지를 열어보는 바나네로

파란 비닐봉지를 묶었다. 알폰소가 마체테를 내게 건네고 웃으면서
두어 걸음 크게 뒷걸음질을 쳤다. 줄곧 낄낄대던 카를로스는 갑자기
입을 다물었다. 그리고 바나나 다발 아래로 들어가서 바나나 줄기 한
쪽 끝을 어깨에 걸쳤다. 나는 카를로스의 머리 위로 마체테를 들어 바
나나를 잘랐다.

나는 쇠막대를 치우고 아래로 늘어진 줄기를 잘라서 땅에 떨어뜨렸
다. 나무 밑에 어린 싹이 나 있다. 이 싹은 9개월 동안 180번 넘게 일꾼
들의 방문을 받을 것이다. 1년 정도는 바나나 열매가 맺힐 때 파란 비
닐봉지를 묶고 맨 위에 연령을 표시하는 리본을 달아둘 것이다.

우리는 다시 바나나 열차로 돌아갔고, 호르헤가 시동을 걸자 엔진이 털털거리며 살아났다. 호르헤는 야구 모자를 벗고 노란 안전모를 쓰려다 말고 불쑥 안전모를 건네며 뒷자리에 앉으라고 손짓했다.

어릴 적 꿈(열차 기관사와 정글 탐험가가 되는 꿈)이 모두 실현되는 순간이었다. 나는 쿠션이 얇게 깔린, 흔들리는 의자에 앉았다. 호르헤가 작은 철제 핸들을 가리켰다. 전진하려면 핸들을 왼쪽으로 돌리고, 후진하려면 오른쪽으로 돌린다. 많이 돌릴수록 속도가 빨라진다. 나는 쇼핑몰에서 음악을 연주하면서 달리는 플라스틱 말에 올라탄 어린아이처럼 어느새 실실 웃고 있었다.

바나나 열차가 천천히 앞으로 나갔고, 파란색 바나나의 벽이 구불구불 움직이면서 포장 공장으로 향했다. 이 바나나가 몇 주 뒤 누군가의 콘플레이크에 떠 있을 수도 있지만 지금 이 순간에는 내 뒤에서 떠내려온다. 저 멀리 바르바 화산에서는 양탄자처럼 깔린 초록빛 밀림이 파란 하늘로 솟아올랐다. 산봉우리 위로 구름이 연기처럼 흐르면서 휴화산의 막강한 과거를 암시했다. 18세기의 마지막 폭발로 만들어진 풍경은 그 뒤로도 극적으로 변했다. 화산은 지질 연대에 따라 활동하지만 바나나와 바나나에 대한 인간의 입맛은 인내심이 훨씬 더 적다. 지금은 도로와 철도, 바나나와 파인애플 농장이 화산에서 뻗어 나와 한때는 누구도 범접하지 못했던 밀림을 길들이고 있다.

우리의 입맛이 정치적 지형을 바꾸었다

1871년, 미국의 철도 사업가이자 철도 도급업자인 헨리 메이그스는 조카 마이너 C. 키스에게 코스타리카의 수도 산호세에서 카리브 연안의 항구도시 리몬까지 철도를 건설하라고 설득했다. 산호세까지 철도가 완공되는 데 19년이 걸렸고 5,000명이 희생되었다. 공사는 죽음을 불러왔다. 이 지역 주민들이 더 이상 일하려고 하지 않자 키스는 뉴올리언스에서 죄수 700명을 데려왔다. 그중에서 고작 25명(3퍼센트)만이 살아남았다. 살아남은 일꾼들의 식사를 해결하기 위해 선로 옆에 바나나를 심었고, 그 덕에 키스는 코스타리카 최대의 부자가 되었다.[3]

바나나와 바나나에 대한 우리의 입맛이 비단 지리적 풍경만 조성한 것은 아니었다. 정치적 지형에도 영향을 미쳤다. 코스타리카 같은 나라들은 바나나와의 밀접한 관계로 인해 '바나나공화국'으로 불렸다. 이들 나라는 자국 정부가 있는데도 돌과 치키타에 도로와 항만, 전신 부설권 등을 넘기고 방대한 토지에 대한 지배권을 내주었다. 오늘날 '바나나공화국'이라는 용어는 정부와 민간 기업에게 착취당하는—대부분 자국 국민들에게 피해를 주는—한 가지 수출 농산물에 과도하게 의존하는 국가를 설명할 때 자주 쓰인다. 바나나공화국은 국민에게 봉사하는 정부가 아니라 국민을 착취해서 이익을 챙기는 기업에 의해 운영된다.

1928년 콜롬비아 노동자 파업은 오늘날 '바나나 대학살'이라고 불린다. 노동자들은 임금을 회사 직영 상점에서 공제하는 방식이 아니라 현금으로 지불하라고 요구했다. 제대로 된 화장실과 의료 서비스를 요구했고 회사가 정식 직원으로—콜롬비아 법에서 보장하는 최소한의 노동권도 없는 하청 계약직이 아니라—채용해주기를 요구했다. 파업 노동자들은 유나이티드 프루트의 농장 두 곳에서 회사 상점과 관리자 구역에 불을 질렀다.

유나이티드 프루트와 미국 정부는 콜롬비아 정부를 압박해 소요사태를 진압하도록 했다. 소문에 따르면 콜롬비아 정부가 개입하여 미국 기업의 이익을 보호해주지 않을 것에 대비해 미국 전함 두 척이 콜롬비아 해안에 정박하고 있었다고 한다. 그리고 계엄령이 선포되었다.

12월 6일, 시에나가는 유혈사태를 맞았다. 일요 예배를 마친 가족들은 주지사의 연설을 듣기 위해 시내 광장에 모여 있었다. 콜롬비아군은 광장이 내려다보이는 자리에 기관총 네 대를 배치하고 5분 동안 경고한 후 남자와 여자, 아이들에게 발포했다.

콜롬비아 주재 미국 대사는 워싱턴에 상황을 이렇게 보고했다. "유나이티드 프루트의 보고타 책임자가 어제 콜롬비아군이 사살한 시위자가 1,000명을 넘어섰다고 알려 왔습니다. 이 사실을 보고하게 되어 영광입니다."[4]

바나나. 비위생적인 화장실. 아이들. 죽음. 그런데 영광이라고?

유나이티드 프루트는 과테말라 영토의 70퍼센트를 소유했음에도 세금을 턱없이 적게 냈다. 과테말라의 하코보 아르벤스구스만 대통령이 자국민을 위해 영토를 되찾으려 할 때는 다국적 기업뿐 아니라 미국 정부와도 싸워야 했다. 파나마병이 휩쓸고 지나가자 유나이티드 프루트 농장의 70퍼센트가 못쓰는 땅이 되었다. 아르벤스구스만 대통령은 유나이티드 프루트의 자체 세금 보고서 수치를 기준으로 토지를 돌려받는 대가로 60만 달러(6억 7천만 원)를 제안했다. 미 국무부는 공정시장가치가 1600만 달러(180억 원)라고 답변했다. 아르벤스구스만 대통령은 공산주의자로 낙인찍혔고, 미국은 경제 봉쇄로 과테말라를 세계와 차단했다. 미국에서 훈련받은 군인들이 과테말라 군대를 장악했다. 결국 아르벤스구스만은 바나나 쿠데타라고 불리는 사건에 의

해 축출되었다.[5]

바나나의 역사는 피로 얼룩진 격동의 역사라 해도 과언이 아니다.

우리 같은 사람들은 평생 농장에서 일해야 돼요

핸들을 왼쪽으로 돌리자 바나나 열차가 서서히 멈추었다. 나는 열차에서 뛰어내리고 호르헤에게 안전모를 돌려주었다.

"이거 위험해요?" 내가 물었다.

"예. 아주 위험하죠. 한 남자가 운전하다가 탈선된 적도 있어요. 그가 선로를 잡고 있는데 열차가 그 위로 지나가서 손가락 두 개가 잘렸어요. 자주 일어나는 사고는 아니지만."

흠, 알려줘서 고맙네요.

나는 가건물 아래에 죽 놓인 벤치에서 쉬고 있는 동료들에게 다가갔다. 카를로스는 디제이가 되어 휴대전화로 음악을 틀면서 내 휴대전화에도 음악이 있냐고 물었다. 나는 블랙 아이드 피스(취향을 존중해주시길)의 〈붐 붐 파우Boom Boom Pow〉를 틀었다. 동료들도 아는 노래일 것 같아서였다. 우리는 리듬에 맞춰 고개를 까닥거렸다.

아침나절 내내 질문 공세를 퍼부은 터라 이번에는 나한테 궁금한 게 있느냐고 물었다. 질문 대신 카를로스가 씩 웃으면서 충고를 해주었다.

"마누라 몰래 바람피우지 마쇼!"

다 같이 웃음을 터트렸다. 그들만의 농담이지만 뜬금없는 말과 말투 때문에 나도 웃음이 터져 나왔다. 모두 웃다가 별명 얘기가 나왔다. 이 농장은 누구나 별명이 있었다. 제일 웃긴 별명은 '원숭이 낯짝'이었다. 귀가 비죽 솟은 데다가 바나나 농장의 원숭이처럼 늘 웃는 얼굴이라 붙은 별명이었다.

"저희 아버지는 별명이 세폴이었어요." 알폰소가 말했다. "그래서 제 별명이 세폴리토가 된 거고요." 세폴은 근육 크림의 한 종류였다. 별명을 이런 식으로 붙이다니? 한때 근육 크림을 발랐다고 수십 년 후에도 자식들이 우스꽝스러운 별명에서 벗어나지 못하다니.

"치카." 호르헤가 말했다. "프란시스코의 준말이에요."

"제 별명은 구아루모!" 카를로스가 말했다. 구아루모는 나무늘보가 좋아하는 나무다.

"저 친구가 나무늘보처럼 게을러서 붙은 별명이에요." 알폰소가 웃으면서 말했다.

"아니에요." 카를로스가 말했다. "우리 할아버지가 그 나무를 심어서 그래요."

알폰소처럼 카를로스도 열네 살의 어린 나이에 여기가 아닌 다른 농장에서 일을 시작했다. 눈 밑 흉터가 웃을 때마다 접혀서 눈 보조개처럼 보였다. 그는 늘 미소와 웃음을 잃지 않았고, 진지하게 1학년이 된 딸 얘기를 하면서도 싱글벙글 웃었다.

"우리 같은 사람들은 평생 농장에서 일해야 돼요. 공부를 못했으니까. 우리 딸은 이렇게 힘들게 살게 하고 싶진 않아요." 카를로스가 말했다.

"따님이 아빠 나이가 되면 무슨 일을 할 것 같아요?" 내가 물었다.

"우리 딸은 법의학자가 되고 싶대요. 그래도 아빠를 부검하지는 않겠죠!"

카를로스는 어스의 임시직 직원이다. 파인애플 농장에서 일하다가 몇 개월 전에 이곳으로 왔다.

"파인애플이 벌이는 더 나아요. 15일마다 [250달러(28만 원)]를 받았으니까요. 여기서는 15일에 [237달러(26만 원)]밖에 못 받아요." 그가 말했다.

호르헤와 알폰소가 파인애플 농장에서 일하고 싶지 않은 이유는 땡볕에서 일해야 하기 때문이다.

"진짜 남자들이 하는 일이죠." 카를로스가 가슴을 내밀며 말했다.

"우리가 다른 농장 일꾼들만큼 돈을 받지 못할 수도 있지만, 거기 일은 더 힘들어요." 호르헤가 말했다.

"여러분이 키우는 바나나를 먹는 사람들에게 무슨 말을 해주고 싶어요?" 내가 물었다.

"바나나를 더 드세요!" 카를로스가 말했다. "사람들이 바나나를 사 먹지 않으면 우리는 일자리를 잃잖아요. 농담이에요. 사람들이 바나나를 안 먹을 리가 없잖아요!"

지구를 위한 특별한 농장

어스는 노동자들에게 특별한 바나나 농장이다. 각자 하는 일이 전문화되어 있고, 장화와 마체테와 의료보험이 지원되고, 자녀들의 학용품까지 지급된다.

어스는 지구를 위해서도 특별한 바나나 농장이다. 전형적인 캐번디시 농장은 바나나 농사에 쓰이는 화학제품 중 독성이 제일 강한 선충구제약을 1년에 3~4회 정도 살포해야 해야 한다. 하지만 어스는 농장이 800헥타르가 채 안 되기 때문에 선충구제약을 전혀 뿌리지 않는다.

단일 재배(한 가지 작물만 대량 재배) 작물은 화학제품을 더 많이 뿌려야 한다. 단일 재배의 특성상 작물이 병충해에 더 취약하기 때문이다. 다른 농장들은 제초제로 지표식물을 다 없애버려서 토양이 침식되고 작물 사이로 고랑이 넓게 파인다. 어스는 지표식물을 손으로 뽑으면서 빗물과 침식을 버텨줄 만큼 남겨둔다. 다른 농장들은 바나나를 싼 파란 봉지 안에 살충제를 뿌리는 반면, 어스는 직접 제조한 유기농 치료약(마늘과 붉은 고추를 섞어 만든 용액)을 뿌린다. 그리고 이렇게 효과가 좋은 치료약을 발견하면 거대 바나나 기업에도 채택하라고 권한다.[6] 어스는 단순한 바나나 농장이 아니다.

"우리가 여기서 하는 일에는 영적인 측면이 있어요." 마리오는 이렇게 말하면서 김이 무럭무럭 나는 똥 무더기, 그가 '퇴비'라고 부르는 더미에 손을 집어넣으라고 말했다. 퇴비 더미는 탄소 60퍼센트와 질소 40퍼센트로 이루어진다. 제일 뜨거운 퇴비 더미는 71℃ ─ 맨손으로 만지기 힘들 정도로 뜨거운 온도 ─ 까지 올라간다. "우리는 다른 농장들보다 한발 앞서 나갑니다. 우리는 하나예요. 지구, 동물, 식물, 사람."

마리오는 코스타리카 대학에서 농업공학을 공부했는데, 모교와 달리 어스에서는 학생들이 교수와 함께 농장에서 일한다고 말했다. 마리오의 장기 목표는 커피 농장을 열어 일자리를 제공하는 것이다.

어스 대학교는 1986년에 코스타리카 정부, 미국국제개발처USAID, 켈로그재단이 설립했다. 라틴아메리카, 카리브 제도, 아프리카, 아시아 등지의 29개국에서 온 학생들은 이곳에서 지속가능한 농법을 배운다. 학생의 76퍼센트가 농촌 출신이다. 많은 학생이 선발되어서 왔고, 연간 32,000달러(3억 6천만 원)를 지원받거나 학비를 전액 면제받거나 크게 할인받는다. 나는 케냐의 시골에서 온 키가 크고 마른 학생을 만났다. 마사이족 출신인 그 학생은 사자를 피해 도망치고 코끼리를 겁주고 표범과 싸우고 독사를 죽인 이야기로 나를 즐겁게 해주었다. 어느 날 어스 대학교의 교수가 마을에 나타나서 어스에 지원할 학생을 찾았다고 했다. 그 학생은 지원해서 면접을 보았고, 그의 인생은 믿기지 않는 전환기를 맞이하여 코스타리카로 향했다.

어스는 농부는 소작농이 되어야 한다는 인식을 깨부순다. 이 학교는 학생들을 농업 기업가(농업 경영과 리더십, 과학 기술을 갖춘 농사꾼)로 키우고 다시 고향으로 돌려보내 지식을 나눠주게 만들 방법을 찾는다. 어스는 지역 소규모 농업을 골칫거리로 여기지 않는다. 오히려 해결책으로 여긴다.

매년 100명의 학생들이 농업공학 학위를 받고 어스를 졸업한다. 졸업생들 중 88퍼센트는 본국으로 돌아가 10년 안에 1명당 평균 4개의 일자리를 창출한다.[7]

"저는 이 농장이 식량만 생산하는 것이 아니라 사람들 사이에 좋은 감정을 만들어내기를 바랍니다." 마리오는 이렇게 말하면서 마치 교수가 강당에서 강의할 때처럼 등 뒤에서 깍지를 끼고 걸었다.

이 농장은 일종의 강당이다. 이 농장의 27헥타르당 3헥타르는 새들이 지저귀고 벌레들이 윙윙대는 에메랄드빛 숲속에서 솟아오른 활화산의 그림자에 가려 생산량이 떨어진다. 모든 1학년 학생들은 토요일 오전을 유기농 농장에서 보내야 한다. 주변의 밭에서 수확한 사탕수수와 유카로 돼지를 기른다. 돼지의 배설물을 모으고 대학 식당에서 나온 음식물 쓰레기와 섞어 퇴비를 만들어 밭에 뿌린다. 이렇게 생산된

어스 대학교 학생 켄 산토스가 돼지를 보여주고 있다.

먹거리는 다시 대학 식당으로 들어가 그들이 먹거나 닭과 소, 돼지에게 여물로 주고 키워서 잡아먹거나 시장에 내다판다. 심지어 학생들의 분변도 생물소화조에 넣어서 난로와 전등에 필요한 에너지를 만든다.

사람에게서 동물로 갔다가, 농산물로, 다시 사람에게로 돌아온다. 인류는 수천 년 동안 닫힌 순환체계closed circle 속에서 살았다. 농업이 산업화된 것은 최근의 일이다.

농사의 목적은 식량인가, 돈인가

미국 중서부의 내 고향에서는 돼지들이 300미터 길이의 건물 안에서 산다. 가축을 큰 건물에 집어넣고 집중가축사육시설CAFO에서 대량으로 식량을 생산한다. 또한 어마어마한 양의 똥도 생산한다.

인디애나 주의 시골인 내 고향이 《월스트리트저널》 지면을 장식할 일은 거의 없다. 그런데 그런 일이 일어난 적이 있다. 6미터 높이의 작은 집채만 한 메탄가스 버블이—우주에서도 보일 정도의 거품이—어느 낙농가의 부패 중인 쇠똥에서 생성되었을 때였다. 정확히 말해 쇠똥은 8억 리터였다.

농부는 주머니칼로 어떻게 해볼 요량이었다. 그러나 작은 보트를 타고 가서 주머니칼로 터뜨리는 계획은 실현 가능성이 없었다. 미네소타의 한 농부가 이 방법을 시도했다가 메탄가스 폭발로 10미터 밖으로 날아간 적이 있었다. 다행히 죽지는 않고 경미한 화상을 입고 머리카락이 다 타버렸다.

'공무원들'(똥 거품을 관리하는 공무원이라니 상상이 가는가?)이 와서 거품을 뺐다. 이 사건으로 낙농가들이 직접 피해를 보지는 않았지만, 우유 값의 하락과 사료 값의 상승으로 많은 낙농가들이 줄줄이 파산하자 그 낙농가도 결국 파산했다.[8] 그 낙농가의 생산요소 비용은 비쌌고, 사업이 오직 단일 품종에만 의존한 탓에 살아남지 못한 것이다.[9] 다양성을 담보해야 안전하다.

똥은 내가 어릴 때 수상스키를 타던 오하이오 주의 세인트 메리 호수에도 영향을 미쳤다. 온종일 수상스키와 튜브를 타고 난 뒤 가장 큰 걱정거리는 일광화상과 근육 결림, 얼굴이 먼저 수면에 떨어져 생긴 두통 정도였다. 오늘날에는 이러한 어리석은 용감함이나 무지로 인한 문제에 근심거리가 추가된다. 박테리아로 인해 생성된 유독성 펩티가 가벼운 발진과 재채기부터 심각한 위장장애, 호흡 부전, 마비를 일으킬 수 있고, 심지어는 사망을 초래할 수도 있다.[10] 호수의 박테리아 수치가 상승해 2010년부터는 입영이 금지되었다. 주변 농가로부터 거름과 질소가 풍부한 비료가 호수로 흘러든 탓이다.

단일 품종에 집중하는 방식의 산업화된 농업은 갖가지 문제를 양산했다. 황금빛으로 일렁이는 들판에 비료와 농약을 점점 더 많이 뿌려야 하는 이유는 비료와 농약을 많이 사용하기 때문이다. 가축 사료에 항생제를 많이 넣는 이유는 가축들이 항생제가 없으면 병에 걸리기 쉬운 환경에서 살기 때문이다.

오늘날 전 세계의 농사 방식은 어스 대학교의 농법(혹은 이 문제에 관한 한 수천 년간 지속된 지구의 농법)과 달리 닫힌 순환체계가 아니다. 부정적 결과의 긍정적 피드백 순환체계다. 투입량이 늘어날수록 필요한 양도 늘어난다. 농사짓는 토지가 넓어지고 가축을 많이 먹일수록 투입량도 늘어난다. 생산량이 늘어날수록 가격이 떨어지기 때문에 다시 투입량을 늘려서 생산량을 늘려야 한다. 거품이 클수록 거품이 터질 때 냄새가 더 구려진다. (가끔은 문자 그대로 냄새가 구릴 때도 있다.)

"평화를 얻고 싶다면 정의를 구현하는 동시에 농지를 경작해 빵을 더 많이 생산해야 합니다. 그렇게 하지 않으면 평화는 오지 않습니다." 노먼 볼로그가 녹색혁명[11]에 대한 공로로 노벨상을 수상하자 수상 소감으로 한 말이다. 녹색혁명이란 현대적 농업기술(이종교배와 합성농약과 비료의 사용)을 도입해 개발도상국에서 작물 수확량을 늘리는 것을 말한다. 미국의 식물병리학자인 볼로그는 밀 품종을 개량해서 10억 인구를 기아에서 구제한 공로를 인정받았다.[12] 그의 부고 기사를 신문 1면에 올리지 않기는 힘들다.

그러나 녹색혁명을 비판하는 쪽에서는 '기술의 트레드밀'로 뛰어올라 유전자 조작 종자와 합성 화학약품으로 생산량을 늘리는 방법은 지속가능하지 않다고 주장한다. 오늘날에는 상위 6대 종자 회사들이 전 세계 판매량의 98퍼센트를 차지한다. 1970년 제정된 식물품종보호법 덕분에 기업은 종자의 유전물질을 소유하고 특허를 신청할 수 있게 되었다. 몬산토 같은 기업들은 종자의 유전자를 조작해 자사의 제초제에 강한 종자(몬산토의 경우에는 라운드업 레디 종자)를 생산한다. 그리고 '종결자Terminator 기술'로 '자살 종자'가 자손을 남기지 않고 죽어버려서 농부들이 종자를 다시 구입하게 한다.[13]

현대 인도는 녹색혁명의 기술과 발전에 의존할 때의 위험성을 보여준다. 인도의 농부들은 유전자 조작 종자와 살충제, 비료의 '기술 트레드밀'에 올라탄 채 파국적인 결과를 경험했다. 그들은 빚을 내서 종자를 사고 화학비료도 더 많이 사야 했다. 화학비료를 많이 쓸수록 더 많이 써야 했고 빚도 늘어났다. 2009년에 인도의 28개 주 중에서 18개 주에서 농부들의 자살률이 증가한 것으로 나타났다. 그해에 농부들은 30분마다 자살했다. 역설적이게도 자살 도구로 쓰인 것은 대부분 그들을 재정 파탄으로 몰아넣은 것이었다. 그들은 농약을 마셨다.

사실 농약을 먹고 자살하는 현상이 전 세계적으로 특이한 것은 아니다. 스리랑카에서는 농약에 의한 사망이 여섯 개 농촌 지역의 주요 사망 원인이었다. 중국에서는 자살자의 58퍼센트가 농약을 마시고 자살했다.[14]

한쪽에서는 여전히 화학약품과 집중가축사육시설, 단일 재배를 농업의 미래로 여긴다. 그들은 식물과 동물, 인간이 모두 한 농장에서 존재하는 세계를 비효율적이고 낡은 과거의 방식으로 치부한다. 여기서 아주 본질적인 문제가 제기된다. 농업의 목표는 무엇인가? 농업의 목표는 식량 생산인가? 아니면 돈벌이인가?

환경운동가이자 작가인 빌 매키벤은『심오한 경제』에서 이 문제를 탐색한다. 그는 농업의 목표가 식량 생산이라면 소규모 농업이 대규모 농업보다 더 효율적이라고 결론을 내린다. 소규모 농업으로 중량이 많이 나가고 칼로리도 높고 값도 비싼 식품을 생산하기 때문이다. 매키벤은 이렇게 적었다. "소규모 농업은 땅과 물, 석유를 보다 효율적으로 활용한다. 가축의 배설물은 고마운 선물이지 공중위생을 위협하는 위험요인이 아니다." 그러면 거대한 메탄가스 버블을 형성했다고 전국적인 신문에 실리지는 않을 것이다.

반대로 농사의 목표가 돈을 버는 데 있다면 현대적인 대규모 농업이 더 효과적이다. "사람 대신 석유를 쓰기" 때문이다. 영국의 한 연구에 따르면 소규모 농업은 헥타르당 노동력이 2배로 필요하다.

매키벤은 농학자 줄스 프리티의 연구에 주목한다. 프리티는 연구에서 '지속가능한 농업'으로 식량 생산량이 헥타르당 93퍼센트 증가했다고 밝혔다. 퇴비화 처리, 천적을 이용한 해충 구제, 피복작물 재배 등을 통해 동일한 토지의 식량 생산 능력이 2배로 증가했고 투입비가 크게 감소했다.[15]

지속가능한 농업이 과거로 회귀하는 방법처럼 보일지 몰라도 생산량은 과거와 다르다. 어스 같은 곳에서는 지속가능하고 바람직한 영향을 미치는 농사를 짓기 위해 새로운 지속가능한 농법을 모색하고 있다.

어스 대학교 졸업생인 시드 시모에스와 파올라 세구라는 결혼해서 시드의 고국 브라질로 돌아갔다. 두 사람은 어스에서 보존 방법이 경제적으로나 환경적으로나 유익하다는 사실을 배웠다. 그들은 브라질

바이아 주에서 지속가능한 기업식 농업을 시작했다. 농지를 사들이고 현지 농가를 고용하여 본사 직원들과 함께 일하게 했다. 그들은 세계 시장에서 가치가 높은 난초 같은 열대식물을 재배했다. 바이아 주의 농부들은 주로 화전 농법으로 매년 열대우림을 조금씩 자르고 들어가서 바나나나 카사바 같은 작물을 재배한다. 시드와 파올라는 1천 평방미터에 고부가가치 열대식물을 심으면 10만 평방미터만큼의 수익을 올린다는 걸 농부들에게 보여주었다.[16]

"농부들에게 작은 땅에 이런 꽃을 심어서 바나나와 카사바로 버는 수익의 2배를 벌 수 있다는 걸 보여주면 다들 잘 따라옵니다." 시드는 《내셔널 지오그래픽》에서 이렇게 말했다. "몇몇 작물은 숲에 아무런 충격을 주지 않고도 수확할 수 있습니다."

시드와 파올라는 농부들에게 숲을 자르지 않아도 생계를 유지할 수 있고, 유칼립투스 대신 과실수를 심어서 좀 더 지속가능하고 수익이 높은 방식으로 열대우림을 '조림(造林)'하는 방법을 보여준다. 유칼립투스는 8~10년 동안 수확할 수 없지만 과실수는 3년 안에 수확할 수 있을 뿐 아니라 나무를 자르지 않아도 된다. 과실수가 숲에도 좋고 농부에게도 좋다. 시드와 파올라는 해마다 땅을 새로 사들여서 농가에 나눠준다. 단, 땅을 받으면 다른 다섯 농가에 열대우림에서 수익을 내는 방법을 가르쳐준다는 조건을 단다. 시드와 파올라는 단지 돈벌이를 위해 농사를 짓는 것이 아니다. 숲을 위해, 지구를 위해, 그들의 노력이 영향을 미치는, 날로 늘어나는 농가의 미래를 위해 농사를 짓는다.

우리가 맛없는 바나나를 먹는 이유

에콰도르에서 온 한 학생이 삽에 기대어 파나마에서 온 학생과 잡담을 나누는 사이, 마리오가 24종의 벼를 심어둔 벼 재배원에 있는 남자에게 우리를 소개했다. 내 눈에는 그저 24종 잡초로만 보였지만.

루이스 포카상그리는 쌀알 몇 개를 조심스럽게 따서 비닐봉지에 담고 봉지를 묶었다.

"전통 재배법이에요. 저희는 최고 품질의 벼 품종들을 교배하려 하고 있어요. 이건 텍사스에서 온 겁니다." 그가 제일 큰 벼를 가리켰다.

"어련하겠어요. 텍사스는 뭐든 다 크잖아요." 내가 말했다.

루이스는 내 농담에 사람 좋게 웃어주고는 짧은 강의를 이어갔다. "커도 너무 크죠. 그래서 바람을 견디지 못해요. 여기 있는 스물네 가지 중에서 최고 품질의 품종 두세 가지를 찾고 있어요."

루이스는 앞서 언급한 과학자로, 캐번디시는 기저귀를 차야 한다고 비웃었던 인물이다. 그는 그로 미셸 예찬자다. 그로 미셸은 파나마병의 공격에도 살아남았기 때문이다. 루이스는 나를 어스의 유기농 바나나 농장으로 데려갔다. 바나나 박물관처럼 바나나 나무마다 명판이 붙어 있고 라틴어 속명과 종명이 적혀 있다.

"이게 바로 슈퍼 바나나예요! 맛도 더 좋고 더 달아요." 루이스는 그로 미셸을 건네주고는 보통 남자들이 다른 남자가 바나나 먹는 걸 볼 때보다 더 집중해서 지켜보았다.

"맛있어요." 나는 엄지손가락을 치켜들었다. 어릴 때부터 먹어온 캐번디시보다 훨씬 달고 덜 퍽퍽했다. "더 나아요. 이 품종이 다시 재배될 수 있을까요?"

"이렇게 작은 땅에서는 재배할 수 있어요. 곰팡이(파나마균)가 있기는 해도 큰 문제가 되지 않아요. 단일 재배일 때는 문제가 생겨요."

"제가 인디애나의 우리 동네 식료품점에서 그로 미셸을 살 수 있는 날이 올까요?" 내가 물었다.

"아뇨. 다시는. 모든 비즈니스, 모든 컨테이너, 모든 상자, 모든 기술이 캐번디시를 위해 발전했거든요."

그로 미셸은 둥그런 다발로 자라고, 바나나가 빼곡히 달린다. 캐번디시는 손 모양으로 자라고, 한 손에 바나나가 여덟 송이 이상 달리지 않는다.

"많은 나라들이 그로 미셸을 더 선호해요." 루이스가 다른 나무로 옮겨가면서 말을 이었다. "그리고 돈도 더 많이 낼 거예요…… 브라질에 있을 때 사람들이 좋아하는 바나나는 캐번디시가 아니었어요. 바로 이거였죠."

그가 조그만 바나나를 내밀었다. 어찌나 달던지 식품군을 과일에서 사탕으로 바꾸자고 우겨도 될 정도였다. 브라질에서는 애플 바나나라는 이 바나나가 제일 많이 팔리고, 그다음으로 프라타가 잘 팔리며, 그다음이 작은 프라타, 그다음이 캐번디시다.

"2억 1천만 명이나 되는 사람들이 틀릴 리가 없잖아요!" 루이스가 말했다. "우리가 소비자를 바꿔야 해요. 소비자들이 캐번디시를 원하는 이유는 아는 바나나가 그거밖에 없어서 그래요. 저는 국제바나나개발연구협의회에서 일했어요. 벨기에의 연구소에는 1,200종이 넘는 바나나 품종이 있었어요."

"뭐라고요?" 내가 말을 잘랐다. 나는 내가 들은 것과 맛본 것이 믿기지가 않았다. 바나나를 먹어온 그간의 내 삶이 거짓말 같았다. 한 식품 산업에서 한 가지 품종을 선택할 때 꼭 가장 맛있는 걸 선택하는 것은 아니다. 바나나 산업은 단 한 종류의 바나나를 선택했지만, 훨씬 맛있는 바나나가 존재한다.

"그렇게 다양한 바나나가 아주 좋은 풍미를 가진 훌륭한 열매를 맺어요." 루이스가 말했다. "사람들은 그런 대안이 있는 줄도 몰라요. 캐번디시가 생산성이 높고 [바나나 산업은] 오직 돈만 쫓아요."

루이스는 미국에서 다양한 사과를 맛볼 수 있지만 바나나는 그렇지 않다는 것을 지적했다.

"앞으로 변화가 일어날 거라고 믿어요. 우리가 소비자의 마음을 바꾸려면 다른 품종들을 소비하라고 홍보해야 합니다. 아주 맛있는 바나나가 다양하게 존재한다는 [사실에 관한] 실질적인 인식 운동을 벌여야 해요…… 그러려면 우선 소비자들이 다양한 품종을 알아야 하고, 그다음에는 직접 먹어봐야 해요. 그런 다음 소비량을 늘려야 해요. 그래야만 농부들이 재배할 수 있으니까요."

루이스는 캐번디시 이외의 바나나 샘플을 식료품점에 보내서 맛 테스트를 하는 프로그램을 구상한다. 코카콜라와 펩시를 비교하는 테스트와 동일하지만 콜라 대신 바나나로 테스트를 한다.

"그냥 캐번디시를 먹으면 왜 안 되나요?" 내가 밀어붙였다.

"현재 시스템에 다양성을 더할수록 병충해에 무너지지 않는 막강한 시스템이 만들어져요." 루이스가 말했다.

루이스는 치키타가 그로 미셸 농장이 10만 에이커 이상 파괴된 후 600가지 바나나 품종을 온두라스로 들여온 사례를 들려주었다. 치키타는 품종을 이리저리 맞춰보면서(우리가 지금 서 있는 어스의 유기농 바나나 농장에서 루이스가 하는 것처럼) 전 세계에서 거래할 수 있는 새로운 바나나를 찾아보았다. 세계 산업 식량 체제는 한 종류의 승자를 선택하지만 자연은 그렇지 않다. 세계 식량 체제는 그로 미셸을 선택했지만 자연은 다른 선택을 했다.

현재 우리는 캐번디시밖에 먹을 수 없는데, 캐번디시는 사실상 유전자 복제물이다. 질병('검정시가토카'라고 하는 바나나 나무에 나타나는 점무늬병)에 의해 멸종할 가능성이 크다. 우리의 손자 세대에는 전혀 다른 바나나 품종을 먹을 가능성이 크다.

식량 안보에서는 다양성이 가장 중요하다. 식단이 다양해질수록 어느 한 식품을 더 이상 먹지 못한다고 해도 타격을 크게 입지 않는다. 더욱이 식품이 유전적으로 다양할수록 자연이 던져주는 난관을 극복할 가능성도 커진다. 카카오든 커피든 바나나든 생물학적 다양성이 식품의 생존에 중요하고, 더불어 그 식품에 의존하여 열량이나 수입을 얻는 사람들의 생존에도 중요하다.

루이스는 내게 짧거나 길고, 크거나 작고, 심심하거나 달콤한 바나나를 보여주었다. 우리는 어스의 유기농 바나나 농장에 있는 80종의 다양한 바나나 품종 아래를 거닐었다. 어스 농장은 생물학적 다양성을 보존하고, 성장시키는 저장고이다. 루이스 같은 과학자들이 더 필요하다고, 열심히 보호해야 한다고 믿는 곳이다.

1942년 독일이 레닌그라드를 침공했을 때 바빌로프 식물산업연구소(유전학자 니콜라이 바빌로프가 이끌던 유전자은행)의 러시아 과학자 12명은 목숨을 걸고 작물을 지켰다. 바빌로프는 수십 년 동안 세계를 여행하면서 종자를 원산지(유전자 다양성이 가장 큰 곳)에서 수집해왔다. 식용 덩이줄기를 담당하고 있던 12명의 과학자들은 독일군이 종자를 훔쳐가거나 파괴하지 못하도록 레닌그라드의 연구소에 숨겨두었다. 게리 폴나브한은 『지상의 모든 음식은 어디에서 오는가』에서 그들의 희생을 이렇게 소개한다.

> 연구원들은 음습하고 차가운 지하실에 스스로를 감금한 채 남은 종자와 씨감자를 지켰다. 추위로 몸이 얼어붙고 굶주림에 허덕이면서도 교대로 24시간 종자를 보살폈다. 바빌로프의 헌신적인 동료들 중 아홉 명이 병으로 죽거나 굶어 죽어가면서도 자신들이 돌보던 씨앗을 먹지 않았다.

종자를 지키던 이들 중에서 살아남은 한 과학자는 훗날 어느 인터뷰에서 종자를 먹지 않는 게 힘들지 않았냐는 질문을 받았다.

"우리는 걸을 힘도 없었어요. 매일 아침 눈을 뜨면 손발을 움직이기도 힘들었죠. ……하지만 종자를 먹지 않는 건 하나도 힘들지 않았어요. 그걸 먹는다는 건 상상도 할 수 없었죠. 종자에는 내 삶의 이유, 우리 동지들의 삶의 이유가 들어 있었으니까요."

루이스는 바나나에 이 러시아 연구원들과 비슷한 열정을 가진 것 같았다. 하지만 러시아 연구원들과 루이스 같은 열정적인 과학자들의 노력에도 불구하고 유엔 식량농업기구는 농작물의 유전자 다양성이 한 세기 만에 75퍼센트가 사라졌다고 추정한다.[17]

"숙련된 눈으로 보면 1만 종 중에서 생산성이 높은 두 종을 찾아 복제할 수 있어요. 여기 이걸 복제해서 켈시라고 부를 수 있어요."

루이스는 복제에 공을 들이면서도 워낙 겸손한 사람이라 자신의 이름을 붙이지는 않았다.

그는 내게 바나나가 많이 달려서 '천 개의 손가락'이라고 불리는 말레이시아산 바나나 나무를 보여주었다. 아프리카의 식량 안보에 매우 중요한 종이라고 했다.

"유럽에서 이런 바나나가 100달러(11만 3천 원)에 팔리는 걸 봤어요. 거기서는 아주 희귀하니까요." 그는 내게 기도하는 것처럼 합장한 모양의 바나나를 보여주었다.

우리는 껍질을 까고 바나나를 먹으면서 이야기를 이어갔다. 결국 우리의 대화는 바나나 생산자들에 관한 이야기로 흘러갔다.

"생산자들은 수익이 적어요." 루이스가 말했다. "오늘날에는 그런 사람들이 돈을 버는 게 아니에요. 유통업자와 소매업자들이 돈을 다 가져가죠."

루이스에 따르면 운송업체는 바나나 한 상자에 6달러(6,800원)를 받는다. 생산자는 한 상자에 4~8달러를 받는데, 생산비가 6달러 이상 들어간다. 소규모 생산자가 이렇게 낮은 수익을 가져가면서 경쟁하기는 어렵다. 적은 이윤으로 대량 거래하는 대기업에 유리하다. 영국의 비영리재단인 바나나링크Banana Link가 슈퍼마켓 바나나 소매가의 이윤을 백분율로 나눠보았더니 슈퍼마켓이 41퍼센트를 가져가고, 수입업체가 19퍼센트, 수출업체가 28퍼센트, 농장 소유주가 10.5퍼센트, 바나나 노동자가 1.5퍼센트를 가져가는 것으로 나타났다.[18]

"코스타리카에서는 농장의 25퍼센트가 전체 바나나의 90퍼센트를 생산하고, 네 개 농장에서 70퍼센트를 생산해요." 루이스가 말했다.

나는 2012년 가을, 시카고 공정무역 회의에 연설하기 위해 참석했다가 콜롬비아의 가족 소유 바나나 농장에서 일하는 관리자 둘을 만났다. 그들은 바나나의 불행에 의해 큰 타격을 입었다. 한마디로 강타를 당했다. 콜롬비아 페소가 상승하자 그들의 바나나가 세계 시장에서 경쟁력을 잃은 것이다. 그들은—내가 만난 다른 농부들처럼—기후 변화와도 싸우고 있었다. 2주간 3개월 치 폭우가 내리다가 이후 3개월 동안은 가뭄에 시달린 탓에 생산량이 30퍼센트나 떨어졌다. 그들은 콜롬비아의 바나나 1.8퍼센트를 재배하면서, 콜롬비아 바나나로 돈을 잃어본 터라 어떻게 대기업들과 경쟁할 수 있을지 걱정했다. 그들을 위한 변화가 생기지 않는다면 농장을 대기업에 팔아서 합병 추세를 이어가는 수밖에 없었다.

다들 한때는 바나나로 돈을 벌기도 했지만 지금은 경쟁이 훨씬 치열해졌다고 입을 모았다. 바나나(미국에서 가장 많이 소비되는 과일)는 현재 식료품점의 미끼상품이다.[19] 소비자들이 빵과 우유, 바나나를 기준으로 어느 식료품점에서 장을 볼지 결정하기 때문에 바나나 가격은 손해를 보더라도 낮아야 한다. 따라서 바나나 기업들이 바나나로 버는 수익이 줄어들고, 결국 농장의 일꾼들이 버는 돈도 줄어든다.

루이스와 나는 유기농 농장으로 돌아가서 학생들과 점심을 먹었다. 점심식사를 마치고 비공식으로 폐회식을 치렀다. 이곳 학생들은 유기농 농장에서 몇 개월 일한 후 어스의 다른 체험 현장으로 이동한다.

아프리카인들, 중앙아메리카인들, 남아메리카인들, 그리고 인디애나에서 온 학생(나)이 장화를 신고 마체테 칼집을 허리띠에 찬 채 둥그렇게 모였다. 한 사람씩 돌아가면서(학생이든 교수든) 한마디씩 소감을 말했다. 우정을 나누는 시간이었다. 학생들은 코스타리카 직원들에게 고마운 마음을 표했고, 코스타리카 직원들은 학생들에게 고맙다고 말했다. 농장에서 함께 땀 흘리면서 일하다 보면 남과 나, 땅과 나를 이어주는 뭔가가 생긴다.

마지막으로 흰 수염을 기른 유쾌한 직원 차례가 되자 환호성이 터졌다. 학생들에게 첫인상이 가장 마음에 드는 사람을 고르라고 한다면 바로 이 남자일 것이다. 그가 잠깐 지그 댄스를 추었다. 미래 농부들의 웃음소리가 비와 땀으로 흠뻑 젖은 들판으로 퍼져나갔다.

둥글게 모였던 사람들이 흩어지자 나는 루이스에게 내가 즐겨 먹는 바나나를 생산하는 돌 농장과 연결해줄 수 있는지 물었다.

그는 미안하지만 도와줄 수 없다고 말했다. 전에 기자 한 명을 소개해주었다가 크게 덴 적이 있어서 절대 다시는 하지 않기로 했다고 말했다. 나는 그곳 노동자들의 작업 환경을 물었다.

"그 회사들은 노동자들에게 큰 빚을 졌어요." 루이스가 말했다.

우리는 더 나은 삶을 원한다

"사진 안 돼요…… 그럼 아무 문제도 없을 거요." 후안의 상사가 말한다. 나는 안도의 한숨을 내쉰다. 꼭두새벽에 자전거를 타고 후안이 일하는 농장에 찾아온 일로 후안이 해고당하고 내가 그의 가족을 책임져야 할 상황은 일어나지 않을 모양이다.

우리는 야외 탁자로 향한다. 힘들어서 다리가 후들거린다. 나는 숨을 헐떡이면서 젖은 발을 장화에서 빼고 바닥에 평발 발자국을 남기면서 건물 끝으로 가 장화 속 빗물을 버린다. 탁자로 돌아가다가 속옷만 입은 채 웃고 있는 후안을 발견한다.

"말려요." 후안이 비닐봉지에서 마른 옷가지와 수건 한 무더기를 꺼낸다. 다른 사람들이 하나둘씩 오토바이와 자전거를 타고 들어온다. 한 남자는 쓰레기봉지로 서부영화의 청부업자가 입는 재킷 같은 우비를 만들어서 필요가 창조의 어머니이기는 해도 절대로 스타일을 희생해서는 안 된다는 신념을 드러낸다.

일꾼들 사이에 침묵이 흐른다. 이런 분위기는 나도 잘 안다. 부모님이 운영하던 트러스(지붕이나 교량 따위를 떠받치는 구조물—옮긴이) 회사에서 온종일 일하면서 트러스를 만들 판자를 자르고 쌓아본 경험이 있어서다. 다들 조금 지친 상태다. 그리 흥이 나지 않고 어차피 앞으로 매일같이 일하며 얼마든지 이야기를 나눌 시간이 있다는 것도 안다. 굳이 지금 입을 열 필요가 없다.

나는 나의 통역이었다가 자메이카인 어머니가 된, 나를 자기 집에 묵게 해준 루비에게 전화한다. 루비는 나를 제3세계의 감옥 같은 쓰러져가는 게스트하우스에 머물게 하지 않았다. 또 새벽에 나 혼자 자전거를 타고 농장에서 숙소로 돌아오게 하지 않으려 했다. 아무리 이른 시각이라도 전화를 하면 직접 데리러 오겠다고 고집을 부렸다. 루비가 잠이 덜 깬 목소리로 전화를 받고는 당장 출발하겠다고 말한다. 30분쯤 지나 자동차 한 대가 터덜터덜 진창길을 달려오면서 주변의 바나나 나무를 어지러이 비춘다.

루비가 오래 기다리게 해서 미안하다고 말한다. 오는 길에 포장 공장까지 10킬로미터나 되는 거리를 걸어오던 여자를 태워줬는데, 그녀는 비가 오나 해가 뜨나 일주일에 두 번 그렇게 걸어 다닌다고 했다.

나는 여기서 벗어날 준비가 됐고 후안의 상사보다 윗사람이 나타날까 봐 은근히 걱정스러웠지만 루비는 생각이 다르다. 녹슨 운전석 문이 끼익 하고 열리고 루비가 양말에 플립플롭을 신은 채 진창에 발을 내딛는다. 그녀는 연푸른 잠옷 가운 차림으로, 크고 펑퍼짐한 몸을 천천히 펴면서 은퇴한 NBA 파워 포워드처럼 일어선다.

루비가 이곳의 주인인 것 같다. 루비는 내게 플라스틱 물통을 한 아름 안겨주고 바나나 수조를 채우는 우물을 향해 앞장선다. 시내에는 흐르는 물이 없지만(트럭이 집집마다 돌면서 물탱크를 채워준다) 바나나 포장 공장에는 흐르는 물이 있다. 바나나는 물을 많이 필요로 한다. 바나나 한 상자에 물 150리터, 또는 바나나 0.5킬로그램에 물 4킬로그램이 들어간다.[1]

후안과 그의 동료들이 바나나를 포장 공장으로 보낼 무렵이면 공장 일꾼이 서른 명 넘게 도착해 있을 것이다. 좁은 통로 양옆으로 허리께 오는 거대한 빈 수조 두 개에 물이 채워진다. 일꾼이 줄기에서 바나나 송이를 잘라 첫 번째 수조에 던지면 주로 여자들로 이루어진 다른 일꾼들이 분류 작업을 시작한다. 정상인가, 불량인가? 큰가, 작은가? 일반적인 바나나 공정에서 소비자가 요구하는 모양의 조건이 40가지이고, 15~25퍼센트가 요구조건을 충족시키지 못한다. 불량 바나나는 폐기하거나 뿌리를 덮는 데 쓰거나 현지 시장에 내다판다.[2]

펌프로 계속 물을 끌어올려 수조로 보내니 수조가 끊임없이 흘러넘친다. 바나나가 수조 한쪽 끝에 둥둥 떠 있고 그쪽에서 더 많은 일꾼들이 바나나를 분류해서 다음 수조로 던진다. 물은 바나나를 운반하고, 균핵병을 막기 위해 꼭지에 뿌린 살충제와 실리콘을 씻어내고, 갖가지 해충을 씻어낸다. 두 번째 수조 끝에서는 바나나를 건져 컨베이어에 올리고 손으로 일일이 스티커를 붙인다. 그 속도는 카페인을 과다 복용한 은행원이 1달러짜리 지폐를 세는 속도가 무색할 정도로 빠르다. 바나나 18킬로그램을 한 상자에 담아서 트럭에 실어 리몬 항으로 보내면 거기서 냉장 화물칸에 싣는다. 바나나는 25일이 채 안 되는 기간에 열대 농장을 떠나 슈퍼마켓에 진열되고 그 후 판매 불가 상태로 변한다.[3]

루비는 후안의 상사에게 눈길도 주지 않는다. 루비는 그 남자를 전혀 존중하지 않고 그를 '마른 나뭇잎'이라고 부른다. 쉽게 부서지는 사람이라는 뜻이다. 상사도 무슨 일인지 와보지 않는다. 그는 루비를 안다. 모두가 루비를 안다.

루비는 스무 살에 자메이카를 떠나 리몬으로 왔다. 왜 떠났는지 물어봐도 말해주지 않는다. 그냥 떠났을 뿐이고 루비에 관해 그 이상 알아야 할 것은 없다. 루비는 리몬에서 6년 동안 살면서 자식 둘을 낳았고 여기저기서 일하면서 자식들을 키웠다.

"양육비 지원 같은 건 안 믿어요." 내가 후안과 함께 새벽에 포장 공장을 방문하기 전인 어느 오후에 루비가 말했다. "남자랑 여자가 만나 애를 가지면 전적으로 엄마 책임이죠."

루비가 했던 특이한 일들 중에는 선장을 위해 허리보다 높이 쌓인 빨래를 해준 일도 있었다. 빨래를 하다가 선장의 바지 주머니에서 150달러를 발견하기도 했다. "애들 먹여 살리려고 열심히 일했어요. 늘 기회를 찾고 또 찾았어요. 하나님께서 그 돈을 거기 넣어두신 거예요. 저는 그 돈을 브래지어에도 넣고 팬티 속에도 넣고 또……." (나는 루비가 또 어디에다 넣었다고 말할지 적잖이 긴장했다.) "신발에도 숨겼어요. 도둑질이 아닌 건 하늘이 알아요. 제가 찾아낸 거니까요."

어느 날 루비는 자녀들에게 플랜틴 타르트를 사먹이다가 너무 맛이 좋아 만드는 방법을 물어봤다. 루비는 주인 여자에게 요리법을 배워 노점에서 타르트를 팔기 시작했다.

"어느 날 래스터(에티오피아의 옛 황제 하일레 셀라시에를 숭상하는 자메이카 종교 신자—옮긴이) 소년이 자기네 동네로 오라면서 그 동네에는 이런 게 없다고 하더군요. 그 동네 노동자들에게 팔 수 있었죠."

루비는 밥과 콩을 삶고 빵을 구워 바나나 농장으로 가져가 일꾼들에게 팔았다. "이 집은 제가 벽돌을 한 장씩 쌓아올려 지은 집이에요." 루비는 자메이카 냅킨홀더와 시계, 깃발―그밖에도 뭐든 다 있다―로 둘러싸인 집에 앉아 내게 말했다. "엉덩이를 바닥에 붙일 새가 없었어요. 아마 그래서 사람들이 저를 지지해주는 것 같아요. 애들도 늘 깔끔해 보이게 씻기고 입혔어요."

루비는 자식 셋에 장애가 있는 손자 하나를 두었다. "다들 저 애가 영원히 걷지 못할 거라고 했거든요, 그런데 쟤를 보세요! 방긋방긋 웃잖아요! 깔깔거리잖아요!" 루비는 옆에서 아장아장 걷는 손자를 보면서 말했다.

"저 오븐을 사려고 17년 동안 돈을 모았어요." 루비가 흐뭇한 얼굴

루비와 손자

로 뒤뜰 베란다에 있는 업소용 오븐을 보여주었다. "1,000달러(110만 원)에요." 하지만 이제는 예전만큼 오븐을 쓸 일이 없다.

"전에는 일주일에 밥과 콩을 60~70개씩 팔았어요. 지금은 6개 팔면 다행이에요. 예전에는 매주 바나나 상자로 세 상자 가득 빵을 구워서 팔았어요. 지금은 일주일에 네 덩어리 팔면 많이 파는 거예요. 요새는 안 팔려

요. 돈 모으려고 용쓰는 것도 다 귀찮고."

예전만큼 바나나 농장의 노동자들이 돈을 벌지 못해서다.

바나나 소송 사건

루비가 물통을 채우면 나는 차로 옮긴다. 루비는 물 한 통으로 내 자전거에 묻은 진흙을 씻어내고 자전거를 차 트렁크에 억지로 집어넣으려 한다. "안 들어가네요. 그냥 타고 와야겠어요." 루비가 말한다.

내가 후안에게 손을 흔들어 인사하자, 후안의 동료들이 호기심 어린 얼굴로 후안에게 다가가 오늘 데려온 그링고가 누군지 묻는다. 나는 빗속을 뚫고 앞서 달리고 루비가 차를 타고 뒤따라온다. 길 위의 튀어나온 둔덕을 넘을 때마다 충격이 그대로 전해진다.

새벽빛이 도로의 움푹 팬 구멍과 협곡을 비추자 얼마나 위험한 길이었는지 훤히 드러난다. 한번만 바퀴가 잘못 돌아갔더라면 자전거를 탄 채 영영 밀림 속으로 사라질 수도 있었다.

날이 밝아서 대담해진 나는 루비의 시간을 최대한 적게 빼앗고 싶은 마음에 전속력으로 페달을 밟는다. 예의를 차리느라 빗물이 들어간 장화를 신고 페달을 밟아서 무릎이 아프다.

버스가 지나가면서 물을 튕긴다. 상관없다. 어차피 다 젖은 몸이다. 잠깐 돌아보자 루비는 '내가 이 새벽에 그링고를 따라가고 있다니 이 무슨 해괴한 일인가' 하는 표정을 짓고 있다가 억지로 미소를 짜낸다. 루비는 보배다.

비가 그치지 않는다. 내가 샤워를 하는 동안에도 비가 내린다. 루비의 게스트하우스 양철지붕에 비가 떨어지는 동안 나는 오후 내내 낮잠을 잔다. 자다 깨다 하면서 아직 바나나 농장에서 일하고 있을 후안을 생각한다. 초저녁에 후안의 집에 가보니 그는 소파에서 담요로 몸을 감싸고 부들부들 떨고 있다. 오늘 하루에만도 몇 번이나 물이 가슴까지 차는 웅덩이를 만나서 자전거를 머리 위로 들고 건너야 했다.

코스타리카는 열대의 천국이지만, 비가 내리지 않는다면 열대우림이 아니다. 이 나라는 세계 3대 바나나 수출국 중 하나이지만, 후안 같은 노동자가 없다면 바나나도 없다.[4]

"스무 해 넘게 이 고생을 했어요." 후안이 이를 딱딱 부딪치면서 말한다. "애들 때문에 이 짓을 그만두지 못해요. 달리 방법이 없으니까요."

20년 전에는 후안 같은 일꾼들이 바나나 농장에서 일하는 동안 하늘에서 비행기가 농약을 살포했다. 바나나 나무에 약을 치는 것이 중요할 뿐, 바나나 나무 틈에서 일하는 사람이 약을 피하지 못하는 건 안중에도 없던 시절이었다.[5] 후안 말로는 그렇게 하늘에서 살충제가 떨어지던 시절이 바나네로에게는 영광의 나날이었다고 한다. 그 시절에는 식구들을 부양할 수 있었기 때문이다.

"살충제는 죽음의 그림자를 드리웠습니다." 다큐멘터리 〈바나나 소송사건Bananas!*〉(2009)에서 신장병으로 사망한 니카라과 바나나 노동자의 장례식을 주재하던 신부가 말한다. 감독은 그 남자가 실제로 살충제에 노출된 탓에 사망한 건지는 확실치 않다고 인정한다. 그러나 살충제가 신장질환과 관련이 있는 것은 사실이다.[6] 〔농장들은 살충제를 뿌려서〕 수익과 생산량을 높일 뿐 일하는 사람들에게 어떤 영향을 미칠지는 고려하지 않습니다. 농장들은 일자리를 제공하지만 서서히 죽음을 몰고 오는 원인도 제공합니다."

〈바나나 소송 사건〉은 유일무이한 사건을 그린다. 외국인 노동자들이 다국적 기업을 상대로 벌어지는 미국 영토 안의 재판에 증언을 하러 나선다. 영화는 니카라과의 바나나 농장에서부터 로스앤젤레스의 법정까지 노동자들을 따라간다. 소송을 제기한 12명의 니카라과 노동자들은 돌(스탠더드 프루트)이 네마곤과 푸마존 같은 살충제를 살포한 탓에 불임증에 걸렸고, 회사 측이 이런 위험을 인지하고 있었다고 주장한다.

돌은 살충제에 노출된 남성 노동자 10명이 불임증에 걸리자 코스타리카에서 살충제 사용을 중단했다. 그러나 니카라과와 온두라스에서는 계속 살충제를 사용했다. 실제로 다우케미컬(살충제 제조업체)이 모든 거래처에 미사용 살충제를 전량 반품하라고 서신으로 요청한 이후에도 계속 사용한 것으로 밝혀진다. 다우케미컬은 미국 공장에서 해당 살충제에 노출된 노동자들이 불임증에 걸린 사실이 밝혀진 후 반품 조치를 취한 터였다.

이와 같은 사실은 다큐멘터리에서 돌의 CEO인 데이비드 디로렌조가 증인석에 앉으면서 밝혀진다. 디로렌조는 돌이 서신을 받았지만 살충제를 반품하지 않고 오히려 다우케미컬에 네마곤과 푸마존을 더 보내지 않는 것은 계약 위반이라고 명시한 서신을 보냈다고 인정한다. 돌은 다우케미컬로부터 해당 살충제 사용을 중단하라는 지침을 받고도 3년 더 사용했다.

배심원단은 노동자 12명 중 6명에게 손해배상으로 총 320만 달러(36억 원)를 지급하라는 판결을 내리고 추가로 돌에는 해당 화학약품의 위험을 은폐한 죄에 대한 징벌적 배상으로 250만 달러(28억 원)를 더 내라고 판결했다.

돌의 법률대리인인 릭 맥나이트는 이 판결을 두고 노동자들의 '큰 패배'라고 칭했다. "소송 비용을 내지도 못하고, 고지서를 납부하기에도 턱없이 부족하다." 한마디로 말해서 가난하고 탐욕스럽고 불임증에 걸린 농장 노동자들이 돈을 많이 받아내지 못했다는 것이다.

하지만 노동자 측 변호사인 두에인 밀러는 생각이 달랐다. 그는 돌(과일 및 채소 산업에서 미국 최대의 생산업체이자 전 세계에서 7만 5천 명을 고용하는 기업)의 패배로 보았다. 《로스앤젤레스 타임스》는 밀러의 말을 인용했다. "이로써 [돌은] 그들이 하는 일에 대해, 국경의 남쪽에서 하는 일이라 할지라도 책임져야 한다는 사실을 깨달았습니다. 미국에 대한 평판은 미국 기업들이 해외에서 사업하면서 얻은 평판에 의해 좌우됩니다."[7]

그리고 국경의 남쪽에서 미국은 미국의 기업과 바나나, 화학약품에 관해 그리 좋은 평판을 얻지 못했다.

1992년 코스타리카 노동자 1,000명이 쉘(문제가 된 살충제를 생산한 기업)과 스탠더드 프루트를 텍사스 법정에 세웠다. 두 기업은 약 2,000만 달러(225억 원)의 손해배상을 받아들였다.[8]

1993년에는 코스타리카, 엘살바도르, 에콰도르, 니카라과, 온두라스, 과테말라, 인도네시아의 노동자들이 스탠더드 프루트, 쉘, 다우, 델몬트, 치키타, 옥시덴탈(화학약품 제조업체)을 상대로 소송을 제기했다. 이들 기업은 불임증에 걸린 노동자들에게 4,150만 달러(467억 원)를 지급하기로 합의했다.[9]

2002년에 니카라과 대법원은 네마곤으로 피해를 입은 노동자들에게 4억 8,900만 달러(5,500억 원)를 지급하라는 판결을 쉘, 다우, 스탠더드 프루트에 내렸다. 그러나 이후 미국 법정은 소송에서 이들 기업의 이름이 적절히 명시되지 않았다면서 손해배상금을 지급하지 않아도 된다고 판결했다.[10]

이런 식으로 다국적 기업들은 교묘히 빠져나간다. 다국적 기업의 본사는 주로 외국에 있기 때문에 소송을 제기하기 어렵고, 그렇다고 다국적 기업의 본국에서 소송을 제기하는 것도 쉽지 않다. 노동자들은 대부분 다국적 기업 본국의 국민이 아니기 때문이다.

〈바나나 소송사건〉이 다루는 소송에서 결국 판사는 돌에 대한 징벌적 손해배상액을 158만 달러(20억 원)로 줄여주고 노동자 네 명에게만 배상하라고 판결했다. 판결문에는 돌이 판매자가 아니라 사용자이기 때문에 무과실책임(고의나 과실이 없어도 배상책임을 진다는 원칙—옮긴이)을 물을 수는 없다고 명시했다. 게다가 재판부는 징벌적 손해배상을 "타국에서만 손해를 입힌 국내 기업"에는 적용할 수 없다고 판결했다.[11]

"돌이 합법적으로 요구하는 분들에게 공감하지 않는 건 아닙니다." 돌의 법률대리인 맥나이트가 한 말이다. '미안하다'와는 거리가 멀어 보이는 발언이자 '합법적 요구'였다고 인정하는 발언이기도 하다.[12]

돌은 이 문제에서 무죄인지 유죄인지 상관없이 지난 10여 년 동안 수백만 달러를 쏟아부었다. 오늘날에는 노동자들이 살충제에 노출되는 사례가 훨씬 적다.

그런데 후안은 살충제를 하늘에서 뿌려대는데도 보호 장비 하나 착용하지 않아도 되던 시절을 영광스러운 나날이라고 회상한다.

그 당시에는 스탠더드 프루트가 아이들 교재비를 대주고, 축제를 열어주고, 일당으로 28달러(3만 2천 원)를 지급했다. 요즘은 일당으로

20달러(2만 3천 원)를 주는데, 옛날에는 생활비가 더 낮았던 데다 올해 식료품 가격이 전년도에 비해 29퍼센트나 상승한 점을 감안하면 크게 줄어든 금액이다.[13] 당시에는 대다수가 시간제 계약직이 아니라 정규 직이었다. 계약직은 유급 휴가와 퇴직금 등 정규직에게 주어지는 혜택 을 전혀 받지 못한다.

당시에는 노동자들의 권리가 더 많았다. 노동조합도 있었다. 1990 년대에는 노동조합이 코스타리카에서 사업을 하는 기업들과의 단체 교섭에서 50가지의 합의를 이끌어냈다. 현재는 전혀 없다. 나는 코스 타리카에 있을 때 코스타리카 농장 노동자들을 대표하는 가장 큰 노 동조합 중 하나인 SITRAP을 방문했다. 오늘날 노동조합은 단체교섭 에서 끌어낸 합의의 수로 승리를 평가하지 않는다. 기업들과 회의 일 정을 잡은 횟수로(회의가 잡히거나 한다면 말이다) 승리를 평가한다.

노동조합은 솔리다리스모solidarismo로 대체되었다. 솔리다리스모 는 노동조합에서 멀어지는 흐름으로, 돌에서는 이런 형태를 "일반적 인 노동조합보다 덜 적대적이고 각 당사자가 서로를 필요로 한다고 인식하는 상호존중을 바탕으로 한 제도"라고 정의한다. 실제로는 노 동자들이 회사에서 발행한 수표로 돈을 빌려가는 저축계획에 가까워 보인다. 다시 말해 공동출자를 통해 노동자들에게 대출해주고 지역사 회의 기간사업에 자금을 지원한다는 개념이다. 하지만 인권단체들은 국제노동기구에 항의서를 제출하여 솔리다리스모가 연대의 권리를 침 해한다고 주장한다. 솔리다리스모는 노동자들에게 조직을 결성하거 나 파업하거나 임금을 협상할 자격을 부여하지 않는다.[14] 노동자들이 목소리를 내는 것도 허용하지 않는다. 전 세계 노동자들이 얻기 위해 투쟁했던 권리를 박탈한 셈이다.

2012년 뉴질랜드에서는 새 스티커가 부착된 돌의 바나나가 슈퍼마켓에 진열되기 시작했다. 스티커에는 '윤리적 선택'이라고 적혀 있고, 초록색으로 체크 표시가 되어 있었다. 뉴질랜드 통상위원회는 돌의 바나나가 공정무역 같은 제3자 인증기관이 인증한 농장에서 생산된 바나나가 아니기 때문에 새 스티커가 소비자들을 호도할 수 있다고 지적했다. 돌은 현재 뉴질랜드에서 '윤리적 선택' 브랜드의 상표 등록을 추진 중이다.[15] 돌의 윤리적 선택 웹사이트에는 이렇게 적혀 있다.

> 뉴질랜드인들은 식품의 원산지에 관심이 많고 식품의 재배와 포장, 운송에 관여하는 사람들의 복지에도 관심이 많다는 점을 잘 알기에 '윤리적 선택' 스티커를 개발해 과일에 부착했습니다. 이 스티커는 경영 활동 전반에서 윤리적으로 경영하고 모든 노동자에게 안전하고 건강하고 공정하고 생산적인 환경을 제공하겠다는 저희의 약속입니다.[16]

돌의 사회 및 환경 책임 보고서는 필리핀의 바나나 노동자들이 활짝 웃고 있는 사진으로 가득하다. 이 웹사이트에는 돌이 지역사회에서 하는 모든 활동이 빼곡히 적혀 있지만 그 어디에도 노동자가 한 말을 인용한 부분은 없다. 어쩌면 돌의 농장에서 일하는 노동자들이 오래오래 번창하면서 잘살고 있는지도 모르지만.

하지만 나는 바나나 농장에서 일하는 사람들의 목소리가 밀림 속으로 사라지고 그들의 현실이 마케팅 카피 아래에 감춰질까 두렵다. 바나나 노동자들의 삶이 어떤 건지 진정으로 알고 싶다면 그들이 목소리를 넣을 수 있게 해주어야 한다.

노동자들은 심리학자가 필요하다

후안은 몸을 녹인 뒤 우리가 모여 있는 루비네 집 베란다로 온다. 나는 후안보다 젊은 노동자인 마리오(역시 실명이 아니다)도 불렀다. 영광스런 시절을 추억하는 경험 많은 노동자와 이제 막 시작하는 신참 노동자의 생각을 비교해볼 요량이었다.

비가 주룩주룩 내린다. 앞으로 한 달 동안 줄기차게 내릴 수도 있다. 길 건너편의 침례교회에서 한창 예배가 진행되고 있어 조율하지 않은 기타 반주, 그보다 더 음정이 맞지 않는 노랫소리가 쉴 새 없이 흘러나온다. 신도들은 반쯤 귀머거리거나 귀가 먹어가는 중이리라.

스물네 살인 마리오가 도착해 플라스틱 접이식 의자를 끌어온다. 그는 나이키 야구 모자를 플라스틱 의자 다리에 툭툭 쳐서 비를 털어낸 뒤 다시 쓴다. 그의 모자는 빨리 마르는 나이키 셔츠와 잘 어울린다. 열대에서는 폴리에스테르가 우리의 친구다. 마리오는 열여덟 살 때부터 돌에서 일했지만 얼마 전에야 정식 직원으로 채용되었다. 그전에는 3개월 계약직으로 일했다.

"열여섯 살 때까지 학교에 다니다가 더 다니기 싫어서 관뒀어요. 지금은 바나네로예요. 할 줄 아는 게 이 짓밖에 없어요. 하루에 〔20달러(2만 3천 원)를〕 받아요. 이거 받고 일하면서 더 잘살기를 꿈꾸는 건 어불성설이죠. 하루에 〔28달러(3만 2천 원)는〕 받아야 돼요. 하지만 이런 봉급으로는…… 그냥 더 나은 일이 없어서 할 수 없이 이 일에 매달리는 거예요…… 이 동네는 일자리가 필요한 사람들이 넘쳐나서 주는 대로 받고 일하거든요."

말하자면 돌은 도시의 유일한 일자리다.

"여길 떠날 생각은 해봤어요?" 내가 묻는다.

"아뇨, 안 해봤어요. 우리 가족이 여기 있어요." 마리오가 말한다.

교회의 합창에 드럼이 합류하면서 라틴풍 폴카가 연주된다.

"스탠더드 프루트는 노동자를 소중하게 여기지 않아요." 마리오가 말한다.

"암요, 암요, 내 말이 그 말이라니까요!" 루비가 맞장구친다.

"정말로 여기 노동자들은 대부분 심리학자가 필요해요." 마리오가 말한다. 처음에 나는 노동자들이 여기 남아서 일하고 싶은 마음이 간절하다는 뜻으로 알아들었지만 그가 오해를 바로잡아준다. 그들에게는 사실상 정신과적인 도움이 필요하다면서 육체적·정신적 스트레스가 상당하다고 말한다. 루비는 창녀와 술이라는, 나름의 심리학자를 찾은 남자들도 있다고 말한다. 소돔과 고모라를 방불케 하는 곳이라던 어느 창녀촌을 두고 하는 말이다.

"정신적으로 많이 지쳐요." 후안도 맞장구친다.

"언제쯤 회사에 '니들이 직접 바나나를 따!'라고 큰소리칠 수 있는 날이 올까요?" 내가 묻는다.

"그런 날은 절대 오지 않아요." 루비가 통역의 역할을 넘어서서 자기 생각을 거침없이 끼워 넣는다. "보세요, 이 친구네 집만 해도……." 루비는 말하다 말고 마리오의 형제자매들 수를 센다. "형제자매가 여섯이고 — 한 명은 지난주에 죽었지만 — 또 그들 자식들하고 배우자들까지 해서 한 집에 열세 명쯤 살아요. 생활이 '일류'[높은 수준]는 아니지만 (마리오)에게는 이렇게 사는 게 훨씬 수월해요. 따로 집세를 내지 않아도 되니까요. 사람들은 이렇게라도 오래 버틸 수 있으니까 목소리를 내지 못하는 거예요."

마리오 가족은 지금 사는 집에서 17년 동안 살아왔다. 식구가 늘어나자 침대보로 벽을 만들어서 방을 늘렸다.

"노동자들은 그저 먹고살려고 일해요." 마리오가 말한다.

"돌이 이곳을 떠나는 날을 상상할 수 있어요?" 내가 묻는다.

"여긴 항상 바나나가 있는데요!" 후안이 말한다. "그들이 얼마 전에도 120헥타르 이상 바나나를 심었어요."

"지금 고등학교에 다니는 아이들이 학교를 졸업하면 곧장 바나나 농장으로 가요." 루비가 말한다.

교회의 노랫소리가 끊기고 어렴풋이 설교하는 소리가 들린다. 비가 더 세차게 쏟아진다.

"바나나가 돈벌이가 되나 봐요." 마리오가 말한다. "안 그러면 사업을 하지도 않겠죠. 그런데 우리가 받는 돈은 아주 적고 식료품비는 엄청 올랐어요. 아직도 오르고 있는데 우리 봉급은 그대로예요."

"전에는 형편이 훨씬 나았다니까." 후안이 말한다.

"후안, 아버지가 된, 그리고 바나네로로서 경력을 쌓기 시작하는 마리오에게 어떤 말을 해주실래요?" 내가 묻는다.

"다른 일자리를 알아보라고 할래요." 후안이 말한다.

"후안, 만약 마리오 나이로 돌아갈 수 있다면 여길 떠날 건가요?" 내가 묻는다.

"예, 여길 떠나서 다른 일을 찾아볼 거예요." 후안이 말한다.

"켈시." 루비가 말한다. "다른 바나네로들도 똑같은 얘기를 할 거예요. 15년에서 20년 전에는 삶이 있었어요." 루비가 좋은 시절이 있었다는 후안의 말에 동의한다. "갈 데가 없어서 여기 남는 거예요."

"당신 같은 사람은 참 좋겠어요." 마리오가 말한다. "여기저기 여행도 할 수 있고. 우리는 그저 일만 하는데."

"우리는 이틀 지각하면 잘립니다." 후안이 말한다. "아파서 결근하면 그들이 요구하는 시간을 채우지 못했다고 해고당해요."

"돈을 벌려면 코카인을 팔아야 돼요." 루비가 말한다.

"그래서 다들 당신의 빵을 좋아하는군요!" 내가 농담을 던지자 한동안 우리의 웃음소리에 설교 소리가 들리지 않는다. 그러다 루비가 바나나 지역의 삶에 관한 설교를 시작한다.

"이게 우리 삶이에요. 우리는 바꿀 수 없어요. 바꾸고 싶지 않아서가 아니라 우리가 할 수 있는 게 거의 없어서예요. 그러니 이렇게 살아갈 수밖에 없어요. 우리가 얻지 못한 것을 자식들에게 줄 수 있으면 좋으련만, 그저 굶지 않고 자유롭게 사는 것만도 하나님께 감사해야죠. 여기 사람들 모두 더 나은 삶을 원하지만 사실, 여기서는…… 스탠더드 프루트에서 일하거나 스탠더드 프루트 주위에서 일해서는 더 나은 삶은 불가능해요. 그러니 그저 바나나 농장에서 일하는 수밖에 없죠."

후안과 마리오가 고개를 끄덕인다. 설교자가 "아멘!" 하고 덧붙인다. "나아질 리가 없어요."

원반이 미끄러지듯 하늘을 가른다. 후안이 속도를 내서 쫓아간다. 후안이 잡으면 이 동네 역사상 최초로 얼티밋 프리스비(혹은 여기서는 얼티밋 에어로비) 점수를 획득하는 셈이다.

후안은 맏딸이 임신 중이라 몇 달만 있으면 할아버지(코스타리카에서 제일 젊은 할아버지)가 된다. 역시 부지런한 사람이다. 그는 야자수가 늘어선 이 축구장을 수없이 뛰어다녔고, 증명이라도 하듯 거실에는 돌에서 받은 '올해의 일꾼' 상 옆에 축구 트로피가 진열되어 있다.

후안 주니어의 친구들이자 모두 바나네로가 될 10대 아이들이 후안의 뒤를 쫓는다. 아이들에겐 기회가 없다. 후안이 날쌔게 아이들을 제친다. 아무리 열심히 달려도 잡지 못한다.

원반이 후안의 손에 맞고 튕겨나간다. 후안이 자기 손을, 아니 지나온 삶의 이야기를 가만히 들여다본다. 갈고리처럼 굽은 손을 들여다보면서 자식이 너무 많은 가정의 한 아이였던 과거를 생각하고, 멀쩡한 다른 손을 들여다보면서 가족을 위해 손가락 절반과 25년 세월을 돌에 바쳐야 했던 지난날을 생각할지도 모른다. 아니, 어쩌면 다친 손을 잠깐 바라보는 사이에 이런 생각을 전혀 하지 않았을지도 모른다. 그저 이렇게 생각했을지도 모른다. '다음엔 꼭 잡아야지!'

그리고 후안은 다음 원반을 잡고 그다음 것도 잡는다. 그때마다 소녀처럼 웃는다. 자식들 중 하나가 점수를 올리면 "보니토Bonito!"라거나 "잘했어!"라고 외친다.

어둠이 깔리자 비가 내린다. 나는 안경에 김이 서려 더 이상 보이지 않자 사이드라인 밖으로 나와 이 도시에서의 마지막 밤을 보낸다.

후안은 마리오에게 여길 떠나라고 충고했다. 밖에 있는 기회를 놓치고 있다, 여기서 사는 건 아주 힘들다고 말했다. 후안은 여기에 남기로 한 선택을 후회하는 걸까? 하지만 후안은 지금 아무것도 놓치지 않은 사람처럼 웃으면서 뛰어다닌다.

PART 4

바닷가재:
니카라과산

CHAPTER 11

삶, 죽음, 그리고 바닷가재

(2005년 여름, 니카라과 푸에르토카베사스.) "망할 잠수부들이 미쳐가요." 베니토가 말하자 금니가 반짝인다. 거리의 매춘부들 빼고는 모두가 '베니토'라고 부르는 베니는 볼이 통통한 이등항해사로, 내가 지난 2주 동안 승선하려고 공을 들인 레이디 디 3호에서 일한다. 우리는 니카라과의 모스키토 해변에 있는, 바다를 향해 늙은이 손가락 모양으로 튀어나온 나무 부두에 서 있다. 길고 앙상한 부두는 제 기능을 못할 것처럼 보인다. 이 부두는 푸에르토카베사스의 생명줄이다. 다만 생명줄치고는 심하게 썩어간다.

레이디 디 3호의 선미(船尾)는 세월에 닳아서 해진 밧줄에 묶여 부두에 매달려 있고, 다른 배들도 선수(船首)를 바다로 향한 채 줄줄이 늘어서 있다. 배들이 밀려오는 파도에 출렁거리며 부두 쪽으로 깐닥거린다. 배가 한번 크게 출렁이는 순간 발을 잘못 디뎠다가는 수많은 구멍 중 하나로 떨어져 깊이 3미터의 카리브 해에 빠질 수 있다.

썩어가는 부두 끝에 앉아 있는 소년

연료와 얼음 트럭들이 이렇게 다 허물어져가는 부두 위로 달려와서는 배에 연료와 얼음을 채운다. 그리고 생선과 바닷가재를 실어간다. 해변에서는, 조립해 만든 엔진을 단 통통배들이 잡은 생선을 싣고 얕은 바다를 헤치며 들어온다.

니카라과의 바닷가재 수출액은 총 2,460만 달러(277억 원)에 달한다.[1]

"진짜로 따라올 거예요?" 베니토가 묻는다.

"저도 오리발을 챙겨왔어요." 나는 배낭에서 튀어나온 오리발을 가리킨다. 베니토는 오리발 한 짝을 잡고 살펴보기 시작한다.

"이건 너무 큰데. 부조buzo(잠수부)들이 쓰는 오리발은 요만해요." 베니토는 작은 도미 크기만큼 손을 벌리면서 말한다. "난 몰라요…… 잠수는 엄청 위험해요. 잠수부들은…… 가끔 아주 심각한 병에 걸리거나 더한 일도 당해요. 그리고 항상 아파요. 고통을 견디려고 마리화나도 피우고 코카인도 하지만……" 베니토가 말끝을 흐린다. 걱정 많은 큰형 같다. 그리고 걱정하는 게 당연하다. 미스키토 인디언(니카라과 북부와 온두라스 인접 지역에 사는 토착 원주민─옮긴이)들은 말 그대로 바닷가재 때문에 죽어가고 있기 때문이다.

소비자들은 바닷가재를 어떻게 잡는지 모른다

레드 랍스터 식당은 항상 대기를 해야 되나 보다. 시간이 남아돌다 보니 손님들은 거품이 이는, 살아 있는 바닷가재가 빤히 쳐다보는 수조를 들여다보게 된다. 이 식당은 왜 손님들에게 손가락 끝으로 죽음을 선고하게 하는 것을 좋은 아이디어라고 여기는지 모르겠다. 햄버거 가게 로비에 소 우리를 설치하는 거하고 뭐가 다른가.

수조 속 바닷가재는 북미산으로, 주로 미국 동부 해안의 노스캐롤라이나에서부터 캐나다에 걸친 지역에서 잡힌다. 이 바닷가재는 차고 얕은 바다에서 서식한다. 집게발이 있고, 주로 통발로 잡는다.

그러나 레드 랍스터에서 주문하면 나오는 록 랍스터rock lobster는 로비에 전시된 불쌍한 바닷가재가 아니다. 훨씬 더 멀리 떨어진 곳에서 온 바닷가재이고 그나마도 온전한 상태로 도착하지 않는다. 온두라스든 니카라과든 모든 산지에서 선적하기 전에 바다에서 건져 올리자마자 바닷가재 꼬리를 손으로 비틀어 떼어낸다. 나도 직접 이 일(잡고 비틀고 떼어내는 일)을 해봤다. 꼬리를 떼어내서 손바닥에 올려놓으면 바닷가재의 앙상한 다리와 더듬이가 허우적댄다. 육지로 치면 모가지가 잘린 닭이 뛰어다니는 꼴이다.

하지만 해산물 식당을 찾는 손님들은 대부분 이 사실을 모른다. 다들 메인 주의 다부진 어부가 버터처럼 부드러운 바닷가재를 전부 잡아 올린다고 낭만적으로 생각한다. 어쩌면 로비의 수조는 음식이 사실은 어디에서 왔고 궁극적으로 어떻게 왔는지에 관한, 입맛이 떨어지는 진실로부터 손님들을 보호하려는 가상한 노력인지도 모르겠다.

록 랍스터는 수십 년간 따뜻한 남쪽 바다로부터 미국인의 접시로 이동해왔다. 니카라과에서 상업적 목적의 바닷가재 산업이 시작된 것은 1958년에 미국의 이익단체가 가공 공장을 세우면서부터였다. 최초로 견진낚시로 바닷가재를 잡던 선박 7척 중 6척이 키웨스트에서 내려왔다. 바닷가재 산업은 처음에는 크게 활기를 띠지 않다가 1975년에 바하마가 자국 영해에서 미국 선박들의 조업을 금지하면서 상황이 달라졌다. 얼마 후 니카라과의 바닷가재 선박은 2배로 늘었다. 그러나 1980년대에 레이건 대통령이 니카라과에 '공산주의 위협'이라는 딱지를 붙이고 수입 금지령을 내리자 10년 동안 정체기가 이어졌다. 그러다 1991년에 민주적 선거로 구성된 정부가 정권을 잡으면서 금지령이 풀리고 바닷가재 산업도 다시 활기를 띠었다.[2]

현재 니카라과 바닷가재의 90퍼센트가 미국과 캐나다로 수출된다.[3] 레드 랍스터의 모회사 다든Darden과 도매업체 시스코Sysco가 니카라과 바닷가재의 대부분을 사들인다.[4] 레드 랍스터와 시스코는 바닷가재 잠수의 비극과 선을 긋기 위해 니카라과에서 수입되는 바닷가재는 전부 통발로 잡은 것이라고 주장해왔다. 하지만 바닷가재는 잠수로 잡는 것이 통발로 잡는 것보다 3배나 더 효율적이라고 알려져 있다.[5] 두 가지를 모두 가공하는 공장에서는 잠수로 잡은 바닷가재와 통발로 잡은 바닷가재를 구분할 방법이 없다.[6] 두 회사를 향한 비난이 끊이지 않고 있다.

2004년 시스코의 '전통적인 온수성 바닷가재 꼬리'를 홍보하는 웹사이트에서는 "온두라스, 니카라과, 바하마의 카리브 해 청정지역에서 통발로 잡힌" 바닷가재 꼬리라고 설명했다.[7] 2009년에는 바닷가재 꼬리를 확보하는 과정에 관한 설명이 훨씬 더 모호해졌다. 논란을 피하려는 시도인 듯하다. 바닷가재 꼬리는 "니카라과 연안의 청정한 카리브 해에서 채취한다"라고만 적혀 있었다.[8]

레드 랍스터와 시스코의 고객들은 자기도 모르는 사이 잠수부가 잡은 바닷가재를 우적우적 씹고 있을 공산이 크다. 이들 회사가 그러지 않았다 치더라도, 현재 레드 랍스터와 시스코는 잠수부가 잡은 바닷가재를 구입하는 바닷가재 업체들을 후원하고 있다.

지팡이와 목발을 짚은 젊은 남자들

(다시 2005년 여름.) 지난 2주 동안 나는 매일 아침 푸에르토카베사스의 먼지 풀풀 날리는 거리를 걸어서 부두로 향했다. 베니토가 말했다. "오늘 조업 없어요. 우린 얼음을 기다리고 있어요. 마냐나Mañana(내일)에는 가능할지도." 얼음 문제가 해결되면 배의 엔진이나 에어컴프레서, 날씨가 말썽이었다. 선장은 베니토에게 날마다 다른 이유를 댔다. 나는 조급한 마음을 드러내지 않으려 했다. 나도 마냐나라는 말에 이렇게 진저리가 쳐지는데 베니토와 그의 동료들은 오죽하랴. 그들은 바다에 나가야만 돈을 받는 처지라서 마냐나가 오늘이 될 날에 대비해 참을성 있게 기다리는 수밖에 없었다.

날마다 우리는 작열하는 태양 아래서 함께 기다렸다. 내가 선크림을 꺼낼 때마다 베니토는 새로 도착한 사람들에게 내가 왜 하얀 크림을 온몸에 바르는지 설명하고 더불어 내가 애초에 뭐 하러 왔는지도 설명해야 했다.

부두에 묶여 있는 레이디 디 3호

  푸에르토카베사스는 니카라과 모스키토 해안에 위치한 곳으로, 그
링고들이 자주 출몰하는 지역은 아니다. 그링고가 온다 해도 대부분
선교사들이라 파견지를 벗어나 돌아다니지 않는다. 그들이 부두에서
뱃사람이나 창녀들과 어울릴 일은 전혀 없다. 여기까지 들어오기도 쉽
지 않다. 수도인 마나과에서 여기까지 오는 비행기는 하루에 두 편뿐
이다. 이곳으로 오는 비행기에 탑승하기 전 항공사에서는 내 짐뿐만
아니라 내 몸까지 무게를 쟀다. 이곳과 마나과를 비정기적으로 왕복
하는 버스도 있지만, 도중에 발생하는 방해요인의 수에 따라 여기까지
오는 데 이틀이 걸리기도 한다. 가령 타이어의 바람이 빠지거나 "꼼짝
마! 가진 거 다 내놔!"라면서 들이닥치는 노상강도를 만나기도 한다.
  모스키토 해안의 사람들은 출신이 제각각이다. 부두에 모인 사람
들이 베니토에게 나에 관해 물어볼 때 들어보니 크레올어도 있고 영

어, 스페인어, 프랑스어도 있었다. 다만 다들 똑같은 표정이라 굳이 통역할 필요는 없었다. '도대체 저 친구 여기서 뭐하는 거야?' 그들이 나를 빤히 쳐다볼 동안 베니토가 미국에서 온 작가인데 바닷가재 잠수를 배우는 데 관심이 많아서 레이디 디 3호를 타고 바다에 나갈 거라고 설명했다. 그링고가 바다에 나가려 한다는 사실 자체도 충격인데 내가 잠수까지 할 거라고 하자 다들 말 그대로 입이 떡 벌어졌다. '어…… 그래…… 잠수라고. 아주 멍청한 그링고네.'

베니토가 옳았다. 잠수는 위험하다. 시내를 잠깐만 돌아다녀 봐도 얼마나 위험한지 알 수 있다. 젊어 보이는 남자들이 지팡이와 목발, 휠체어에 의지해 돌아다닌다. 어떤 사람들은 성인용 세발자전거를 만들어서 손으로 페달을 돌리며 다닌다. 부상이 덜한 사람들은 좀비처럼 여기저기 어슬렁거린다. 다들 한때는 바닷가재 잠수부였던 사람들이다.

전설에 따르면 잠수부들은 리와 마이린이라는 창백한 피부의 인어를 만나 부상을 당한다고 한다. 인어는 심해에 출몰해서 바닷가재를 너무 많이 잡아가는 자들을 벌한다고 한다. 나도 인어를 본 적이 있다. 단 한 번. 대서양의 키웨스트 해변에서였다.

극도의 행복감이 사라지지 않으면 죽는다

내 레귤레이터(공기통에서 나오는 공기의 흐름을 조절해주는 장치─옮긴이)에서 갑자기 기포가 터지기 시작했다. 아득히 볼링 핀 넘어가는 소리, 도와달라는 고함소리가 들렸다. 그리고 고함소리가 들릴 때마다 나는 최후의 순간으로 다가갔다. 나는 수면으로부터 40미터 아래, 모래바닥으로부터 30미터 위에 어중간하게 매달린 채 기포를 쳐다보고 있었다. 기포들이 희롱하듯 저희끼리 춤을 추면서 부풀었다가 터졌다가 서로 합쳐지며 어지러이 돌아다니면서도 끊임없이 위로 올라갔다. 수면이 저 위에서 변화무쌍하게 일렁이며 반짝거렸다. 공기와 물이 만나고 생명과 죽음이 만나는 그곳에서.

그날은 처음부터 키웨스트에서 스쿠버다이빙 강사로 일하면서 겪은 것과는 왠지 모르게 달랐다. 우리는 아일랜드 다이버라는, 대서양 파도에 요동치는 잠수 장비에 오르면서 만일의 사태에 대비해 대안을 논의했다. 우리는 잡지 《스킨 다이버Skin Diver》에서 후원하는 잠수 행사를 주최하고 있었다. 이 잡지는 잠수 초보자를 선발하고 훈련시켜서 '잠수 전문가'로 만들어주었다. 잠수 전문가란 수심 30미터 이상 들어가 특수 배합한 공기를 마시고 머물러 있을 수 있는 실력을 인증받은 사람들이다. 몇 달간 훈련을 해야 가능한 결과였다.

잠수부들은 공기통 2개, 큰 전등, 거미줄처럼 얽힌 호스까지 갖춰야 해서 배 위의 공간을 거의 다 차지했다. 좌측 선미 쪽에 있던 내 장비는 낡고 지나치게 단순해 보였다. 한 개짜리 공기통이고 호스도 남들의 절반 정도였다. 우리가 똑같은 난파선까지 잠수해 들어갈 사람들이라고는 믿기지 않았다.

내 일은 커브라는 이름의 난파선을 묶는 것이었다. 이틀 전에도 별 탈 없이 해냈지만, 그날은 이상하게 달랐다. 첫 잠수 때는 밧줄을 들고 들어가 난파선에 묶어놓고 헤엄쳐 나왔다. 순조롭게 작업을 완수했다. 운명의 그날은 리프트백(공기 주머니—옮긴이)만 들고 뛰어들었다. 수심 40미터까지 내려가려고 했다. 그쯤에서 첫 잠수 때 밧줄로 묶어둔 배기탑을 찾아보기로 했다. 내 임무는 리프트백을 밧줄에 매달고 레귤레이터로 공기를 주입해서 리프트백이 수면으로 떠오르게 하는 것이었다. 아일랜드 다이버에 탄 사람들이 리프트백을 보고 밧줄을 잡아당겨서 고정할 예정이었다.

그런데 난파선에 도착하기 5분 전부터 조금 긴장되기 시작했다. 평소 나는 수심 27미터 이상 들어가지 않았다. 키웨스트의 얕은 앞바다에 있는 난파선과 산호초라면 눈 감고도 잠수할 수 있지만 커브는 아직 낯설었다. 그리고 깊었다.

스쿠버 공기통에는 우리가 지상에서 호흡하는 공기처럼 산소 21퍼센트와 질소 79퍼센트로 구성된 공기가 들어 있다. 하지만 우리 몸은 질소를 사용하지 않는다. 그래서 수중에서 압력이 상승하면 질소가 체내에 축적된다. 깊이 잠수하고 오래 머물수록 질소 기포가 체내에 더 많이 축적된다. 수중에 머물 때는 큰 문제가 되지 않지만 어차피 조만간 수면 위로 올라가야 한다.

다이빙 강사들은 소다수병을 예로 들어 설명한다. 뚜껑이 닫혀 있는 소다수는 압력이 가해져도 기포가 보이지 않는다. 뚜껑을 따서(잠수부가 올라와서) 압력이 풀리면 가스가 나오면서 기포를 형성한다. 소다수의 기포는 청량음료의 톡 쏘는 맛을 주지만 잠수할 때 생기는 기포는 몸속 관절과 척수 주위에 쌓여서 관절통과 의식불명, 마비를 일으키고 심지어 사망에 이르게 한다. 이런 부상을 감압증이라고 하고 흔히 '잠수병'이라고 부른다.

나는 바다나 바다생물은 무섭지 않았지만 기포는 두려웠다. 나는 불안해하며 배와 방광이 다 차도록 물을 마시고 또 마셨다. 물 한 모금이 기포에 대한 안전장치가 되어준다. 기포는 탈수증에 걸린 잠수부의 체내에 더 잘 쌓이기 때문이다.

우리가 탄 배가 속도를 서서히 줄이다가 멈추었다. 나는 잠수 장비를 착용하고 선미의 잠수대에 서서 로이 선장을 올려다보았다. 선장에게 신호를 받고 한 발 크게 뒤로 내밀었다가 물속으로 뛰어들었다.

하늘에서 스카이다이빙을 하듯이, 아주 빠르게 아래로 가라앉는 느낌이 들고 바닥도 난파선도 보이지 않았다. 아래로, 아래로, 물속으로 더 깊이 내려가면서 나는 시선을 둘 대상을 찾았다. 거꾸로 곤두박질치면서 중심을 잡으려고 오리발로 몇 번 발길질을 했다. 물살에 휩쓸려서 위치를 놓치기 전에 난파선을 찾는 것이 급선무였다. 깊은 바다의 물이 빠르게 내 쪽으로 밀려오면서 1미터가 다르게 점점 차가워지고 캄캄해졌다.

언뜻 으스스한 꿈속의 형상처럼 배기탑이 보이더니 가까이 다가가자 형체가 점점 또렷해졌다. 밧줄은 배기탑 두 개를 지탱하는 지지대에 묶여 있다. 난파선의 선수에서 선미로 물살이 밀려왔다. 나는 발길질로 중심을 잡으면서 밧줄 양끝을 잡고 끌어당기기 시작했다. 그러다 배기탑에 묶인 밧줄이 갑판으로 떨어져서 잔해 사이에서 꿈틀거렸다. 다시 밧줄을 잡아끌자 어딘가에 걸렸다. 밧줄을 잡아당겨도 빠지지 않아서 나는 레귤레이터에 대고 욕을 했다.

배기탑 꼭대기는 수심 40미터에 있었다. 나는 그 정도 깊이에서는 잠수병 걱정 없이 5분 정도 버틸 수 있었다.

어떻게 하지? 내 임무를 포기하고 수면으로, 그러니까 새로 훈련받고 이제 막 잠수 전문가가 된 사람들이 한가득 모여 있고 《스킨 다이버》 기자까지 와 있는 배 위로 창피를 무릅쓰고 올라가야 할까?

다이빙 세계에는 남자다움을 과시하는 특유의 분위기가 있는데, 내 생각엔 TV 시리즈 〈시헌트Sea Hunt〉의 주인공들 때문이거나 제임스 본드가 바다 밑에서 드잡이를 한 탓인 것 같다. 잠수부들은 모이기만 하면 얼마까지 내려가 봤는지 떠벌린다. 나는 40미터 이상 잠수한 적이 없었다. 여기서 더 내려가서 수심 45미터에 위치한 갑판까지(수압이 수면보다 5배 강한 곳) 내려가는 건 어리석은 짓이었다.

그런데 의지와 다르게 나는 급히 갑판으로 내려가 어딘가에 걸려 있던 밧줄을 꺼냈다. 그리고 다시 배기탑으로 올라가서 두 손으로 밧줄의 양끝을 잡고 리프트백을 매달았다. 리프트백에 공기를 주입하고 나서 리프트백이 쏜살같이 수면으로 올라가다가(승리) 수면으로부터 한참 밑에서 갑자기 덜컥 멈추는 것(패배)을 지켜보았다. 난파선의 갑판을 내려다보니 밧줄이 어딘가에 다시 걸려 있었다.

순간 나의 뇌도 정지했다.

"질소 마취." 나는 학생들에게 이 얘기를 자주 들려준다. 이 얘기를 꺼내면 조금이라도 웃음을 끌어낼 수 있어서다. "술 취한 기분…… 극도의 행복감이 들어요. 잠수하다가 언제든 이런 기분이 들면 천천히 이 기분이 사라지는 수심까지 올라가야 됩니다." 자크 쿠스토는 이런 상태를 '심해황홀증'이라고 불러서 이런 현상을 부기맨(귀신) 상태로 격상시켰다. 잠수부의 세계에서도 귀신 이야기 같은 말들이 떠돈다.

"30년 경력의 잠수부가 아주 심하게 '도취'된 이야기를 들은 적이 있습니다. 그 사람은 어디가 위쪽인지 몰라서 깊은 바다로 더 깊이 들어가다가 죽었어요. 시신은 영영 돌아오지 않았지요."

"질소 칵테일을 너무 많이 마셔서 레귤레이터를 입에 물고 있어야 하는 것도 잊어버린 사람 얘기 들어봤어요? 그 사람은 그걸 물고기에게 주려고 했어요. 상상이 가세요? 공기통에 공기가 반이나 남아 있었는데도 익사했어요."

질소 마취의 정확한 원인은 밝혀지지 않았다. 학자들은 깊은 바다에서 질소의 부분 압력이 상승하면서 신경계에 작용한 결과라고 이해한다. 여기에 이산화탄소까지 축적되면 그 효과가 엄청나게 커질 수 있는데, 이산화탄소는 물살을 거슬러 발길질하는 행동 등으로 힘을 쓸 때 발생한다. 도취감, 설명할 수 없는 집착, 불안감, 의식불명은 모두 질소 중독의 증상일 수 있다. 작은 문제들이 금세 큰 문제로 돌변할 수 있다.

나는 배기탑 가까이 밧줄에 매달렸다. 몇 분이 지나도록 움직이지도 생각하지도 않았다. 바로 그때 그녀가 찾아왔다. 내가 직접 본 리와 마인 말이다. 뚱뚱하고 못생긴 그녀는 폭스바겐에 지느러미를 붙여놓은 형상이었고, 정신이 온전한 잠수부라면 골리앗 그루퍼라는 물고기라는 것을 알아봤을 것이다. 그녀는 험악한 표정을 지으면서 몇 미터 앞으로 바짝 다가왔다. 그리고 "짖어! 짖어!"라고 말했다. 그녀의 말소리가 귀에 들리는 것 같았다.

내 의식은 조용한 감옥에서 슬그머니 빠져나갔고, 나는 계기판을 보았다. '시간이 언제 이렇게 흘렀지?' 나의 잠수 컴퓨터에서 전에 본 적 없는 것들이 깜빡거리기 시작했다. 아주 깊은 곳에서 아주 오래 있었으니 당장 어느 정도까지 올라가서 어느 시간만큼 머물러야 한다고 알려주었다. 이것을 감압 정지라고 한다.

내 잠수 컴퓨터에 뜬 수치는 정확하지 않았다. 예상 잔여 공기량이 필수 감압 정지에 필요한 양보다 적었다.

나 자신과의 대화는 계속 이어졌다.

'이거 좋지 않은데.' '진정해.' '진정하고 있어.' '천천히 깊게 숨을 들이마셔 봐.' '그러고 있어.' '어떻게 해야 하지? 공기가 더 필요해.'

생각이 서서히 돌아오면서 중간에 잠깐씩 캄캄해졌다.

나는 밧줄에 매달린 채 수면을 올려다보았다. 아무런 해결책을 찾지 못하고 차분히 죽음을 떠올렸다. 공기를 다 쓰고 레귤레이터를 뱉으면 짠물이 폐에 들이찰 것이다. 손에 힘이 풀리고 결국 밧줄을 놓칠 것이다. 물살에 휩쓸려 심해로 가라앉을 것이다.

나는 수면에서 난파선으로 눈길을 돌렸다. 밝은 주황색 리프트백이 중간에 떠 있는 걸 보고 좋은 생각이 떠올랐다. 칼을 꺼내서 리프트백이 수면으로 떠오르지 못하게 붙잡았던 밧줄을 끊었다. 리프트백이 수면으로 올라가면 우리 배에 내 위치를 알려줄 터였다. 그런데 문제가 생겼다. 리프트백이 바람 빠진 풍선처럼 제멋대로 솟구쳐 올라간 것이다. 수면에 닿기도 전에 홱 뒤집혀서 공기주머니가 터지고 바닥에 가라앉았다. 나는 리프트백이 서서히 소용돌이 모양으로 떨어지면서 바다의 물살에 길을 잃은 늘어진 시신처럼 떠다니는 걸 보았다.

'올라가. 안 그러면 죽어. 올라가!'

섬뜩한 사실은 죽음이 성큼 다가왔는데도 무섭지 않았다는 것이다. 내가 제정신이 아닌 건 알았지만 할 수 있는 게 없었다. 질소 마취는 나를 죽음으로 몰아넣은 저주이긴 했지만 그렇게 정신상태가 달라진 것은 일종의 축복이라는 생각이 들었다. 죽기야 하겠지만 그나마 평화롭게 죽을 테니까.

배의 소리가 들렸을 때 나는 수면 위 검은 그림자가 내 머리 위에서 잠시 멈추었다가 엔진을 켜고 다시 떠나는 모습을 바라보았다. 그 자리에는 그림자의 작은 일부만 남았다. 작은 그림자가 움직였고, 그림자에는 팔도 있고 다리도 있었다. 테크니컬 다이빙계의 전설 중 전설, 조 오덤이었다. 조는 내 팔을 잡고 위로 올라갔다.

수면에 이르러 다른 잠수부들과 로이 선장의 눈에 어린 공포를 보고 나서야 덜컥 겁이 났다. 나는 수심 45미터까지 내려가 30분 가까이 머물렀다. 물속에 머물러야 했던 시간보다 25분 정도 더 오래 있었던 셈이다. 질소 마취 증세가 가라앉는 사이 생각이 몸속으로 들어왔다. 질소 기포가 떠다니다가 척수에 쌓이는 모습이 눈에 선했다. 언제고 영원히 의식을 잃을 수도 있었다. 죽을 수도 있었다. 몸이 점점 창백해지고 떨리기 시작했다. 오른쪽 발은 감각이 없었다.

아일랜드 다이버는 섬의 해안경비대를 마주쳤고, 나는 해군기지로 후송되어 고압실에서 여섯 시간 동안 기포가 다 터져서 호흡으로 빠져나올 때까지 머물렀다.

고압실에서 나왔을 때는 기포가 다 빠진 상태였다. 하지만 기포는 몸에 흔적을 남긴다. 이후 몇 주 동안 왼팔 팔꿈치가 아팠다. 질소 가스가 남긴 상흔이었다. 요즘도 가끔 그 부위에 신경이 쓰이는데, 주로 긴장하거나 스트레스를 받거나 피곤할 때 증상이 나타난다.

나는 잠수 훈련을 받은 사람이었다. 그런데도 적절한 치료를 받지 못했더라면 몸이 마비되거나…… 죽었을 수도 있었다. 나는 엄청나게 운이 좋았다.[9] 미스키토족 잠수부들은 그렇지 않다.

매일 12번씩 자살행위를 하는 사람들

"이번 달에는 잠수부 넷이 그 방에 들어갔어요." 잠수부 노동조합의 조합장 에베노르가 조업이 없다는 소식을 기다리고 있는 내게 말한다.

푸에르토카베사스에도 감압실이 하나 있다. 하지만 대개의 경우 먼 바다에서(때로는 육지에서 160킬로미터나 떨어진 곳에서) 부상을 당하기 때문에 감압실에 들어갈 기회조차 얻지 못한다. 바닷가재 어선은 부상당한 잠수부를 치료하기 위해 배를 돌리지 않는다. 금전적 손실을 감수할 생각이 없다.

에베노르는 키가 큰 마른 체형으로 콧수염을 길렀다. 1980년대 형사 드라마에 나오는, 고집불통에 허튼짓은 하지 않는 전형적인 유색인 경찰처럼 생겼다. "아, 안 돼! 에베노르잖아." 나쁜 놈들은 이 말만 남기고 골치 아픈 동네를 영영 떠나버릴 것 같다.

"우리 애들은 훈련을 받지 못했어요." 에베노르가 말한다. "1990년에는 매우 소수의 잠수부들이 잠수를 시작했어요. [당시에는] 바닷가재가 깊은 바다에 살지 않아서 쉽게 찾을 수 있었어요. 1993년에는 사업이 번창해서 잠수부가 100명으로 늘어났고 바닷가재 어선도 네다섯 척으로 늘어났어요. 요새는 바닷가재는 줄어들었는데 잠수부는 오히려 늘어났어요."

바닷가재는 줄어들고 잠수부는 증가하는 현실은 치명적인 조합이다. 얕은 바다의 바닷가재는 다 잡아버렸기 때문에 먼 바다로 나가 깊은 곳까지 들어가야 한다.

"저는 바닷가재 회사들마다 우리 애들을 더 훈련시켜야 한다고 말합니다." 에베노르가 말한다. "하지만 아무도 들어주지 않아요."

취미로 스쿠버다이빙을 배우는 사람들도 며칠간 훈련을 받고, 처음 오픈워터(개방 수역 — 옮긴이)에 나갈 때는 동행한 강사가 주의 깊게 지켜봐준다. 표준화된 점검표로 잠수를 측정하는 방법을 배우기도 하는데, 점검표에는 어느 정도 수심에서 얼마나 머무른 후에 감압 정지를 걱정해야 하는지 일목요연하게 정리되어 있다.

인디애나에서 일 년에 한 번 휴가 때만 잠수하는 사람이 잠수로 생계를 유지하는 미스키토족 잠수부보다 안전수칙을 더 많이 숙지하는 셈이다. 미스키토족 잠수부들은 잠수가 직업이다. 따라서 몇 달간 훈련받은 후 몇 년간 도제로 활동하는 산업잠수부들과 마찬가지로 반드시 훈련을 더 받아야 한다.

"회사에 우리 애들한테 더 많은 장비, 이를 테면 수심계나 시계, 잔압계 같은 장비가 필요하다고 알립니다." 에베노르가 말한다.

에베노르가 잠수부들을 위해 전화를 걸고 있다.

수심계와 시계는 그 어떤 잠수부에게든(휴가를 즐기는 스쿠버다이버든 산업잠수부든) 중요한 장비다. 더구나 잔압계(공기통에 남은 공기의 잔량을 표시하는 장치) 없이 잠수하는 것은 자살 행위나 다름없다. 미스키토족 잠수부들은 공기통에서 더 이상 공기가 나오지 않는 그 순간까지 잠수를 하다가 황급히 수면으로 올라와 숨을 들이쉬고 새 공기통을 받는다. 이렇게 급하게 수면으로 올라가면 잠수병뿐만 아니라 과팽창 부상이라고 하는, 수압이 줄어서 폐 속 공기가 팽창하면서 발생하는 상해를 입기 쉽다. 이들은 하루에 열두 번씩 이런 식으로 잠수한다.

이들의 고달픈 노동에 관한 자료는 얼마든지 있다.

건강하면 써주지만 다치면 버린다

1999년 세계은행 보고서는 "거의 대부분의 잠수부들이 신경계 손상 증상을 보인다"라고 밝혔다. 어떤 방식으로든 치료를 받은 예는 드물고, 마리화나를 피우거나 잠수 중 쉬는 시간에 배에서 종종 제공되는 코카인을 흡입해서 통증을 잠재웠다.[10]

미 국무부의 '2007년 인권 보고서 : 니카라과'는 "1~9월에 미스키토 인디언 출신의 바닷가재 잠수부 12명이 사망했고, 그 원인은 고용주들이 적절한 직업 보건과 안전 훈련, 필요한 잠수 장비를 제공하지 않은 데 있다"라고 하면서 이렇게 덧붙였다. "10월에는 바닷가재 잠수부 22명이 심각한 산업재해로 사망했고, 그중 한 잠수부는 혼수상태에 빠지고 뇌동맥류 증상을 보였다." 1년에 잠수부 34명이 사망했다. 부상자는 포함되지 않은 수치다.[11]

"잠수부로 벌어먹고 사는 건 무척 힘듭니다." 경험 많은 바닷가재 잠수부인 헤수스가 다큐멘터리 〈나의 마을, 나의 바닷가재My Village, My Lobster〉에서 한 말이다. 이 다큐멘터리는 헤수스를 비롯한 바닷가재 산업에서 일하는 사람들을 따라다니면서 그들이 바닷가재 잠수가 없는 미래에 직면하는 모습을 카메라에 담는다.[12] "우리는 바다 밑에서 사투를 벌입니다. 상어를 만날 때도 있어요. 아니면 잠수병으로 죽을 수도 있어요. 목숨을 담보로 도박하듯이 돈을 버는 겁니다."

"바다에 나가서 잠수하면 온종일 술에 취한 듯 몽롱해요." 헤수스의 목소리를 배경으로 그가 사람이 빼곡히 올라탄 녹슨 바닷가재 어선에서 내려와 공기통이 잔뜩 실린 카약에 옮겨 타는 장면이 나온다.

헤수스가 바다에서 일하는 장면이 나오고, 이어서 그의 집이 나온다. 더러운 바닥과 나무판자를 얼기설기 이어붙인 벽을 배경으로 헤수스가 자신의 이야기를 들려준다. 방에는 변변한 가구 하나 없이 금방 부서질 것 같은 탁자가 한쪽 벽에 붙어 있고 탁자 위에는 캠핑용 스토브가 놓여 있다. 여섯 살쯤 된 어린 아들이 화면 앞에서 알짱거린다. 헤수스가 아이를 붙잡아 신발 끈을 매어주고 다시 이야기를 이어간다.

헤수스는 열다섯 살에 잠수를 시작했다. 그는 잠수병에 세 번 걸렸다. 세 번째는 아주 심각했다. 수심 40미터 정도까지 내려갔는데 갑자

다음 잠수를 위해 준비된 공기통

기 장비가 고장 나서 공기 공급이 끊겼다.

"얼른 수면으로 올라와야 해서 뱀처럼 최대한 빠르게 헤엄쳤어요. '오늘이 내 제삿날이구나. 내 인생도 이제 끝장났구나' 하는 생각만 들었어요." 안구가 뒤로 넘어가고 여덟 시간 동안 의식을 잃었다.

"의사 선생님이 저이한테 더 이상 잠수하면 안 된다고 했어요." 헤수스의 아내가 집 밖에서 카메라를 향해 말한다. "그런데도 잠수하러 나가요. 한동안은 부상 때문에 바다에 나가지 못했어요. 그래도 어쩌겠어요? 우리에겐 필요한 게 아주 많아요. 돈이 없어서 집도 이 꼴이잖아요. 아무도 우릴 도와주지 않아요…… 저이가 바다에 나간다고 하면 무척 슬퍼요. 그래도 제가 뭘 어쩌겠어요? 가진 게 쥐뿔도 없는데…… 제가 할 수 있는 거라고는, 저이를 위해 기도하면서 하나님께 안전하게 돌려보내주시라고 비는 것밖에 없어요."

의사는 헤수스의 뇌세포가 얇아졌다면서 매번 마지막 잠수가 될 수 있다고 경고하지만 그에게는 돈을 벌 다른 방도가 없다. 그는 부상당한 잠수부가 어떻게 되는지 잘 안다.

"몸이 건강하면 [선주가] 써줘요. 하지만 다치면 쓰레기처럼 버려집니다."

이어서 쓰레기처럼 버려진 잠수부인 앤드루가 〈나의 마을, 나의 바닷가재〉에 등장한다. 그는 빨랫감이 널려 있는 마룻바닥에 누워 있고, 다리가 이상한 모양으로 꺾여 있다. 그는 열세 살에 잠수를 시작해서 스물두 살에 부상을 당했다고 한다.

"그날 일곱 번째로 잠수하러 들어갔는데 어지럽기 시작했어요." 앤드루가 말한다. "그런데 바닷가재가 사방에 널려 있는 거예요. 저는 9

년 동안 목숨을 걸고 싸워왔어요."

아내도 떠나고, 혼자 남은 그의 세계에는 텅 빈 방과 누더기 같은 옷가지만 남겨진 것 같다.

"아주 많이 고통스러워요. 날마다 죽어가는 것 같아요."

그가 반바지 뒤쪽을 내리자 때 묻은 붕대가 드러나고 붕대 밑으로 진물이 흐르는 상처가 보인다. 그와 같은 처지의 몇몇 잠수부들은 돈이 없어서 치료를 받지 못해 상처에 구더기가 생기기도 한다.

"전 곧 죽을 거예요."

낙하산도 없이 안전하게 뛰어내리는 법

에베노르는 헤수스와 앤드루 같은 잠수부들을 도와주려고 애쓰고 있지만 사실 그의 도움을 원하는 잠수부는 많지 않다. 안전하게 잠수하면 잠수 횟수가 줄어들기 때문이다. 그러면 수입도 줄어든다. 이 직업은 세계에서 가장 위험한 직업 중 하나이지만 수입은 아주, 아주 좋은 편이다. 잠수부는 바닷가재 0.45킬로그램에 3달러(3,400원)를 버는데, 이는 보름 동안 바다에 나갔다 오면 1,000달러(110만 원)를 집에 가져올 수 있다는 뜻이다. 니카라과의 1인당 연소득에 해당하는 금액이다. 미국인으로 치면 2주 동안 일하러 나가서 4만 6천 달러(5,180만 원)를 버는 것과 같다.

"바닷가재 회사들은 들어주지 않아요." 에베노르가 말한다. "얼마 안 가면 잠수가 금지될 텐데 앞으로 계속 쓰지도 못할 장비에 돈을 쓰고 싶지 않다는 대답만 되풀이합니다."

하지만 실제로 영구 금지령이 발효될 것으로 보는 사람은 없다. 어느 바닷가재 선주는 코웃음을 쳤다. 그는 수도 마나과의 정치인들이 어업권을 중국에 팔아넘기고 이익을 챙기려 한다는 음모론을 들려주었다. 금지령이 선포된다고 한들 실행될지도 의문이다.

4월부터 6월까지 바닷가재 개체수가 회복되도록 임시로 조업을 금지하는 법은 존재한다. 하지만 소규모로 조업하는 어부들이 이 법을 완전히 무시하는 바람에 바닷가재 회사에 고용된 선원과 잠수부에게 큰 재앙이 닥쳤다. 현재 약 6,300가구(약 4만 명)가 바닷가재 잠수로 생계를 유지한다. 안정적인 수입원이 사라지면 이 지역 주민들은 굶주려야 한다. 코코넛나무의 열매가 다 뜯기고 범죄가 증가한다. 잠수부들의 수입이 많아서 몇 달은 먹고살 수 있을 거라고 생각하겠지만 사실 수입의 대부분은 매춘부와 마약에 들어간다고 한다.

정부의 조업 금지 위협이 효과가 있든 없든, 바닷가재 업체들은 정부의 위협만 내세우면서 안이한 태도로 일관할 뿐 아무런 조치를 취하지 않는다.

"혹시 우리 좀 도와줄 수 있어요?" 내가 다이빙 강사라는 걸 알고 에베노르가 묻는다. "우리 잠수부들한테 안전하게 잠수하는 법 좀 가르쳐줘요."

"제가 뭘 어떻게 도와드리죠?" 수심계나 시계, 잔압계가 없는 잠수부에게 안전하게 잠수하는 법을 가르치기란 스카이다이버에게 낙하산도 없이 비행기에서 안전하게 뛰어내리는 법을 가르치는 격이다.

내가 무슨 수로 2,200명의 잠수부들을 도와줄 수 있을까?

내게 돈이 있다면 잠수부들에게 공기의 잔량을 표시해주는 장비인 잔압계를 하나씩 나눠주고 싶다. 잔압계만 있으면 공기통이 비어서 수면으로 다급히 올라오다가 잠수병과 과팽창 부상을 입을 가능성이 줄어들 것이다. 그밖의 부상들도 감소하고 잠수로 인한 장기간의 해로운 영향도 줄어들 것이다.

문제는 모든 잠수부에게 잔압계를 하나씩 나눠주려면 수십만 달러가 필요하다는 데 있다. 그런데 사실 잠수부 한 사람을 놓고 보면 그렇게 큰돈도 아니다. 잔압계 한 대가 100달러(11만 원) 정도 한다. 그뿐이다. 잠수부 한 사람에게 100달러만 투자하면, 그러니까 잠수부 한 사람이 바다에 나갔다 올 때 버는 금액의 10퍼센트만 투자하면 바닷가재 잠수의 안전이 기하급수적으로 강화될 수 있다. 시내에서 좀비처럼 어슬렁거리는 사람도 줄어들고, 몸이 마비되어 아이를 안아주지 못하는 아빠도 줄어들고, 과부도 줄어들 것이다.

내가 취미로 잠수하는 스쿠버다이버들을 가르칠 때처럼 여기 잠수부들에게 잠수 점검표를 참조하여 안전하게 잠수하는 법을 가르쳐줄 수는 있지만 그렇게 하면 잠수 횟수가 하루에 12회에서 4회로 제한되고 수입도 크게 줄어든다. 그들은 이런 도움을 원하지 않는다.

잠수부들과 협력하는 비영리단체인 해저안전Sub Ocean Safety의 밥 이즈뎁스키(그 역시 오랫동안 산업잠수부로 일했다)는 상황을 개선하려고 노력했다. 밥이 잠수부들을 지원하는 활동에 관심을 갖게 된 것은 지인으로부터 중앙아메리카에서 바닷가재로 큰돈을 번다는 말을 들었을 때였다. 지인은 밥에게 이렇게 말했다. "거기서는 하루에 5달러(5,600원)나 10달러(11,200원)만 주면 인디언 잠수부를 구할 수 있고, 그들이 일을 그만두거나 잠수병에 걸려도 아랑곳하지 않아요. 어차피 그 마을에는 일할 사람이 널렸으니까요." 밥이 모스키토 해안을 찾아왔을 때 마주한 현실은 "잠수 세계의 윤리적 아마겟돈 — 서서히 일어나는 해저의 집단학살"이었다. 훈련도 받지 않은 잠수부들에게 필요한 장비도 주지 않고 바다 밑바닥을 훑어 바닷가재를 잡아오게 하는 바닷가재 회사들은 "탄갱이 붕괴될 줄 알면서도 광부들을 죽음의 갱도로 들여보내는 광산주와 같습니다"라고 밥은 말했다.

1995년 밥은 푸에르토카베사스에 최초의 감압실을 설치했다. 5년간 잠수부 600명을 치료했다. 하지만 2002년 밥이 방문했을 때 감압실은 녹이 슨 채 더 이상 운영되지 않았다. 밥은 상황이 전혀 나아지지 않고 주류 언론, 그린피스나 시에라클럽(미국의 환경보호 단체—옮긴이) 같은 단체들의 관심을 끌지 못하는 현실에 절망했다. 그래서 중앙아메리카의 바나나와 사탕수수 농장에서 화학약품에 노출된 채 일하면서 고통받는 노동자들을 지원하는 쪽으로 방향을 틀었다.[13]

에베노르가 지켜보는 사이 내 머릿속에서 바퀴가 굴러간다.

"입에서 나오는 기포들 중에서 제일 작은 기포보다 더 천천히 올라가라고 가르쳐줄 수는 있어요." 잠수의 기본 중 기본인 규칙이었다. "그리고 물을 많이 마시라고 말해줄 수 있어요."

에베노르의 눈에 허탈함이 스쳤다. 이런 얘기를 한 번도 들어보지 못한 듯했다. 잠수부들에게는 돈과 장비, 훈련도 중요하지만 에베노르처럼 진심으로 그들을 아껴주는 사람이 절실하다.

"우리 애들을 위해 싸워주세요." 에베노르가 이제는 앞뒤 꽉 막힌 경찰이 아니라 방과 후 활동 교사처럼 말한다. "우리 애들이 제대로 치료도 받고 안전하게 일하도록 도와줘야 합니다."

CHAPTER 12

FBI 요원으로 몰리다

베니토가 내 오리발을 돌려주는 사이 선원들이 다가온다. 선원들은 무서운 무언가를 발견했다는 소식을 전한다. 레이디 디의 자매선인 마르코 폴로가 바다에 버려진 채 발견됐는데 선장과 선원 셋이 감쪽같이 사라졌다는 소식이다. 배에서 무슨 일이 벌어졌는지 확인할 길은 없지만, 다들 무슨 일이 벌어진 건지는 안다.

마르코 폴로가 대박을 터트린 것이다.

모스키토 해안에서는 바닷가재로도 큰돈을 벌지만 코카인으로는 더 큰돈을 번다. 그래서 현지에서는 코카인을 '하얀 바닷가재'라고 부른다. 미국과 니카라과의 해양경비대가 콜롬비아에서 넘어오는 마약 밀수선을 포착하면 밀수범들은 화물을 배 밖으로 내던진다. 화물이 해안으로 떠밀려오면 주민들이 건져서 가상의 연인들을 위해 파놓은 무덤에 묻는다. 그러면 콜롬비아 마약상과 니카라과 중간상이 코카인을 1킬로그램당 4천 달러(450만 원)에 되산다. 콘크리트 집에 사는 현지

인들은 누구나 하얀 바닷가재를 본 적이 있다고 한다.[1]

버려진 코카인을 발견하자 마르코 폴로의 선원과 잠수부들 중 대다수가 카약을 타고 석양 속으로 사라진 것이 분명하다.

"마약을 발견했는데 나만 배에 남겨두고 떠나면 재미없을 줄 알아요!" 내가 말한다.

"뉴스 헤드라인이 눈에 선하네요." 베니토가 말한다. "'버려진 배, 그링고가 몰다!' 아니면 '선원들 마약 발견, 배와 그링고를 버리다!'"

다들 웃음을 터트린다. 그러나 모스키토 해안에서 마약은 결코 웃을 일이 아니다. "깜둥이!" 베니토의 동료 하나가 큰 소리로 나를 부른다. 깜둥이는 지난 몇 주 동안 함께 대기하면서 내가 시시때때로 희멀건 피부에 선크림을 발라대서 붙은 별명이었다. 애정이 담긴 별명이라고 믿고 싶다. 뚱뚱한 친구한테 홀쭉이라고 부르거나 키 작은 친구한테 꺽다리라고 부르는 것처럼. "저 친구들한테 댁이 어쩌다 CIA 요원이 됐는지 말해줘요."

미국인들은 나한테 빚졌어

"에이, 이제 그만 좀 해요." 내가 말한다. 모두들 그 이야기를 좋아한다. 그래서 누가 새로 합류하기만 하면 그 이야기를 들려줘야 한다.

배가 출항할 때까지(정말로 출항할지 확실하지 않지만) 몇 시간을 때워야 한다. 그러니 그 이야기를 또 하지 않을 이유도 없다.

"알았어요." 나는 선크림을 꺼내서 콧잔등에 얇게 펴 바른다. 서로 옆구리를 쿡쿡 찔러댄다. 그리고 베니토의 얼굴이 굳어지자 웃음소리도 잦아든다. "제가 막 도착해서 거리를 지나는데 웬 남자가 손을 내

밀어 악수를 청하더라고요. 둥글고 친근한 얼굴이 조지 포먼(헤비급 세계 챔피언으로 그릴 광고로 유명함—옮긴이)이랑 닮았더군요. 잠깐, 조지 포먼이 누군지는 다들 아시죠? 여하튼……."

"당신 어디서 왔소?" 조지 포먼이 짐승의 발만 한 손으로 내 손을 삼키면서 물었다. "영국?"

나는 미국에서 왔다고 대답했다.

"아, 미국인……." 남자가 손아귀에 힘을 주었다. "댁이 와서 기쁘군…… 그런데 나한테 뭐 해줄 거요?"

나는 '무엇을 도와드릴까요?'나 '안녕하십니까?'라는 말이 서툰 영어 때문에 잘못 나온 줄 알았다. 우리의 맞잡은 손이 위아래로 오르내렸지만 내가 빙긋이 웃자 그가 갑자기 예의상 하던 모든 행동을 멈추고 손을 꽉 잡았다. "댁들 나한테 빚졌잖아." 그러면서 그의 얼굴은 고

부두에 있는 베니토의 동료들

기를 구워 파는 조지 포먼에서 헤비급 복서 조지 포먼으로 돌변했다. "내가 산디니스타(니카라과의 사회주의 혁명 정부—옮긴이)에 맞서 싸운 몸이란 말이야. 미국인들 밑에서 훈련받았고."

미국은 1980년대에 북반구로 확산되던 공산주의를 저지하기 위해 스쿨 오브 아메리카SOA에서 공산주의 세력인 산디니스타에 맞설 반정부 전사를 훈련시켰다. 이 학교는 졸업생들을 이용했다고 비난을 받았다. 일부 졸업생들이 중앙아메리카 각지에서 암살단을 이끌었기 때문이다. (미 정부는 SOA를 설립해 중남미의 엘리트 장교들에게 암살과 고문 기술 등을 가르쳤다. 중남미의 유명 독재자들은 대부분 이 군사학교 출신이다—옮긴이)

"당신이 왜 여기 있소?" 조지 포먼이 나를 잡아끌었다. 나는 관광객이자 학생이라고 말했다. "FBI 학생!" 그가 말했다.

베니토와 동료들이 서로 등짝을 때리면서 한참 웃어댄다. 그 바람에 팝콘과 생수를 파는 아이들까지 모여든다. 나를 FBI로 생각하는 사람이 있다는 사실이 웃겨죽겠는 모양이다.

"그래서 나는 말보다는 온몸으로 부정했어요. 도리질도 하고 어깨와 손을 축 늘어뜨렸죠. 어쩌면 '아니다'라고 부정하는 말을 조금씩 아끼면서 버틴 건지도 모르죠."

"CIA 학생이구나!" 조지 포먼이 말했다.

웃음소리가 더 커졌다. 이 대목에 이르자 다들 내가 FBI나 CIA 요원이 되는 일이 얼마나 터무니없는지 왈가왈부하면서, 만약 CIA 정예 요원 중에서 한 명을 선발해 니카라과의 마약 조직에 침투시켜야 한다면 짙은 피부의 라틴계 외모에 스페인어도 할 줄 알고 장난감 비비총으로 제 다리를 쏜 적이 없는 사람을 선택할 거라고 말했다. 그들이 손

꼽은 요원은 나와는 정반대였다. 그나마 내가 선발될 일말의 가능성은 법 없이도 살 수 있는 북유럽의 어느 나라에 굳이 스파이를 보내야 할 때일 것이다. 오직 그때뿐이다.

그때는 나도 내가 CIA 학생 요원이면 좋겠다고 생각했다. 그러면 주짓수 같은 무술로 조지 포먼의 손을 푼 다음 뛰어난 체력으로 따돌리고 약속 장소, 내 지원군이 탈출용 헬리콥터와 제트팩(하늘을 날 수 있는 분사 추진기─옮긴이)을 대기시켜놓고 기다리는 곳으로 달려갈 텐데.

"전 파리도 못 죽여요." 내가 조지 포먼에게 말했다. (솔직히 말하자면 '이 친구가 날 CIA 요원으로 생각하다니. 멋진데!'라는 생각이 들었다.)

"그러다 그 남자 눈을 봤어요. 날 노려보는 눈빛 깊은 곳에 분노가 서려 있어서 금방이라도 폭발해 나를 그 자리에서 녹여버릴 기세더군요." 이 대목은 말할 때마다 부풀려졌다. 듣는 사람들도 다 알면서 기꺼이 눈감아주었다. 어차피 우리는 날마다 길고 지루한 시간을 때워야 했으니까.

나는 뒤로 물러섰다. 손은 아직 조지 포먼의 손아귀에 잡혀 있었다.

"난 인디언이오!" 그가 다른 손으로 나를 가리키며 말했다. "인디언들 일에 껴들지 마쇼. 당신이 어디서 왔는지 다 알아. 어디서 묵는지도 알고."

"그자가 갑자기 손을 풀기에 얼른 팔을 뺐어요. 그런 부류는 두려움의 냄새를 잘 맡는데 나한테서 틀림없이 지독한 냄새가 났을 거예요. 그자가 오른손 엄지를 목 왼쪽에 대고 왼손 엄지를 오른쪽에 대더니 침착하게 한쪽 귀에서 다른 쪽 귀로 두 줄로 목을 자르는 시늉을 하더군요." 이 대목에서 나는 광기어린 눈빛으로 목을 긋는 조지 포먼을 연기하고는 잠시 뜸을 들였다. "나는 최대한 FBI나 CIA 요원처럼 보이지 않으려고 주의해서 걸었어요." 다들 이 대목을 좋아해서 매번 FBI답지 않고 CIA답지 않은 걸음걸이를 보여주겠다고 아우성이었다.

이 이야기 하나로 나는 부두에서 널리 인정받았다.

"당신 장비를 배에 실읍시다." 갑자기 베니토가 이렇게 말하면서 내배낭을 집어 들어 레이디 디 3호의 선원에게 던진다. "갑시다, 깜둥이." 베니토가 내게 부두 끝으로 가라고 손짓한다.

배에 오르는 통로가 따로 없고 밧줄 두 줄만 연결되어 있어서 한 줄에 발을 딛고 한 줄을 손으로 잡고 건너야 한다. 레이디 디 3호가 파도 때문에 요동치면 밧줄이 팽팽히 당겨지고, 배가 요동을 멈추면 밧줄이 느슨해진다. 나는 아래쪽 밧줄에 한 발을 딛고 위쪽 밧줄을 죽기 살기로 움켜잡으면서 건넌다. 그야말로 '태양의 서커스'가 따로 없다.

베니토가 내 해먹을 그의 해먹 옆에 매달면서 배 한 가운데의 이 천막 아래 자리가 노른자 자리라고 큰소리친다. 배에서는 공간이 귀하다. 선원과 잠수부, 카누 젓는 사람들까지 60여 명이 서로 부대끼면서 생활하고 일하고 먹는다. 순간 무언가 퍼뜩 떠오른다. 아까 페인트칠이 떨어져나간, 녹슬고 소금기에 찌든 배를 한 바퀴 돌면서 지저분한 조타실과 작은 조리실까지 다 둘러봤지만 한 가지가 없었다.

"화장실은 어디 있어요?" 내가 묻는다.

베니토는 웃다가 해먹에서 떨어질 뻔했다.

"저렇게 큰 화장실은 어디다 쓰시게!" 그러면서 선미 너머를 가리킨다. "조준에 실패할 리가 없잖아요."

웃음소리가 잦아든다. 우리는 동시에 흔들리면서 거친 대서양으로 나간다. 긴장된다. 이 해먹이 내 침대요, 레이디 디 3호가 내 집이요, 바다가 내 화장실이다. 삶의 조건이 팍팍해질 것이다. 2주 내내 바다에 머물러본 적이 없기도 하지만, 그보다는 점검 확인증이 없는 공기통(공기통은 매년 점검해야 한다)이 잔뜩 쌓인 선반과 기름때 묻은 공기압축기를 보니 잠수가 걱정이다.

오염된 공기든 불량 공기통이든 잠수부를 죽일 수 있다. 지금까지 들은 얘기로 미루어보면 유지 보수와 안전을 거의 고려하지 않는다. 공기압축기나 공기통에서 나쁜 공기가 나오면 잠수부들이 두통을 호소하거나, 그런 일이 없어야겠지만 영영 돌아오지 못하기도 한다.

잡는 사람에겐 생계, 먹는 사람에겐 사치

몇 주간 조업이 없었던 터라 어둠이 찾아오자 갑자기 부산스럽다. 연료와 얼음을 공급하는 트럭이 왔다 간다. 나무 카누가 배 위에 죽 늘어서 있다. 60명이 지낼 공간으로는 부족했는데, 이제는 겨우 서 있을 정도다. 선장이 도착해서 배를 살피기 시작한다. 잠수부들이 하나둘씩 부두로 모여들고 우리도 합류한다. 대부분 지저분한 티셔츠에 플립플롭을 신은 청년들이다. 그들은 끝에 미늘이 박히고 짧은 나무 노가 달린 쇠막대를 들고 온다. 이 지역에서 제일 벌이가 좋은 일꾼들처럼 보이지는 않는다.

해안경비대 담당자가 일꾼들의 이름을 부른다. 이름이 불리는 족족 밧줄 다리를 가뿐히 건너서 배에 오르지만 열여덟 살 정도로 보이는 한 소년은 예외다. 베니토가 내 쪽으로 몸을 기울여서 소년의 첫 항해라고 귀띔해준다.

내가 처음 오픈워터에서 스쿠버다이빙을 했던 때가 생각난다. 그곳은 물에 잠긴 채석장이었다. 그때 나도 무척 긴장했다. 내가 할 일은 기껏해야 강사와 함께 6미터 정도 잠수해서 몇 가지 기술을 수행하는 정도였다. 호흡이 가빠지고 부력을 조절하기 힘들었다. 진흙 바닥에 달라붙거나 수면에 떠올라서 오리발로 허공에 발차기를 했다. 그런데 여기 이 불쌍한 소년은 잠수의 기초도 모르고, 그저 이웃사람 몇이 잠수 중에 마비되거나 죽거나 부상을 당했으며, 다른 집들도 잠수로 생계를 유지한다는 것만 알고 있다. 그나마 나는 비디오도 두어 편 보고 YMCA 수영장에서 며칠 밤을 연습하기라도 했다. 소년은 더듬더듬 밧줄 다리를 건너서 낄낄거리는 낯선 동료들 속으로 들어간다.

침통한 분위기다. 당연한 일이지만. 어머니들은 아들에게 지나치게 애정을 보여주지 않으려 한다. 젊은 아빠들은 아이를 아내에게 넘겨준다. 다른 잠수부들은 혼자다. 나는 부두에 서서 그들의 이름을 듣는다.

미국 어딘가에서는 누군가가 큰 맘 먹고 바닷가재를 사먹는다. 우리에게 바닷가재는 그런 의미다. 큰 맘 먹고 사먹는 요리. 평범한 수요일 저녁에 먹는 주식은 아니다. 우리는 생일과 기념일, 승진과 중요한 행사를 바닷가재로 기념한다. 우리에게 꼭 필요한 것은 아니지만, 미스키토 인디언에게는 꼭 필요하다. 잠수부들이 바닷가재를 많이 잡지 못하면 가족들은 쌀과 콩 같은 주식을 포기해야 할지 모른다.

이것이 내가 바닷가재에 관해 배운 사실이다. 바닷가재는 잡는 사람에게는 생계이고 먹는 사람에게는 사치다. 어마어마하게 위험한 일이다. 선택의 여지는 없다.

한참 호명이 이어진다. 내 이름은 끝내 불리지 않는다.

CHAPTER 13

물고기의 미래

(2012년 겨울, 인디애나 주 먼시.) 나는 아내 애니와 함께 레드 랍스터에 앉아 있다. 죄책감이 밀려온다. 하지만 제기랄, 이 집의 체더베이 비스킷은 정말 끝내준다.

지난 7년 동안 모스키토 해안의 바닷가재 잠수부들이 내 마음에서 멀어진 적은 없다. 식료품점에서 랩으로 감싼 바닷가재 꼬리를 지나칠 때면 그들을 생각한다. 얼마 전에 가본 시카고의 어느 스포츠 바에는 인형 뽑기 게임기가 있었는데 안에는 동물인형이 아니라 살아 있는 바닷가재가 들어 있었다. '랍스터 존'이라는 이름의 그 게임기에는 "바닷가재를 잡으세요. 요리해드립니다"라는 홍보문구가 붙어 있었다.

우리는 이런 식으로 현실에서 멀어진다. 스포츠머리를 한 어느 시카고 베어스 팬이 하프타임 간식거리를 따낼 요량으로 2달러(2,200원)를 넣고 바닷가재를 건져 올릴 수도 있다. 그가 성공한다면 보나마나 친구들에게 달려가서 "내가 뭘 잡았나 보라니까!"라고 소리칠 것이고,

그 바닷가재가 사실은 어디서 왔는지(바다 밑바닥), 사실은 누가 잡았는지(미스키토족 잠수부), 잠수부들이 어떤 위험을 감수했는지(그들의 목숨)는 생각하지 못할 것이다.

'랍스터 존' 웹사이트도 이 시카고 베어스 팬만큼 현실에 무지하다. '자주 묻는 질문'에는 다음과 같은 질문과 답변이 올라와 있다.

Q. 게임기의 갈고리에 바닷가재가 상할 수 있나요? 바닷가재가 투하구로 미끄러져 내려올 때 흠집이 나지 않을까요?

A. 아닙니다. 플라스틱 갈고리는 공기의 압력으로 닫히기 때문에 바닷가재의 딱딱한 껍질이 손상될 염려는 없습니다. 바닷가재가 나올 때는 갈고리가 투하구까지 내려오기 때문에 부드럽게 미끄러져서 바구니에 떨어집니다. 상처가 날 가능성은 전혀 없습니다.

사람들이 바닷가재의 복지에 어찌나 관심이 많은지 '랍스터 존' 사람들이 완만한 미끄럼판을 제작할 정도다. 그러나 목숨을 내놓고 팔다리를 걸고 바닷가재를 잡아 올리는 사람들에게는 그만큼 신경을 써주지 않는다.

내가 푸에르토카베사스에 다녀온 지 7년이나 지났지만 그곳의 비참한 현실은 변하지 않았다. 사실은 더 비극적으로 악화되어 바닷가재 개체수가 35퍼센트 정도 감소했다.[1] 미국이 수십 년 만에 최악의 불황을 겪으면서 바닷가재 수요도 줄어들었다. 2009년 상반기에는 잠수부들이 0.45킬로그램에 3달러(3,400원)를 벌었는데, 6월에는 0.45킬로그램에 1.90달러(2,100원)로 급감했다. 바닷가재 어선은 바닷가재를 잡아서 돌아와도 손해를 본다. 푸에르토카베사스의 주요 가공 공장 중 한 곳이 도산했다. 바닷가재 가격이 50퍼센트나 폭락한 이후 2009년 6월 시위대가 가공 공장 사무실을 공격했다. 시위대는 결국 시장이 피신한 교회로 쫓아가서 불을 지르겠다고 협박했다.

"들어보세요, 형제님들, 제 말을 들어보세요." 원주민 목사가 시위대에게 연설했다. "잠수부들은 바다 밑에서 일합니다. 당신의 몸이 마비되면 누구도 돈 한 푼 주지 않습니다. 그리고 당신이 반신불수가 되면 아내도 당신을 원하지 않을 겁니다. 이것이 바로 죽음을 불사하고라도 임금을 지키기 위해 싸워야 할 이유입니다."[2]

지금 내가 앉아 있는 레드 랍스터의 모회사인 다든은 미국국제개발처를 비롯한 단체들과 협력하여 세계어업연맹Global Fish Alliance을 발족했다. 세계어업연맹은 지속가능한 어장과 책임 있는 양식업을 촉진하는 것이 목표다. 이런 일들은 항상 먼저 세계 경제의 관심을 끈다. 대규모 초콜릿 기업들은 서아프리카의 사회 및 환경 문제에 관심이 없다가 카카오 공급이 지속적으로 이루어지기 어려워지자 뒤늦게 관심을 갖기 시작했다. 현재 초콜릿 기업들은 농부들과 함께 일하려 하고 있다. 레드 랍스터도 마찬가지다. 수십 년간 해저 집단학살이 자행될 동안 그 누구도 관심을 보이지 않다가, 해저 집단학살로 얻은 과실이 위기에 처하자 정부와 경제계가 움직이기 시작한 것이다.

"처음에는 자연자원에 대한 문제의식에서 시작했어요." 세계어업연맹의 스피니 랍스터 사업부 매니저인 앤이 내게 전화로 한 말이다. 앤은 자신의 업무를 양파껍질 까는 일에 비유했다. 나는 앤에게 세계어업연맹이 잠수부들을 돕기 위해 무슨 일을 하는지 물었다. 잠수부들에게 훈련이나 적절한 장비를 제공할 것인지? 앤은 세계어업연맹에서 잠수를 하지 못하게 할 거라고 말했다. 그것이 그들의 해결책이다.

그러나 사실 그들은 벌써 몇 년째 잠수를 중단시키려 시도만 하고 있었다. 2010년에 중단시킬 예정이었다가 현재는 2013년에 중단시키기로 했다. 초콜릿 업계에서 아동노동을 중단시키기로 합의한 일이 연상되었다. 그리고 그 합의가 어떻게 계속 미뤄지고 있는지도.

"그럼 일자리를 잃은 잠수부들은 어떻게 됩니까?" 내가 물었다.

"아직 대책을 마련하지 못했어요." 앤이 대답했다.

우리가 무엇을 먹는지가 세상에 영향을 끼친다

레드 랍스터 메뉴는 수입식품계의 베스트 히트곡 모음집처럼 보인다. 미국은 수산물의 86퍼센트를 수입한다. 수산물 수입 비율이 석유보다 높다.[3] 전 세계의 수산물 수요는 1950년 이후로 7배나 증가했다. 미국인은 연간 18킬로그램의 수산물(전 세계 평균보다 1킬로그램 정도 많은 양)을 먹는다. 미국인의 수산물에 대한 욕구를 채워주기 위해 전 세계의 어선단들이 지속가능한 어업보다 2.5배 많이 조업을 한다.

물론 과잉 조업에는 대가가 따른다. 대형 포식어류(황새치, 대구, 상어 등)의 90퍼센트가 세계의 대양에서 사라졌다. 몬터레이만 수족관Monterey Bay Aquarium은 전 세계 어장의 85퍼센트가 완전히 고갈되었거나 과잉 개발되었거나 붕괴되었고 조사한 어류 개체군의 3분의 2가 건강하지 않다고 밝혔다.[4]

니카라과가 가장 중요한 자원을 고갈시킨다고 손가락질하고 싶겠지만, 미국도 똑같은 잘못을 반복해서 저질러왔다. 미국의 북대서양

어선단들이 대구를 남획한 바람에 현재 대구의 어획량은 역사적으로 가장 높았던 시기의 10퍼센트 수준으로 감소했다. 우리는 어떤 작물이나 생선에서 가치를 얻으면 대개는 가치를 남용해서 멸종시킨다.

일각에서는 양식이 우리의 입맛을 충족시키기 위해 자행되었던 남획에 대한 해결책이라고 여긴다. 사실 미국에서 소비되는 수산물의 절반이 양식장에서 길러졌다.

그런데 육식성 어류를 기르는 양식장은 바다에서 먹이를 잡아 공급해야 한다. 양식 연어 한 마리를 0.5킬로그램으로 키우려면 바다에서 잡은 물고기 1.3킬로그램을 먹여야 한다. 이는 7킬로그램을 먹어치우는 참치에 비하면 아무것도 아니다.

양식장은 대개 바다 옆 홍수림(열대·아열대의 바닷물에 잠기는 땅—옮긴이)에 위치한다. 고농도의 어류 폐기물, 좁은 공간에서 많은 물고기를 기르기 위해 투입하는 화학약품 등이 흘러나와 주변 환경을 황폐화시켜서 양식장을 옮겨야 하는 경우가 많다. 그러다 보면 결국 바다 양식에 중요한 홍수림이 더 많이 파괴된다.

지속가능한 양식을 위해서는 육지에 수조를 만들어 여과수를 쓰고 어류 폐기물로 비료를 만들고 홍합이나 굴, 혹은 틸라피아처럼 물고기를 먹지 않는 어류 위주로 키워야 한다.[5]

다행히도 책임감을 잃지 않고 수산물을 먹는 건 그리 어렵지는 않다. 몬터레이만 수족관의 수산물 감시 프로그램은 수산물을 '최고의 선택', '좋은 대안', '기피 대상' 등급으로 분류한다. 몬터레이 수족관의 '수산물 감시 추천 가이드'를 4천만 명 이상의 소비자가 다운로드했고, 식품 소매업체와 공급업체들도 관심을 보였다.

월마트는 야생에서 잡힌 모든 수산물에 생물이든 냉동이든 상관없이 해양관리협회Marine Stewardship Council의 인증을 요구한다. 홀푸드는 몬터레이만의 색상 코드 등급 체계를 표시한다. 미국 전역의 400개 이상 대학에서 학생식당을 운영하는 외식업체 보나페티Bon Appétit는 모든 수산물을 몬터레이만 수족관 지침에 따라 구매한다. "저희는 진심으로 더 나은 세상을 만들 기회와 책임이 저희에게 있다고 확신합니다." 보나페티의 CEO 페델레 바우초가 한 말로, 몬터레이만 수족관의 '수산물 현황 보고서'에 실려 있다. 외식업계의 거대기업인 아라마크Aramark도 보나페티의 선례를 따른다. 2018년까지 보나페티와 동일한 기준으로 수산물을 구매할 계획이다.

기업과 개인은 식품의 원산지가 중요하다는 걸 인식하고 있다. 우리가 무엇을 먹는지가 어획량에 영향을 미치고, 이는 다시 전 세계의 상업적 어업과 양식업에 종사하는 4,490만 인구에 영향을 미친다. 우리는 니카라과 모스키토 해안에서 벌어진 일과 같은 비극을 피할 수 있을 만큼 충분히 안다.

몬터레이만 수족관은 스피니 랍스터를 구입하는 행위를 다음과 같이 간주한다.

니카라과, 온두라스, 브라질의 카리브 해 스피니 랍스터 어장은 갖가지 문제를 안고 있습니다. 이 지역의 바닷가재는 빈번하게 남획되고, 번식력이 생기기도 전에 잡히거나 불법으로 포획됩니다. 바닷가재 개체군의 상태와 양에 관한 자료도 충분하지 않아서 바람직한 조업 관리 관행을 결정하기도 어렵습니다.

우리는 플로리다와 캘리포니아, 멕시코 바하에서 잡힌 스피니 랍스터를 먹어야 한다는 사실을 알지만, 미국에서 수입하는 스피니 랍스터의 약 50퍼센트가 니카라과와 온두라스, 브라질에서 수입된다. 바로 기피 대상으로 지목된 세 지역이다.[6]

소비자는 식료품점에서든 음식점에서든 '나는 어디서 먹는가?'라고 자문해서 먹는 일에 관해 책임 있는 결정을 내려야 한다.

웨이터가 철제 바구니를 들고 온다. 그 안에 들어 있는 것은 오직 하나, 체다베이 비스킷뿐이다! 비스킷을 감싼 냅킨을 펼치자 달콤하고 묵직한 촉감의 비스킷이 나타난다. 나는 비스킷을 입에 넣으려다 말고 웨이터에게 물어본다. "혹시 이 집에서 파는 록 랍스터가 어디서 온 건지 아세요?"

"저희 바닷가재는 모두 메인 주에서 잡힌 겁니다." 웨이터는 이렇게 말하고 발을 끌면서 우리가 주문한 음식을 확인하러 간다. 우리는 바닷가재는 주문하지 않았다.

〔추신: 아직은 그 누구도 바닷가재 잠수를 대신할 그럴듯한 대안을 생각해내지 못했다. 내가 아는 한 현재까지는 실질적인 해결책이 나오지 않았다. 다만 장애인이 된 잠수부들을 도와주는 단체가 생겼다. 치유예술재단Healing Art Foundation은 부상당한 잠수부들에게 휠체어를 지원하고 잠수부들이 적절한 의료적 관심과 치료를 받도록 돕는다.〕

PART 5

사과 주스:
~~미시간~~ 중국산

CHAPTER 14

사과는 없다

그리핀이 발가락을 간지럽히는 파도를 보고 깔깔댄다. 모래 한 줌을 손에 쥐고 코를 찡그린다. 나로서는 그저 아이가 무슨 생각을 하는지 궁금해하는 수밖에 없다. 이 세계를 이해하기란 쉽지 않으니까.

나는 아이를 들어올려 부드러운 피부의 따스한 감촉을 느끼면서 푸른 미시간 호로 들어간다. 아이의 두 팔을 잡고 빙 돌자 아이의 발가락이 수면을 스친다. 아이를 드넓은 푸른 하늘로 휙 던지자 아이가 몸을 둥글게 젖히면서 잠깐 호숫가의 사람들과 제트스키와 모래성 위로 날아오르는가 싶더니 이내 내 품에 쏙 들어온다.

아이의 수영복이 마음에 든다. 반바지인데 다리가 짧아서 발목까지 내려온다. 수영용 기저귀가 반바지 위로 비죽 튀어나와서 펑크족 아이들 속옷 같다. '뭘 봐? 난 아주 멋져. 내가 오줌 싸면 기저귀를 갈아줄 사람들이 있다고.' 나도 그 사람들 중 하나다.

그리핀은 숨이 막힐 정도로 귀엽다. 이 배. 이 볼. 이 눈. 내가 아빠라서 조금 치우친 면이 있겠지만 나만 그런 건 아니다. 이 녀석을 처음 본 사람들도 "어머나" 하고 감탄한다. 가던 길을 멈추고 하염없이 바라본다. 내가 어떤 식으로든 이 아이를 만드는 데 일조했다는 사실에 새삼 놀란다. 이 아이의 절반이 나이고 내 전부는 이 아이다.

우리는 첨벙거리며 파도를 거슬러 나와서 애니(나와 함께 그리핀을 만든 주역)에게 돌아간다. 그리핀은 아내 옆의 비치 담요에 앉아서 한 손으로는 아내의 진갈색 머리카락을 만지작거리고 다른 한 손으로는 사과 주스가 든 어린이 컵을 뒤로 기울인다.

"아빠, 나 잡아 봐요!" 우리의 생기발랄한 세 살배기 딸 하퍼가 소리를 지르면서 호숫가로 뛰어간다. 젖은 모래가 묻은 탱키니 팬티가 축 늘어져서 하얀 엉덩이 윗부분이 다 드러난다. 깡충깡충 뛰는 박자에 맞춰 조그만 두 다리가 흔들린다. 팔도 같이 흔들어보지만 그래야 한다는 생각에 흔드는 거라서 다리와 박자가 맞지 않는다. 그러다 결국 겉모습에는 신경을 꺼버리고 세 살짜리가 할 수 있는 만큼 제멋대로 뛰어간다. 아이의 걸음이 느려진다. 뛰면서 깔깔대기가 여간 힘든 게 아니다.

하퍼는 햇볕에 뜨겁게 달궈진 모래가 거대한 호수의 차가운 물과 만나는 지점에서는 더 빨리 달릴 수 있다는 걸 알아챈다. 아이가 모래밭에 조그만 발자국 네 개를 만들 때 내가 하나를 만든다. 나는 이내 아이를 따라잡아 빙글빙글 돌린다. 우리는 다시 달린다. 이번에는 하퍼가 나를 쫓아온다. 내가 표지판 앞에서 멈춰 서기 전까지. 표지판에는 "출입 금지! 사유지 해변"이라고 적혀 있다. 하퍼가 나를 지나쳐서 뛰어간다. "하퍼, 그만! 더 가면 안 돼. 돌아가야 돼. 여기는 다른 사람의 해변이야."

"어떻게 모래사장을 가질 수 있어요?" 하퍼가 이렇게 물으면서 발자국 하나 없는 텅 빈 모래사장과 제발 지나가게 해달라고 애원하는 파도를 물끄러미 바라본다.

백만 년 전에 북쪽에서 내려온 빙하가 깎고 빚어서 만들어진 분지가 나중에 미시간 호가 되었다. 원래는 바다였던 곳으로, 해양생물이 바다 밑바닥에 쌓여 석회암으로 굳어졌다가 파도에 깎이고 휩쓸려 나와서 이 모래사장이 된 것이다. 지금은 호숫가의 집 한 채를 약 1백만 달러(11억 3천만 원)에 살 수 있다.

세 살배기에게 설명해주기에는 복잡하다. 하긴 나도 제대로 이해할 수 있을지 자신이 없다. 나보다 먼저 부모가 되고 나보다 나중에 부모가 될 수많은 사람들처럼, 나 역시 세상의 모든 존재와 그 존재 중에서 인간의 위치에 관한, 본질을 건드리는 단순한 질문을 받으면 영 신통치 않은 대답만 한다. "그냥 그런 거야." 나는 이렇게 답하고는 아이의 어깨를 잡고 왔던 길을 되돌아간다. "네가 술래야!" 우리는 숨을 헉헉대면서 비치 담요로 돌아온다. 애니가 하퍼에게 사과 주스를 따라주자 아이가 벌컥벌컥 들이켠다.

미시간 주 러딩턴은 매우 근사한 휴가지로, 산책하기 좋은 거리와 완벽에 가까운 모래사장이 있다. 우리 가족의 휴가지에 대한 추억이 쌓여간다.

휴가라면 있어야 할 모든 것이 있었지만 휴가 자랑을 하려고 꺼낸 이야기는 아니다. 사과 주스 때문에 시작한 것이다.

부모가 되기 전에는 애니와 내게 음식은 그다지 중요한 관심사가 아니었다. 우리 부부가 음식으로 인한 건강과 위험에 크게 신경 쓰게 된 것은 한 인간을 전적으로 책임지게 되면서부터였다. 하퍼는 미국 정부가 원산지 표시를 의무화하기 시작한 직후에 태어났다. 어느 날 갑자기 우리가 사온 캔에 든 버섯은 그냥 버섯이 아니라 중국산 버섯이 되었다. 사과 주스는 그냥 사과 주스가 아니라 중국산 사과 주스였다. 중국산 신발이야 그렇다 쳐도 아이들에게 중국산 식품을 먹이고 싶겠는가?

지난 10년간 미국에서 수입하는 중국산 농산물이 5배나 증가했고, 현재 미국은 중국보다 캐나다와 멕시코 두 나라에서 식품을 더 많이 수입한다. 그렇다, 중국은 미국이 세 번째로 식품을 많이 수입하는 나라다.[1] 게다가 중국의 식품 파동을 열거하자면 끝도 없고 섬뜩하다.

2008년 중국에서 멜라민에 오염된 음료와 우유를 마시고 6명의 유아가 사망했다. 15만 4천 명이 입원하고 총 30만 명 정도가 병에 걸렸다.[2] 멜라민이란 실제보다 고가의 단백질을 더 많이 함유한 것처럼 보이게 만드는 물질이다. 21개 업체에서 멜라민을 첨가한 것으로 드러났다. 세계보건기구의 식품 안전 전문가인 피터 벤 엠바렉은 "단순하고, 기초적이고, 단기간의 수익을 위해 대규모로 소비자를 속인 의도적 행동"이라고 지적했다.[3] 아기들이 병들어간다는 주장이 처음 대두된 것은 2007년 12월이었지만 보건상의 위험이 공개적으로 드러난 것은 2008년 9월로, 편리하게도 2008년 베이징 올림픽이 끝난 후였다. 오염된 우유를 생산한 업체들 중 가장 큰 업체 두 곳이 처벌을 받았다.[4]

2004년에는 중국에서 가짜 분유 파동으로 유아 13명이 사망했다. 가짜 분유에는 단백질과 영양소가 일반 제품의 6분의 1밖에 들어 있

지 않아 영양실조에 걸린 것이다.[5]

반려견도 안전하지 않았다. 2007년 미국에서는 멜라민에 오염된 중국산 개 사료를 먹은 개 수십 마리가 죽고 수천 마리가 병들었다.[6]

2010년에는 한 식품학 교수가 중국 14개 자치구의 식당들이 하수구의 기름을 재활용해 요리용으로 쓰는 것을 밝혀냈다.[7]

2011년에는 45헥타르 이상의 수박밭에 성장촉진제를 살포하자 수박이 지뢰처럼 터지면서 물컹물컹한 수박씨 파편이 사방에 튀었다.[8] 성장촉진제는 수박의 크기를 20퍼센트 정도 부풀리고(그만큼 가격도 올라가고) 성장 시기를 2주 정도 앞당기는 물질이다.

쌀에서 중금속 카드뮴, 간장에서 비소, 버섯에서 표백제, 돼지고기에서 붕사가 검출된 적도 있었다. 자, 돼지고기 볶음밥 드실 분?

『형편없는 중국산Poorly Made in China』의 저자 폴 미들러와 알고 지낸지 몇 년 정도 되었다. 폴은 미국 브랜드와 중국 제조업체 사이에서 연락 담당으로 일했다. 그는 샴푸를 생산하는 공장과 일하면서 그가 '품질 소멸'이라고 부르는 현상을 발견했다. 중국의 공장들이 점점 포장을 줄이거나 심지어는 샴푸의 내용물까지 생략해서 결국 샴푸의 화학식 자체를 바꿔버린다는 것이다. 폴은 중국산 샴푸에 뭐가 들어 있을지 몰라서 머리 감는 걸 그만두었다. '중국산'이라는 이유로 폴이 머리를 감지 못할 정도라면 내 아이 뱃속에 중국산을 넣어도 괜찮을 리가 없지 않은가. 특히 중국의 식품 파동 역사를 되짚어보면 더 그렇다.

공정하게 말하자면 미국에서도 식품 파동이 있었지만 대부분 의도치 않게 산업 시스템이 오염되어 발생한 사고였다. 미국에서는 오염된 식품으로 인해 매년 3천 명이 사망하고 12만 8천 명이 입원한다. 비만이나 당뇨 같은 식생활 관련 질병은 포함되지 않은 수치다.

중국 언론이 모든 식품 파동을 보도할 거라면 믿는다면 오산이다. 《차이나 디지털 타임스》는 정부가 언론사에 내려보낸, 식품 파동의 민감한 사안에 관한 보도지침을 폭로했다. "사건을 크게 다루거나 과장하지 말 것", "식품 안전에 관한 보도는 철저히 검열할 것", "지방의 식품 안전 사건을 보도할 때는 공식 성명을 따르고 상황을 축소할 것", "사건을 1면에 싣지 말 것", "사건을 상세히 다루지 말 것."

나처럼 의문을 갖는 사람도 있을 것이다. '아니, 수입식품은 전량 검사를 하지 않나?'

2001년 미 식품의약국FDA은 수입식품의 1퍼센트 미만을 검사했다. 2001년 9월 11일 테러 이후에는 수입식품의 양을 2배로 늘려 검사했다. 하지만 2004년 부시 정권의 보건부 장관인 토미 톰슨은 미국 식품 체계의 취약성을 발견하고 이렇게 말했다. "아무리 봐도 우리의 식품 공급 체계가 이렇게 취약한데 테러리스트들이 왜 식품 공급 체계를 공격하지 않았는지 이해가 가지 않습니다."[9]

2012년 FDA는 수입식품의 2.3퍼센트를 검사했다.[10]

10년 전에는 수입식품 화물 600만 개가 미국의 항구로 들어왔고, 2012년에는 약 2,400만 개가 들어왔다. 같은 기간 FDA 검사 인력은 1,350명에서 1,800명으로 늘어났을 뿐이다. 수입식품이 400퍼센트 증가한 데 비해 검사 인력은 33퍼센트 증가한 셈이다.

2011년 1월 식품안전현대화법Food Safety Modernization Act이 조인되었다. FDA가 미국 내에서 행사하는 권위의 일부를 국제적으로 확장하는 법이다. FDA는 더 강력해진 권위를 통해, 수입업체들에 공급업체가 식품 안전 규칙을 준수하는지 확인하라고 요구하고, 특정 고위험군 식품에 대해서는 제3자 검사를 요구할 수 있으며, FDA의 시설 검사를 수용하지 않는 공장과 국가에서 온 화물을 거부할 수 있다. 바람직한 조치이기는 하지만 전에는 이런 권한이 없었다는 사실이 믿기지 않는다. 식품안전현대화법은 70년 만에 이뤄진, 식품안전법에 대한 최초의 대규모 개혁이다.

식품안전현대화법이 조인되긴 했지만 아직은 검토하는 중이라 발효되면 어떻게 될지 아무도 확신하지 못한다.[11] 따라서 우리는 마런 네슬레가 『안전한 식품: 식품 안전 정책Safe Food: The Politics of Food Safety』에서 "현실이 얼마나 불합리한지 혀를 내두를 정도다. 35가지의 개별적인 법이 장관급 부서 6개에 설치된 12개 기관에 의해 집행된다"[12]라고 한 식량 체제에서 살아야 한다. 마런은 갈수록 사람들이 식중독에 쉽게 걸리지 않는 이유는 "기적이나 다름없고 우리의 면역 체계와 요리, 식품 보존의 혜택과 순전한 행운 덕분이지 연방정부의 관리감독 때문은 아니다"라고 지적한다.[13]

애니와 나는 아이들의 건강을 행운의 손에 맡기고 싶지 않아서 미국산 사과 주스만 먹이기로 했다. 말하자면 모트Mott,

인디언서머 공장에서 나와 딸 하퍼

미닛메이드, 주시주스Juicy Juice를 비롯한 대다수 주요 주스 회사의 주스를 안 먹기로 한 것이다. 우리 가족은 러딩턴 근교에서 생산된 인디언서머 사과 주스를 마신다.

우리는 비소를 얼마나 마시고 있는가

"오즈 박사를 쏴버리고 싶어요." 인디언서머 협동조합의 부조합장 숀이 말한다. "그 작자가 하는 말은 다 거짓말이에요. 그자가 씨 있는 열매에는 시안화물(일반적으로 독성이 강한 화합물—옮긴이)이 들어 있다고 했어요…… 딸기, 블루베리, 라즈베리, 체리, 사과. 그런데 그자가 말하지 않은 게 있습니다. 먹으면 죽는 시안화물도 있지만 천연 시안화물도 있다는 사실 말입니다."

숀은 나를 거대한 공장으로 안내했다. 그는 예전에 사과를 장기 보관했던 곳을 보여주었다. 이곳에서는 실내의 산소를 모두 빼낸 다음 사과를 보관한다. 문은 경고 표시로 도배가 되어 있었고, 숀은 위생복과 호흡기를 착용해야만 들어갈 수 있다고 했다. 사과 상자가 높이 쌓인 냉장실에서 말하기 위해 입을 열 때마다 입김이 나왔다. 사과를 살균제와 진균제에 담가두면 최장 1년까지 보관할 수 있었다.

우리는 헤어네트를 쓰고 젖은 콘크리트와 반짝이는 스테인리스 스틸로 된 생산 건물을 둘러보았다. 안에서 일하는 사람들은 소방 호스로 바닥에 물을 뿌렸고, 건물 전체에 달콤한 사과 진액이 축축하게 배어 있었다. 전혀 끈적거리지 않았다. 부패한 냄새도 없었다. 건물로 들어가는 지퍼 문이 열렸다 닫히면서 여기저기서 지게차가 튀어나와 잔뜩 쌓인 사과를 거대한 수조에 떨어뜨렸다.

사과가 컨베이어에 실려 옆방으로 이동하면 그 방에서는 사과 심지를 파냈다. 작은 손가락 모양의 장치가 사과를 오른쪽 위로 돌리면 사과 심지가 '툭' 하고 빠졌다. 사과가 올라갔다 떨어지기를 반복했지만 그 과정은 부드러웠다. 나선형을 따라 내려가는 사이 사과가 으깨지고 부드럽게 섞였다.

다음 방에서, 숀과 나는 철제 통로에 서서 녹은 사과 주스가 들어 있는 김이 모락모락 나는 통을 들여다보았다. 히스패닉 남자가 우리에게 비켜달라고 했다. 우리가 본 근로자들은 대부분 히스패닉이었다. 관리자도 스페인어로 말하고 회사의 인사과 담당자도 스페인어로 말했다. 인디언서머는 메이슨 카운티의 큰 기업 중 하나이지만 계절의 영향을 받고 수확량에 의존한다. 비수기에는 50명만 있어도 공장을 돌릴 수 있지만 성수기에는 250명을 고용한다. 방금 전 그 히스패닉 남자가 버튼 몇 개를 누르자 통이 비워졌다. 통을 물로 씻자 아무것도 남지 않았다.

주스와 소스가 관을 따라 흘러갔다. 기계가 소스를 플라스틱 병에 뱉어내자 마술처럼 뚜껑이 나타나서 병을 돌려 막았다.

사과 주스 병 위로 공기가 훅 지나가자 뚜껑이 돌아가 닫혔고, 병이 컨베이어를 타고 곧장 위로 올라갔다가 경사로를 감아 돌아 내려오면서 병에 든 공기가 뜨거운 주스를 통과하고 정화시킨다.

사과 소스 공정은 완전히 자동화되지 않았다. 기계 장치가 소스를 돌리지 않고 흰색 실험복을 입은 여자가 병을 뒤집어서 앞에 지나가는 컨베이어에 올려놓았다. 3미터쯤 더 가면 역시 실험복을 입은 여자가 다시 병을 오른쪽으로 뒤집어서 똑바로 세웠다. 이들이 온종일 하는 일이다.

설탕이나 물을 첨가하는 줄 알았는데 물은 아주 단 사과의 당도를 낮출 때만 첨가한다고 한다. 사과 5킬로그램을 넣으면 주스 3.8리터가 나온다.

병이 포장실로 들어가기 전에 레이저로 측정해서 너비 규격에 맞고 뚜껑이 단단히 닫혀 있는지 확인한다. 규격에 맞지 않거나 뚜껑이 헐거우면 팔 모양의 기계가 내려와 병을 폐기통으로 밀어 넣는다.

사과 주스에 붙이는 상표가 내 예상과 달리 인디언서머 상표가 아니다. 인디언서머가 사과 주스를 공급하는 주요 식료품 할인 체인점의 상표다. 그런데 놀랍게도 주스를 중국산 사과 과즙 농축액(과즙을 가열시켜 농축한 것으로, 공장에서 물에 희석하면서 맛과 향을 위해 각종 첨가물을 넣는다 —옮긴이)으로 만든다.

나는 지금 중국산 농축액을 보고 있다는 사실을 깨닫고 숀에게 사과 주스에 관한 오즈 박사의 발언을 어떻게 생각하는지 물었고, 숀은 시안화물에 관한 항변을 했다. 그렇지만 지금은 사과에서 자연스럽게 발생하는 시안화물이 문제가 아니라, 자연스럽게 발생하기도 하지만 일부 살충제에서도 발견되는 화학물질인 비소가 문제다.

미국은 제2차 세계대전 직후부터 비소성 살충제 사용을 중단했지만 1980년대까지만 해도 모든 주에서 공식적으로 금지한 것은 아니었다.[14] 비소는 토양에 수십 년간 잔류하기 때문에 수십 년간 비소성 살충제를 사용하지 않았다 해도 워싱턴 주에서 생산된 사과로 만든 유기농 사과 주스에는 식수의 허용치보다 높은 수준의 비소가 함유되어 있다. 중국은 사정이 또 다르다. 중국에서는 살충제와 비료 사용량이

2000년부터 2007년까지 25퍼센트나 증가했다. 유기농연구소Organic Center의 수석 연구원인 찰스 벤브룩은 《컨슈머 리포트》에서 중국은 2000년 이후에도 비소성 살충제를 널리 사용했을 뿐 아니라 현재도 다수의 농부들이 가짜 살충제나 금지된 살충제라는 형태로 비소성 살충제를 사용하는 것으로 보인다고 밝혔다.[15]

중국이 미국 사과 주스 시장에 진입하자 사과 주스 가격은 1995년 1톤당 153달러(17만 원)에서 1998년 1톤당 55달러(6만 2천 원)로 떨어졌다. 20년 전에는 미국이 중국보다 사과를 더 많이 재배했다. 현재는 중국이 15배나 많이 재배한다. 세계 사과 생산량의 절반에 해당하는 양이다. 미국의 사과 농부들은 해충과 살충제를 언급하며 중국산 사과를 막아보려 하지만 싸움에서 지고 있는 것 같다.[16] 중국 정부는 미국이 중국산 사과 수입을 금지한 것에 대해 세계무역기구에 제소했다. 현재 미국의 슈퍼마켓에 진열된 사과 주스의 3분의 2가 중국산 사과 과즙 농축액으로 만들어진다.

뉴욕장로병원에서 대체의학 프로그램을 담당하는 심혈관 전문의이자, 보다 유명하게는 〈오프라 쇼〉에 단골 출연했다가 자신의 이름으로 된 프로그램을 맡은 메멧 오즈 박사는 2011년 9월에 방영된 〈닥터 오즈 쇼〉에서 사과 주스에 비소가 상당량 들어 있다고 대중들에게 경고했다. 〈닥터 오즈 쇼〉에서 5개 브랜드의 사과 주스 36종을 검사했는데, 그중 10종에서 미 환경보호국EPA이 규정한 식수에 허용되는 수치보다 높은 수준의 비소가 검출되었다.[17]

FDA와 주스업계는 손과 비슷한 반응을 보이면서 유기성 비소는 자연적으로도 생성되며 살충제에서 검출되는 발암물질인 무기성 비소와는 차이가 있다고 주장했다. 오즈 박사는 두 가지를 구분하지 않았다는 이유로 여론의 뭇매를 맞았다. 〈굿모닝 아메리카〉(미국 ABC의 아침 뉴스 프로그램—옮긴이)는 오즈 박사를 인터뷰한 화면 밑에 "사형 집행용 전기의자에 앉은 닥터 오즈"라는 자막을 띄우며 싸움을 도발했다.

"메멧, 이번 일로 무척 실망했어요. 참으로 무책임한 행동이라고 생각합니다." ABC 뉴스 건강 부문 편집장인 리처드 베서 박사가 말했다. "제가 보기에는 영화관에서 '불이야'라고 소리 지르는 것과 다르지 않아요." FDA와 주스업계는 오즈 박사가 괜한 공포를 조장한다고 비난했다.

그러다가 마침내 오즈 박사는 혐의를 벗었다. 《컨슈머 리포트》에서 사과 주스와 포도 주스 샘플 88종을 검사한 결과, 그중 10퍼센트에서 연방 식수 기준치인 10ppb보다 높은 수준의 비소가 검출되고, 25퍼센트에서 생수에 허용되는 수치보다 높은 수준의 납이 검출된 것이다. 게다가 검출된 비소는 대부분 무기성 비소였다. 월마트와 모트, 거버Gerber 모두 비소 허용치를 초과했다. FDA는 이와 비슷한 보고를 받았지만 아직 확인하지는 않았다고 인정했다.[18]

FDA는 식품보다 물의 비소 허용치를 낮게 설정한다.[19] 따라서 주스제품협회Juice Products Association는 주스는 식품으로 봐야 하며 물을 기준으로 삼으면 안 된다고 주장했다.

하지만 FDA는 여전히 과일 주스에 대한 구체적인 허용치를 정하지 않았고, 《컨슈머 리포트》는 관련 기준을 제정하라고 촉구했다. FDA는 대신에 '우려 수준'을 23ppb로 정했고, 이로써 오즈 박사의 실험 샘플에서는 거버의 사과 주스 1종만 11ppb 이상 기준치를 초과했다.

FDA에서 검사한 샘플 중 1종은 비소 함량이 45ppb에 달했다.

ABC 뉴스와 베서 박사는 오즈 박사에게 공식적으로 사과했다.

이와 같은 일련의 사건은 우리에게 한 가지 불편한 질문을 제기한다. 우리는 비소를 얼마나 마시고 있는가?

인디언서머는 농부들이 운영하는 협동조합이다. 미국산 사과의 절반은 미시간 농부들로부터 구입하고 나머지 절반은 뉴욕 농부들로부터 주로 구입하지만 사과 농축액은 세계 각지에서 들여온다. 농지와 노동력 가격이 저렴한 국가에서 사과를 재배하고 즙을 짜고 가열하고 농축액 형태로 만들어 세계 각지로 운송하는 편이 미국의 농부와 노동자를 고용해 사과 주스를 만드는 것보다 비용이 훨씬 저렴하다. 중국이 주스 산업에 진출한 뒤로 인디언서머 같은 업체는 이윤이 줄어들었고 '이길 수 없는 적이라면 동지로 만들어라'라는 상황에 놓였다. 소매업체들은 저렴한 사과 주스를 원할 뿐 사과나 농축액이 어디서 오는지 관심 없다. 어차피 소비자들도 관심이 없기 때문이다. 농축액으로 만든 사과 주스는 1.8리터 병에 50센트(560원) 정도 저렴하다.[20]

숀과 함께 계속 공장을 둘러보던 중 사무실을 지나친다. 10대 소녀가 갑자기 고개를 내밀고는 숀이 묻는 말에 아무 대답을 하지 않아 민망하게 만든다. 소녀는 숀을 아빠라고 부르면서 할아버지 이야기를 꺼낸다. 가족 간의 일이다.

할아버지 도일은 이 공장의 운영 관리자다. 숀과 도일은 같은 사무실에서 일한다. 책상이 서로 마주 보게 놓여 있고 컴퓨터가 첨단기술 게임 '배틀십Battleship'이라도 같이 해야 할 것처럼 놓여 있다. 공장 견학에 관해 잠시 대화를 나눈 후에 그들은 내게 러딩턴에서 먹고 즐길

만한 곳을 추천해준다.

현장감독이 들어온다. "하나 찾았어요." 그가 말한다.

"1부셸(곡물이나 과일의 중량 단위로 1부셸은 0.2리터이다—옮긴이)인가?" 도일이 이렇게 물으면서 넌더리가 난다는 듯 고개를 절레절레 흔든다.

"아뇨…… 사과 한 개요." 현장감독이 대답한다.

인디언서머와 미시간의 사과 농부들은 요즘 중국과의 경쟁보다 더 큰 문제를 안고 있다.

사과나무에 사과가 없다

"1970년대 후반에는 작물 손실이 발생한 적이 없었는데, 2008년에는 작물의 60~70퍼센트를 잃었어요." 사과 농부이자 인디언서머 협동조합 조합장인 대릴이 빨간색 픽업트럭을 몰고 도로를 벗어나면서 말한다. "지난 5년 중에 3년은 손해를 봤어요. 뭐가 달라졌을까요?"

대릴이 나를 돌아보자 내 입에서 "어휴" 하는 추임새가 나온다.

"지금 당신한테 묻는 거예요. 뭐가 달라졌을까요?" 대릴이 말한다.

"기후 때문일까요?" 내가 되묻는다. 이번 여행에서 네 대륙의 농부들과 일하며 기후 변화가 일어났다고 생각하지 않는 농부를 만난 적이 없기 때문에 안전한 대답을 내놓는다.

"흠, 예, 그야 그렇죠." 대릴이 사과나무 사이의 풀밭 길로 차를 돌린다. "이게 다 사과(나무)예요. 그런데 여기에 사과가 없어요."

이 지역 농부들은 작물의 90퍼센트를 잃었다. 원래는 일 년 중 이 계절이 되면 과수원 사과나무에 사과가 주렁주렁 매달려 나뭇가지가 묵직하게 늘어지고 농부들은 수확할 준비를 해야 한다. 그런데 차를 타고 10분 정도 과수원을 돌아보았지만 사과가 한 알도 보이지 않았다.

"저기 하나 있네요." 대릴이 나무를 가리킨다. 나는 눈을 가늘게 뜨고 나뭇가지를 살펴보지만 아무것도 보이지 않는다.

올해는 봄이 너무 일찍 찾아왔다. 2012년 상반기는 역대 가장 따뜻한 날씨를 기록했다.[21] 하퍼가 한 살 되던 해의 8월에 미시간으로 첫 가족여행을 왔을 때는 10℃ 대의 날씨가 우리를 맞이했다. 우리가 꿈꾸던 따뜻한 휴양지는 아니었고 호숫가의 원룸형 아파트에는 에어컨이 아예 없었다. 그런데 어제는 에어컨이 필요했다. 40℃에 육박하는 더위 때문에 아들 그리핀은 땀을 뻘뻘 흘리면서 낮잠을 잤다.

기상 서비스 웨더 언더그라운드의 기후사학자 크리스토퍼 버트는 2012년 3월에 최고 기록을 얼마나 자주 갈아치웠는지 "거의 공상과학소설 수준"이라고 말했다. 3월 21일에는 12℃가 가장 높은 기록이었던 미시간 주 펠스턴(미시간의 '아이스박스')에서 기온이 16℃나 올라 기록이 깨졌다. 미시간 주를 통틀어 3월에 30℃ 정도를 기록한 건 처음이었다.[22] 그래서 사과나무는 열매를 맺기 시작해야 할 시기라고 잘못 판단하고 한 달 일찍 꽃을 피웠다. 이어서 4월 한파가 2012년 사과 농사에 죽음의 키스를 보냈다.

우리는 어느 황량한 곳에 차를 세운다.

"전부 사과가 나던 곳이에요." 대릴이 말한다. "지금은 나무를 다 뽑고 있어요. 2008년에 냉해를 입고 2010년에도 냉해를 입고 올해도 또 냉해를 입었거든요. 이런 상태로는 살아남지 못해요."

대릴이 한파가 저지대에 가장 큰 피해를 입히는 이유를 설명한다.

"이런 시절을 어떻게 버티십니까?" 내가 묻는다.

"저희는 가능한 한 [최고의] 사과 보험을 들어놨어요. 200헥타르에서 사과 농사를 짓고 있어요. 보험료가 6만 2천 달러(7천만 원)이고, 좋을 때든 힘들 때든 농무부에서 보험료를 2 대 1로 보조해줍니다. 그쪽에서 12만 달러(1억 3천만 원)를 내주는 겁니다. 저는 금액을 70만 달러(7억 9천만 원)로 올려야 한다고 주장하고 있어요."

농무부는 손실액을 직접 지급해주는 제도에서 작물별로 보험을 보조해주는 제도로 바꾸었다. 대릴은 작물 보험을 들지 않았다가 2008년 작물 손실을 겪은 후 하는 수 없이 보험에 가입했다. 날씨로 인해 한 철도 더 버틸 수 없었다.

픽업트럭이 자갈길을 지나 대릴의 운영본부로 들어간다. 이 지역 학교 교사이자 현재는 여름방학 중인 대릴의 삼촌 스티브가 우리를 맞이한다. 스티브는 체리를 따러 가는 길이다. 대릴의 아내와 세 자녀는 몇 년간 가족 기업에서 일했지만 현재는 모두 다른 일을 찾아 떠났다. 아들은 마이크로소프트에서 소프트웨어 엔지니어로 일하고, 딸 하나는 학교 교장, 다른 딸은 서부에서 스키 강사로 일하고 있으며, 대릴의 아내는 간호사다. 대릴은 자신의 뒤를 누가 이을지 확신하지 못한다. 직원 셋이 어느 정도 능력을 발휘하고 있지만 사업을 물려받기에는 아직 경험이 부족하다.

농사를 지으려면 지식과 날카로운 눈썰미, 날씨와 작물·해충이 어떻게 될지 예측하는 감각이 있어야 한다. 매일 밤 대릴은 집에서 나와 11시부터 새벽 1시까지 이 사무실에서 날씨 모니터를 살피고 이튿날에는 농약을 어떻게 배합해서 어디에 뿌릴지 결정한다. 농사는 가르친다고 할 수 있는 일이 아니다. 나무들은 저마다의 이야기를 들려주기 때문에 반복해서 읽어야 한다.

허름한 건물의 사무실에서 대릴이 내게 서명하라고 말한다. 방문객은 모두 이 농장의 우수농산물관리제도Good Agriculture Practices 인증서에 서명해야 한다. 인디언서머 협동조합은 사과를 납품하는 농장에 GAP 기준을 따르고 정기적으로 감사에 응할 것을 요구한다.

"어떤 업체는 제3자 검사를 받지 않으면 사과를 사주지 않아요." 그리고 대릴은 그들이 안고 있는 한 가지 문제를 설명한다. 월마트에서 농부들에게 자사 소유의 사설 감사법인을 통해 감사받기를 요구한다는 점이다.

벽에 걸린 지도에는 대릴이 관리하는 작물이 모두 표시되어 있고, 그 옆에는 준수해야 할 관례와 규정이 붙어 있다. 지도와 규정, 갖가지 인증서를 보자 콜롬비아에서 방문했던 농장들이 떠오른다. 농사는 어려운 일이고 요즘은 소비자들도 나날이 까다로워지고 있다.

대릴의 고무장화가 사무실 콘크리트 바닥에서 찍찍 소리를 낸다. 그는 동 트기 전의 어스름 속에서 변색 안경을 쓰고 지도를 살핀다. 가벼운 낚시용 셔츠를 청바지 허리춤에 찔러 넣었고 언제

대릴 피터슨과 나

라도 당장 걷기 시작할 것처럼 어깨가 앞으로 나가 있다. 두 팔은 다년 간 과일을 따서 옮기고 야구 모자를 고쳐 쓰느라 단단하다. 그는 어디 를 가든 온종일 시간이 얼마 없는 것처럼 바삐 걷는다.

대릴은 경리과장이자 인사과장이자 대표이사다. 20~30명으로 구 성된 주요 일꾼들을 직접 관리한다. 대다수가 매년 일정 기간에 텍사 스에서 일하는 멕시코인 노동자들이다. 사과 수확 철에는 일꾼들이 70명으로 늘어난다. 이들은 상자당 임금을 받고 자율 시행 제도에 따 라 각자 상자를 기록한다. 연말이 돼도 사과 상자가 몇 개밖에 비지 않 는다. 이마저도 실수 때문이다. 일꾼들 대다수가 시간당 12달러(14,000 원)나 13달러(15,000원)를 받는다.

"이 지역의 노동력만으로 농장을 운영할 수 있나요?" 내가 묻는다.

"아뇨, [이주노동자가 없었다면] 지금처럼 운영하지 못했을 거예 요."

나는 2011년 여름에 앨라배마에서 이주노동자를 엄중 단속한 사건 을 꺼낸다. 이주노동자들은 더 이상 앨라배마 농장에서 일하지 못하게 되었다. 그런데 이들의 빈자리에 들어온 미국인 실업자들은 2주도 버 티지 못했다. 정부는 죄수들을 데려와 토마토가 덩굴에 매달린 채 썩 기 전에 토마토를 따게 했다. 실업자와 죄수들 모두 육체적으로 힘이 부족했고 그 일을 해야 한다는 정신력도 부족했다고 전해진다.

스티븐 콜베어는 〈콜베어 르포〉라는 프로그램에서 앨라배마의 현실 을 언급했다. "범죄자로서의 삶을 선택한 미국인들이 자식들을 먹여 살리려고 800킬로미터를 걸어온 과테말라 사람들만큼 근면하지 않은 것으로 밝혀지는군요."[23]

"후안이라는 일꾼이 있어요." 대릴이 말한다. "멕시코에 처자식을 두고 온 사람이에요. 영주권자인데 서류를 갖춰서 아내를 불러들이려고 애쓰고 있어요. 여기서 집을 사려고 해서 제가 알아봐주고 있고요."

우리는 차를 타고 대릴의 집으로 갔고 그가 파티오 문을 열자 가장 열정적인 일꾼이 나왔다. 그의 개 에마였다.

"혼을 쏙 빼놓는 녀석이에요." 대릴이 개의 머리를 쓰다듬고 밥그릇을 살핀다. 밥이 가득하다. 그는 고개를 절레절레 흔든다. "아침에 픽업트럭에 먹이와 물을 놔둘 때 말고는 도통 먹으려 하지 않아요."

에마는 과수원에서 대릴을 졸졸 따라다니면서 일하기 위해 산다. 대릴의 계산으로는, 그가 트럭을 타고 과수원을 살필 때 에마가 따라다니면서 하루에 16킬로미터는 뛰어다니는 것 같다고 한다. 폭풍우가 치는 날이나 오전 내내 저널리스트 하나를 달고 다니는 날에 에마를 떼어놓고 나갔다 와보면 오후 대여섯 시까지 아무것도 먹지 않는다고 한다.

대릴은 농사 말고도 하는 일이 많다. 우리가 있던 베란다는 그가 어머니의 80번째 생일파티 전에 완성한 것이다. 또 60회의 경기 일정을 소화해야 하는 소프트볼 리그에서 20년간 뛰었다. 대릴이 소속된 팀은 주 선수권대회에도 서너 번 올라갔다. 그는 크로스컨트리 스키도 좋아한다.

대릴은 지역에 관한 정보를 보관한 1인 박물관 같은 존재다. 그 지역 댐에서 전기를 시간당 몇 킬로와트나 생산하는지 말해줄 수 있고, 사과 산업의 역사를 들려주면서 관련자의 이름을 읊거나 주요 사건이 발생한 연도를 말해줄 수도 있다.

내가 세계 각지에서 만난 농부들은 대릴이 가족을 위해 살아가듯이 가족을 위해 살고 싶어 한다. 일하고 여가를 즐기고―무엇보다도―사랑하면서 살고 싶어 한다. 사과를 중심으로 살아가는 미시간 사람들이 점차 줄어들고 있다. 기후 변화가 진행되고 있다. 전 세계의 사과 산업이 달라지고 있다. 농부들은 이웃에게 땅을 팔고 다른 살길을 모색한다. 농부의 수가 줄어드는 사이 농장의 규모는 커진다.

대릴은 사과 농업의 미래가 어떻게 될지 알 수 없지만 그래도 손 놓고 앉아서 무슨 일이 닥칠지 기다리고만 있을 생각은 없다. 농장에 서 있는 거대한 풍차들이 그의 의지를 보여준다.

"풍차 한 대가 매년 1만 2천 달러(1,400만 원)에서 2만 달러(2,300만 원)의 수익을 올려요. 그런데 저처럼 생각하지 않는 사람이 많아요."

대릴은 메이슨 주에서 풍차를 허용하는 법령을 통과시키는 데 앞장섰다. 그는 이 과정을 '전투'라고 불렀다. 사람들은 풍차 외관이 마음에 들지 않고, 시끄럽고, 풍차 그림자가 신경에 거슬리고, 쓰러질까 봐 두렵다고 주장했다. 대릴이 백방으로 뛰어다닌 덕분에 메이슨 주에 풍차가 많이 세워졌다. 심지어 러딩턴으로 들어오는 31번 국도에 운전자들에게 대형트럭이 풍차 날에 걸리는 사고가 종종 발생한다고 경고하는 표시판이 세워질 정도다.

"제 생각에는 땅에서 수익을 올리기 위한 좋은 대안이에요. 그리고 장기적으로도 큰 문제를 일으킬 우려가 없고요." 대릴이 말한다.

"앞으로 50년 후에도 이 땅에서 사과가 날까요?" 내가 묻는다.

"지금 같은 상황이 자꾸 되풀이되면 이 지역의 풍경이 달라질 수 있겠죠." 대릴이 말한다.

앞으로 50년 후에 이 땅에서 사과가 생산된다고 해도, 대릴 피터슨 집안이 대대로 농사지었던 땅은 팔리고 다른 누군가가 농사를 지을 것이다. 대릴은 기나긴 사과 농부 가계의 마지막 세대로 보인다. 마이크로소프트에서 일하는 대릴의 아들은 가족을 데리고 고향에 올 때 아버지의 집에서 휴대폰이 불통이 되면 당혹스러워한다. 아들은 이미 다른 세상에 연결되어 있다.

"제가 좀 구식이에요." 대릴이 말한다. "최근에 아들한테 이메일을 보냈어요. [제목을 읽는다] '역사가 만들어지다! 아빠가 보내는 첫 번째 이메일.'"

중국에서 무엇을 보게 될지 모른다

"중국에 가신다니, 왜 그런지 알겠어요." 프레드가 말한다. 프레드는 인디언서머에서 운송을 담당하는 사람으로 성은 해커트다. 여기서는 누구하고든 사과에 관해 한참 얘기하다 보면 '해커트'라는 이름을 듣게 된다. 해커트 집안도 이 지역에서 대대로 농사를 지었다.

운영 관리자 도일이 조만간 프레드가 부서 사람들과 함께 중국에 다녀올 예정이라면서 그를 소개해줬다.

"저는 시안에 가볼까 합니다." 내가 말한다. "그 지역에서 사과가 많이 난다고 하더군요. 뭐든 의견이 있으면 말씀해주세요."

"사실인지는 모르지만, 현재 중국에서 생산되는 사과가 전 세계의 나머지 국가에서 생산되는 사과를 합친 것보다 많다고 하더군요." 프레드가 말한다. "저희도 직접 가서 확인해보려고요…… 중개인과 함께 갈 겁니다. 공장들을 방문할 예정인데, 현재 저희가 거래하는 제조 공장들을 감사할 계획입니다. 한 지역에 방문할 예정인데, 지안……
시안."

"예. 저도 방금 그 지역에 간다고 한 겁니다. 저는 '샤이안'이라고 발음하는 줄 알았는데 그야 모르죠."

"또 산둥도요. 저희는 서너 지역을 돌아볼 예정입니다."

"저는 농부들하고 얘기도 나눠보고 공장도 방문할 수 있으면 좋을 것 같아요." 나는 프레드의 도움을 기대하면서 말한다. "특히 여기에 와봤으니까 그곳 공장도 방문해서 차이를 확인하고 싶어요."

"그런데 그곳의 공장에는 어떻게 들어가실 건가요." 프레드가 말한다. "저희도 사실 그쪽에서 초대장을 받아야 했거든요."

"혹시 공장 견학을 소개해주거나 농부들과의 만남을 주선해줄 사람의 연락처를 알려주실 수 있을까요?" 내가 묻는다.

"사실 저희도 암울한 상황이에요." 프레드가 말한다. "저희와 거래하는 공급업체에서 모든 일정을 준비하거든요."

"전에도 중국에 가보신 적이 있나요?" 내가 묻는다.

"아니요."

"그곳의 과수원은 국가 소유인가요?"

"사설이라고는 하는데 또 모르죠." 프레드가 말한다. "중국하고 거래하면서 그쪽 사람들을 오래 겪어봤는데 항상 아주 애매하게 말하거든요. 거기서 공장을 네 군데 정도 방문할 예정인데 지금까지 한 군데에서만 초대장이 왔어요."

공장 네 개! 2010년에 미국으로 식품을 수출하는 3만 개 이상의 공장들 중에서 FDA가 방문한 공장이 39개에 불과하다는 점을 감안하

면 대단한 성과다.[24]

인디언서머는 사실 약속된 초대장을 받지 못해서 이번 출장 자체를 취소할지 고민했지만 중개인이 비용을 내주기로 해서 추진하는 중이었다.

나는 프레드를 만나러 오기 전에 도일에게 만약 내가 방문 기회를 얻는다면 중국 공장에서 어떻게 나올지 물었다.

"저희도 전혀 몰라요. 그래서 가보려는 거고요." 도일이 말했다. 프레드도 같은 생각인 듯하다. 이런저런 얘기는 들었지만 그쪽의 업계 분위기가 어떨지 짐작도 가지 않는 눈치다.

이튿날 나는 프레드의 조카이자 이 회사의 COO인 데이브 해커트와 이야기를 나누었다. 나는 그에게 중국의 상황이 어떤지에 관해 똑같은 질문을 던졌다.

"어쩌면 사실은." 그가 웃는다. "그 사람들이 〔우리한테 사실 그대로〕 말하는지 확인해보려는 겁니다. 그들이 사과를 어떻게 재배하는지 살펴보고 어떤 작물을 재배하는지 보려고요. 그쪽에서는 미국에서 사용할 수 없는 화학약품을 뿌리고 있다고 하는데, 거기 사과가 여기로 오고 사람들이 〔그 사과로 만든 주스를〕 사서 마시잖아요. 그래서 항상 어떤 부채감이 있어요."

"중국에 가보신 적이 있나요?" 내가 묻는다.

"아뇨."

인디언서머는 10년 넘게 중국에서 사과 과즙 농축액을 수입해왔지만 지금까지 공급업체를 방문해본 적이 없다.

프레드와 나는 서로 행운을 빌어주고 즐거운 여행이 되라고 덕담을 나눈다. 우리(사과 주스 제조업자와 사과 주스 소비자)는 중국에서 무엇을 보게 될지 모른다. 둘 다 막막하긴 마찬가지다.

세계 1위의 사과 생산국, 중국

거대한 사과가 중국 뤄촨 시 외곽에서 붉게 빛난다. 문이 열리고 여자가 걸어 나온다. 그만큼 거대한 사과다. 사과 안에 사람들이 있고 그들은 "나를 먹어요"라고 적힌 마법의 케이크를 먹을 필요가 없다(『이상한 나라의 앨리스』에서 앨리스는 "나를 먹어요" 꼬리표가 붙은 케이크를 먹고 몸이 커진다 —옮긴이). 이곳은 앨리스의 이상한 나라가 아니라 중국의 사과 나라다.

시내에서 이 거대한 사과를 아는 사람은 거의 없다. 택시 기사에게 그곳으로 데려다달라고 하면 웬 미친 사람을 다 보겠다는 눈으로 쳐다볼 것이다. 만약 미국이라면 세계 최대의 농산물이자 움직이지 않는 설치미술로서 운전자들을 66번 국도로 꽤 끌어들였을 텐데, 중국에서는 도로변의 명물로 받아들이지 않는 모양이다. 사과의 윗부분 반쪽은 껍질이 벗겨져 있는데, 붉은 천을 다시 씌우려고 준비하는 사람도 없고 비계도 보이지 않는다. 분명 다른 곳에도 완공해야 하는 거대한 과일 복제물이 있을 것이다.

사과 속에 있는 젊은 여성들은 흰 셔츠를 입고 그 위에 금색 조끼를 입었다. 당장 음료를 따라주거나 블랙잭 테이블에서 일할 것 같다. 그들은 테이블보를 반듯하게 펴고, 스티커를 붙이고, 빈 회의실의 의자와 테이블을 완벽하게 각을 맞춘다. 회의실 가장자리에 걸려 있는 현수막에는 중국 사과의 위대함을 자랑하는 선전문과 이곳에서 열렸던 행사들이 모두 적혀 있다. 상하이 국제회의, 2008년 올림픽.

거대한 사과 모형 근처에는 이중 비행접시처럼 보이는 건물이 서 있다. 바로 사과 박물관이다. 경비원이 담배를 피우면서 박물관에서 걸어 나오고 '금연' 표지판 앞에 뿌연 담배 연기가 떠 있다. 사과에 대한 전형적인 이미지를 한번 떠올려보자. 이 박물관에는 바로 그런 이미지를 포착한 전시물이 있다. 아이작 뉴턴 경, 또는 뉴턴 경이라고 만든 기괴한 인체 모형이 사과나무 아래에 앉아 새로운 거창한 아이디어를 기다리고 있다. 다른 사과나무 아래에서는 아담과 이브 동상이 이제

중국 뤄촨 시의 거대한 사과 컨벤션센터

막 죄를 지으려 한다. 그리고 이유는 모르겠지만 산타가 포토샵으로 그린 큼직한 사과를 손에 꼭 쥐고 있다. 게다가 방문객이 뤄촨 사과의 영예를 모를까 봐, 어설프고 장황하게 번역한 안내문이 붙어 있다.

> 하늘과 땅의 정수를 가득 담은 사과는, 문명의 지혜를 쏟아붓고 언제나 생각과 감정을 표현할 수 있습니다…… 문명이 발전하면서 우리가 가장 좋아하는 열매인 사과는 이미 인류의 가장 친한 친구이자 아름다움의 상징이 되었습니다. 뤄촨은 전 세계에서 가장 질 좋은 사과의 본산이고, 뤄촨 사람들이 소유하고 있는 1인당 사과 농지는 중국에서 제일 넓습니다. 뤄촨에 사는 20만의 인구가 이런 마법 같은 땅에서 중국 사과 산업의 영광스러운 역사의 한 장을 써내려가고 있습니다…… 사과만큼 상상력과 자양분과 감정의 대상이 되고 자연사에서 칭송받은 과일도 없고, 사과만큼 인간과 친밀한 관계를 맺어온 과일도 없습니다.

이 박물관의 설명에 따르면 사과는 "과일의 왕"으로 "시와 소설, 영화와 음악의 주빈"이다. "삶에 관한 생각, 소통하려는 욕구, 아름다움의 추구, 감정의 자양분"을 전하고 "번창하는 농촌 경제에서 아주 중요한 역할을 하면서 사람들의 일상을 향상"시키기도 한다.

사과는 뤄촨에서 매우 중요한 물건이다. 그런데 중국은 인디애나에서 허름한 건물을 하나 짓는 것보다 짧은 시간에 놀라운 도시와 거액의 기간시설을 건설하면서, 그런 성과를 기념하고 과장까지 할 때는 유능한 영어 번역가에게 들어가는 돈을 아낀다는 것은 수수께끼 같다.

박물관 옆에는 사과 호텔이 있는데, 이 지역의 다른 모든 것들과 마찬가지로 공사 중이다. 호텔 내부에는 대리석 바닥이 깔려 있지만 벽은 아직 마무리되지 않았다. 일꾼들이 드릴로 뚫고 나사를 조이고 망치질을 하느라, 미완성된 로비에 놓여 있는 높이 3미터의 화병에 먼지가 쌓인다. 관광객은 한 명도 보이지 않는다. 박물관에도, 시내에도, 길거리에도 없다. 시내 호텔의 대부분은 경찰서로부터 관광객을 투숙객으로 받아도 된다는 허가조차 받아놓지 않았다. 관광객이 들어가면 호텔 직원이 관광객의 여권을 경찰서에 가져가야 하고, 저널리스트처럼 보이지 않으려고 애쓰는 그 관광객이 이삼일 이상을 머문다면 경찰이 찾아올 것이다. 그들은 거대한 사과 컨벤션센터, 사과 박물관, 사과 호텔을 지어놨지만 아무도 찾아오지 않는다.

버스가 시내로 들어가자 나는 목을 쭉 빼고 미완성의 거대한 사과를 바라본다. 사과 건물 근처에는 사과 상자가 늘어서 있고 따분한 얼굴의 장사꾼들이 관광객이 나타나 물건을 사주기를 기다린다.

버스 안의 통로 건너편에서 한 남자가 손녀를 안고 있다. 아기의 토실토실한 두 뺨이 양 어깨에 얹혀 있고 코와 눈과 입이 가운데로 몰려 있는 것처럼 보인다. 턱도 통통해서 마치…… 아무튼 턱이 아주 많이 접혀 있다. 버스가 덜컹거릴 때마다 아기의 두 뺨에 충격파가 퍼진다.

버스를 타고 오는 내내 아기가 지금처럼 조용한 적이 없다. 시안에서 북쪽으로 세 시간 거리에 있는 목적지까지 가는 동안 아기가 보채기 시작했다. 아기의 할아버지가 일어나 장난감이 가득 든 가방을 선반에서 꺼냈다. 나는 테디 베어를 다섯 개까지 세다가 까먹어버렸다. 그래도 아기가 계속 울고 보채자 할아버지는 베이징 올림픽 장난감을 꺼내서 장난감의 코에 침을 묻혀가면서 키스를 퍼부었다. 나는 할아버지의 행동을 보면서 생각했다. '왜 아이들은 꼭 남들 앞에서 창피한 짓을 해야만 울음을 그치는 걸까?' 할아버지가 침을 묻혀가면서 키스하다가 멈추자 아기는 다시 울어댔다. 할아버지는 우는 아기에게 볼모로 잡혔지만 언짢아하지 않는 것 같았다. 아기가 잠들자 아기를 부인에게 건네고는 이 버스에 탄 승객부터 중국 정부에 이르기까지 모두가 궁금해하는 바로 그 질문을 내게 던졌다. 여기서 뭐하십니까?

중국에는 훌륭한 관광명소가 많지만 시안은 인기가 많은 도시가 아니며 더욱이 뤄촨은 중국인들조차 많이 들어보지 못한 곳이다. 그나마 시안은 병마용갱으로 유명하다. 병마용갱에 있는 병사 8천여 명, 말 520필이 끄는 전차 130대, 기마 150필의 도용(陶俑)들은 기원전 209~210년에 중국 최초 황제의 사후세계를 지키기 위해 묻힌 것이다. 나는 병마용갱 박물관에도 가봤지만 시안에서 가장 기억에 남는 것은 진시황제의 사후를 지키는 병사들이 아니라 공항에서부터 도시까지 늘어선 유령 같은 건물들이었다. 40층짜리 아파트 단지가 공항에서 시내까지 수 킬로미터에 걸쳐 안개와 스모그에 휩싸인 채 끝도 없이 늘어서 있어 마치 온 세상에 아무것도 없고 아파트만 있는 것 같았다. 그 모습을 보자 SF 작가 아이작 아시모프의 「종말The End」이라는 에세이가 생각났다.

1971년 《펜트하우스》(단편소설을 읽기 위해 이 잡지를 사기도 한다!)에 실린 「종말」은 인구 증가율과 기후 변화를 근거로 인류의 종말을 예측한 글이다. 아시모프는 2554년에 인간이 바다를 포함한 지구의 표면을 맨해튼의 낮 12시 인구 밀도만큼 빽빽이 덮을 것으로 추정했다. 따라서 지구상의 동물성 물질은 모두 인육으로 전환되고 식물성 물질은 모두 조류(藻類)로 전환되어야 한다. 지구온난화로 만년설이 녹아서 경작지가 모두 수면 아래로 가라앉았기 때문에 인간은 거대한 고층건물에서 살면서 옥상에서 식용 조류를 키운다. 인간은 인간의 시체로 조류를 키우고 조류가 인간을 먹여 살린다. 우리와 우리의 조류와 우리의 고층건물만 남을 것이다.

아시모프는 암울한 미래를 상상하면서 인류는 그런 미래에도 도달하지 못할 것이라고 봤다. 2285년이면 에너지가 고갈되기 때문이다. 아시모프는 인류가 2050년까지 식물의 화석연료를 다 태워버려서 지표면의 기온이 훨씬 더 올라가고 2070년에는 농지 부족으로 굶어 죽기 시작할 것으로 전망했다. 1971년에 아시모프는 앞서 언급한 현실이 벌어지기 한참 전에 인구 과잉과 자원 경쟁으로 인류 사회가 붕괴될 것이고, 2000년경에 이런 현상이 시작될 것으로 예상했다.[1]

SF 소설처럼 들리는가? 아시모프가 이산화탄소가 2배로 증가할 거라고 예측한 시기는 현재 기후학자들의 예측과 일치한다. 그리고 시드니 대학교의 이론생물학자인 존 크로퍼드는 2012년 《타임》지에서 현재의 토양 퇴화 속도로 볼 때 표토가 고갈되는 데는 60여 년밖에 남지 않았다고 말했다. 시안의 끝없이 늘어선 유령 같은 아파트 행렬이 언젠가는 뤄촨까지 이어질 수도 있다.

아이의 할아버지인 펑 씨는 사과 농사를 짓는다. 버스에서 내릴 때 그가 내일 자신의 과수원으로 오라고 초대한다. 착암기와 곡괭이 소리에 묻혀 그의 목소리가 잘 들리지 않는다. 온 세상이 먼지에 덮여 있다. 시내의 모든 도로가 넓혀지고 있다. "사과 농사를 짓는 사람들은 다들 자동차를 사니까 도로를 넓혀야 해요." 펑 씨가 말한다.

사과로 250만 명의 삶이 달라지다

평 씨는 자동차를 장만하지는 않고 트레일러를 뒤에 매단 오토바이를 타고 다닌다. 평 씨가 트레일러에 등받이 없는 나무의자 두 개를 놓아준다. 하나는 내 것이고 다른 하나는 시안에서 영어교사로 일하는 통역사 더블의 것이다. 평 씨가 우리에게 우산을 하나씩 건넨다. 더블의 우산은 자주색이고 내 우산은 분홍색이다. 평 씨가 오토바이 페달을 밟아 시동을 건 다음 그의 집 대문 밖으로 나가 비포장도로를 달린다.

더블과 나는 자주색과 분홍색 우산을 들고 공주님들처럼 트레일러에 앉아 있다. 더블은 어이가 없는 듯한 표정이고 나도 마찬가지다. 서로 눈이 마주치자 누가 먼저랄 것도 없이 우산을 내린다.

평 씨의 농장은 미시간에서 봤던 농장과는 전혀 다르다. 나무가 더 작은 데다 맨땅에서 자란다. 우리가 지나가는 자리마다 정성껏 쟁기질을 한 부드러운 흙 위에 발자국이 남는다. 사과가 자라고 있는 나무로 보이지 않는 대신 사과를 감싼 작은 갈색 종이봉지가 매달려 있다. 봉지 속에는 박엽지로 만든 봉지가 하나 더 들어 있다. 봉지는 병충해를 막고 축소판 온실 역할을 하면서 사과가 잘 자라도록 도와준다.

"사과가 아직 작을 때 봉지로 싸서 100일 동안 놔둡니다." 평 씨가 봉지를 열어 안에 든 연한 색의 사과를 보여주고는 다시 감싼다.

기온이 영하로 떨어지면 일꾼들 2만여 명이 사과를 따러 산시 성 뤄촨으로 몰려든다. 평 씨도 대여섯 명을 고용할 것이다. 일꾼들은 일당으로 2달러(2,200원) 정도를 받는다. 미시간에서 대릴 피터슨의 일꾼들이 10분도 안 돼서 받는 금액이다.

수확 철이 될 때까지 평 씨와 그의 부인은 매일 농장에 나가 사과나무를 돌본다. 나무 한 그루 한 그루를 얼마나 정성껏 돌보는지 감탄스러울 정도다. 가지가 아래로 뻗어 내려가면 옆으로 올려서 끈으로 묶고 땅에 놓인 벽돌에 고정시킨다. 나무들이 꼭 낚싯대처럼 휘어진다. 몇몇 가지에는 약을 치고 비닐로 감싼다. 나무 몇 그루 아래에는 반짝이는 알루미늄 호일이 응급용 보온포처럼 깔려 있다. 펑 씨가 내게 알루미늄 호일의 용도를 알아맞혀보라고 하자 나는 사과가 맨땅에 떨어지지 않도록 보호하는 용도가 아니냐고 답한다. 틀렸다. 알루미늄 호일은 햇빛을 반사시켜서 나무를 비추는 데 쓴다.

나는 땅에 떨어진 상표를 집어 들고 펑 씨에게 묻는다.

"그건 비료 상표예요." 펑 씨가 답한다. "나무 주위에 구덩이를 파서 비료를 부어요." 펑 씨는 일 년에 살충제를 여섯 번 뿌리고 비료를 두 번 준다. 주위에 살아 있는 거라고는 아무것도 보이지 않는다. 파리나 다른 벌레 한 마리, 새 한 마리, 풀포기 하나도. 문득 펑 씨네 사과와 그가 뿌리는 화학약품이 오즈 박사가 미국 대중의 관심을 끌었던 비소 문제와 관련이 있는지 궁금해진다.

펑 씨가 사과나무의 종이봉지 속을 들여다보면서 멀쩡한 사과를 찾는다. 그가 사과 하나를 내밀자 나는 셔츠로 닦으면 좀 나을까 싶어서 한 번 닦고 마지못해 한 입 베어 문다. 햇볕을 충분히 받지 못해서 색은 연하지만 아삭아삭하고 달다. 내가 칭찬하기도 전에 펑 씨가 가방에 사과를 잔뜩 채워준다.

"사과나무는 병충해에 매우 약해요." 펑 씨는 이렇게 말하고는 화상병이라는, 그냥 놔두면 과수원 전체를 파괴할 수 있는 전염병으로 누렇게 시든 나무의 성한 부분을 접붙이기하는 방법을 보여준다.

평 씨는 이 땅에서 20년 넘게 농사를 지었지만 15여 년 전부터 상황이 달라지기 시작했다. 정부가 이 지역의 사과 농업 개발에 관심을 보이면서 과학자들을 이끌고 와서 현대적 농법을 가르치기 시작했다.

"저는 경험을 많이 한 사람이에요." 평 씨가 말한다. "지금은 다른 농부들에게 이런 기술을 가르쳐줍니다."

평 씨의 아버지도 이 땅에서 농사를 지었고, 그전에는 할아버지가 농사를 지었다. 평 씨 일가는 이 땅에서 다섯 세대를 거슬러 올라가지만 줄곧 사과 농사를 지었던 것은 아니다. 이 지역 농부들은 자급자족 농업과 목축을 했다. 황토 고원에 위치한 농지는 비옥하기는 해도 쉽게 쓸려 내려갔다. 삼림이 파괴될수록 침식되는 땅도 넓어졌다. 사막화가 시작되었고, 세계은행은 이를 두고 "자연현상이 아니라 빈곤의 절망으로 야기된 현상"이라고 불렀다. 고원에 가파르게 침식된 협곡이 생기면서 농사지을 땅이 줄었다. 먹을 것도 부족하고 몸을 따뜻하게 해줄 옷도 충분하지 않았다.

1994년 세계은행과 중국 정부는 지상 최대의 개발 사업을 시작했다. 바로 황토 고원을 생태학적으로 개간하는 사업이었다. 댐을 건설했고, 사람들은 손으로 땅을 깎아서 계단식으로 밭을 일구었다. 그리고 사과나무를 심었다. 한때는 비가 땅을 쓸어가고 빈곤의 홍수로 몰아넣었지만 이제는 사과나무에 영양을 주고 돈을 끌어온다. 수입이 2배로 늘어나고 실업률이 절반으로 줄어들고 생태학적 균형이 돌아왔다. 250만 명 이상의 삶이 달라졌다.[2]

"우리가 어렸을 때는 먹을 게 없었어요." 평 씨가 말한다. "1960년에는…… 그때는 배를 곯았어요."

역사가 프랑크 디쾨터는 『마오쩌둥의 대기근: 중국에서 가장 파괴적인 재앙의 이야기, 1958-1962』에서 1958년부터 1962년까지 중국에서 굶어 죽거나, 맞아 죽거나, 일하다 죽은 사람의 수가 4,500만 명에 이른다고 서술한다.[3] 철강 산업에 중점을 둔 마오쩌둥 주석의 중국 정부는 농민들에게 밭을 떠나 주조 공장에서 일하라고 명령했다. 가뭄과 홍수가 동시에 들이닥쳤다. 농촌에서 생산한 식량은 정부의 할당량을 채우는 데 들어갔다. 농민들로부터 빼앗아 도시민들을 먹였다.

오늘날엔 농부와 그들의 자녀들이 강제로 농촌을 떠나야 하는 건 아니지만 많은 사람들이 스스로 농촌을 떠난다.

농부의 자식들은 도시로 떠난다

우리는 사과 농장으로 가기 전에 펑 씨의 집을 방문했었다. 나는 현재 그의 생활이 어떤 것인지 알고 싶었다. 그의 집은 벽돌담 안쪽에 있었고 거대한 철문에는 용 모양 손잡이가 달려 있었다. 이런 대문이 있는 집이라면 실내 화장실이 있을 줄 알았는데 화장실이 어디냐고 묻자 마당 뒤편의 재래식 화장실로 안내했다.

네 개의 방은 모두 텃밭과 통해 있고, 오토바이 두 대가 있는 안마당과도 통해 있었다. 우리는 방으로 들어가 소파에 앉았다. 소파 위로 현판이 걸려 있었다. 더블이 "가족, 조화, 복, 운"이라고 번역해주었다.

"생활이 어떻게 달라졌습니까?" 내가 물었다.

"좋게 변했지요." 펑 씨가 질문에 답하면서 장남이 입었던 경찰복 셔츠 단추를 풀고 배를 어루만졌다. "형편이 폈어요, 한번 보세요." 그는 벽에 걸린 평면 TV와 한구석에 놓인 서라운드 사운드 스피커를 가리켰다. 또 벽에는 그의 세 자녀(아들 둘과 딸 하나)의 사진이 걸려 있었다. 막 찍은 사진이 아니라 최대한 화려하게 찍은 사진이었다. 얼핏 봤을 때는 중국 영화배우들이 해변에서 새 영화를 상연하면서 영화배우라면 으레 그렇듯 화려하게 차려입고 포즈를 취하는 사진인 줄 알았다. 아닌 게 아니라 완벽하게 자르고 편집한 사진이었다.

"10년 전에는 지금하고 많이 달랐어요." 펑 씨가 말했다. "해마다 정부에 1헥타르당 [480달러(54만 원)]에서 [640달러(72만 원)]까지 내야 했는데 지금은 도리어 정부에서 돈을 줘요! 10년 전에는 우리 땅 10헥타르에서 사과가 [3,200달러(360만 원)]에서 [4,800달러(540만 원)] 정도 나왔어요. 지금은 [32,000달러(3,600만 원)]나 나옵니다. 그중 40퍼센트는 비료 값으로 들어가고 나머지 60퍼센트는 전부 우리 차지예요."

펑 씨는 일 년에 2만 달러(2,300만 원) 가까이 수입을 올린다. 인디언 서머 공장에서 처음 일을 시작하는 직원이 받는 돈보다 많다. 넓은 맥락에서 이해하자면 내가 중국을 여행하면서 광저우 근처에서 만난 피복노동자들은 1년에 1,800달러(202만 원)를 받았고, 중국의 1인당 소득은 3,000달러(340만 원)이다.[4]

펑 씨 부인이 손녀를 안고 방으로 들어온다. 아기는 우리를 다시 만나서 반가운 모양이다. 펑 씨 부인이 근처 선반에서 사진첩 세 권

펑 씨 부인과 손녀

을 꺼내온다. 나는 사진첩 한 권을 다 보고 다른 사진첩을 넘겼다. 한 집안의 역사가 내 앞에서 펼쳐졌다. 그들의 딸은 결혼식에서 환하게 웃으면서 신랑의 눈을 그윽하게 바라보고, 군복 차림을 하고 총을 든 장남은 현재 시안 공항에서 경비로 일하고(펑 씨는 아주 좋은 직업이라고 말한다), 유일한 손녀의 아빠이자 시안에서 운전사로 일하는 둘째 아들은 펑 씨와 함께 자동차 옆에서 포즈를 취하고, 펑 씨 부부가 베이징에서 휴가를 보내던 중 아내는 만면에 미소를 띠고, 남편은 고향에 두고 온 사과 농사를 걱정하는 표정을 짓고, 부부의 딸은 대학을 졸업하고 은행에서 일하러 상하이로 떠났다.

펑 씨 부인이 점심으로 갖가지 음식과 손수 만든 국수를 내왔다. 펑 씨 부인의 미소는 그녀의 뜨끈한 수프보다 더 따뜻했다. 부인은 내가 집에 돌아간 것 같은 기분을 느끼게 해주었다. 나는 한 달 넘게 여행한 터라 내 집처럼 반겨주고 가족처럼 대해주는 분위기가 마음에 들었다. 나는 펑 씨네 손녀를 무릎에 앉히고 까불어주면서 내 아들을 웃겼던 온갖 기술을 총동원했다. 아기는 눈을 동그랗게 뜨고 놀라서 입을 크게 벌리면서 할머니를 돌아보았다. 마치 '할머니 보여요? 이 코쟁이가 까꿍 놀이를 하자네요'라고 말하는 것 같았다. 점심을 마치고 우리는 평면 TV로 〈차이니스 아이돌〉을 보다가 식곤증으로 기절할 지경이 되었다. 수프에 든 고기 빼고는 모두 이 집 텃밭에서 난 것이다. 후식으로는 사과를 먹었다.

우리는 사과 주스를 마시지 않아요

우리는 오토바이를 타고 덜컹거리면서 펑 씨네 과수원을 지나 다른 농장으로 이어지는 도로에 진입한다. 렉서스 SUV가 빵빵거리면서 우리를 지나친다. 도로를 달리는 차들이 모두 새 차처럼 보인다. 마치 사과로 동력을 얻은 골드러시 같다. 우리는 태양열로 물을 데우고 위성 TV를 단 집들을 지나친다.

"20년 뒤에는 당신 땅에서 누가 농사를 지을까요?" 그의 자식들이 모두 도시로 떠난 사실을 알기에 나는 이렇게 묻는다.

더블이 통역하기를 망설인다. 펑 씨가 죽을 거라는 걸 암시하는 말이고, 우리의 '조화로운' 관계를 망칠 수 있는 이상한 질문이라 생각하기 때문이다. 더블은 겨우겨우 내 질문을 통역한다.

"내가 너무 늙으면요." 펑 씨가 사과를 살피면서 말한다. "사람을 써서 농사를 지을 거예요. 나중에는 둘째가 내 뒤를 잇겠죠."

미시간에서 만난 사과 농부 대릴 피터슨도 자식들이 농사를 물려받을 거라고 생각했다. 그리고 그런 일은 일어나지 않았다. 미국이든 중국이든 농부의 자식들은 도시로 떠나고 있다.

미국 농부의 평균 연령은 58세이고[5], 중국 농부의 평균 연령은 60세이다.[6] 우리의 조부모 세대가 세상을 떠나면 누가 우리를 먹여 살릴까?

"여기서 계속 사과가 날까요?" 나는 대릴이 5년 중 3년 동안 열매를 맺지 못한 사과나

과수원을 살펴보는 펑 씨

무를 뽑아내던 일을 떠올리면서 묻는다.

"사과가 자라기에 좋은 기후예요. 앞으로 400년이 지나도 사과가 날 겁니다." 펑 씨는 이렇게 말하고는 화상병 초기 증상을 보이는 새 잎을 뒤집는다.

"당신의 사과 중에서 그냥 먹는 것은 몇 퍼센트이고, 주스로 만드는 것은 몇 퍼센트인가요?" 내가 묻는다.

"70퍼센트는 이 지역 주스 공장으로 들어갑니다." 펑 씨가 말하고 나서 웃는다. "그런데요, 여기서는 아무도 사과 주스를 마시지 않아요."

CHAPTER 16

식료품 체인점
대표 행세를 하다

"내가 누구라고요?" 내가 묻자 더블이 대답한다. "아마도 사업가인 것 같아요."

펑 씨가 우리를 일본 기업이 소유한 뤄촨의 주스 공장으로 들여보내 주려 해봤지만 우리는 로비를 통과하지 못했다. 중국에서 일하는 한 친구는 공장에 들어가고 싶으면 내 신분을 밝혀서는 안 된다고 조언했다. 그는 내게 새로운 신분을 주었다. 나는 미국 중서부의 체인점 60개를 갖고 있고, 자체 브랜드의 사과 주스를 판매하려고 하는 식료품 체인점의 대표다. 더블과 나는 급히 나의 새로운 신분을 점검한다.

"알았습니다, 보스." 더블이 말한다. 몇 번이나 보스라고 부르지 말라고 했지만 더블은 매번 이렇게 부른다.

공장 경비원의 복장은 1960년대 디스코 밴드 멤버 같다. 칼라가 그만큼 크고 뾰족하다. 경비원이 어디론가 전화하자 관리자가 나와 우리를 맞이한다. 경비원 뒤로 보이는 유리와 타일로 지은 건물은 이 회사의 11개 공장들 중 하나다.

"이렇게 불쑥 찾아와서 죄송합니다만 내일 항공편으로 상하이로 돌아가야 해서요. 저희 회사는……." 나는 아주 중요한 인물인 것처럼 들리게 하기 위해 거들먹거리면서 말한다. 사실 나는 그냥 나불나불 떠들고, 더블이 알아서 우리가 미리 짜둔 이야기로 마술을 부리게 놔두면 된다. 나의 주된 질문은 앞으로 그들에게 맡길 물량을 감당할 수 있는지의 여부다. 관리자는 껄껄 웃으면서 뒤에 보이는 건물은 2천만 달러(225억 원)를 들여 지은 공장이고 직원이 500명이 넘는다고 말한다. (이 회사 웹사이트에는 250명이라고 나와 있다. 그만큼 이 지역의 사과 산업이 빠르게 성장하고 있다는 뜻이다.)

내 질문이 얼마나 터무니없냐면, 사실 이곳은 세계 최대의 과일 및 채소 농축액 제조사인 산시하이성 생과일주스 주식회사가 소유한 공장이다. 연간 약 4억 킬로그램의 농축액을 생산할 수 있는 곳이다.[1] 관리자는 농축액을 네슬레와 펩시, 크래프트와 코카콜라에도 공급한다고 말한다. "미닛메이드는요?" 나는 중국으로 오기 전 뉴어크 공항에서 찍은 미닛메이드 사과 주스 병 사진을 내민다. 주스 병 뒷면에는 이렇게 적혀 있다. "미국, 아르헨티나, 오스트리아, 칠레, 중국, 독일, 터키산 사과 과즙 농축액 함유." 그렇다. 내가 마신 사과 주스 한 병에 네 대륙에서 생산된 농축액이 들어 있을 수 있다. 원산지 표시는 어떻게 보면 '저희도 모릅니다'라는 뜻으로 읽힐 수도 있다. 내가 지금 서 있는 곳이 내가 마신 사과 주스에 들어간 농축액을 생산한 공장의 문 앞일 수도 있다. 그 농축액이 아르헨티나산이었다면 생산 공장에서 2만

킬로미터 떨어져 있을 수도 있다.

어느 쪽이든 나는 관리자가 그렇다며 고개를 끄덕이고 이 공장에서 미닛메이드 사과 과즙 농축액을 생산한다고 해서 신이 났다.

우리는 계속 은근슬쩍 안으로 들어가려고 시도해보지만 각진 얼굴의 관리자는 얼굴을 찡그리지도 않고 우리의 요청을 거절한다. 그는 우리의 모든 질문에 바로바로 답하면서도 최대한 정보를 주지 않는다. 관리자가 우리가 급조한 이야기를 물고 늘어지지 않아 다행이라고 생각하면서도 공장 내부를 둘러보고 미시간의 인디언서머 공장과 비교해보고 싶은 마음이 간절하다.

나는 사과 주스 공장 안으로 들어갈 가능성이 없다는 사실을 깨닫고 관리자에게 시간을 내줘서 고맙다고 말한다. 어쩌면 미시간의 해커트 사람들은 이번 여행에서 운이 좋았을지 모르겠다.

사과는 농부의 딸을 어디까지 데려가는가

공장 안으로 들어갈 수 없다면 안에서 일하는 사람들을 만날 수 있지는 않을까. 우리는 공장에서 나오는 길을 따라 위로 올라가 자동차 정비소 같은 곳으로 들어간다. 구슬을 꿰어 만든 발을 젖히고 거실로 들어가자 남편과 아내가 있다. 마 씨와 그의 부인이다. 그들이 우리를 반갑게 맞아주고, 더블은 내가 무슨 일을 하고 있는지 설명한다. 그들이 웃는다.

우리는 쿠션이 얇게 깔린 목재 가구에 앉는다. 벽에는 중국 지도가 붙어 있는데, 학교에서 선생님이 수업시간에 쓰는 지도다.

마 씨 부인은 검정색 바지를 입고 어깨 부분이 시스루로 된 검정색,

마 씨와 그의 부인

흰색 상의를 입었다. 처음 대화를 나누기 시작할 때는 온화한 얼굴로 남편 뒤에 숨어 있었지만 조금 뒤 자기네 농장에서 따온 단단하고 아주 단 분홍색 복숭아를 내온다. 마 씨는 펑 씨네 농장과 크기가 비슷한 과수원을 소유하고 있고 지난 9년 동안 공장에서 트럭을 모는 일도 겸했다. 그는 지역 농장에서 사과를 따서 공장으로 실어 나른다.

"공장이 생기기 전에는 생활이 어땠나요?" 나는 이렇게 물으면서 복숭아씨를 재떨이에 놓는다.

"수입이 배로 뛰었어요." 마 씨가 말한다. "덕분에 사고방식이 달라졌죠. 공장이 없었다면 우리 아들을 대학에 보낼 엄두도 내지 못했을 겁니다." 부부의 장남은 스무 살이고 시안에서 공부한다. 부부에게는 열다섯 살짜리 딸도 있다.

"생활이 어떻게 달라졌는데요?" 내가 묻는다.

마 씨는 몸을 뒤로 기대고 무릎을 잡았다가 다시 몸을 앞으로 내밀어 테이블에 놓인 장닭 모양 가죽 열쇠고리에 걸린 열쇠를 만지작거린다. 그는 희끗희끗한 머리카락을 손으로 쓸어 넘긴다.

"엄청나게 달라졌죠. 농부들은 잘 먹고 옷차림도 나아졌어요. 자식들을 대학에 보내려 하고요."

수확 철인 8월부터 12월까지는 공장으로부터 한 달에 800~1,200달러(90만 원~135만 원)를 받는다. 나머지 달에는 한 달에 1,500달러(170만 원)를 번다. 여기에 그들 소유의 농장에서 나오는 수입이 추가된다.

저무는 햇살이 창문으로 들어와서 담뱃재 묻은 복숭아씨가 빛난다. 마 씨 부인이 전등을 켠다. "사과 주스 공장이 없었다면 저희는 그냥 농사꾼이에요."

나는 그들에게 미시간에서 어떤 일이 일어났는지 들려준다.

"2005년과 2008년에 여기서도 똑같은 일이 일어났어요. 40퍼센트나 손실을 봤죠. 정부가 조금 도와주긴 했지만 우리야 미국하고는 사정이 다르죠. 여기는 작물 보험이 없으니까요."

우리의 대화는 미래에 관한 이야기로 흘러간다.

"우리는 시안의 아들 집 근처에 집을 짓고 싶어요."

"다들 시안으로 떠나면 어떻게 될까요? 사과는 누가 키우죠?"

"농장은 더 커져가요."

우리는 다시 차를 타고 시내로 나간다.

해가 넘어가면서 곡식 밑동과 주변 풍경과 옥수수 밭에 그림자를 드리운다. 차를 타고 카우보이 영화 속을 달리는 느낌이다. 단, 태양열 전지판이 산을 뒤덮고 있는 것만 빼고. 우리는 말을 타고 터덜터덜 가는 대신 압축천연가스CNG를 넣는 자동차를 타고 가다가 미래적인 주유소에서 가스를 채운다. 제로섬 게임이란 게 있다. 사과 농업도 일종의 제로섬 게임이고, 미시간의 손실이 중국에는 이득이다.

우리가 중국에서 사들인 농축액은 미국 공장의 이주노동자들에 의해 병에 담겨진다. 이것은 새로운 경제다. 하지만 사과 주스에 50센트(560원)를 아낀다고 해서 워싱턴과 미시간에서 일자리를 잃는 손실이 메워질까? 50센트를 절약한 대가로 안 그래도 감시가 느슨한 식량 체제가 더욱 비밀스러워지는 현실을 감당해야 할까? 사과 농부가 노동의 결실(사과 주스)을 마셔본 적이 없다는 건 어떤 의미일까? 중국의 사과 농부들이 도시로 이주하고 농장이 통합되면 어떤 미래가 도래할지 궁금하다면 멀리 갈 것도 없이 미시간의 러딩턴을 보면 된다.

이때까지만 해도 나는 중국의 사과 농부가 우리의 미래에 얼마나 가까이 다가온 건지 제대로 인식하지 못한다. 그러다 상하이의 어느 건물 10층에 위치한 레스토랑에서 펑 씨의 딸 부부와 식사를 하면서 사과가 농부의 딸을 얼마나 멀리까지 데려다줄 수 있는지 깨닫게 된다.

중국 중산층과 미국 중산층은 대등하다

"지금…… 어디…… 계세요?" 휴대전화 너머의 목소리가 묻는다.

"동방명주타워 근처 맥도날드 앞이에요." 내가 대답한다. 동방명주타워는 2007년까지 중국에서 최고로 높은 건물이었다. 중국에서는 아무리 최고라고 해도 금세 갈아치워질 운명이다.

나는 펑 씨 집의 벽에 걸린 화려한 사진 속에서 웃고 있던 신혼부부를 알아본다. 펑(펑 씨의 딸)은 검정 미니스커트에 핑크색 블라우스를 입고 있고, 남편 테리는 중국의 젊은 비즈니스맨다운 복장, 그러니까 검정 바지에 흰 셔츠 차림이다.

"저녁은 제가 대접할게요. 식당은 두 분이 고르세요." 내가 말한다. 평의 어머니와 아버지가 내게 베푼 호의에 보답할 수 있어서 기쁘다. 평의 어머니는 더블과 내게 여러 번 식사를 대접해주었다. 젊은 부부는 서로 마주 보고 빙긋이 웃는다.

우리는 근처 쇼핑몰 1층으로 들어가고, 두 사람이 매장 지도를 살피면서 의논한다. 우리는 뤄촨에 관해 이야기하고, 내가 상하이에 얼마나 머물지 말하고, 그들이 어디에 사는지에 관해 대화를 나눠보려고 시도한다. 사소한 담소를 나눠보려 한다. 어느 정도 대화가 이어지고 우리는 통역 없이 대화를 나누는 중이다.

1층에는 상점이 몇 개 있다. 2층에는 맥도날드와 KFC 같은 패스트 푸드점들이 있다. 나는 그들이 그런 곳으로 나를 데려가려는 모양이라고 생각한다. 다들 미국인이라면 패스트푸드를 먹고 싶어 하는 줄 알지 않는가. 더 괜찮은 식당으로 가자고 말하려는 순간 그들은 2층에서 멈추지 않는다. 대신 3층으로 올라가는 에스컬레이터 앞에서 다시 매장 지도를 살핀다. 나는 셋이서 50달러(5만 6천 원) 정도면 되는 중간급의 괜찮은 음식점, 그러니까 중국판 T.G.I. 프라이데이를 찾는 줄 알았다. 50달러면 내가 평소 중국에서 한 끼를 먹는 데 쓰는 비용치고는 꽤 큰 금액이다. 보통은 저렴한 식당에서 1달러(1,130원) 미만으로 식사를 해결하지만 오늘은 중국에서의 마지막 밤이니 조금 사치를 부려도 괜찮을 것 같다. 하지만 우리는 계속 위로 올라가서 마침내 10층에 이른다. 10층에는 음식점이 하나밖에 없다. 사우스 뷰티.

사우스 뷰티의 프레젠테이션은 계단에서 시작되어 앞쪽에는 곱게 차려입은 여주인이 서 있다. 이 음식점 로고는 중국 전사의 탈 모양이다. 이곳은 쓰촨 요리 전문점이다. 폭신한 가죽의자가 놓인 대기실이 마련되어 있지만 대기자는 없다. 영어와 중국어를 쓰는 남자가 우리를 반갑게 맞이하며 강이 내려다보이는 창가 테이블로 안내한다. 그는 우리의 웨이터이자 통역이다. 앞에 펼쳐진 상하이 시내에서는 네온사인이 고속도로와 번드르르한 건물들을 비추면서 조명 쇼를 펼친다.

메뉴판을 받아들자 메뉴를 고르라는 말을 듣는다. 뭘 주문해야 할지 감이 잡히지 않는다. 내 눈에는 한 접시에 약 45달러(5만 원)라는 가격만 보인다. 나는 메뉴판을 덮고 테리에게 건넨다. 그에게 다 맡긴다.

음료를 주문할 차례가 되자 나는 물을 주문한다. 웨이터가 세상에서 제일 고급스러운 물병을 가져온다. 천사들의 정예부대가 젊음의 샘물(젊음을 가져다준다는 전설 속의 샘—옮긴이)에서 직접 손으로 퍼온 물이라도 되는 것 같다. 웨이터가 물을 따라주기 전에 향을 맡아보라고 권하지 않은 게 놀라울 지경이다.

나는 구두쇠처럼 보이지 않으려고 애쓰면서 바로 구두쇠처럼 보이려는 의도에서 물을 주문한 것이다. 그들이 내 의도를 눈치 챈 줄 알았는데 주문을 하기 시작한다. 그들이 50쪽 정도 되는 메뉴판을 휙휙 넘긴다. 장별로 나뉜 한 권의 책 같다. 웨이터가 뭔가 받아 적고 다른 뭔가를 적는다. 그들이 한쪽을 넘기고 더 주문한다. 웨이터는 종이가 모자라서 새 종이에 받아 적는다. 그들이 또 주문한다.

"뭘 주문했어요?" 나는 신이 나는 척을 하며 묻는다.

"쇠고기…… 돼지고기……." 그들은 웨이터가 와서 나머지를 통역해주기를 기다린다.

"닭고기, 채소 요리, 식용 개구리······." 웨이터가 줄줄 읊지만 식용 개구리 다음부터는 아무것도 들리지 않는다. 웨이터의 목소리가 아득히 멀어지고 머릿속에서 현금등록기 돌아가는 소리가 울린다. 부디 이 집에서 신용카드를 받아줘야 할 텐데.

웨이터가 다시 등장하면서 테리에게 뭐라고 말한다.

"스테이크 좋아해요?" 웨이터가 묻는다. "미국인들은 스테이크를 좋아할 것 같아서요."

"아뇨. 전 이미 주문한 거면 됩니다."

그러자 웨이터가 내 젊음의 샘물 잔을 들어 백만 달러짜리 경관에서 떨어진 홀의 가운데 자리로 옮긴다. 알고 보니 우리가 앉았던 자리는 한 접시에 50달러(5만 6천 원)짜리 자리다. 그 이상 밥값을 내는 손님들만 앉을 수 있다. 우리는 창피하게 홀의 가운데 자리로 걸어 나온다.

쓰촨 요리는 일품이다. 쓰촨 후추가 톡톡 튀면서 입속이 얼얼하다. 미국의 쓰촨 후추는 가공을 많이 한 건지 이런 느낌이 안 난다. 식용 개구리도 맛이 훌륭하지만 뼈가 좀 많고 아프리카 어느 나라의 마지막 코끼리 상아로 만들었을 법한 젓가락으로 집기가 쉽지 않다.

음식이 너무 많다. 모든 음식의 맛이 강하다. 24시간 동안 비행기를 타고 인디애나로 돌아가기 전날 밤에 먹을 음식을 하나만 골라야 한다면 이 레스토랑 음식은 맨 끝으로 밀려날 것이다.

시간이 늦어서 레스토랑 직원들이 슬슬 짜증을 낸다. 어느 순간에 돌아보니 웨이터 둘, 웨이트리스 둘, 식당 보조가 식사를 마치기를 기다리고 있다. 우리는 맥주 네 잔을 더 주문하고 155달러(17만 5천 원)가

찍힌 계산서를 받아든다. 다행히 신용카드를 받아줘서 나는 중국의 어느 강제노동 수용소로 끌려가 빚을 갚지 않아도 된다.

웨이터가 영어를 할 줄 알고 테리가 대학에서 몇 학기 동안 영어 수업을 들은 적이 있어서 저녁을 먹는 동안 나는 펑이 메트라이프에서 일하고 파리에 출장을 다녀온 적이 있으며 내년에는 캘리포니아를 여행할 계획이라는 사실을 알게 된다. 테리는 은행원이다. 이들 부부는 상하이에서 6년간 살았고 조만간 집을 장만하려 한다. 펑 씨가 계약금을 보태주기로 했다고 한다.

"상하이는 집 한 채가 얼마나 해요?" 내가 묻는다.

둘이 잠시 계산해보더니 "60만 달러(6억 8천만 원)"라고 답한다. 나는 살면서 여태 기절을 해본 적이 없다. 그런데 지금은 잠시 아득해진다. 위아래가 뒤집힌다. 그 순간 세상의 균형이 흔들린다. 60만 달러? 60

주문하다 말고 카메라 앞에서 포즈를 취하는 펑과 테리

만 달러! 내가 사는 먼시에서는 집을 여섯 채나 살 수 있는 금액이다.

처음에 에스컬레이터를 타고 사우스 뷰티까지 올라왔을 때 그들이 나를 최고급 레스토랑으로 데려가줄 돈 많은 미국인쯤으로 여기는 줄 알았다. 그런데 그들을 나무랄 수 없다. 오히려 그들을 농촌의 젊은이들로 오해하고 레스토랑에 데려가 좋은 음식을 대접하기로 한 쪽은 나였다.

지금까지는 내가 특권층의 입장에서 세상을 보는지 몰랐는데, 지금 이 순간 불현듯 자각이 들면서 지반이 흔들린다. 중국의 중산층은 미국의 중산층과 대등하다. '내가 왜 저녁을 사야 돼요?' 이렇게 묻고 싶다.

펑과 테리는 반 세대 만에 그들의 부모는 꿈도 꾸지 못할 생활을 누리고 있다. 그들의 부모는 어린 시절에 굶주렸지만 테리와 펑은 155달러(17만 5천 원)짜리 — 불과 몇 년 전만 해도 중국 피복노동자의 한 달치 임금 — 저녁을 먹으면서 조금도 망설이지 않는다. 다시는 먹지 못할 음식으로 생각하지 않는다. 그저 한 끼 식사일 뿐이다. 모든 것이 사과에서 시작됐지만 우리는 더 이상 사과밭에 있지 않다.

진실은 지각과 착각 사이에 존재한다

"여보세요, 프레드, 저 켈시에요. 중국은 어땠어요?" 프레드 해커트와 통화를 한다.

"아주 멋진 여행이었어요. 다들 생각이 열려 있고 우리를 따뜻하게 맞아줬어요."

"저는 공장 안에는 들어가지 못했는데, 그쪽은 어땠나요?"

"아, 그럼요. 최신식 공장이더군요. 공장을 보고 감동했다니까요."

인디언서머 대표단은 중국에서 공장 여섯 군데를 둘러보았다. 프레드 말로는 중국의 공장은 "일류"이고 어느 모로 보나 인디언서머의 공장보다 기술 면에서 앞서 있으며 일부 공장은 "병원보다 깨끗하다"고 한다. 대표단은 식품 안전을 우려하면서 중국으로 떠났지만 일단 공장을 둘러보고 안전검사를 실시한 후에는 걱정을 말끔히 털어냈다. 프레드는 중국을 방문해 깊은 인상을 받고 조금 마음을 놓은 듯하다.

"중국의 경제 호황과 건설 호황을 아주 인상 깊게 봤습니다. 그쪽으로는 중국이 미국보다 몇 년은 앞서 나갔더군요." 프레드가 말한다.

나는 프레드에게 펑 씨와 뤄찬의 사과 호황에 대해 말해준다. 그가 본 현실은 조금 달랐다. 농부들이 모든 일(약을 치고 수확하는 일까지)을 직접 했고 생활도 아주 소박했다고 한다.

"저희가 본 농부들은 꽤 가난해 보였어요…… 아니 심하게 가난했어요." 프레드가 말한다. "트랙터도 못 봤어요."

때로는 제일 반질반질한 사과가 맛이 형편없고 상한 사과가 아주 달콤하기도 하다. 진실은 외양과 현실 사이, 지각과 착각 사이 어딘가에 존재한다. 식품이 더 멀리 이동할수록 우리가 정확히 무엇을 먹는지 파악하기 어려워진다.

PART 6

내 인생:
미국산

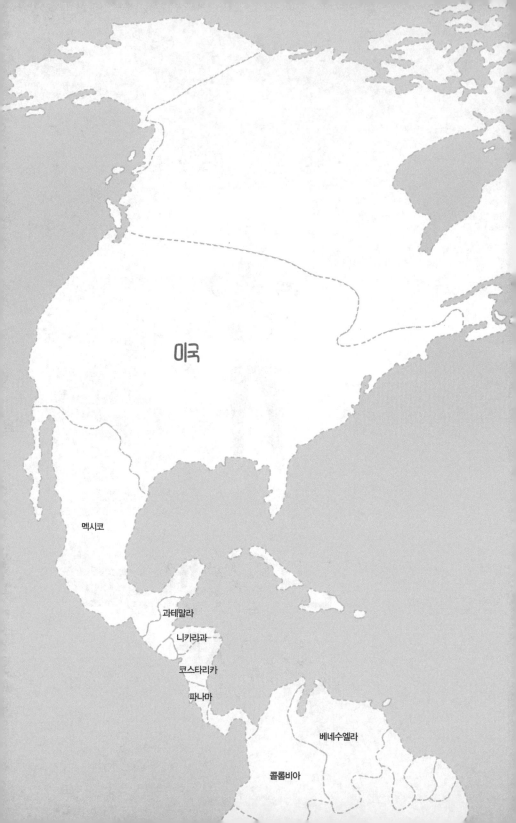

CHAPTER 17

음식 한 입이
순응 아니면 저항

얼굴 한번 본 적 없는 사람에게 이메일을 보내면서 제목을 "제 음식 스승이 되어주시겠습니까?"라고 달았다는 사실이 믿기지 않는다. 돌이켜보니 내가 앞서 나간 것 같다.

　그래도 24시간 동안 이메일을 확인하며 답장을 기다린 끝에 먼시의 '다운타운 농산물가게Downtown Farm Stand' 주인인 데이브 링과 아내 세라로부터 답장을 받았다. "아주 흥미롭군요! 금요일은 어때요?"

　다운타운 농산물가게는 먼시의 중심부에 있다. 우리 먹거리가 해외로 이동하고 농부들이 도시 교외로 이동하듯, 먼시의 삶은 쇼핑몰이 늘어서 있고 온갖 레스토랑 체인점이 모여 있는 번화가 맥갤리어드 로드로 이동한다. 다운타운 농산물가게는 먼시 사람들이 시내에서 유일하게 식료품을 살 수 있는 곳이다.

　가게에 들어서자마자 계산대 너머에서 머리 하나가 튀어나오며 묻는다. "안녕하십니까? 뭘 도와드릴까요?"

"커피 한 잔이요⋯⋯ 데이브 씨 계십니까?"

느긋한 걸음걸이에 점잖은 풍모의 데이브는 희끗희끗한 머리카락을 매끈하게 뒤로 넘겨서 당장이라도 밤을 즐기러 시내로 나갈 사람처럼 보인다. 머리카락 몇 가닥이 제멋대로 뻗어 나와서 둥글게 말린 채 이마로 내려와 있다. 얼굴이 흘러내릴 듯 고개를 숙이고 한창 기타 리프를 연주하다 말고 고개를 홱 젖힐 때의 머리 모양이다.

"무엇을 도와드릴까요?" 데이브가 이렇게 물으면서 사무실에서 걸어 나온다. 내 귀에는 분명 '네 죄를 고백하라, 아들아'라는 말처럼 들린다. '어제 치킨 맥너겟을 먹었습니다. 저희 집은 냉동 피자를 먹습니다. 일주일에 한 번 정도요. 저는 크래프트 마카로니 앤드 치즈도 요리할 줄 모릅니다. 요전에 한번 만들다가 물이 끓기도 전에 파스타를 넣었습니다.' 오, 주여, 저는 죄를 지었습니다.

"요즘 『음식의 종말The End of Food』이라는 책을 읽고 있어요." 내가 입을 연다. "대장균이 튀어나오게 무섭더군요. 저자[폴 로버츠]가 쿠키에 관한 글을 썼는데, 이름은 밝히지 않았지만 제 생각엔 칩스 아호이Chips Ahoy 같아요."

데이브가 고개를 끄덕인다.

'내가 말이 너무 많나? 그냥 일어나 가버리면서 내 죄가 너무 크다고 말하려나? 자기는 너무 바빠서 내 스승이 되어주지 못한다고 말하려나?'

"아무튼." 내가 말을 이었다. "쿠키를 굽는 과정에서 풍미가 다 빠져나가버려 제조 공정 마지막 단계에 쿠키 향을 뿌리는 겁니다! 저는 도움이 절실합니다, 데이브. 어떻게 해야 저희가 더 잘 먹을 수 있을까요?" 그즈음 나는 음식에 관한 책을 많이 읽어서 내가 먹는 음식과 아이들에게 먹이는 음식에 관해 지나치게 예민해지기 시작한 터였다.

데이브는 식습관을 서서히 바꾸라고 조언하면서 더 건강하게 요리하는 법을 배우라고 말한다. 그는 외식을 하지 않는다. 그 어디에서도! 어이쿠, 이거 정말 힘들어지겠는걸. 그는 추천하는 음식을 말하면서 한 번도 도넛이라는 단어를 입에 올리지 않았다.

두 아이의 아빠, 요리를 배우다

데이브는 저녁에 슬로푸드 운동 이사회에 와보라고 나를 초대한다. 슬로푸드 운동이란 150개국에서 10만 명 이상 참여하는 운동으로 패스트푸드에 대한 직접적인 대응이다. 이 운동은 로마의 스페인 광장 근처에 맥도날드 매장이 들어서는 걸 반대하는 운동에서 시작됐다. 그 뒤로는 종자은행의 다양성을 보장하기 위해 싸우고, 각 지역의 요리와 문화를 지켜나갈 방법을 모색하고, 사람들에게 느리게 음식을 만들고 즐기도록 격려해왔다. 회원들은 유전자변형작물, 단일 재배와 거대 기업식 농업, 살충제 사용을 반대하고, 노동자의 권익과 가족 농업을 옹호하는 활동을 벌인다. 처음에 내게는 다소 정치적으로 들렸다. 하지만 농부들을 만나보고 세계 식량 체제를 연구하면서 음식 한 입이 순응 아니면 저항이라는 사실을 깨달았다. 내가 먹는 음식 한 조각이 모두 정치적 선언이다.

나는 회의가 시작되기를 기다리면서 교회의 피뢰침을 훔치려는 도둑처럼 잔뜩 얼어 있었다. '저 사람들이 내게서 정크 푸드 냄새를 맡을까?'

그들은 히피가 아니다. 비판적인 사람들도 아니다. 회계사, 교수, 학생, 공무원들이다. 그들의 모임에서는 새로운 프로젝트를 찾고 있었다. 나는 요리를 못하는 문제를 안고 있다면서 애가 둘이고 시간이 많지 않다고 고백한다.

"요리하는 데 문제가 있으시군요." 데이브가 말한다. 마치 나를 제외한 모두가 아는 고통인 양 들린다. "좋은 생각이 있어요. 켈시 같은 분들을 위해 요리 수업을 개설하면 어떨까요?"

"그 수업에 제 이름을 붙여주시겠어요? 요리에 문제가 있는 사람들을 위한 켈시 티머먼 수업이라고요?" 내가 묻는다.

그들은 이 안건을 논의하고 두 번째, 세 번째 안건을 논의했다. 그리고 안건이 통과됐다. 한 달 뒤 나는 수프 만드는 법을 배웠다.

음식이라는 렌즈를 통해 세상을 보다

데이브의 전화는 벨이 울리지 않는다. 요란하게 삑삑거린다. 그는 전화를 끊고 내게 아이폰을 건네주면서 길을 안내해달라고 말한다. 나는 매주 데이브가 먼시를 돌면서 유기농 식료품을 배달하는 길에 따라나섰다.

첫 배달 장소는 모퉁이를 지나면 바로 나오는 집이다. 우리가 밴에서 내리자 어떤 남자가 종이봉지로 싼 술병을 들고 골목 저쪽에서 빤히 쳐다본다. "솔직히 저 사람이 쳐다보는 게 마음에 들지 않네요." 데이브는 그 남자가 식료품 상자를 가져갈까 봐 걱정한다.

그 남자가 우리에게 손을 흔든다. 우리는 파란색 상자를 내려놓고 빈 상자를 집어 든다. 나는 그 남자에게 손을 흔들어준다.

"당신에게 물건을 파는 농부들이 농산물 직거래 장터에서도 물건을 파나요?" 내가 밴에 올라타면서 묻는다.

"아뇨, 우리는 이 지역 농가와 거래해요. 직거래 장터에는 청과물 경매장에서 물건을 떼어오는 재판매상이 많아요. 중고차 업자랑 아주 비슷해요. 거기서 파는 농산물은 주로 아미시들이 재배한 거예요. 찬찬히 들여다보면 꽤 흥미로운 문제에요. 아미시들은 살충제를 많이 치거든요. 개중에는 살충제를 파는 사람도 있고요. 게다가 그 사람들은 아동노동을 많이 시켜요. 가족농이 자녀들에게 일을 시키는 걸 가지고 뭐라 하는 게 아니라, 진짜로 상황이 안 좋아요. 아이들은 맨발로 다니면서 살충제를 뿌려요. 끔찍하죠. 우리도 전에는 아미시 농산물을 많이 취급했어요. 지금은 치즈만 조금 거래해요."

"아미시. 그 자체로 브랜드가 되어 우리가 세상의 소금으로 여기는 사람들이잖아요. 아미시를 생각할 때 살충제를 연상하지는 않아요. 또 농산물 직거래 장터도 마찬가지예요. 거기서 물건을 파는 사람들은 다 농부인 줄 알았어요."

"그 사람들한테 직접 기른 농산물이냐고 물어보면 십중팔구는 방어적인 태도를 보일 겁니다." 데이브가 말한다. "실제로 농사짓는 사람이라면 태도가 다르죠. 농부라면 자기 농장에 와보라고 할 겁니다. 자기가 하는 일에 당당하죠. 하지만 그런 농부들은 재판매상들하고 가격 경쟁에서 밀릴 수밖에 없어요. 6월에 캔털루프 멜론이요? 인디애나에서는 나지 않아요. [이곳의 농산물 직거래 장터에서는] 판매상이 인디애나 출신이어야 하고 50퍼센트 이상은 직접 재배한 농산물을 팔아야 하지만 확인을 하지 않아요. 그 누구도 농장에 찾아가서 확인하지 않죠."

그 누구도 자기가 먹는 음식이 어디서 오는지 생각하지 않는다. 데이브는 생각한다. 그는 힘닿는 한 발품을 팔아 농장을 찾아다니면서 농산물을 공급받는다. 직접 가보지 못할 때는 이퀄익스체인지Equal Exchange 같은 회사에서 공급받는다. 이퀄익스체인지는 다양한 공정무역 제품을 판매하고 제품의 원산지를 파악하는 데도 동등한 노력을 기울인다. 관심 있는 소비자에게는 데이브 같은 필터가 필요하다.

데이브와 세라는 7년 동안 유기농 농산물을 재배하는 전업 농부였다가 다운타운 농산물가게를 열었다. 직접 재배한 농산물을 다 팔지 못해 소매점을 연 것이다. 그들은 다른 농부들도 똑같은 문제를 안고 있다는 사실을 알았다. 그들은 '우리 물건을 사줄 가게만 있으면 농사에 전념할 수 있을 텐데'라고 생각했다. 부부는 직접 그런 가게를 열기로 했고, 얄궂게도 지금은 가게 때문에 농사를 지을 시간이 없다.

데이브는 다운타운 농산물가게가 이 지역 농부들에게 더 넓은 시장에 접근하는 길을 열어준다는 점을 자랑스럽게 여긴다. "농부들이 다들 농산물을 잘 파는 건 아니잖아요. 사람들하고 잘 어울릴 줄 아는 사람도 필요해요."

절반쯤 배달했을 때 우리는 내 집 앞에 차를 세운다. 내가 상자를 들고 들어가자 하퍼가 문에서 뛰어나온다. 하퍼를 데리고 나와서 데이브에게 소개한다. 하퍼는 처음에는 수줍어하는 듯싶더니 금세 데이브를 좋아한다. "변기에 똥 쌌어요!" 하퍼가 말한다.

데이브도 두 아이, 레나와 잭을 키우고 있어서 이게 얼마나 중요한 사안인지 알기에 하퍼가 기대하는 반응을 보여준다. 애니가 그리핀을 안고 나온다. 그리핀은 엄마의 어깨에 얼굴을 묻고 있다.

데이브와 나는 뒤뜰에서 상자를 다시 정리하고 식구들과 작별인사를 나눈다. 우리는 차를 빼면서 얼마 전에 집 잔디밭에 세워둔 깃발을 화제에 올린다. 잔디에 약을 쳤으니 애완동물과 아이들은 들어오지 말라고 경고하는 깃발이다. 데이브는 어떤 종류든 집 마당에 화학약품을 뿌리는 행위를 전적으로 반대한다. 그는 화학약품이 암을 유발할수 있다고 굳게 믿는다.

"화학약품을 밟고 집 안으로 들어가 카펫에 묻히게 됩니다." 데이브가 경고한다. 나는 집 마당에 민들레가 지천으로 피면 동네 사람들이 싫어할 거라고 변명한다. 잠시 후 데이브가 민들레가 가득 피어 있는 집 앞에 밴을 세운다.

"아름답지 않다고 누가 그럽니까?" 데이브가 말한다. "뭐든 생각하기 나름이에요. 화학약품 회사들이 우리에게 한 가지 생각을 주입한 겁니다. 그들은 민들레를 반대하는 캠페인을 벌였어요. 클로버도 마찬가지고요. 클로버는 콩과 식물로, 흙에 질소를 공급하는 비료 역할을해요. 화학회사들은 클로버를 죽이는 살충제를 팔고 클로버가 다 죽으면 비료를 팔아요. 화학약품에 관한 자료, 그것이 우리 아이들에게미치는 위험에 관한 자료는 얼마든지 있어요. 당신 애들만의 문제가아니에요. 당신 집 뒤쪽으로 개울이 흐르던데……."

데이브는 그 개울이 화이트 강으로 흘러 들어가 워배시 강, 오하이오, 미시시피 강을 거쳐 결국 세계의 대양으로 흘러 들어간다고 지적한다. 우리 집에서 내린 결정이 전 세계에 영향을 미친다는 것이다.

배달 장소에는 대부분 사람이 없는데, 어느 집 앞에 차를 세웠을 때는 키가 껑충하고 흐느적거리는 남자가 우편물을 가지러 나온다. 스티브는 아들이 참가한 여름 캠프에서 봉사를 하고 막 돌아온 참이다. 그는 아들에게 캠프 음식을 먹이고 싶지 않아서 음식을 싸서 보냈다. 캠프장 음식이 어디서 오는지, 어떻게 길러지는지 누가 아는가?

스티브는 몸무게가 18킬로그램이나 빠졌다. 그의 집에서는 유기농 식품만 먹는다. 그는 모든 것을 음식이라는 렌즈를 통해 본다. 부활절 달걀 찾기 놀이에서 그의 딸이 다른 아이들보다 "더 빨리 뛰고 더 빨리 찾았다"고 한다. "우리 애가 남들과 다른 음식을 먹어서라고 생각할 수밖에 없어요." 스티브는 매일 자전거를 탄다. 식습관을 바꾸기 전에는 한 시간에 24킬로미터를 달렸는데 지금은 훨씬 더 빨리 달린다.

"제 몸의 연료탱크에 그 전과는 다른 연료를 주입한 결과라고 생각할 수밖에 없어요." 스티브가 말한다.

데이브와 스티브의 음식에 관한 관점은 나중에 생각나 덧붙인 게 아니다. 그들의 철학이자 느낌이었다. 우리의 대화는 주로 종교를 위해 남겨둔 수준까지 깊어진다. 무엇을 먹고 어떻게 먹는지에는 당연히 그들의 가치관과 도덕, 신념이 반영되어 있다. 데이브는 교회에 다니지 않지만 음식이 그의 종교이고 집집마다 신앙을 배달한다.

CHAPTER 18

성장하거나 죽거나

나는 토마토를 움켜쥐고 거리를 내달렸다. 혁명가가 탱크를 향해 돌을 던지듯 토마토를 던졌다. 나는 혁명가가 아니라 여덟 살 꼬마아이였다. 탱크가 아니라 번쩍번쩍 새하얀 캐딜락이었다.

그 순간은 마치 복잡한 대수학 문제 같았다. 여덟 살짜리 아이가 오하이오 시골길에서 시속 25킬로미터로 달려오는 캐딜락에 토마토를 던진다면……. 그 답(철퍼덕)은 새로운 종류의 문제를 일으켰다. 캐딜락이 속도를 줄이면서 멈췄다가 후진해서 돌아온 것이다. 나는 지나가는 차에 농산물을 던지는 놀이를 같이하던 친구 테레사를 돌아보았다. 흥분과 기쁨은 공포로 바뀌었다. 행위는 결과를 낳는다는 사실을 잊어버린(아니면 아직 배우는 중인) 어린 시절의 순간들 중 하나였다. 우리는 정말로 쫓기고 있었기에 누군가한테 쫓기듯이 뛰어서 건설 장비 차고 뒤에 숨었다.

캐딜락이 진입로에 멈추고 화가 난 운전자가 집 앞에서 농구를 하던 형에게 호통을 치기 시작했다. 형도 나와 같은 금발이고 몸집에 비해 머리가 많이 컸다. 형은 나보다 세 살 많았지만 시속 25킬로미터로 달리던 운전자에게는 그놈이 그놈이었을 것이다.

테레사와 나는 하이파이브를 하고 신나서 춤도 조금 췄던 것 같다. 나중에 부모님이 돌아왔을 때 행위의 결과가 나왔지만, 어쨌든 그 순간만큼은 시뻘건 과육이 새하얀 페인트에 철퍼덕 부딪혀 흘러내리고, 직각으로 이동하는 두 개의 운동 물체가 시공간에서 퍽 하고 부딪히는, 잘못을 저지를 때의 짜릿한 흥분을 한껏 즐겼다.

그로부터 25년이 지난 지금 나는 세미트럭의 백미러를 통해 반짝거리는 빨간 토마토가 잔뜩 실린 하얀 트레일러를 보고 있다. 트럭이 시속 20킬로미터로 달리다가 도로 위의 둔덕에 부딪히자 트레일러 위에서 토마토 하나가 굴러떨어진다. 철퍼덕 소리가 날 거라고 예상한다. 그 소리가 나기를 바란다. 하지만 소리가 나지 않아서 놀란다.

"저거 보셨어요?" 내가 묻는다.

"뭘?" 운전사가 기어를 바꾸자 디젤 터보에서 휘파람 같은 소리가 난다.

"토마토가 방금 트레일러에서 굴러떨어졌다가 도로에서 네 번 튀더니 배수로로 굴러들어 갔어요. 그런데 옛날 같은 소리가 나지 않네요." 나는 과거의 캐딜락 사건을 떠올리면서 말한다. 그 시절에는 토마토가 무르익으면 멕시코 사람들이 오기 전에 우리가 좋은 토마토를 가져다 먹을 수 있는 작은 진열대가 있었다.

우리는 멕시코 사람들을 사랑하지는 않았다. 우리 집 뒤쪽이나 길 건너에 토마토 밭이 있었는데, 수확 철인 8~9월이 되면 멕시코 사람들이 바구니를 들고 나타났다. 그중 몇몇은 길에서 조깅하는 우리 엄마에게 추파를 던지면서 환호성을 올렸다. 나는 그러는 게 싫었다. 한번은 형 카일이 우리 집 뒤뜰에 있던 똥이 멕시코 사람의 것이라고 말했다. 형은 어느 여름에 2층 화장실 변기에 떠 있던 정체 모를 부유물도 멕시코 사람의 것이라고 말했다. 그렇다. 나는 누군가 우리 집에 침입해서 아래층 화장실을 놔두고 굳이 2층 화장실로 올라가서 액운을 투하하고 물도 내리지 않았다고 믿었다. 나는 남의 말에 쉽게 속아 넘어가는 어린애였다.

멕시코 사람들이 들판에 나타날 무렵이면 이사벨라도 우리 반에 나타났다. 말이 없긴 하지만 상냥해 보였다. 이사벨라가 해마다 어디로 사라지는지 궁금해하던 기억이 난다. 나는 이사벨라가 우리 동네에 머물 때면 캠프장에서 살 거라고 짐작했다. 제일 가까운 캠프장은 우리 집에서 자전거로 5킬로미터쯤 가야 되는 곳에 있었다. '캠프장'이라는 표현이 적당한 표현일 것이다. 합판으로 얼기설기 지은 구조물을 집이라고 부르면 안 될 것 같았다. 많은 사람들이 그곳에서 살았다. 전기나 수도가 들어왔는지 어땠는지 모르겠다.

나는 이사벨라가 해마다 떠나야 해서 참 안됐다고 생각하면서도 토마토 수확 철이 끝나서 멕시코 사람들이 떠나면 좋아했다. 인종차별주의와 제노포비아로 들린다 해도 어쩔 수 없다. 어린 나는 이사벨라의 부모가 자식들을 뒷바라지하기 위한 최선의 방법을 따져본 뒤에 그 방법을 택한 줄은 전혀 몰랐다. 나는 그저 이사벨라네 식구들처럼 창문 하나 없는 합판 상자에서 사는 사람도 있고 우리처럼 2층 벽돌집에서 사는 사람도 있다는 정도로만 받아들였다.

"저기 있네." 운전사가 도로변의 이주민 캠프를 가리킨다. 전선 하나가 직사각형 상자에서 직사각형 상자로 연결되어 있다. 공동 욕실은 남자용, 여자용이 하나씩 있다. 텍사스 번호판이 붙은 픽업트럭 한 대가 진입로에 서 있다. 여전히 야영지처럼 보이지만 이런 데서 사는 사람은 줄었다.

수확하는 기계가 지나간 들판에서 우리는 물건을 싣는다. 요즘은 토마토를 이런 식으로 수확한다. 몇 명이, 주로 여자들이 수확하는 기계에 앉아서 토마토를 분류하는 동안 트랙터가 밭에서 토마토를 끌어당긴다. 더 이상 허리를 숙이고 바구니에 담지 않는다.

더 예쁘고 더 맛없는 토마토

"한겨울에 식료품점이나 패스트푸드점이나 외식업체에서 생토마토를 먹는 소비자는 노예가 손으로 딴 토마토를 먹는 것이다." 배리 에스타브룩이 『토마토랜드: 현대의 산업화된 농업은 가장 매혹적인 열매를 어떻게 파괴했는가』에서 한 말이다. 우리 동네가 아닌 플로리다 토마토에 관한 글이다. 플로리다에서는 노예를 사고팔면서 감금하고 감시하고 폭행하고 죽이기까지 한다.[1]

세계 식량 체제에서 자행되는 부당한 행위는 세계의 문제일 뿐 아니라 우리 지역의 문제이기도 하다.

우리가 끌어올리는 토마토는 통조림이나 케첩을 만드는 데 쓰인다. '철퍼덕' 소리가 나지 않은 이유는 토마토의 맛에는 관심이 없고 운송 방법에 더 관심을 두기 시작해서다. 우리는 점점 이동성이 좋을 뿐 아니라 색이 붉은 토마토를 선택했다. 2012년 유전학자들은 토마토는 대부분 고의로 유전자 변이를 일으켜서 재배한다고 밝혔다. 유전자 변이로 인해 빨간색의 윤기 있는 토마토가 나온 것이다. 맛있어 보여도 사실은 맛이 없다. 유전자 변이로 토마토에서 당분을 생성하는 유전자를 비활성화시켰기 때문이다.[2] 토마토 연구가인 해리 클리Harry Klee는 이런 발견을 반기면서 "오늘날 토마토에서 수상쩍은 냄새가 나는 이유를 설명하는 퍼즐의 한 조각"이라고 말했다.

현대의 기업식 농업에서 토마토만큼 극단적인 예는 없다. 텃밭에서 기른 토마토를 먹어보고 식료품점에서 산 토마토를 먹어보라. 텃밭 토마토는 모양이 완벽하지는 않지만 더 맛있을 것이다. 식료품점 토마토는 비즈니스는 이윤을 택한다는 사실을 일깨워준다. 식료품점에 진열된 식품은 모두 모양을 기준으로 팔린다. 마이클 폴란이 일종의 문학적 표현으로 "목가적인 슈퍼마켓"이라고 일컬은 마케팅 카피는 순전히 허풍이다. 포장은 번쩍거리고 고기는 밀랍 같고 바나나는 흠집 하나 없고 먹거리의 진실은 감춰진다.

내가 탄 세미트럭의 운전사는 기업형 식량 체제의 톱니바퀴 하나에 불과하지만 내게는 그보다 더 큰 존재다. 내 아버지니까.

토마토를 운반하는 길은 추억을 더듬는 길이기도 하다. 가는 길에는 아버지의 모교이자 나의 모교인 고등학교가 있다. 미농업교육진흥회Future Farmers of America에서 FFA 주간에 "트랙터를 몰고 등교하는" 시간을 배정한 학교이다. 아버지의 동창들 중에는 농장에서 자란 사람이 많았지만 대다수가 가업을 잇지는 않았다. 내 동창들 중에는 농촌 출신이 아버지 세대보다 적었다. 오하이오의 다크카운티는 미국 최고의 농업 지역인 오하이오 주 안에서도 최고의 농업 카운티인데도 말이다. 미래의 농부들은 더 많은 기회를 찾아 더 많은 일을 시도하러 도시로 떠났다.

10킬로미터쯤 더 달리자 1992년 우리 가족의 사업을 위해 지었다가 2007년 운명적으로 확장하면서 부도의 원인이 된 건물이 나온다.

"여기 남아서 일했어야 하는 건데, 켈시." 아버지가 말한다.

아버지는 목재를 건물, 집, 경력, 교육으로 탈바꿈시켰다. 스물한 살에 직접 건설 회사를 차렸다. 내가 어렸을 적, 어느 여름에 아버지는 먼 데서 일하고 있었고 나는 사람들에게 "아빠는 우리랑 같이 살지 않아요"라고 말했다. 그만큼 아버지는 일을 많이 했다. 아버지는 저녁시간에는 대부분 집에 들어오고 자식들의 농구시합을 잊지 않고 보러 왔지만 거의 언제나 작업복 차림이었다.

내가 태어났을 때 병원에는 엄마하고 나만 있었다. 아버지는 수술을 받고 집에서 요양 중이었다. 건물 지붕에서 떨어져 비장이 파열된 상태였다. 병원에서 비장을 제거하고 이식받아야 했다. 아버지는 혼자 새 장기를 달고 돌아와야 했다.

나는 사업 확장을 위한 회의에 여러 번 참석하면서 부모님이 사업을 확장하기로 한 이유가 내게 사업체를 맡기기 위해서라고 생각하지 않을 수 없었다. 나는 사업에는 관심이 없었지만 사업을 사랑했다. 어머니와 아버지를 사랑하기 때문이었다. 나는 60명의 직원들에게 관심이 있었고, 그중 몇 명은 내가 열네 살에 일을 시작할 때부터 함께 일을 해온 사람들이었다. 우리 회사에는 아버지의 농사꾼 같은 근면성이 배어 있었고, 나도 회사에서 일하면서 아버지의 근면성을 몸으로 익혔다. 나는 5시 30분까지 잠깐 성가신 문제들을 해결하고 다시 일을 시작했다. 바닥을 쓸고 뜨거운 톱밥에서 나오는 김을 들이마시고 지게차를 몰고 영하의 날씨로 나갔다. 나는 일의 존엄성을 배웠다.

"그래도 미련은 없잖아요?" 내가 묻는다. "그냥 정리하려고 하셨잖아요." 우리 부모님이 사업을 확장하기로 결정한 이유는 기존 공장에서 물량을 감당하지 못했기 때문이다. 공장을 확장하든지 아니면 사업을 접고 편안한 노후를 보내든지 결정해야 했다. 아버지는 일을 그만두고 싶지 않았던 데다가 20년 넘게 함께 일한 직원들에게 새 일자리를 알아보라고 말하는 것도 고역이었을 것이다.

"그래, 그러는 편이 나았겠지. 은퇴하고 먼시로 옮겼어야 했어." 아버지가 말한다. 아버지는 40년 동안 작업 현장과 직원 문제에 빠져 살았지만 요즘은 다른 데 푹 빠져 산다. 아버지의 손주들.

나는 아버지에게 아루아코 사람들 이야기를 들려주면서 서구화된 농부들은 계속 성장을 추구하지만 아루아코 사람들은 가진 것에 만족한다고 말한다.

"내 신조는 예나 지금이나 똑같다. 성장하거나 죽거나 둘 중 하나야." 아버지가 말한다.

"그럼 그 사이에서 어떻게 균형을 찾아요?"

"나도 모르지."

우리는 아버지의 실패로부터 배운다

우리는 몇 킬로미터쯤 달리다가 그린빌 외곽에서 127번 주도를 벗어난다. 거대한 에탄올 공장에서 하얀 연기구름이 뿜어져 나온다. 농부들이 수확한 옥수수를 연료로 만드는 중이다. 지금 공장으로 들어가는 옥수수가 어느 집 옥수수인지 알 것 같다. 미국 옥수수 수확량의 3분의 1 이상이 사람이나 동물이 먹지 않고 연료 탱크로 들어간다.[3] 2012년 분석가들은 옥수수 수확량이 기록적일 것으로 내다봤다. 5월에는 옥수수 수확량의 77퍼센트가 미 농무부에서 '상에서 최상' 등급을 받았다. 그런데 7월에는 옥수수의 74퍼센트가 '하에서 최하' 등급을 받았다.[4] 옥수수는 "7월 4일까지 무릎 높이"로 자란다는 옛말은 유효하지 않다. 보통 7월에는 무릎보다 훨씬 높게 자란다. 올해는 무릎 높이까지 자라지 않아서 옛말과 맞지 않았다. 쪼그라든 짧은 옥수수대가 뾰족뾰족한 파인애플처럼 보였다.

곡물 보유량이 최저점을 찍었기 때문에 전 세계가 미국의 옥수수 풍년을 고대하고 있었다. 옥수수 수확량의 기대치가 하향 조정되자 옥수수 가격이 한 달 남짓 사이에 50퍼센트나 상승했다.[5] 옥수수 지대에서 토양의 수분은 최저 수준으로 떨어지고 옥수수 가격은 최고 수준으로 올라갔다. 세계 식량 가격도 덩달아 올랐다. 뉴잉글랜드복잡계연구소NECSI라는, 사회 정책을 비롯한 실제 사회의 문제에 과학을 적용하는 독립 연구기관의 연구원들은 식량 가격을 예측하는 모형을 개발했다. NECSI는 이 모형으로 유엔 식량농업기구의 식량가격지수가 상승한 후 2010년에 발생한 전 세계의 불안과 폭동을 정확히 예측했다.[6]

2010년 12월 13일에 NECSI는 미국 정부에 제출한 보고서에서 높은 식량 가격으로 인해 전 세계에서 사회 불안이 야기될 거라고 경고했다. 나흘 뒤 튀니지에서 형제자매 6명과 홀어머니의 생계를 책임지던 스물여섯 살의 청과물 노점상 모하메드 부아지지가 분신했다. 2012년 연구소는 다시 한번 높은 식량 가격으로 인한 사회 불안을 경고했다. 가뭄이 들지 않아도, 두 가지 이유 때문에 위험할 정도로 가격이 급등할 거라고 예측했다. 바로 에탄올과 금융 투기였다.

에탄올 3.7리터에는 성인 1일 칼로리(2,100칼로리)가 들어 있다.[7] 미국의 자동차와 트럭에 들어가는 옥수수로 매일 5억 7천만 명을 먹일 수 있다. (옥수수를 에탄올로 변형하지 않는다 해도 곧바로 우리의 식탁에 올릴 수 있는 건 아니다.)

2000년대 초반 미국의 바이오연료 호황기에 정권을 잡은 조지 W. 부시 대통령은 2008년 백악관 기자 회견에서 에탄올이 옥수수 가격 상승에 미치는 영향은 15퍼센트에 불과하다고 말했다. 세계은행은 에탄올이 옥수수 가격 상승에 미친 영향이 85퍼센트라고 보고했다.[8] 요즘에는 에탄올이 식량 가격 상승에 전혀 영향을 미치지 않는다고 주장하는 이들도 있다. 일례로 미 환경보호청은 모든 휘발유에 에탄올을 일정 비율 혼합하도록 요구하는 '바이오연료 혼합 의무제'를 무효화하라는 압력을 받는 상황에서 에탄올이 식량 가격 상승에 1퍼센트 미만으로 영향을 미친다고 언급했다. 아무리 그렇다 해도 음식을 태우는 것은 홍보할 만한 게 아니다. 배불리 먹는 게 뭔지도 모르는 사람들이 10억 명이나 되는데 영양 과다인 미국인들은 연료 탱크에 식량을 가득 채우고 달리는 셈이다.

NECSI에 따르면 금융 투기도 식량 가격 상승에 중요한 역할을 한다. 상품 투자자들은 식량의 미래를 주식처럼 사고팔면서 마치 인간 목숨이 그 식량의 미래가 의미하는 칼로리에 의존하지 않는 것처럼 취급한다. 그리고 주식처럼 시장을 거역하면서 도박을 벌일 수도 있다. 세계 최대의 상품 거래 회사인 글렌코어Glencore 같은 몇몇 투자자들은 미국 중서부의 가뭄과 식량 가격 상승으로 큰돈을 번다. 글렌코어의 농산물 담당자 크리스 마호니는 곡물 공급이 어려워져야 "글렌코어에 유리하다"고 말했다. 그러나 세계 식량 가격이 상승하면 하루 1달러(1,130원) 미만으로 살아가는 지구상의 10억에 가까운 인구는 생사의 기로에 놓일 수 있다.

식량 가격이 상승과 하락을 반복하면 수십억 달러의 향방이 결정되고 무엇보다 중요하게는 수많은 사람들의 운명이 달라진다. 유럽의 6개 은행들은 식량 투기가 사람들의 삶에 부정적 영향을 미칠 수 있기에 원자재 펀드에서 농산물을 제외하기로 결정했다. 월스트리트도 이들의 선례를 따라야 한다.[9]

이와 유사한 금융 투기와 가상의 금융 상품으로 인해 주택시장 거품이 발생했고 결국 거품이 터져서 2008년의 세계 금융 위기로 이어졌다. 부모님은 2000년대 초중반에 주택시장에서 성공한 경험을 믿고 트러스 공장을 신축하기로 결정했다. 훨씬 더 효율적인 새 공장에서 기존 공장의 매출 수준만 유지해도 성공은 자연히 따라오게 되어 있었다. 사람들은 갈수록 더 넓은 새 집을 원했고, 은행 대출계 직원들은 고객들에게 돈을 빌려주고 싶어 했으며, 투자은행들은 위험하다는 것을 알면서도 대출금을 포장해 투자 상품으로 팔아치웠다. 모두가 성장에 눈이 멀었다. 은행에서 돈이 막힘없이 흘러나왔다. 부모님은 서류에 서명하기도 전에 피프스서드 은행Fifth Third Bank으로부터 확장 사업을 위한 돈을 빌릴 수 있었다.

그린빌 에탄올 공장의 그림자 아래에 우리 부모님이 새로 건축해서 사업을 이전한 6,100제곱미터의 공장이 있다. 아버지는 건물의 철근이 하나씩 올라가는 모습을 지켜보았지만, 신축 공장에 대한 꿈은 부동산 폭락과 함께 산산이 부서졌다. 첫 번째 목재 트러스가 문 밖으로 실려 나가던 광경이 눈에 선하지만, 마지막 직원이 퇴근 시간을 기록하고 나가던 모습이 더 또렷이 기억난다. 법원에서 지정하고 은행에서 선정한 인수인이 다스베이더가 2009년에 살았다면 몰았을 법한 검정색 렉서스를 타고 멈춰 섰다. (맹세컨대 내 귀에는 분명 다스베이더의 〈제국 행진곡〉이 배경음악으로 울려퍼졌다.) 최소 인력만 남았을 때 일하던 밥과 에릭, 팀과 짐, 그리고 그 외의 몇 명은 어느 날 휴가를 갔다가 다시는 돌아오지 않았다. 모든 것이 경매에 붙여진 날 나는 그 자리에 없었지만 아버지는 그 자리를 지켰다.

우리 건물을 매입한 업체가 아버지에게 일자리를 제안했는데…… 기계를 돌리는 일이었다. 아버지는 자신이 직접 꾸민 사무실을 차지한 상사에게 명령을 받는 처지가 될 터였다. 아버지는 제안을 거절하고 티머먼 트러스의 인사과 직원들을 전원 채용해준 린다의 식품 유통 업체에서 일했다. 2010년 기름값이 치솟자 린다는 아버지를 해고하기 위한 퇴직자 면접을 진행했다. 린다가 하도 울어서 아버지가 도리어 그녀가 면접을 끝까지 마무리하도록 도와주어야 했다.

"이제 난 멍청이야." 아버지가 일자리를 구하지 못해 힘들어하던 어느 날 내게 말했다. "예순이나 된 실패자를 누가 써주겠니?"

부모님이 모든 것을 잃기 전에 형과 나는 상당한 재산을 물려받을 예정이었다. 지금은 돈을 한 푼도 받지 못하게 되었지만 우리는 훨씬 더 많은 것을 물려받았다.

아버지가 스스로를 실패자라고 말했을 때, 오랜 세월 열심히 일하고도 입증할 만한 성과가 없다고 했을 때 나는 모욕감을 느꼈다. 아버지는 수백 가구의 가장들에게 일자리를 제공했고, 그들은 자식들을 학교에 보냈다. 아버지는 내게 핸드볼의 바운스 패스를 가르쳐주고 수동 기어를 운전하는 법을 가르쳐주고 욕하는 법과 배짱을 두둑이 하는 법을 가르쳐주었다. 아버지는 우리가 바로 당신 평생의 역작이라는 사실을 왜 모르실까?

우리는 아버지의 강인함에서만 배우지 않는다. 아버지의 결함과 후회를 통해서도 배운다. 아버지의 꿈이 실현되는 모습에서 배우고 꿈이 짓밟히는 모습에서도 배운다. 우리는 아버지의 노동에서 배운다.

요즘 아버지는 매일 14~20시간 동안 건설현장에서 일하고 트럭을 운전한다. 부도가 나자 아버지의 천성이 10배로 발현되었다. 어머니도 마찬가지다. 어머니는 열심히 해오던 요가를 직업으로 바꾸었다. 전에 비하면 수입이 형편없이 줄었지만 내 눈에는 훨씬 더 부자로 보인다.

우리는 텅 빈 들판 가운데의 자갈밭 공터에 차를 세운다. 우리 세미트럭과 마찬가지로 철퍼덕 하고 터지지 않는 토마토를 잔뜩 실은 트레일러들이 서 있다. 점령되지 않은 토마토 오아시스다. 아버지가 적재량을 클립보드에 기록한 뒤 우리는 빈 트레일러를 끌고 돌아간다.

아버지는 사업을 시작하기 전에, 트럭을 운전하기 전에, 내 아버지이기 전에 농부였다. 아버지가 밭에서 무슨 일을 해봤는지 이제껏 얘기를 해본 적이 없었기 때문에 이번에 물어봤다.

"고등학교에 다닐 때 너희 할아버지가 130에서 150헥타르쯤 옥수수, 밀, 콩을 길렀어." 아버지가 말한다.

"닭 같은 것도 있었어요?" 내가 묻는다.

"돼지도 치고 젖소도 키우고, 나 어릴 때는 닭도 길렀지. 일 년에 한 번 잡아먹고 달걀도 얻었어. 오리도 있었고."

"오리요?"

"그래, 오리들이 오랫동안 농장을 뛰어다녔지. 너희 할아버지가 기니들을 풀어놓고 키우던 기억도 나고."

"기니요? 기니피그 같은 거요?" 콜롬비아에서 리니를 먹은 기억이 떠올라서 내가 묻는다.

"아니, 기니는 요상하게 생긴 작은 새야. 크기는 닭만 하고. 전부 풀어놓고 키웠지. 닭이랑 오리랑 기니가 농장 곳곳을 뛰어다녔어…… 참, 깜빡할 뻔했네, 초등학교 1학년 때부터 칠면조도 키웠단다. 들에서 키웠어. 초등학교 때부터 고등학교 때까지 해야 할 일 중 하나가 그거였어. 들에 나가서 칠면조 여물통에 물을 채우고 우리를 옮겨줬단다." 8천~1만 마리의 칠면조가 들에서 물 담는 여물통 옆의 우리에 살면서 축구장 반만 한 공간을 차지했다.

"아버지도 칠면조를 잡아봤어요…… 목을 따봤어요?"

"그럼, 가끔 잡기도 했지. 두어 번 동네 사람들이 다 모여서 농장에서 가축을 잡던 기억이 나. 지금 그때를 돌이켜보면 말이다. 아주 재미있었던 것 같아."

"아버지가 어렸을 때는요, 뭐든 농장에서 직접 키워서 드셨죠?"

"암, 달걀이랑 고기랑 전부 농장에서 났지."

"짐승들한테 미안한 마음은 없었어요?" 내 질문은 내 마음속에서 벌어지는 육식과의 갈등을 고스란히 드러낸다. 나는 치즈버거를 먹다가 거미를 보면 먹던 걸 내려놓고 거미를 밖으로 안내한다.

"그 짐승들은 애당초 그러라고 거기 있었으니까." 아버지가 이렇게 말하면서 주도를 벗어나 시골길로 접어든다.

아버지는 더 이상 농장을 소유하지 않는다. 아버지 형제들도 마찬가지다. 그분들 세대에서 농사의 대가 끊겼다.

"지난 뒤에 생각해보니 너희 할아버지는 자식들을 그저 노동력으로 여기지 않으셨어."

"그래서 농사일을 일일이 가르쳐주지 않으신 거예요?"

"그래, 하지만 흠씬 두들겨 패긴 하셨지." 아버지가 웃는다. "한번은 열다섯인가 열여섯 살 때인가 하도 말썽을 부려서 너희 할아버지가 날 때리려고 하셨지. 내가 '다시는 안 그러겠습니다'라고 했더니 매를 들지 않으시더구나. 그날 난 어른이 된 거야…… 그 시절에는 지금보다 스트레스가 훨씬 적었어. 지금은 일이 커졌지. 혹시 모르지, [가족들도] 그 시절에 스트레스가 심했는데 나만 몰랐을지도…… 너희 할머니가 그러시더구나. '어찌어찌 살다보니 어느새 성공했구나. 돈이 필요하면 돈이 생겼어. 열심히 일하면 일이 술술 풀리는 거야.' 나도 평생 그 말을 마음에 품고 살았는데 2010년에 폭삭 무너졌지 뭐냐."

"그냥 농사를 지었으면 좋았을걸 하고 생각하신 적 있어요?"

"농사를 그만둔 걸 후회한 적은 없어. 그런 뜻으로 묻는 거라면."

우리는 농사와 트럭 일에 관해 조금 더 이야기를 나누다가 긴 침묵에 빠진다. 도로와 엔진 소리만 있다. 아버지와 아들만 있을 뿐이다.

"그리핀은 어때?" 아버지가 침묵을 깬다. 지난 7개월 동안 나는 네 대륙을 여행하면서 내 먹거리를 만들어준 농부들을 만났다. 힘들고 두려운 여행이었지만, 애니와 내가 아들과 함께한 여행만큼은 아니었다.

아버지가 꿈꾸는 아들의 미래

애니가 늘 그랬듯이 문 안으로 들어갔다. 나는 애니가 문을 당겨 닫는 모습을 바라보았다. 그리핀이 곧은 금발머리를 엄마의 어깨에 기댄 채 엄마의 곧은 갈색 머리카락을 손으로 만지작거렸다.

내가 뭐라고 말을 했는데, 뭐라고 말했는지는 기억이 나지 않는다. 내가 하퍼랑 놀아줄 때 하퍼가 한 어떤 행동에 관한 얘기였을 것이다. 우리는 얼른 차를 타고 서둘러 떠나야 했던 것 같다. 그리핀 주치의와 의 대화가 예상보다 길어졌고, 나는 다른 약속이 있어서 애니가 나를 데려다줘야 했다. 얼마 전에 차 한 대를 처분해서(아루아코에 다녀온 뒤로 차 두 대가 너무 많아 보였다) 우리는 차 한 대만 사용하는 생활에 적응하는 중이었다. 아마 내가 어떻게 됐냐고 물었을 것이다. 주사 맞는 게 즐거 울 리는 없지만 아픔은 금방 지나간다.

애니가 돌아서서 큼직한 갈색 눈으로 나를 쳐다보았다. 두 눈이 빨 갛게 변하더니 눈물이 흘러내렸다. 다른 눈, 그러니까 그리핀의 눈은 깜빡이지 않았다. 그리핀이 아랫입술을 깨물었고, 애니는 몸을 떨었다.

나는 질문에 대한 답을 듣지 못했고 무슨 질문이었는지도 기억나지 않았으며, 틀림없이 누가 죽었나 보다고만 생각했다. 우리 가족의 일이 아니라고 생각한 것만은 확실하다. 다른 어디선가 슬픈 일이 벌어진 모양이라고 생각했다. 우리는 축복받은 행복한 가정이었으니까.

우리 아이가 자폐증일지도 모른대

"의사 선생님이…… 그분 생각에는…… 그리핀이…… 자폐증일지도 모른대."

자폐증. 이 말이 우리 사이에 맴돌았다. 우리는 차고에서 거실로 통하는 복도에 있었다.

나는 자폐가 뭔지는 알았지만 우리에게 어떤 의미이고 그리핀에게는 또 어떤 의미인지는 몰랐다. 자폐증인 사람 중에 과학자나 음악가로 대성하여 상을 받은 사람도 있고 온 세상이 감탄하는 아름다운 작품을 창조한 예술가도 있다. 가족을 꾸리고 일을 하면서 평범하게 사는 사람도 있다. 그러나 평생 한마디도 하지 않는 사람도 있다.

애니는 그리핀을 바닥에 내려놓았다. 그리핀은 엄마의 머리카락을 놓아주고 아장아장 나를 지나쳐 걸어갔다. 나는 그리핀을 들어올려 꼭 안았다. 나는 떠다니는 비눗방울을 품에 안으려는 꼬마처럼 내 아들을 위해 상상한 미래를 붙잡으려 했다.

언젠가는 아들과 뒤뜰에서 농구를 하면서 여자나 차나 스포츠에 관해 얘기를 할 줄 알았다. 언젠가는 아들이 고등학교를 졸업하고 대학에 들어갈 줄 알았다. 언젠가는 아들과 며느리가 생애 최초의 집에 입주하도록 도와줄 수 있을 줄 알았다. 언젠가는 그리핀의 아들을 품에 안고, 말과 꿈으로 그 아이를 행복하게 해줄 줄 알았다. 그런데 이제는 아니다.

내가 그리핀의 미래에 대해 마음속에 품었던 마법과 희망, 호기심이 전부 불투명해졌다. 그저 현재만 남았다. 내 어깨 너머의 온도조절장치에 18°C가 찍혀 있던 그 순간, 밝은 미래는 불확실해지고 내가 알고, 상상한 아들은 의사에게 갔다가 다른 사람이 되어 돌아왔다.

누구에게든 미래는 알 수 없는 것이다. 아버지가 아들에게 거는 꿈은 연필로 써놓은 가설에 지나지 않아서 지웠다가 다시 쓸 수 있다. 어떤 아버지는 아들이 농장을 물려받을 거라고 생각했을지 몰라도 아들은 농촌을 떠나 다른 미래를 설계한다. 어떤 아버지는 수십 년간 다져온 건설 회사를 아들에게 물려주고 싶었을지 몰라도 아들은 건물을 짓는 일보다는 말을 짓는 데 관심이 많을 수도 있다. 어떤 아버지는 아

그리핀

들이 가파른 산비탈에서 커피 농사를 이어갈 거라고 상상했을지 몰라도 아들은 인터넷으로 만나는 바깥세상에 마음을 빼앗겨 도시로 떠나기로 결심한다. 어떤 아버지는 아들을 위해 갖가지 미래를 마음에 품었을지 몰라도 아들은 어느 날 무모한 꿈에 이끌려 쪽지 한 장 남기지 않고 떠난다. 태도와 적성, 성공과 실패, 우연과 목표 달성, 질병과 질환은 상상한 미래를 다시 쓰게 만드는 요인들이다. 그러나 미래를 다시 상상하지 못하게 만드는 요인도 있다. 빈 종이에 물음표만 그리게 만드는 요인이 있다.

아이의 두 뺨. 두 눈. 우리는 이토록 아름다운 아들이 완벽하지 않으리라고는 예상하지 못했다. 그 순간 나는 아이보리코스트에서 마이클이 아들을 바라보듯이 ― 불확실한 눈빛으로 ― 내 아들을 보았다.

아이보리코스트에서 다시 유혈사태가 발생할까? 누군가 그의 땅을 차지할까? 카카오 가격이 건강한 생활과 교육, 기회를 뒷받침해줄까?

그리핀이 말을 할까?

우리의 아들들이 한 인간으로서의 잠재력을 발견하고 아버지들보다 더 충만하게 살 수 있을까? 그리핀을 안고 아이의 미래를 떠올리자 가슴이 무너졌다. 마이클도 그의 아들을 안고 내일이나 내년에 맞이할 불확실한 미래를 생각할 때마다 그러했을 것이다. 우리가 아무리 열심히 일하거나 사랑을 쏟아부어도 우리 아이들의 미래는 우리가 어쩌지 못한다. 나는 그리핀을 꼭 끌어안고 내가 아들에게 꿈꾸었던 미래를 잃은 상실감으로 슬퍼하다가 애니를 안아주었다. 우리는 한없이 무력해진 느낌이었다.

음식이 아이를 자유롭게 만들다

우리는 석 달을 기다린 끝에 정식으로 진단을 내릴 수 있을지 모를 전문의를 만났다. 그리핀에게서 위험 신호들이 보였지만 그 의사는 진단을 내리기에는 조금 젊었다. (그리핀에 대한 새로운 소식은 www. kelseytimmerman.com/Griffin/에 올려놓았다.) 의사는 발달치료와 언어치료를 시작했다. 우리는 구할 수 있는 자료를 모조리 읽고, 두려움을 억누르며 유투브에서 자폐증 관련 영상을 모두 찾아서 보았다. 날마다 희망과 절망의 롤러코스터를 탔다. "오늘은 눈 맞춤이 좋았어!", "아냐, 오늘은 심통만 부리고 혼자서만 놀려고 했어."

자폐증의 원인이 무엇이고 88명 중 1명이 자폐아인 이유는 무엇이며 자폐아 수가 6년 만에 110명 중 1명에서 88명 중 1명으로 늘어난 이유가 무엇인지에 관해서는 밝혀진 바가 없다.[1] 우리가 먹는 음식에 원인이 있을지 모른다고 보는 이들도 있다.

미국소아과학회는 살충제와 아동에 관한 성명을 발표했다.

> 급성중독의 위험이 명백하고, 독성에 대한 급성노출과 만성노출이 장기적으로 건강에 미치는 영향에 관해 이해하기 시작했다. 역학 자료에서는 생애 초기의 살충제 접촉이 소아암, 인지기능 하락, 행동장애와 관련이 있는 것으로 나타난다.[2]

아루아코 사람들이 사는 낙원과, 중국 사과 과수원의 누렇게 변한 토양을 비교한 후에는 어느 쪽을 선택할까? 우리 부부는 다운타운 농산물가게의 유기농 배달 서비스를 신청했을 뿐 아니라 가급적이면 모든 것을 유기농으로 구입하기 시작했다.

애니는 또한 카제인 프리 식단(유제품을 제외한 식단)과 글루텐 프리 식단이 아이들에게 변화를 일으켰다는 자료를 읽는다. 어쩌면 효과를 볼 수도 있을 것이다. 아니면 효과가 없을 수도 있다. 나는 누구에게 전화를 걸어야 할지 알았다. "데이브, 저 켈시에요. 그리핀 일로 좀 힘들어서요." 나는 그에게 우리 소식을 전했다. "자폐 범주성 장애를 가진 아이에게 맞는 특별한 식단이 있을까요?"

"그럼요, 아시는지 모르겠지만, 우리 딸 리나도 몇 년 전에 자폐 범주성 진단을 받았어요."

데이브와 세라 부부는 딸 리나가 약간의 발달 지연을 보였다가 자폐 범주성 진단을 받았을 때 백방으로 방법을 찾아보았다. 결국 그들은 리나의 식단에서 글루텐과 카제인을 없앴다. 리나는 세 살이 되도록 말을 하지 않았다. 유치원에 다니기 시작했을 때는 하루 종일 옆에서 돌봐줘야 했다. 하지만 카제인과 글루텐을 뺀 식단을 몇 년간 섭취한 뒤로는 더 이상 다른 사람의 손길을 필요로 하지 않게 되었다. 지금은, 처음 보는 사람들은 리나가 자폐 범주성 진단을 받았다는 사실을 짐작도 하지 못한다.

데이브와 세라가 우리를 저녁식사에 초대했다. 하퍼와 리나가 노는 동안 그리핀은 애니의 무릎에 앉아 있었다. 우리는 아이들이 먹는 음식에 관해 이야기를 나눴다. 하퍼와 리나가 집 뒤뜰에 있는, 아름다운 민들레로 장식한 트램펄린에서 뛰어노는 모습을 바라보면서 나는 왜 데이브에게 음식이 신앙이 되었는지 이해했다.

음식이 딸을 자유롭게 해주었던 것이다.

아주 사소한 것들이 삶을 바꾼다

음식에 관한 논의가 얼마나 자주 가족에 관한 논의로 이어지는지 놀라울 정도다. 애니와 나는 가족을 핑계로 우리의 식습관을 정당화했다. '애가 둘이고 시간이 없으니까 빨리 먹을 수 있는 음식이 필요해. 돈을 아껴야만 애들 대학 등록금을 마련할 수 있어.'

나는 가족을 핑계로 잘못된 식습관을 정당화해서는 안 되며, 도리어 가족을 위해 더 건강하고 올바른 식습관을 유지해야 한다는 사실을 깨달았다. 우리가 어떻게 먹는지가 우리 아이들 미래뿐만 아니라 전 세계 농부의 아이들 미래에도 영향을 미친다. 그래서 우리 집에서는 가능한 한 유기농을 먹는다. 우리에게도 좋고 농장의 일꾼들에게는 더 좋다. 그래서 우리는 땅과 인간을 똑같이 존중하는 음식을 먹으려고 노력한다. 내가 아이들을 사랑하는 것만큼 아이보리코스트의 마이클도 자식들을 사랑하고, 초콜릿을 먹지 않는 것이 능사가 아닌 줄 알기에 현명한 구매를 통해 마이클 같은 카카오 농부들을 지원할 방법을 찾아야 한다. 여러 가지 방식의 공정무역이 해결책이 될 수 있다.

바나나 한 개, 커피 한 잔이 삶을 바꾼다

"우리가 사람들에게 바나나 한 개, 커피 한 잔, 초콜릿 한 개처럼 아주 사소한 것들이 삶을 바꿀 수 있다는 사실을 이해시킬 수만 있다면요, 실제로 결과가 나타날 겁니다." 내가 오클랜드의 공정무역 USA 본부를 방문했을 때 폴 라이스Paul Rice 회장이 한 말이다.

폴은 이 말을 한 뒤 서둘러 농부들을 만나러 떠났다. 공정무역 USA 사무실은 세계 각지에서 온 열정적인 직원들로 가득했다. 그중에는 나와 함께 콜롬비아로 가서 아루아코 사람들을 만난 케이티도 있었다. 그곳은 흥미로운 아이디어로 활기가 넘쳤다. 예를 들어 휴대전화 설문 조사를 통해 농장과 공장의 노동자들이 불만을 제기하고 근무 환경을 평가할 수 있는 통로를 만들어주자는 의견이 나왔다. 그러면 노동자들이 목소리를 낼 수 있고 그들의 농장과 공장에서 공급을 받는 기업들은 작업 환경을 현실적으로 파악할 수 있을 것이다.

우리는 우리가 아는 것보다 더 많이 공정무역을 지지하고 있다. 서로 다른 두 소식통에 따르면 세계 최대의 패스트푸드점들 중 한 업체에서 구매하는 커피의 30퍼센트가 공정무역 인증 커피라고 한다. 스타벅스보다 22퍼센트나 많은 양이다. 그러나 문제가 하나 있다. 아무도 그 사실을 모르거나, 해당업체가 나머지 70퍼센트는 왜 공정무역으로 구입하지 않느냐는 비난을 받을까 봐 공개를 하지 않는다. 소비자는 해결책에 일조해야지, 걸림돌이 돼서는 안 된다.

공정무역은 다른 형태의 무역과 구분되어서도 안 되고 다른 무역과 동일한 방식으로 이루어져야 한다. 말하자면 공급망의 투명성, 환경 및 사회 기준, 모든 당사자가 이익을 가져가는 거래 관계가 필요하다. 아이보리코스트의 마이클, 콜롬비아의 펠리페, 코스타리카의 후안이 바라는 것도 그뿐이다. 그들이 특별한 대접을 바라는 게 아니다. 그저 일하면서 가족을 부양하고 싶을 뿐이다.

열대우림연맹, USDA 인증 유기농, 페어 포 라이프Fair for Life 등의 상표도 찾아볼 필요가 있다. 여러 인증기관들은 각자의 관심사에 중점을 두고 때로는 서로 이견을 보이기도 하지만 모두들 소비자에게 권리를 넘겨주고 소비자를 교육하고 인간과 땅을 모두 돌보기 위해 고군분투한다. 부록을 통해 다양한 인증을 자세히 소개하고 각각의 차이를 알아볼 것이다.

쌀, 키노아(안데스 산맥 고원에서 자라는 고단백 곡물—옮긴이), 초콜릿, 바나나를 비롯해 7,500개 이상의 공정무역 제품들이 미국 전역의 10여 개 소매점에서 판매된다. 공정무역 인증 커피 정도는 웬만한 식료품점이라면 다 구비를 해놓는다.

공정무역 제품이 조금 더 비쌀 수는 있지만 장담컨대 공정무역 커피 한 봉지가 동네 카페에서 매일 사서 마시는 그란데 사이즈 커피 한 잔보다는 저렴할 것이다. 요즘은 인증 커피를 구비하는 카페도 많다. 동네에 그런 카페가 있다면 주인에게 고맙다고 한마디 건네보고 동네에 그런 카페나 식료품점이 없다면 인증 제품을 갖다놓도록 권해보자.

인증 제품을 사는 데서 더 나아가 인증 제품에 관한 이야기를 직접 찾아보자. 이야기를 알고 나면 우리 이웃인 존이 기른 토마토든 아루아코의 중심지 나부시마케 근처에서 키운 커피든 더 맛있어지게 마련이다. 나는 얼마 전에 루나runa와 스태시stash라는 상표로 팔리는 에콰도르산 공정무역 유기농 과유사guayusa 차(마테 차보다 부드럽고 카페인 함량이 높은 차—옮긴이)를 발견했다. 과유사를 마셔야만 충만하게 살 수 있다고 믿는 아마존 원주민들이 수확을 한다.

단지 물건을 구입하는 것만으로는 더 나은 세계를 만들 수 없다. 사회적으로나 환경적으로나 인증된 제품을 구입하는 것이 아무것도 안 하는 것보다는 낫지만, 인증 상표를 확인하고 할 일을 다 했다고 만족하는 걸로는 부족하다.

공정무역 상표라 해도 상표의 이면을 봐야 한다. 전 세계의 식품을 먹는 시대라 해도 지역의 식품처럼 먹어야 한다. 무슨 뜻이냐면, 콜롬비아산 커피를 사거나 코스타리카산 바나나를 살 때도 지역의 농산물 시장에서 장을 보듯이, 그러니까 농부들에게 직접 물건을 건네받듯이 사야 한다는 뜻이다. 지역의 농부들뿐 아니라 세계의 농부들에 관해, 그들의 삶에 영향을 주는 문제들에 관해 알아보려고 노력해야 한다. 많은 인증기관이나 브랜드들이 웹사이트에 정보를 올리고 있다. 일부 인증기관은 농부 방문 프로그램까지 후원한다. 농부들의 삶에 영향을 미치는 문제에 관해 꾸준히 정보를 확인하고 싶다면 다음과 같은 단체들을 방문해보라. 농민의 길La Via Campesina, 국제노동권포럼 International Labor Rights Forum, 슬로푸드Slow Food, 푸드 퍼스트food First.

나는 어디서 먹는가?

우리가 속해 있는 집단과 조직에도 행동을 촉구할 때 개개인의 행동은 그 효과가 몇 배로 증폭될 수 있다.

나는 인디애나 주 그린캐슬에 있는 드퍼 대학교를 방문했다. 이 대학은 인디애나에서 리얼 푸드 챌린지Real Food Challenge의 리얼 푸드 데이 행사에 참가하는 몇 안 되는 학교 중 하나다. 리얼 푸드 챌린지의 목표는 대학들이 연간 10억 달러(1조 1,300억 원)가 넘는 식품 구입비를 기업형 농산물이 아니라 지역에서 지속가능한 방식으로 재배하고 공정하게 구입한 식품에 쓰도록 하는 데 있다.

이 대학의 중앙 학생식당에서는 각 지역 농부들이 학생들과 교류를 나누고 있었다. 드퍼 대학교의 급식업체 총책임자인 스티브 샌토는 신선한 식품에 대한 열정이 넘쳐서 농산물 직거래 장터의 책임자를 맡기도 했다. 하지만 그가 원래부터 이랬던 건 아니다.

"어떤 학생 덕분에 관심을 갖기 시작했어요." 스티브가 말했다. "그 학생이 제게 와서 지역 농산물을 더 구입하면 어떻겠냐고 묻더군요. 제가 '뭐가 있는데?'라고 물었더니 두툼한 자료집을 내밀었어요."

스티브는 그 학생과 함께 반경 320킬로미터 안에서 구입할 수 있는 것들을 찾아보기 시작했다. 스티브는 옥수수를 비롯한 농산물이 서부 해안에서 온다는 사실에 놀랐다(드퍼 대학은 미국 동부에 있다—옮긴이). 그리고 옥수수 농부들에게 수확한 옥수수는 어디로 가느냐고 물어보고는 더 놀랐다. 중국으로 간다는 것이다.

"저는 회사[소덱소 푸드]로 돌아와서 '우리 회사의 식재료는 다 어디서 옵니까?'라고 물었어요. [어느 날] 공급업체 직원이 왔기에 콩 통조림을 집어 들고 '이건 원산지가 어디인가요?'라고 물었더니 '솔직히 말하면 말씀드릴 수가 없어요. 그래도 알아볼게요'라고 하더군요."

결국 지역 농산물이 많은 학생들에게 중요한 문제로 대두되었고, 드퍼 대학교는 소덱소 푸드와의 계약을 수정하여 식재료의 20퍼센트는 지역 농산물을 구입하도록 요구했다.

외식업계에서 30년 동안 일해온 스티브는 처음으로 질문을 던지기 시작했다. 나는 어디서 먹는가? 한 학생이 던진 질문이 미국 최대의 식품 공급업체들에 파문을 일으켰다. 미국 전역에서 학생들이 같은 질문을 던졌고, 외식업체들도 고객들의 요구를 받아들이기 시작했다.

"제 뒤를 이을 친구들이 있어요." 스티브가 말했다. "저는 그 친구들에게 잠깐 앉아보라고 하고 '식량 체제가 이렇게 작동하니, 같이 바꾸자'고 말합니다."

당신의 학교나 교회, 회사의 식재료는 어디서 오는가?

초·중·고등학교와 대학교라면 리얼 푸드 챌린지에서 답을 찾아보고 변화를 시도하면 된다(www.realfoodchallenge.org/take-action). 이 웹사이트는 학생들에게 각 학교의 외식업체를 점검하고 협조할(배척이 아니라) 방법을 제시한다.

공정무역 마을(www.fairtradetownsusa.org)과 공정무역 대학(www.fairtradeuniversities.org)도 있다. 내가 만난 고등학교 교사는 이퀄익스체인지와 함께 모금행사를 열어 공정무역 초콜릿을 팔고 있었다.

밀레니얼 세대(1982~2001년에 출생한 사람들)는 식습관을 바꾸고 있다. 물론 여전히 저렴한 음식을 선호하기는 하지만 돈을 내고 신선하고 건강하고 가공이 덜 된 음식을 사먹을 의향이 있다.[1] 브랜드 충성도는 줄고 다양한 식품을 구입하려는 의지는 강하다. 더 이상 대형 식료품점 한 곳에서 한꺼번에 모든 장을 보는 방식을 고집하지 않는다.

세계 식량 체제는 개발도상국가 사람들의 식생활에 따라 크게 변화할 수 있다. 전 세계적으로 미국인과 유럽인보다 훨씬 더 사회적 의식을 가지고 장을 보는 사람들이 늘어나고 있다. 닐슨의 2012년 보고서에 따르면 미국인과 유럽인의 3분의 1이 돈을 더 내고 사회적 의식이 있는 기업의 제품과 서비스를 구입하려고 하지만 남미(49퍼센트), 중동과 아프리카(53퍼센트), 아시아(55퍼센트)에서는 소비자의 절반 정도가 사회적 의식이 있는 기업에 기꺼이 돈을 쓰려고 한다. 왜 이런 차이가 생길까? 아마도 이들에겐 봉제공장에서 일하는 사촌이나 바나나 농장에서 일하는 이웃이 있기 때문일 것이다.[2]

지구상에는 10억 명이 넘는 농부가 있지만 미국의 농부는 고작 2백만 명으로 인구의 1퍼센트도 안 된다. (그리고 미국의 농부 2백만 명 중 대다수가 식료품점에서 장을 봐야 한다.) 우리는 대부분 우리의 먹거리를 재배하는 사람이 누구인지 모른다. 그리고 누가 키우는지는 고사하고 우리가 어디서 먹는지조차 전혀 모른다.

일단 뭐든 직접 키워보자. 농부가 되어보자. 나는 우리 집 마당에 0.4제곱미터의 텃밭을 만들었다. 열정이 지나쳐서 필요한 것보다 32포기나 더 구입했다. 소나무 아래에서 참외와 수박이 자라는 집은 우리 동네에서 우리 집밖에 없을 것이다. 참외는 조경에는 썩 어울리지 않는 과일이지만 맛은 매우 좋다. 우리는 배우는 것이 많았고, 그것이 핵심이다. 아이들에게 좋은 음식을 먹이고 싶은 마음도 있고 아이들이 음식의 기적을 배우기를 바라는 마음도 있다.

하퍼는 텃밭에 나무 심는 것도 좋아했지만 몰래 방울토마토를 따먹는 걸 훨씬 더 좋아했다.

서로 연결되어 있다는 진실

추수감사절 전날 밤에는 월마트에서 장을 보았다. 집에서 가장 가까지만 웬만해서는 가지 않으려고 노력하는 곳인데, 미국 최대의 대형 마트를 한 번 더 체험하고 싶었다.

나는 추수감사절 바닷가재 딥에 쓸 바닷가재 꼬리, 아이들이 먹을 사과 주스와 초콜릿 시럽, 내가 먹을 바나나와 커피를 샀다.

사과 주스 앞에서 카트를 들여다보며 내가 했던 여행의 기억을 더듬었다. 문득 숙연해졌다. 물건을 꼼꼼히 따져보고 카트에 넣었는데도 좀 더 생각하고 물건을 담아야 한다는 자각이 들었다. 이런 자각에 고개를 숙이고 가만히 서서 내가 담은 식품들을 보면서 그 식품들을 기르고 잡고 수확한 사람들을 떠올렸다. 그렇게 머나먼 여행을 다녀오고도 식료품점에 가면 장 볼 목록에 적힌 물건을 사서 빨리 나가고 싶

텃밭 일을 돕는 하퍼

어 하는 나 자신이 부끄러웠다.

나는 월마트에 서서 우리가 아루아코의 중심지에서 걸어 나갈 때 미고엘이 해준 말을 곱씹었다.

"이곳은 모두가 와서 결정을, 영적인 결정을, 대지에 대한 결정을 내리는 곳입니다."

아루아코 사람들에게는 마법 같은 무언가가 있었다. 지리적으로는 세상과 고립되어 있다. 그들은 외부 세계와 동떨어져 살면서도 그들의 세계 바깥을 내다본다. 그들은 우리가 서로 무엇을 나누고 서로에게 어떤 영향을 미치고 사는지 다 알고 있으며 우리를 위해 기도한다. 우리가 개인의 삶이 세상 모든 곳의 모든 이들에게 영향을 준다고 믿었다면 어땠을까?

아루아코 사람들이 서로 연결된 세계를 바라보는 방식은 마틴 루터 킹 주니어가 1967년 연설에서 언급한 세계의 연결성과 유사하다.

우리는 아침에 눈을 뜨면 욕실에 가서 해면을 집습니다. 태평양의 어느 섬에 사는 누군가가 건네준 해면입니다. 그다음 비누를 집습니다. 프랑스의 누군가가 건네준 비누입니다. 주방으로 가서 모닝커피를 마십니다. 남아메리카의 누군가가 우리 컵에 따라준 커피입니다. 혹은 차를 마시고 싶을 수도 있겠지요. 중국의 누군가가 우리 컵에 따라준 차입니다. 혹은 아침에 코코아를 마시고 싶을 수도 있겠지요. 서아프리카의 누군가가 우리 컵에 따라준 코코아입니다. 그런 다음 토스트를 집습니다. 영어를 쓰는 어느 농부가 제빵사의 손을 거쳐서 우리에게 건넨 빵입니다. 우리는 아침에 식사를 끝마치기도 전에 지구상의 절반이 넘는 사람들의 도움을 받습니다. 우리의 우주는 이렇게 이루어져 있습니다. 이것이 바로 우주의 상호연결성입니다. 우리가 모든 현실이 서로 연결되어 있는 구조라는 기본적인 진실을 이해하지 못한다면 지상에서 평화를 얻지 못할 것입니다.[3]

마틴 루터 킹이 이 연설을 한 지 40년이 넘었지만 우리는 여전히 모두가 연결되어 있다는 사실을 이해하는 데 애를 먹고 있다. 경제적으로 더 가까이 연결되고, 우리의 먹거리를 책임지는 사람들이 더 멀리 떨어져 있을수록 우리가 먹는 음식이 누구에게서 혹은 어디에서 왔는지 더 알기 어렵다. 그리고 모르는 상태로 있을수록 생산자와 소비자가 더 착취당할 수 있다.

식품 공급 사슬이 더 멀리까지 뻗어 있을수록 우리가 모르는 것이 많아진다. 식품 공급 사슬이 통합될수록 허술한 식품 안전으로 인한 희생자가 늘어난다. 유전자 다양성이 줄어들수록 하나의 질병이 종 전체를 멸종시킬 가능성이 커진다.

전 세계가 미국의 기업식 농업에 지배당하고 있다. 덕분에 미국인들은 칼로리로 따지면 당근보다 4배나 저렴한 감자 칩을 사먹을 수 있다. 칼로리가 저렴해지는 대신 다른 식으로 대가를 치른다. 미국 항공사들은 과도하게 살이 접히는 승객들을 실어 나르기 위해 1990년에 비해 연간 2억 7천5백만 달러(3,097억 원)를 더 연료비로 사용한다. 미국은 비만으로 인해 연간 610억 달러(68조 7천억 원)를 쓰고 5천5백만 달러(620억 원)의 임금을 손실한다.[4] 1995년에 비해 2010년에는 당뇨병 환자가 42개 주에서 50퍼센트 이상 늘어났고 18개 주에서는 100퍼센트 증가했다.[5] 미국인의 49퍼센트가 심장질환의 위험을 안고 산다.[6]

미국은 해마다 더 많은 식품을 수입하고, 미국인의 식습관을 전 세계로 수출한다. 멕시코 아이가 과체중이 될지 아닐지를 예측하는 가장 정확한 방법은 미국에서 얼마나 가까운 지역에 사는가를 알아보는 것이다.

전 세계가 미국의 농업 정책에 지배당하고 있기도 하다. 멕시코가 미국·캐나다와 북미자유무역협정NAFTA을 체결한 지 10년 만에 멕시코 농부들은 엄청난 대가를 치렀다. NAFTA로 미국의 옥수수가 멕시코로 수입되었다. 2002년 미국에서 옥수수 1부셸을 재배하는 비용은 2.66달러(3,000원)였지만 농업 보조금 덕분에 옥수수 1부셸을 1.74달러(2,000원)에 팔았다. 멕시코 농부들은 경쟁이 불가능했고 130만 명이 땅을 버리고 도시로 떠나야 했다. 도시에 새로 유입된 노동력으로 인해 산업계의 임금이 10퍼센트 하락했다. 여성 가장 가구의 빈곤율은 50퍼센트나 증가했다.[7] 멕시코에서 옥수수 산업이 무너지고 온 국민이 값싼 미국산 옥수수에 중독되자 2005년에 갑자기 에탄올 붐이 일면서 옥수수 가격이 치솟았다. 토르티야 가격은 4배로 뛰었고, 사람들은 거리로 나가 시위를 벌였다.[8]

미국의 농업법만큼 세계 식량 체제에 지대한 영향을 미치는 단일 정책도 없을 것이다. 5년마다 개정되는 이 법은 푸드 스탬프(저소득층 식비 지원 제도—옮긴이), 농업 보조금, 에탄올 보조금, 작물 보험, 환경보호 사업에 관한 정책을 제시한다. 미국이 자국 농부들을 과도하게 지원하면 멕시코의 옥수수 농부를 비롯한 세계의 농부들에게 피해가 돌아가 세계 시장에서 경쟁력을 잃게 만들 수 있다. 2002년 전 유엔 사무총장 마크 맬럭 브라운은 미국과 유럽, 일본 같은 선진국의 농업 보조금으

로 인해 빈곤국의 농산물 수출 손실액이 500억 달러(56조 3,130억 원)에 달한다고 추정했다.[9]

미국 농업법은 개발도상국에 대한 미국의 식량 원조 자금도 지원하고 원조 방침도 결정한다. 과거에 미국은 식량 원조를 통해 세계의 기아 문제를 해결했을 뿐만 아니라 그에 못지않게 미국의 농민들도 지원했다. 미국은 자국 내에서 재배한 식품을 원조가 필요한 국가에 훨씬 더 오래 걸리고 훨씬 더 비싼 비용(3배나 비쌀 때도 있다)을 치르면서 운송할망정 해당 국가의 농부들이 재배한 식품을 사주지는 않는다.

일반적으로 미국의 식량 원조는 사전 조치가 아니라 사후 대응에 가깝다. 2003년 에티오피아에 기근이 들었을 때 미국은 5억 달러(5,630억 원)어치의 식량을 원조했지만 에티오피아의 농업 개발을 위해서는 고작 5백만 달러(56억 원)밖에 지원하지 않았다. 더 기가 막힌 사실은 에티오피아의 농지와 저장창고는 식량으로 가득 차 있었다는 점이다. 한 에티오피아 농부는 『충분하다: 풍요의 시대에 왜 세계에서 제일 가난한 사람들은 굶주리는가Enough: Why the World's Poorest Starve in an Age of Plenty』의 저자들에게 곡물 더미 앞에서 "식량을 보내주세요"라고 적힌 팻말을 들고 서 있어야 되는 거냐고 농담을 던졌다. 문제는 에티오피아에 지나치게 풍년이 들어서 농산물 가격이 폭락했다는 데 있었다. 하루아침에 작물을 수확해 시장에 내다팔 가치가 없어진 것이다. 한마디로 미국이 에티오피아에 원조 식량을 쏟아붓는 사이 에티오피아에서는 곡물이 썩어나갔다.

미국 농업법은 2012년에 새 법안이 의회에 상정되었지만 푸드 스탬프 사업에 관한 주장이 엇갈려서 가결되지 않았다. 대신에 2008년의 농업법을 2013년까지 연장하기로 했다. 미국은 농업법을 통해 5년에 한 번씩 인간과 땅에 대해 결정할 기회를 얻는 셈이다.

농업은 해가 갈수록 가치가 떨어진다. 국제사회는 개발도상국가에 농업 개발 명목으로 1984년에는 80억 달러(9조 1천억 원)를 지원한 반면 2004년에는 34억 달러(3조 8천억 원)만 지원했다. 1980년에 비해 1999년에는 미국이 이 수치에 기여하는 액수가 90퍼센트나 감소했다.[10] 우리는 농부들이 굶어 죽기 전에 도와야 한다.

월마트에서 장을 보면서 책임 있는 구매 결정을 할 수도 있지만, 사실 대부분의 결정은 생산자로부터 식료품점 선반에 이르기까지 식품을 가공하고 운송하고 진열하고 광고하는 소수의 기업과 그들의 운영 방침에 의해 이미 내려져 있다.

세계 식량 체제는 종자 다양성과 문화 다양성을 버리고 동질성을 추구한다. 산출량과 분기별 수익이 일시적으로 증가할 수는 있지만 유전자와 문화 다양성의 손실은 돌이킬 수 없다. 우리가 어떻게 식품을 구입하는지와 우리 지역 정치인들을 어떻게 끌어들이는지가 영향을 미친다.

농부들이 다국적 기업에서 종자와 농약을 구입하게 되면서 의존도가 높아지고 지출이 늘어나고 있다. 그들이 기술의 트레드밀에 올라서서 달리는 사이 생산량이 점점 늘어나 더는 늘어날 수 없을 지경에 이른다. 미국의 농부들은 사회보장, 메디케이드(저소득층 의료 보장 제도—옮긴이), 농업 보조금 같은 사회안전망에도 불구하고 농촌을 떠나고 있다. 1950년에는 미국의 농부가 농산물 소매가의 절반을 가졌지만 2000년에는 20퍼센트만 가졌다.[11] 농경제학자인 C. 로버트 테일러는

1999년 상원 농업위원회에서 미국 농민의 지속가능성이 낮다는 연설을 했다. "1984년 이후 식품 마켓바스켓(필요한 식료품을 구입하는 비용을 임금과 비교하는 방식—옮긴이)의 실질 가격은 2.8퍼센트 상승한 반면 동일한 양의 식품의 농업 가치는 35.7퍼센트나 하락했다."

나는 왜 첫 책 『나는 어디에서 입는가?』를 쓰기 위해 조사를 할 때 봉제공장에서 그렇게 많은 전직 농부들을 만나게 됐던 걸까?

왜냐하면 코스타리카의 후안을 비롯한 바나네로들에게 가장 영광스러웠던 시절이 머리 위에서 살충제를 뿌려대던 시절이었기 때문이다. 적어도 그때는 가족들을 부양할 수 있었다.

왜냐하면 콜롬비아에서 만난 플로르와 펠리페 같은 농부들에게 기후 변화나 추락하는 커피 가격 같은 문제가 항상 도사리고 있기 때문이다.

왜냐하면 바닷가재에 맛을 들인 미국인들이 니카라과의 잠수부들을 위험한 심해로 들여보내서 그 나라의 가장 소중한 자원을 훔치고 때로는 사람들의 생명까지 앗아가기 때문이다.

왜냐하면 서아프리카의 카카오 농부들이 노예는 고사하고 제 자식도 제대로 먹이지 못하기 때문이다.

왜냐하면 아주 반짝이는 사과보다는 중국 거대도시의 화려한 네온 사인이 펑 씨네 자녀들의 상상력을 사로잡기 때문이다. 그리고 미시간의 사과 농업이 완전히 활력을 잃었기 때문이다.

왜냐하면 세계 어디서나 부모는 자식들의 눈을 들여다보면서 자식들의 미래를 상상하고 싶어 하기 때문이다. 그냥 미래가 아니라 삶이 더 안락해지고, 교육이 감당하지 못할 사치가 아니며, 한 철 흉년이 들거나 충돌이 발생한다고 해서 굶주리지 않는 미래를 상상한다.

농부든 농산물을 먹는 사람이든, 바닷가재 잠수부든 바닷가재를 먹는 사람이든, 우리는 모두 같은 환경과 같은 지구를 공유하고, 더 나아가 인류애를 공유하고 우리의 아이들을 키울 수 있는 건강한 삶에 대한 욕구를 공유한다.

전 세계 인구는 기하급수적으로 증가하고 있지만 농부는 줄어들고 있다. 농업은 생계수단이자 어쩌면 필수불가결한 삶의 방식이다.

나는 월마트의 진열대 사이를 지나면서 이런저런 생각들(이름과 얼굴들, 통계 수치와 장소들)을 마음에 새기며 카트를 밀어 계산대로 간다. 내게는 정답보다 질문이 많다. 계산원이 바닷가재 꼬리를 집는다. 그녀에게 바닷가재를 건네준 잠수부는…… 잘 모르겠다. '원산지 표시'가 보이지 않는다. 삐–. 계산원이 콜롬비아 농부가 가파른 산비탈에서 딴 커피를 집는다. 삐–. 초콜릿 시럽은 아마 서아프리카에서 딴 카카오로 만들었을 것이다. 어쩌면 솔로가 딴 걸지도. 삐–. 코스타리카산 바나나. 삐–. 미시간의 인디언서머에서 만든 사과 주스. 삐–.

1949년 미국인들은 소득의 40퍼센트를 식품에 소비했다. 2012년에는 15퍼센트 정도를 소비했다.[12] 식품 가격이 삐– 소리와 함께 집계된다. 나는 카드를 긁는다. 계산원이 월마트의 슬로건, "날마다 저렴한 가격"이라고 찍힌 계산서를 내민다. 미국인들은 음식에 돈을 적게 들인다. 다른 나라 사람들은 훨씬 많은 돈을 지불한다.

음식이 없다면 사랑은 불가능하다

우리 미국인들이 지구상에서 그 누구보다 잘하는 일(소비)을 하는 그날, 나는 아무것도 소비하지 않기로 마음먹었다. 블랙 프라이데이에

금식을 하기로 한 것이다.

아이들에게 아침상을 차려줄 때까지만 해도 카페인이나 설탕 결핍으로 인한 눈꺼풀 떨림은 없었다. 그러나 점심때 친구의 빈 사무실에서 이 책(음식에 관한 책)을 쓰고 있다가 마치 거리의 아이가 본드를 흡입하듯 초콜릿 봉지에 코를 묻고 킁킁댔다.

저녁이 되자 난생 처음 경험하는 허기가 찾아왔다. 허기는 뱃속에만 머무르지 않았다. 누구나 그런 배고픔을 안다. 뒤틀리고 으르렁대는 허기. 생명을 유지하는 영양분이 부족해서 현기증이 난다. 몸속 기관들이 미개척지에서 연료를 찾아 헤맸다.

아이들을 위해 저녁을 만들었다. 레드 소스 펜네 파스타에 당근과 포도를 곁들였다. 평상시 같았으면 배우고 있는 요리를 하면서 포도 몇 알이나 당근 몇 조각을 집어먹었을 것이다.

아아, 이 허기는 달랐다. 머리가 지끈거렸다. 팔다리가 무거웠다. 더 이상 배고픔이 느껴지지는 않았지만 몸이 점점 무기력해졌다.

아이들을 재우고 나서 그날 일어난 사건들을 읽었다. 빅토리아시크릿이 반값 이상 할인행사를 했고, 쇼핑객들은 탈의실 앞에서 순서를 기다리지도 않고 옷을 홀러덩 벗었다고 한다. 탤러해시의 월마트 주차장에서는 두 명이 다른 쇼핑객이 쏜 총에 맞았다. 사람들은 밀치고 떠밀면서 40퍼센트 할인 게임기로 돌진했다. 월마트의 직원들 몇 명이 노동조합의 보호를 받지 못하고 직장을 잃을 판이었다.

나는 하루 종일 아무것도 먹지 않은 상태로 잠이 들고 싶어서 여섯 시간을 더 금식했다. 처음에는 잠이 잘 왔지만 배가 고파서 깊이 잠들지 못했다. 나는 음식에 관한 꿈을 꾸었다. 꿈속에서 짭짤한 고칼로리

감자 칩을 보았다. 베이컨도 꿈에 나왔다. 새벽 다섯 시에 눈을 떴을 때는 머릿속에 베이컨이 있었다. 집은 춥고 침대에 머물고 싶은 마음이 컸지만 베이컨을 찾고 싶은 욕구가 더 강했다. 우리는 나왔다.

9분 남았다. 전에 먹은 추수감사절 점심이 생각났다. 내가 만든 바닷가재 딥은 인기가 많았고, 장조모님이 기도를 올렸다. "주여, 저희 몸을 길러줄 음식을 주셔서 감사드립니다. 여기 이 음식에 은총을 내리시고 음식을 준비한 이들에게도 복을 내려주십시오."

테이블 세 개에 음식이 차려졌다. 머리를 조아리고 기도하는 가족들을 비롯해서 감사할 일들이 많았다.

극심한 기근을 견디다 못한 부모는 제 자식을 돌보기를 그만두기도 한다. 음식을 구하느라 기진맥진해서 자식들을 버린다. 도덕이 해이해진다. 범죄가 증가한다. 분노, 망상, 히스테리가 만연한다.

잠깐의 기아 체험은 전 세계 10억 명의 영양결핍 인구와 연대하는 행동은 아니다. 배고픔을 알아보고 음식을 먹지 못하면 어떤 상태가 되는지 알아보기 위한 시도일 뿐이다. 나는 다음 식사가 나올 것을 알고 어디서 오는지도 안다.

음식은 사치품이 아니다. 생물학적 필수품이자 인간의 기본권이다. 마땅히 음식을 그렇게 대접해야 한다. 음식에 감사해야 한다.

음식이 없다면 사랑은 불가능하다. 어느 것도 가능하지 않다.

우리는 음식 없이는 살 수 없고, 음식을 잡고 따고 기르는 사람들 없이는 살 수 없다.

나는 몸에 영양분을 주는 음식에 감사하고 내가 먹을 음식을 준비해준 사람들에게 감사한다. 그들이 세계 어디에 있든지.

감사의 말

저는 전 세계를 돌아다니면서 이야기를 수집하는, 특이한 삶을 살아 왔습니다. 저는 제가 하는 일을 사랑합니다. 영예로운 일로 생각하고, 다른 일을 하는 건 상상도 못합니다. 그럼에도 제 삶에서 가장 큰 기쁨 을 주는 존재는 가족입니다. 대부분의 사람들에게는 가족이 있습니다. 평범한 일이지요. 저는 평범함 속에 화려하고 흥미진진한 삶이 있다는 사실을 깨달았습니다.

남편에게는 아내가 있습니다. 남편과 아내에게는 아이가 있습니다. 어머니와 아버지는 그 누구보다도 자식을 사랑합니다. 역시 평범한 일 입니다. 아내 애니가 없었다면 저는 아마 어느 외딴 섬에서 세상으로 부터 잊힌 어느 부족에게 스쿠버다이빙을 가르치고 있을 겁니다. 아내 는 제게 집중력과 사랑, 그리고 가족을 선물합니다. 아내는 제가 사랑 하는 일을 하고 세상과 함께 나누면서도 여전히 평범하게 살아갈 자 유를 안겨줍니다. 아내는 제가 땅에 발붙이고 살아가도록 붙잡아주 고, 대신 저는 아내가 상상의 나래를 펼칠 수 있도록 돕는다고 믿고 싶 습니다. 여보, 항상 인내하고 사랑해줘서 고마워.

이 책을 제 딸 하퍼와 아들 그리핀에게 바칩니다. 두 아이 덕분에 저 는 이런 일을 해보기로 결심하고 목적을 발견했습니다. 두 아이도 저를 꼭 안아줍니다.

부모님은 제게 무슨 일을 하든지 간에 일은 존엄한 것이라고 가르쳐 주셨습니다. 부모님의 우정과 지도가 없다면 저는 아무것도 하지 못할 것입니다. 부모님은 제게 매일매일 더 소중한 존재입니다.

이 책을 쓰기 위해 많은 여행을 했습니다. 어머니와 아버지, 장인어른과 장모님께 감사드립니다. 줄리와 스티브 암스퍼, 스테파니 페퍼콘, 존과 캐롤 하보틀, 존, 에밀리, 자레드, 케일 테일러에게 감사의 마음을 전합니다. 이 친구들은 제가 집을 떠나 마체테를 휘두르면서 제 손가락을 자르지 않으려고 애쓰는 동안 애니를 도와주었습니다.

형 카일 티머먼 박사에게도 감사합니다. 형은 제가 실종될 경우에 대비해 국무부에 제 여행을 알렸습니다. 젠 형수님이 언젠가는 우리 형제가 함께 여행하도록 허락해주시기를 바랍니다!

이번 여행과 조사 과정에서 많은 분의 도움을 받았습니다. 행여나 한 분이라도 빠트릴까 두려워 한 분 한 분 열거하고 싶지 않을 정도입니다. (그중 몇 분은 곤경에 처하게 하고 싶지 않아서 이름을 밝히지 않겠습니다.) 그래서 소개하자면……

저희 가족에게 음식 스승이자 친구가 되어준 다운타운 농산물가게의 데이브와 세라 링, 홀푸드의 베스 크라우스와 리즈 버크하트, 크리스틴 히메네스를 비롯한 어스 대학의 놀라운 분들, 훌륭한 여행 동반자가 되어준 댄 쾨펠과 케이티 배로, 보비 슈나이더, 공정무역 USA의 관계자 여러분, 코스타리카의 루비, 콜롬비아커피생산자협의회의 알바로 가이트와 마르셀라 하라미요 아스마르, 콜롬비아의 훌리안과 그의 친절한 아버지, 저를 받아주신 디디에와 라다르도 곤잘레스, 그들의 훌륭한 가족, 서아프리카의 무자비한 현실을 알게 해준 희망과 공정성 프로젝트의 톰 노이하우스, 부르키나파소에서 저를 자기 주인집에 머물게 해준 소년이자 금광을 찾고 있던 열다섯 살 소년, 제게 자기 방을 내주고 먹여준 가나의 국경 경비원, 교통사고를 내지 않아준 가나의 모든 버스 운전사, 제가 좌충우돌하도록 내버려두면서도 든든한 후원자이자 믿을 만한 자문역을 맡아준 데이브 멜턴, 아다마 코브, 아세미, 마이클 K. 종고, 조슈아 울프, 폴 미들러, 존 스턴펠드, 더블, 카렌 에스테센, 문자 하나만 보내면 연락이 닿는 알렉스 오즈번, 제가 늦게까지 자지 않으면 저를 괴롭혀서 잠자리에 들게 해주는 우리 집 고양이 오레오에게 고마운 마음을 전하고 싶습니다.

제 고등학교 영어 선생님이셨던 딕시 마셜 선생님께서 원고를 맨 처음으로 읽어주셨습니다. 킹어서 고등학교에서 기말 보고서를 제출하지 않은 죄를 다 갚지는 못하겠지만 이 책으로 노력하는 모습이라도 보여드립니다! 고맙습니다, 마셜 선생님! 그런데 어떻게 해가 갈수록 젊어지시나요? 그밖에 제 원고를 읽어주셔서 음료를 대접해야 할 분들로는, 디애나 푸시아렐리, 형 카일, 케이티 배로, 톰 노이하우스, 마틴 휴스, 애니도 있습니다.

캐시 데이와 멜린다 메시네오는 볼 주립대학교 캠퍼스에서 글을 쓰는 이를 위한 고독한 요새를 선뜻 내주었습니다. 〈마이 리틀 포니〉를 틀어달라고 떼쓰는 아이가 없는 공간, 모든 모험을 마무리하기 위한 평화롭고 고요한 공간이 간절했습니다. 두 분께 진심으로 감사드립니다. 그리고 초콜릿 다 먹어치워서 미안해요, 캐시!

그리고 제게는 인디애나 주 먼시의 중서부 작가 연구 위원회에 들어가는 행운도 찾아왔습니다. 그동안 지지해주고 열정을 불어넣어주신 동료 작가들, 특히 날마다 행복한 순간으로 만들어주신 자마 케호 비거에게 감사드립니다.

와일리 출판사 분들과 함께 일하면서 즐거웠습니다. 제가 세계를 떠돌면서 어떤 일이 벌어질지 탐색해보도록 기꺼이 허락해주신 진정한 식도락가 리처드 내러모어에게 감사드립니다. 리디아 디미트리아디스는 훌륭한 동반자가 되어주었으며, 이야기를 사랑하고 수동적인 목소리를 적극적으로 싫어하는 크리스틴 무어도 제게 없어서는 안 될 존재였습니다. 래리 올슨 덕분에 저 혼자였다면 생각지도 못할 이야기로 독자에게 다가갈 수 있었습니다. 책과 사람과 우정을 믿는 래리 덕분에 저도 책과 사람과 우정을 더 많이 믿게 되었습니다. 룰29의 저스틴 아런스와 원더카인드 스튜디오의 브라이언 맥도널드 덕분에 이 책은 근사한 표지를 얻었고 저는 가슴털이 조금 뜯겼습니다. 제가 실종되면 저스틴과 브라이언을 먼저 조사해주세요. 더불어 제 이야기를 널리 알리도록 도와주신 케이 홍보사의 데이나 케이와 제니퍼 무지코에게도 감사드립니다.

이번 음식 모험의 초반에 웨스트 텍사스 A&M 학생들과 온두라스까지 함께한 것은 무척 즐거운 경험이었습니다. 학생들의 시선으로 세상을 바라보면서 제가 여행에서 무엇을 사랑하는지 다시금 깨달았습니다. 그밖에도 저를 캠퍼스로 초대해주고 이 책을 교양서로 선정하고 제 작업을 후원해주신 모든 대학에 감사드립니다. 학생들에게 세상을 보여주고 제가 만난 멋진 사람들을 소개해주는 것보다 더 보람된 일은 없습니다.

미주

1장

1 2013년 1월 10일 현재, 미 농무부, www.ams.usda.gov/AMSv1.0/COOL.

2 George S. Serletis, "U.S. Agricultural Imports Reached a Record $86 Billion in 2010 Making the United States the World's Leading Single-Country Importer of Food Products", 무역에 관한 미 국제무역위원회(USITC) 이사회 브리핑, 2011년 6월.

3 2013년 1월 10일 현재, "Aquaculture in the United States", 미 국립해양대기국, www.nmfs.noaa.gov/aquaculture/aquaculture_in_us.html.

4 Michael R. Taylor, "Succeeding on Produce Safety", FDA Voice, April 17, 2012, http://blogs.fda.gov/fdavoice/index.php/2012/04/succeeding-on-produce-safety/.

5 Nora Brooks, Anita Regmi, and Jean Buzby, "Trade Data Show Value, Variety, and Sources of U.S. Food Imports", U.S. Department of Agriculture, Economic Research Service, *Amber Waves* 1, no. 3(September 2009): 36–37.

6 "U.S. Organic Industry Valued at Nearly $29 Billion in 2010", 유기농무역협회, 2011, www.organicnewsroom.com/2011/04/us_organic_industry_valued_at.html.

7 회계연도의 미국 농산물 무역 가치.

8 CNBC 다큐멘터리 〈커피 중독(*The Coffee Addiction*)〉, 2011년 9월 29일.

9 Rohit Deshpande와 Alexandra de Royere의 "Cafe de Colombia", Harvard Business School Case 502-024, June 2004를 보라.

10 Sherri Day, "Move Over Starbucks, Juan Valdez Is Coming", *New York Times*, November 29, 2003.

11 William Neuman, "A Question of Fairness", *New York Times*, November 23, 2011, www.nytimes.com/2011/11/24/business/as-fair-trade-movement-grows-a-dispute-over-its-direction.html?pagewanted=all.

12 www.starbucks.com/responsibility/sourcing/coffee.

13 Day, "Move Over Starbucks, Juan Valdez Is Coming."

14 "Our Coffee Growers", 콜롬비아커피생산자협의회, 2012년 10월 3일에 접속, www. federaciondecafeteros.org/particulares/en/nuestros_caficultores.

15 Doug Saunders, *Arrival City*(New York: Vintage Books, 2012), 7.

16 같은 책, 22.

17 Raj Patel, *Stuffed and Starved: The Hidden Battle for the World Food System*, 재판본 서문, 킨들 판(Brooklyn, NY: Melville House, 2012).

18 미 식품의약국, "Annual Report to Congress on Food Facilities, Food Imports, and FDA Foreign Offices Provisions of the FDA Food Safety and Modernization Act", August 2012.

19 Marion Nestlé, *Safe Food: The Politics of Food Safety*(Berkeley and Los Angeles: University of California Press, 2010).

20 마틴 루터 킹 주니어, 1967년 12월 24일에 조지아 주 애틀랜타 에벤에셀 침례교회에서 한 연설 '평화에 관한 크리스마스 설교' 중에서.

21 Mark Pendergrast, *Uncommon Grounds: The History of Coffee and How It Changed Our World*, 재판본 서론, 킨들 판(New York: Basic Books, 2010).

22 현행 가격이 1킬로그램당 5,000페소였다.

23 Teresa Castillejos, Elizabeth Baer, and Bambi Semroc, "Colombia Field Survey Report", September 2011.

2장

1 Jim Dwyer, "Evicted for Manhattan Starbucks No. 188, but Defying the Coffee Octopus", *New York Times*, September 13, 2011, www.nytimes.com/2011/09/14/ nyregion/evicted-for-manhattan-starbucks-no-188-shop-fights-back.html

2 "French Reporter Romeo Langlois Freed in Colombia by Farc Rebels", BBC News, May 30, 2012, www.bbc.co.uk/news/world-latin-america-18268967.

3 UNHCR.org, "New UNHCR Field Office in Northern Ecuador", Briefing Notes, March 14, 2008, http://www.unhcr.org/47da5a5fa.html.

4 Rosemary Westwood, "2012 'One of the Worst' for Colombia Coffee Production", *Colombia Reports*, May 22, 2012, http://colombiareports.com/colombia-news/ economy/24147-2012-one-of-the-worst-for-colombia-coffee-production-federation.html.

5 콜롬비아커피생산자협의회의 마르셀라 하라미요 아스마르, 저자와의 인터뷰, 2012년 5월 27일.

6 세니카페의 식물병리학 책임자인 알바로 가이탄 박사, 저자와의 인터뷰, 2012년 5월 30일.

7 David Ransom, *The No-Nonsense Guide to Fair Trade*(Rotherham: New Internationalist,

2006), 20.

8   Anna Milford, "Coffee, Co-operatives and Competition: The Impact of Fair Trade"(Bergen, Norway: Chr. Michelsen Institute, 2004).

9   Paul Roberts, *The End of Food*(New York: Mariner Books, 2009), 159.

10 Mark Pendergrast, *Uncommon Grounds: The History of Coffee and How It Changed Our World*, 재판본 서론, 킨들 판(New York: Basic Books, 2010).

3장

1   Tom Knudson, "Promises and Poverty: Starbucks in Ethiopia", *Sacramento Bee*, September 24, 2007.

2   Dan Molinski, "Free-Trade Deal Begins Between Colombia, U.S.", *wall street journal*, May 15, 2012.

3   같은 잡지.

4   Bill Meyer, "Suit Claims Dole Foods Bankrolled Colombian Death Squads to Kill Labor Organizers, Farmers", *Cleveland Plain Dealer*, April 28, 2009.

5   Tom Standage, *A History of the World in 6 Glasses*(New York: Walker Publishing Company, 2006), 156.

6   www.foodproductdesign.com/news/2011/09/americans-eat-out-nearly-5-meals-a-week.aspx.

7   "Coffee Sourcing—The Nespresso AAA Sustainable Quality Program", Nestlé Nespresso, www.nestle-nespresso.com/ecolaboration/sustainability/coffee.

8   "Regional Document for Accelerating Progress Toward the MDGS: Department of Narino, Colombia", 국제연합개발계획, 2010년 9월.

4장

1   Peter Elsass, *Strategies for Survival: The Psychology of Cultural Resilience in Ethnic Minorities*(New York: New York University Press, 1992), 56–58.

2   같은 책, 60–62.

3   같은 책, 41.

4   "Climate Change 2007: Working Group II: Impacts, Adaptations, and Vulnerability", IPCC, www.ipcc.ch/publications_and_data/ar4/wg2/en/ch13s13-2-4.html.

5   "Expanding Eco-Footprint", WorldCentric.org, http://worldcentric.org/conscious-living/expanding-eco-footprint.

6   "Population versus Consumption", *Living on Earth*, Public Radio International, January 25, 2008, www.loe.org/shows/segments.html?programID=08-P13-

00004&segmentID=3.

7 Elsass, *Strategies of Survival*, 53.

8 미 보건복지부, "Results from the 2011 National Survey on Drug Use and Health: Summary of National Findings", September, 2012.

9 Patrick Radden Keefe, "Cocaine Incorporated", *New York Times Magazine*, June 5, 2012.

10 Uri Friedman, "A Brief History of Plan Colombia", Foreign Policy, October 28, 2011, www.foreignpolicy.com/articles/2011/10/27/plan_colombia_a_brief_history#1.

11 Elsass, *Strategies of Survival*, 50.

5장

1 Bob Fernandez, "How Child-Porn Case Led to Hershey School", *Philadelphia Inquirer*, October 30, 2011.

2 "Rights Group: 21 Million Now in Forced Labor", CNN Freedom Project, June 1, 2012, http://thecnnfreedomproject.blogs.cnn.com/2012/06/01/rights-group-21-million-now-in-forced-labor/.

3 대니얼은 실명이 아니다. 5~6장에서는 죄가 없는 사람이든 죄가 있는 사람이든 보호하기 위해 이름을 바꾸었다. 아이보리코스트가 시칠리아와 매우 유사하다는 말을 들어서다. 신중을 기하지 않으면 사람들의 건강과 안녕을 위험에 빠트릴 수 있다.

4 Associated Press, "6 Soldiers Killed in Attack in Ivory Coast", *The Washington Examiner*, August 6, 2012.

5 Reuters, "Ivory Coast to Admit Ghana Flights, Keep Land, Sea Borders Shut", September 24, 2012, www.reuters.com/article/2012/09/24/uk-ivorycoast-attacks-border-idUSLNE88N00N20120924/.

6 Carol Off, *Bitter Chocolate: Investigating the Dark Side of the World's Most Seductive Sweet*(Toronto: Random House Canada, 2006), 109–110.

7 Tom Philpott, "Bloody Valentine: Child Slavery in Ivory Coast's Cocoa Fields", *Mother Jones*, February 14, 2012, www.motherjones.com/tom-philpott/2012/02/ivory-coast-cocoa-chocolate-child-slavery.

8 Global Cocoa Project, 2012년 1월 13일 접속, www.globalcocoaproject.org/about-the-project/about-chocolate/.

9 "U.S. Imports of Cocoa and Chocolate 1999–2011", USDA Economic Research Service.

10 National Geographic, *Sacred Places of a Lifetime: 500 of the World's Most Peaceful and Powerful Destinations*(Washington, DC: National Geographic Books, 2008), 199.

11 Raj Patel, *Stuffed and Starved: The Hidden Battle for the World Food System*, 킨들판 (Brooklyn, NY: Melville House, 2012).

12 Off, *Bitter Chocolate*, 115–116.

13 Celia W. Dugger, "Ending Famine, Simply by Ignoring the Experts", *New York Times*, December 2, 2007.

14 UNHCR, "2012 UNHCR Country Operations Profile—Côte d'Ivoire", www.unhcr. org/pages/49e484016.html.

15 Off, *Bitter Chocolate*, 11–12, 21.

16 "CNN Freedom Project: Who Consumes the Most Chocolate", January 17, 2012, http://thecnnfreedomproject.blogs.cnn.com/2012/01/17/who-consumes-the-most-chocolate/.

17 Paul Roberts, *The End of Food*(New York: Houghton Mifflin Harcourt, 2009), 37–38.

18 Karen S. Hamrick et al., "How Much Time Do Americans Spend on Food?", USDA, November 2011.

19 Tina Rosenberg, "What the World Needs Now Is DDT", *New York Times Magazine*, April 11, 2004.

20 Ariel Schwartz, "The Mainstreaming of Fair Trade", *Fast Company*, October 19, 2011, www.fastcoexist.com/1678649/the-mainstreaming-of-fair-trade.

21 Juliet Mann, "British Shoppers Lead World in Fair Trade", CNN.com, March 22, 2012, http://edition.cnn.com/2012/03/22/business/fair-trade-marketplace-europe/index.html.

22 Tom Neuhaus, "Proposal to Establish a Cocoa Study Center in Ebolowa, Cameroon", www.globalgiving.org/pfil/8719/projdoc.pdf.

23 www.naturalnews.com/035595_Hershey_price_fixing_chocolate.html.

24 Off, *Bitter Chocolate*, 50, 51, 97.

25 "Hershey to Source 100% Certified Cocoa by 2020", *Business Wire*, October 3, 2012, www.businesswire.com/news/home/20121003006286/en/Hershey-Source-100-Certified-Cocoa-2020.

6장

1 4차 연례 보고서, "Oversight of Public and Private Initiatives to Eliminate the Worst Forms of Child Labor in the Cocoa Sector in Côte D'Ivoire and Ghana", September 30, 2010. 툴레인 대학교, 페이슨 국제개발 및 기술이전 연구소.

2 허쉬 밀크초콜릿의 카카오 함량은 11퍼센트이다. Robert L. Wolke, "Chocolate by the Numbers", *Washington Post*, 2004년 6월 9일자 보도, www.washingtonpost.com/wp-dyn/articles/A24276-2004Jun8.html.

3 43그램 허쉬 밀크초콜릿 바 기준.

4 Raj Patel, *Stuffed and Starved: The Hidden Battle for the World Food System*, 킨들판 (Brooklyn, NY: Melville House, 2012).

5 Paul Roberts, The End of Food(New York: Houghton Mifflin)), 61, 62.

7장

1 *Espoir Voyage*, 감독 미셸 종고(부르키나파소, 2012), DVD(영어 자막).

2 CIA World Factbook, "Burkina Faso", 2013년 1월 7일 최종 업데이트, https://www.cia.gov/library/publications/the-world-factbook/geos/uv.html.

3 같은 자료.

4 Doug Saunders, *Arrival City: How the Largest Migration in History Is Reshaping Our World*(New York: Random House, 2012), 21–23.

8장

1 후안의 가족들 이름도 가명이고, 그들이 사는 지역도 일부러 밝히지 않았다.

2 Dan Koeppel, *Banana: The Fate of the Fruit That Changed the World*(New York: Penguin Group USA, 2008).

3 José María Gutiérrez, R. David Theakston, and David A. Warrell, "Confronting the Neglected Problem of Snake Bite Envenoming: The Need for a Global Partnership", *PLoS Medicine*(2006).

9장

1 J. Gary Taylor and Patricia J. Scharlin, *Smart Alliance: How a Global Corporation and Environmental Activists Transformed a Tarnished Brand*(New Haven: Yale University Press, 2004), 80.

2 Edward Evans and Fredy Ballen, "Banana Market", University of Florida Institute of Food and Agriculture Services, February, 2012, http://edis.ifas.ufl.edu/fe901.

3 Dan Koeppel,*Banana: The Fate of the Fruit That Changed the World*(New York: Penguin Group USA, 2008), 58–60.

4 같은 책, 86-88.

5 같은 책.

6 루이스 포카상그리, 어스 대학에서 저자와의 인터뷰, 2012년 3월 4일.

7 어스 대학, "2011 연례보고".

8 Lauren Etter, "Manure Raises New Stink", *wall street journal*, March 25, 2010.

9 "Giant Manure Bubbles Were Deflated without Danger", *Progressive Dairy*, April 2, 2010, www.progressivedairy.com/index.php?option=com_content&view=article

&id=4192:giant-manure-bubbles-were-deflated-without-danger.

10 "Pollution Issues and Solutions for Grand Lake St. Marys", 2012년 1월 15일 접속, www.lakeimprovement.com/pollution-issues-and-solutions-grand-lake-st-marys.

11 Norman Borlaug, "The Green Revolution, Peace, and Humanity", 1970년 12월 11일 노벨상 수상자 강연.

12 "Father of 'Green Revolution' Who Saved One Billion from Starvation, Dies Aged 95", *Daily Mail*, September 14, 2009, www.dailymail.co.uk/sciencetech/article-1213295/Norman-Borlaug-father-green-revolution-saved-billion-starvation-dies-aged-95.html.

13 Barbara Kingsolver, *Animal, Vegetable, Miracle*(New York: HarperCollins), 50–52.

14 Raj Patel, *Stuffed and Starved: The Hidden Battle for the World Food System*, 킨들판, 2장(Brooklyn, NY: Melville House, 2012).

15 Bill McKibben, *Deep Economy: The Wealth of Communities and the Durable Future*(New York: Henry Holt & Co., 2007), 66–67.

16 "Explorer Bios: Cid Simoes and Paola Segura", NationalGeographic.com, 2013년 1월 15일 접속, www.nationalgeographic.com/explorers/bios/simoes-segura/.

17 Gary Paul Nabhan, *Where Our Food Comes From: Retracing Nikolay Vavilov's Quest to End Famine*(Washington, DC: Island Press)), 9–10, 25.

18 Taylor and Scharlin, *Smart Alliance*, 223.

19 "Commodity Profile: Banana", United Nations Conference on Trade and Development, 2012년 1월 16일 접속, www.unctad.info/en/Infocomm/AACP-Products/COMMODITY-PROFILE—Banana/.

10장

1 "Water Recycling for Bananas", Dole Food Company, 2013년 1월 16일 접속, http://dolecrs.com/sustainability/water-management/water-recycling-programs-for-banana-packing/.

2 루이스 포카상그리와의 인터뷰.

3 J. Gary Taylor and Patricia J. Scharlin, *Smart Alliance: How a Global Corporation and Environmental Activists Transformed a Tarnished Brand*(New Haven: Yale University Press, 2004), 43.

4 FAO 바나나 통계 2011: www.fao.org/docrep/meeting/022/AM480T.pdf.

5 Mike Gallagher and Cameron McWhirter, "Banana Workers Sprayed in Fields", *Cincinnati Enquirer*, May 3, 1998.

6 *Bananas!* On Trial for Malice, 보도자료, www.bananasthemovie.com/wp-

content/themes/bananas/press/bananas_press_kit.pdf.

7   John Spano, "Dole Must Pay $2.5 Million to Farmhands", *Los Angeles Times*, November 16, 2007.

8   David Gonzalez and Samuel Loewenberg, "Banana Workers Get Day in Court", *New York Times*, January 18, 2003.

9   "Pesticide Lawsuits", Bananas!* 웹사이트, May 5, 2009, www.bananasthemovie. com/pesticide-lawsuits-%E2%80%93-a-dbcp-overview

10 Gonzalez and Loewenberg, "Banana Workers Get Day in Court."

11 Michael Orey, "Dole Claims Bananas! Film Documents Fraud", *BusinessWeek*, June 19, 2009, www.businessweek.com/bwdaily/dnflash/content/jun2009/ db20090619_200199.htm.

12 John Spano, "Damages in Dole Case Are Reduced", *Los Angeles Times*, March 11, 2008.

13 Wendy Koch, "World Bank: High Food Prices Impoverish 44 Million", *USA Today*, February 17, 2011.

14 Jen Boynton, "Solidarismo: Costa Rica's Key to Happiness or Sham Union?", *Triple Pundit*, July 6, 2011, www.triplepundit.com/2011/07/solidarismo-costa-rica-union-dole/.

15 "Banana Sticker Could Mislead Consumers", *OneNews*, October 15, 2012, http://tvnz.co.nz/national-news/banana-sticker-could-mislead-consumers-fairtrade-5130698.

16 "Dole: An Ethical Choice", 돌 웹사이트, 2013년 1월 17일 접속, http://www.dolenz. co.nz/social/.

11장

1   José Adán Silva, "Nicaragua: Lobster Divers in Deep Trouble", *Inter Press Service News Agency*, January 3, 2011.

2   Bruce Phillips and Jiro Kittaka, *Spiny Lobsters: Fisheries and Culture*(Malden. MA: Wiley-Blackwell, 2000), 156–160.

3   Jim Wyss, "Seeking Lobsters, Miskito Indians Find Death", *San Francisco Chronicle*, September 29, 2002.

4   Paul Demko, "Dying for Lobster", *UTNE Reader*, January–February 2005.

5   Blake Schmidt, "Red Gold Killing Nicaraguan Divers", *Cyber Divers News Network*, August 8, 2008.

6   Catherine Olian et al., "Divers Go to Extremes in Search of Lobster Sold to Americans", *Rock Center*, December 30, 2011, http://rockcenter.nbcnews.com/_

news/2011/12/30/9810527-divers-go-to-extremes-in-search-of-lobster-sold-to-americans?lite.

7   Mark Jacobson, "The Hunt for Red Gold", *OnEarth Magazine*, Fall 2004.

8   "Sysco Classic Warm Water Lobster Tails", 시스코 웹사이트, 2009년 2월 10일 접속.

9   죽음의 문턱까지 갔던 나의 잠수 경험은 '이 잠수부가 하는 행동은 절대 하지 마라'라는 내용으로 《스쿠버다이빙》 2002년 호에 실렸다. 기사 제목은 " '멈춤'이 '가라'라는 뜻일 때"이고, 그날 배에 탔던 마이클 양주가 기사를 썼다. 기사에서는 내 이름을 '켄들'로 바꿔놓았다. www.scubadiving.com/training/basic-skills/when-stop-means-go.

10   Jacobson, "The Hunt for Red Gold."

11   "Nicaragua: Human Rights Report", U.S. State Department, March 11, 2008, www.state.gov/j/drl/rls/hrrpt/2007/100647.htm.

12   *My Village, My Lobster*, 감독 조슈아 울프(Nomading Films and Fall Line Pictures, 2012).

13   Jacobson, "The Hunt for Red Gold."

12장

1   Rory Carroll, "Cocaine Galore! Villagers Live It Up on Profits from 'White Lobster,'" *The Guardian*, October 9, 2007.

13장

1   "Spiny Lobster Initiative", FHI 360 환경 연구소, 2013년 1월 18일 접속, http://ces.fhi360.org/Practice%20Areas/Environment/spinylobster.html.

2   *My Village, My Lobster*, 감독 조슈아 울프(Nomading Films and Fall Line Pictures, 2012).

3   2013년 1월 10일 현재. "Aquaculture in the United States", National Oceanic and Atmospheric Administration, www.nmfs.noaa.gov/aquaculture/aquaculture_in_us.html.

4   "Turning the Tide: The State of Seafood", 몬터레이만 수족관, 2011, www.monterey bayaquarium.org/cr/cr_seafoodwatch/report.

5   "Ensuring All Is Well Down on the Fish Farm", 몬터레이만 수족관, 2013년 1월 21일 접속, www.montereybayaquarium.org/cr/cr_seafoodwatch/issues/aquaculture. aspx.

6   John Vondruska, "Spiny Lobster: Florida's Commercial Fishery, Market, and Global Landings and Trade", NOAA, 2008.

14장

1   "Top 15 U.S. Agricultural Import Sources, by Calendar Year", www.ers.usda.gov/data-products/foreign-agricultural-trade-of-the-united-states-(fatus)/calendar-

year.aspx#26454.

2 Tania Branigan, "Chinese Figures Show Fivefold Rise in Babies Sick from Contaminated Milk", *The Guardian*, December 2, 2008.

3 "China's Melamine Milk Crisis Creates Crisis of Confidence", Voice of America, September 26, 2008, www.voanews.com/content/a-13-2008-09-26-voa45/403825.html.

4 Sharon LaFraniere, "2 Executed in China for Selling Tainted Milk", *New York Times*, November 24, 2009.

5 "China 'Fake Milk' Scandal Deepens", *BBC NEWS*, April 22, 2004.

6 "Melamine—China Tainted Baby Formula Scandal", *New York Times*, March 4, 2011, http://topics.nytimes.com/top/reference/timestopics/subjects/m/melamine/index.html.

7 Greg Wilson, "Oil Dredged from Gutters Sold for Cooking in China", *NBC New York 4*, September 13, 2011, www.nbcnewyork.com/news/weird/Oil-Dredged-From-Gutters-Sold-for-Cooking-in-China-129713913.html.

8 Jonathan Watts, "Exploding Watermelons Put Spotlight on Chinese Farming Practices", *The Guardian*, May 17, 2011.

9 Michael Pollan, "Taking Food Seriously", *New York Times*, May 10, 2006.

10 "2012 Annual Report on Food Facilities, Food Imports, and FDA Foreign Offices", 미 식품의약국, 2012년 8월, www.fda.gov/Food/FoodSafety/FSMA/ucm315486.htm.

11 Editorial, "White House Dallies on Food-Safety Law", *Star Tribune*, November 22, 2012.

12 Marion Nestle, *Safe Food: The Politics of Food Safety*(Berkeley: University of California Press, 2003), 55.

13 같은 책, 114.

14 Chido Mpofu, "The Global Problem of Lead Arsenate Pesticide", *Lead Action News*, January 13, 2010, www.lead.org.au/lanv10n3/lanv10n3-7.html.

15 "Debate Grows over Arsenic in Apple Juice", *Consumer Reports*, September 14, 2011, http://news.consumerreports.org/home/2011/09/debate-grows-over-arsenic-in-apple-juice.html.

16 "Chinese Fresh Apples Step Closer to U.S. Market", *Fruit Growers News*, December 1, 2010, http://fruitgrowersnews.com/index.php/magazine/article/chinese-fresh-apples-step-closer-to-u.s.-market.

17 "Dr. Oz Investigates: Arsenic in Apple Juice", Doctoroz.com, September 12, 2012, www.doctoroz.com/videos/dr-oz-investigates-arsenic-apple-juice.

18 "Consumer Reports Tests Juices for Arsenic and Lead", *Consumer Reports*,

November 30, 2011, http://news.consumerreports.org/safety/2011/11/consumer-reports-tests-juices-for-arsenic-and-lead.html.

19 Mary Rothschild, "Consumer Reports Finds Arsenic in Juice", *Food Safety News*, December 2, 2011, www.foodsafetynews.com/2011/12/consumer-reports-finds-arsenic-in-apple-and-grape-juice/.

20 인디언서머의 도일 페너가 2012년 12월 4일에 저자에게 보낸 이메일.

21 Jonathan Oosting, "First Half of 2012 Hottest on Record for Michigan", *Michigan Live*, July 10, 2012, www.mlive.com/news/index.ssf/2012/07/first_half_of_2012_hottest_on.html.

22 Dr. Jeff Masters, "Summer in March Peaks in U.S. and Canada", Weatherunderground.com, March 22, 2012, www.wunderground.com/blog/JeffMasters/comment.html?entrynum=2058.

23 "Alabama's Migrant Workers", *Colbert Nation*, October 26, 2011, www.colbertnation.com/the-colbert-report-videos/400778/october-26-2011/alabama-s-migrantworkers.

24 "China's Alarming Record", *Datamyne*, June 21, 2011, www.datamyne.com/blog/china%E2%80%99s-alarming-record/.

15장

1 Isaac Asimov, "The End", *Penthouse*, January 1971.

2 "Restoring China's Loess Plateau", The World Bank, March 15, 2007, www.worldbank.org/en/news/2007/03/15/restoring-chinas-loess-plateau.

3 Frank Dikötter, *Mao's Great Famine: The History of China's Most Devastating Catastrophe*(New York: Walker Publishing Company, 2010), 325.

4 http://money.cnn.com/2012/06/26/news/economy/china-middle-class/index.htm.

5 Hans Jöhr, "Where Are the Future Farmers to Grow Our Food?", *International Food and Agribusiness Management Review* 15, Special Issue A(2012).

6 Cai Fang et al., "Migration and Labor Mobility in China", United Nations Development Programme Human Development Reports Research Paper, April 2009. http://hdr.undp.org/en/reports/global/hdr2009/papers/HDRP_2009_09.pdf.

16장

1 "Shaanxi Haisheng Fresh Fruit Juice Co., Ltd.", 2013년 1월 19일 접속, www.chinahaisheng.com/en/about/index.aspx?id=1093

18장

1   Barry Estabrook, *Tomatoland: How Modern Industrial Agriculture Destroyed Our Most Alluring Fruit*(Kansas City, MO: Andrews McMeel Publishing, 2011), xix, xx.

2   Ann L.T. Powell et al., "Uniform Ripening Encodes a Golden 2-Like Transcription Factor Regulating Tomato Fruit Chloroplast Development", *Science*, June 29, 2012.

. 3   Paul Roberts, *End of Food*(New York: Houghton Mifflin, 2008), xvii.

4   Lester R. Brown, "The World Is Closer to a Food Crisis than Most People Realise", *The Guardian*, July 24, 2012.

5   Elizabeth Lazarowitz, "Price of Corn Jumps 50 Percent since Mid-June", *New York Daily News*, July 26, 2012.

6   Maria Godoy, "Can Riots Be Predicted? Experts Watch Food Prices", *NPR News*, October 2, 2012, www.northcountrypublicradio.org/news/npr/161501075/can-riots-be-predicted-experts-watch-food-prices.

7   Dominic K. Albino et al., "Food for Fuel: The Price of Ethanol", New England Complex Systems Institute, October 5, 2012.

8   대통령 기자회견, 2008년 4월 29일, http://georgewbush-whitehouse.archives.gov/news/releases/2008/04/20080429-1.html.

9   Yaneer Bar-Yam and Greg Lindsay, "The Real Reason for Spikes in Food Prices", Reuters, October 25, 2012, http://blogs.reuters.com/great-debate/2012/10/25/the-real-reason-for-spikes-in-food-prices/.

19장

1   "New Data on Autism Spectrum Disorders", Centers for Disease Control and Prevention, 2012년 3월 19일 최종 업데이트, www.cdc.gov/features/countingautism/.

2   "Pesticide Exposure in Children", American Academy of Pediatrics, December 1, 2012.

20장

1   "Trouble in Aisle 5", Jefferies Alix Partners, June 2012.

2   "The Global, Socially Conscious Consumer", A Nielsen Report, March, 2012.

3   Dr. Martin Luther King Jr., 1967년 4월 9일 시카고 새언약침례교회에서 한 연설 「완전한 삶의 세 가지 차원」에서 발췌.

4   Paul Roberts, *End of Food*(New York: Houghton Mifflin, 2008), 89–95.

5   Julie Steenhuysen, "Big Rise in Americans with Diabetes, Especially in the South",

Reuters, November 15, 2012.

6 "Heart Disease Facts", Centers for Disease Control and Prevention, 2012년 10월 16 일에 마지막으로 수정됨, www.cdc.gov/heartdisease/facts.htm.

7 Raj Patel, *Stuffed and Starved: The Hidden Battle for the World Food System*, 킨들 판, 3장(Brooklyn, NY: Melville House, 2012).

8 Roberts, *End of Food*, 170.

9 Nicholas D. Kristof, "Farm Subsidies That Kill", *New York Times*, July 5, 2002.

10 Scott Kilman and Roger Thurow, *Enough: Why the World's Poorest Starve in an Age of Plenty*(New York: PublicAffairs, 2009), 33.

11 Kilman and Thurow, *Enough*, 80.

12 Lam Thuy Vo and Jacob Goldstein, "What America Buys", NPR News, April 5, 2012.